U0120969

[英] 约翰·朱利叶斯·诺威奇——著 李 强——译

西西里的诺曼王朝 II

The Kingdom

1130

↓

1194

王国

by
John Julius Norwich

in the Sun, 1130–1194

中国友谊出版公司

献给我的母亲

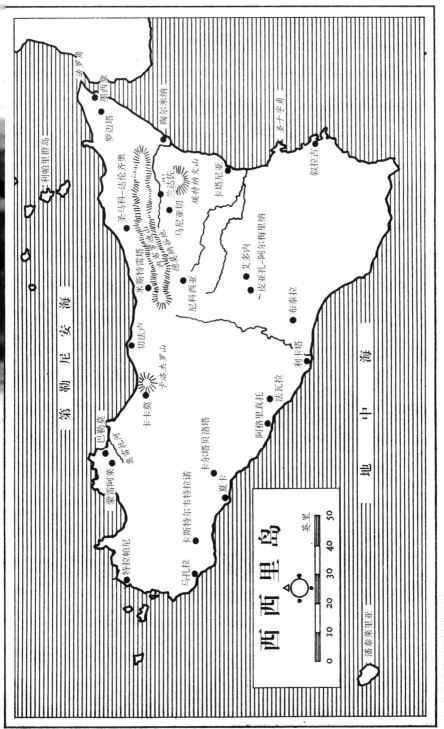

西西里岛

利帕里群岛

法罗角
墨西拿
巴西拿
陶尔米纳
罗迈塔
圣十字角
圣马科-达伦齐奥
叙拉古
米斯特雷塔
兰达佐
埃特纳火山
卡塔尼亚
希罗谷地
德麦纳谷地
马尼亚切
尼科西亚
皮亚札-阿尔梅里纳
艾多内
切法卢
布泰拉
卡洛杰罗山
第勒尼安海
利卡塔
卡卡莫
法瓦拉
巴勒莫
阿格里真托
象霸托河
蒙雷阿莱
卡尔塔贝洛塔
地 中 海
特拉帕尼
卡斯特尔韦特拉诺
夏卡
马扎拉

英里
0 10 20 30 40 50

潘泰莱里亚

* 本书地图系原书插附地图。

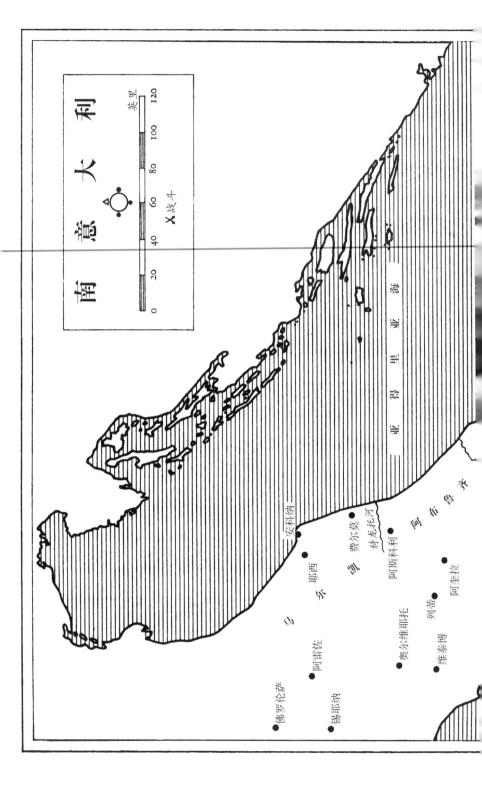

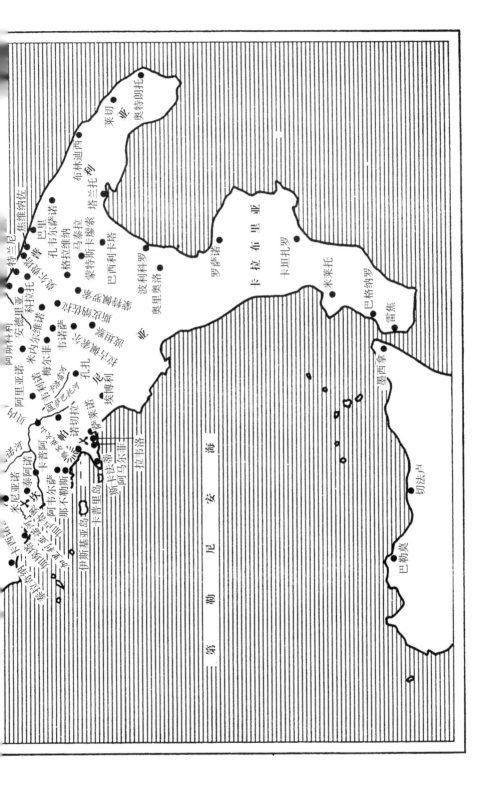

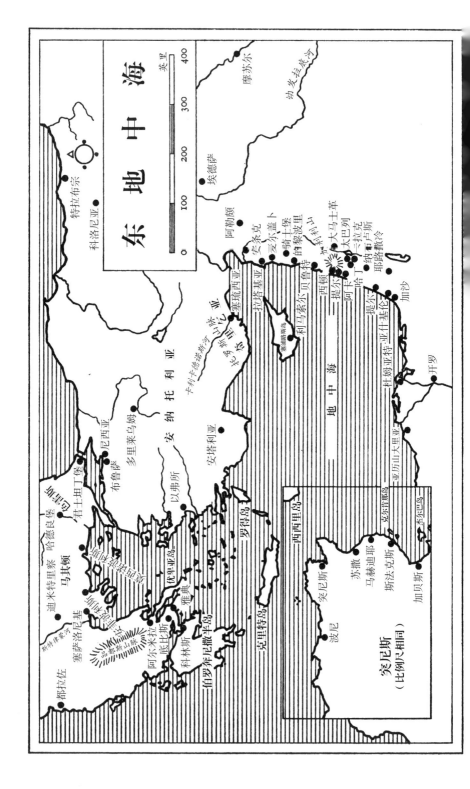

奥特维尔家族

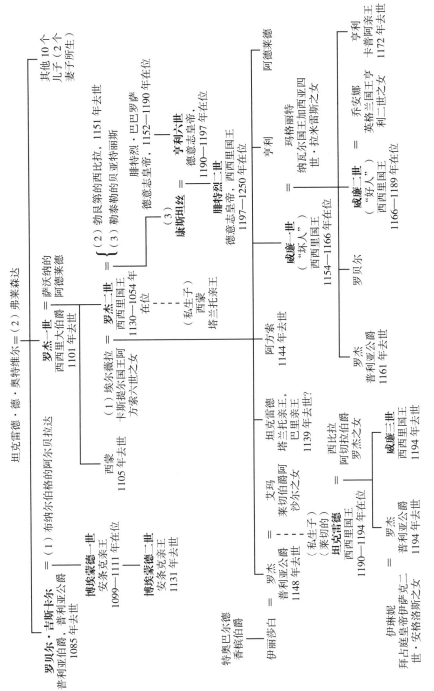

坦克雷德·德·奥特维尔 =（2）弗莱森达

罗贝尔·吉斯卡尔 =（1）布纳尔伯格的阿尔贝拉达
普利亚伯爵，普利亚公爵
1085 年去世

其他 10 个
儿子（2 个
妻子所生）

博埃蒙德一世
安条克亲王
1099—1111 年在位

博埃蒙德二世
安条克亲王
1131 年去世

西蒙
1105 年去世

罗杰一世
西西里大伯爵
1101 年去世

萨沃纳的
阿德莱德

（1）埃尔薇拉
卡斯提尔国王阿
方索六世之女

罗杰二世 =（2）勒艮第的比拉，1151 年去世
西西里国王国
1130—1054 年
在位

（3）勒泰勒的贝亚特丽斯

（私生子）
西蒙
塔兰托亲王

康斯坦丝 = 亨利六世
德意志皇帝，
1190—1197 年在位

亨利 { （2）
{ （3）

腓特烈·巴巴罗萨
德意志皇帝，1152—1190 年在位

腓特烈二世
德意志皇帝，西西里国王
1197—1250 年在位

特奥巴尔德
香槟伯爵

伊丽莎白 = 罗杰
普利亚公爵
1148 年去世

艾玛
莱切伯爵阿
沙尔之女

（私生子）
（莱切的）
坦克雷德
西西里国王国
1190—1194 年在位

坦克雷德
塔兰托亲王，
巴里亲王
1139 年去世

西比拉
阿切拉伯爵
罗杰之女

威廉三世
西西里国王国
1194 年去世

罗杰
普利亚公爵
1161 年去世

威廉一世
（"坏人"）
西西里国王国
1154—1166 年在位

玛格丽特
纳瓦尔国王加西亚四
世·拉米雷斯之女

阿方索
1144 年去世

亨利

阿德莱德

威廉二世
（"好人"）
西西里国王国
1166—1189 年在位

乔安娜 =
英格兰国王亨
利二世之女

亨利
卡普阿亲王
1172 年去世

伊琳妮 = 罗杰
普利亚公爵
拜占庭皇帝伊萨克二 1194 年去世
世·安格洛斯之女

纳瓦尔及佩尔什家族

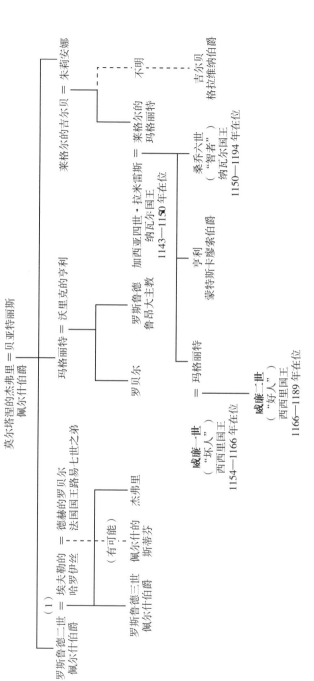

莫尔塔涅的杰弗里 ＝ 贝亚特丽斯
佩尔什伯爵

莱格尔的吉尔贝 ＝ 朱莉安娜

不明

吉尔贝 ＝
格拉维纳伯爵

玛格丽特 ＝ 沃里克的亨利

加西亚四世·拉米雷斯 ＝ 莱格尔的
纳瓦尔国王
1143—1150 年在位

玛格丽特

桑乔六世
（"智者"）
纳瓦尔国王
1150—1194 年在位

罗斯鲁德
鲁昂大主教

罗贝尔

亨利
蒙特斯卡廖索伯爵

（1）

罗斯鲁德二世 ＝ 埃夫勒的
佩尔什伯爵　　哈罗伊丝

德赫的罗贝尔 ＝
法国国王路易七世之弟

（有可能）

杰弗里

威廉一世
（"坏人"）
西西里国王
1154—1166 年在位

罗斯鲁德三世
佩尔什伯爵

佩尔什的
斯蒂芬

威廉二世
（"好人"）
西西里国王
1166—1189 年在位

玛格丽特

目　录

第四部分　日　落

在西西里，你可以同时发现一座由某位新贵族所建立的城堡、一个阿拉伯村庄、一座古希腊或者古罗马的城市，以及一块在时间上晚近的伦巴第殖民地，它们彼此的距离都在数英里之内。在同一个城镇里，在混杂于当地居民的外来者中，可能有四分之一的撒拉逊人或犹太人，还有一些法兰克人、阿马尔菲人或者比萨人。由于他们生来就尊重彼此，所以这里的统治平静而祥和……钟声在新教堂中响起，修士在新修道院中吟唱，宣礼员在宣礼塔上召唤信徒做礼拜。这里有按照高卢人的礼仪修改过的拉丁弥撒，有希腊人的仪式和典礼，还有摩西律法的约束。街道、广场和市场上充满了各色服饰：东方的头巾，阿拉伯人的白袍，诺曼骑士的铁锁子甲。不同的习惯、爱好、庆祝活动、行为和外表，虽然一直都存在差异，却能和谐地相处在一起。

——拉·卢米亚《"好人"威廉治下的西西里历史》，1867 年

引　言

60多年前，M.费迪南·夏朗东（天都知道他一般不会进行夸张的描述）在他的《诺曼西西里王国史》中指出，一种悲情的宿命似乎笼罩着所有接触这一主题的历史学家。他细心地指出，至少有3位历史学家在他们的作品完成之前都"过早地消失了"。1963年，对刚刚开始全面投入写作工作、明显感觉有些力不从心的我而言，这可算不上是鼓舞人心的提醒。在过去7年里，我时常感觉我的工作简直是遥遥无期的，所以我发现自己快要把故事讲完的时候，心中的惊喜之情会更多一些。

奥特维尔家族史诗的第2卷的故事是前后完整的，因为这是假定读者没有看过前一卷，或者读过又忘了。此卷接着讲《征服，1016—1130》最后的故事，从1130年圣诞节国王罗杰在巴勒莫主教座堂接受加冕说起，写到另一位皇帝加冕——在一个更加晦暗的圣诞节，欧洲最闪亮的一顶王冠被一位英格兰大主教戴到了最受人讨厌的一位德意志皇帝的头上。这两件事之间只有短短64年，这也是王国存在的时间，它甚至比我们的期望寿命还要短。他们为这个岛屿带来了黄金时代，在历史上第一次，也是唯一一次，让地中海沿岸的3个伟大的族群及宗教的传统在阳光下交融，形成了闪闪发亮、璀璨至极的宝石，那就是诺曼西西里文化。

无论如何，正是——或者至少应该是——诺曼西西里文化遗留下来的纪念建筑将我们吸引至西西里岛，这些建筑将奥特维尔家族的政治成就奇迹般转变为眼睛能看到的形式，并将西欧、拜占庭以及伊斯兰的风格和技艺轻松地汇集于一体，令观者眼花缭乱，不敢相信。我尽量让本书不仅记载了人物和事件，也囊括了指向这些纪念建筑的导览文字。最为重要的是，我不会在书中安排单独的、难读的章节来描述细节，而是安排在叙述过程中的一些恰当的地方，以尽可能地将它们与其建造者或者周边的环境直接联系起来。至于其他的纪念建筑，我会使用经受时间检验的方法为其评定星级，用脚注加以指引，并列在附录之中。我认为，这已经列出了诺曼西西里留下来的、值得一提的诺曼人的每一件作品。

但是不管这些艺术作品有多让人难忘，罗杰的王国不仅是这些作品的背景，还是一出欧洲的悲剧。如果它能延续下来，并且成功地保持它赖以生存的宽容和理解的传统，如果它能在充满偏见、充满盲信的时代里继续充当智识启蒙的中心，继续充当3块大陆交流文化和科学的中心，那么我们就有可能在接下来的几个世纪里避免很多苦难，西西里就有可能成为地中海最幸福的岛屿，而不是最不幸的岛屿。但是这个王国没有延续下来。本书讲述它如何兴盛，也讲述它如何衰落、如何灭亡。

还有一点，我在《征服，1016—1130》一书中已经提及，在这里我想再强调一下：本书不是严格意义上的学术著作。开始写作的时候，我对西西里或中世纪的了解比一般人也多不了多少。现在我已经完成了写作，还没有就这两个主题再写别的作品的打算。非常简单，这是一份历史的纪实文学，由我这个大众的一员，写给大众，作者胜任这份工作唯一的资格就是好奇心和热情。我提交打字稿时，心中怀着开始时一样的希望：或许这些情感可以感染读者，或许读者会像我一样，对这个可怜的、卓越的、半被遗忘的王国而心怀热爱，或心怀悲伤。这个国家的荣耀如同落日，闪耀着更灿烂的金色光芒。

致 谢

本书第 2 章的大部分是在 1967 年 6 月的两周时间里写就的，那时爆发的中东战争让我——很大程度上是由于我的不称职——滞留在喀土穆的英国大使馆里。我应该感谢罗贝尔爵士和福勒女士，他们在极其困难的时候，热心地对待我这位交往甚浅的不速之客。我更要感谢朗格多克的汉·菲尔丁和达夫妮·菲尔丁，他们在我写作第 16 章时极为用心地照顾了我。所有其他章节均在伦敦图书馆写作，我感觉自己似乎成了这座图书馆的一部分。对于斯坦利·吉勒姆、道格拉斯·马修以及他们的每一位同事，尤其是那些不断叫我去接电话的人，我感激不尽。

圣安德鲁斯大学圣救主神学院的 N. P. 布鲁克斯博士阅读了本书的打印稿，修正了几处纰漏，还提出了很多有价值的意见。我接受了他的大部分意见，尽管还有少数意见我没有接受，但我还是非常感激他。约克大学的约翰·帕克是我的朋友，他不仅为本书的参考文献做出了间接贡献，还回答了几个关于东正教世界的问题，并解决了第 367 页的迪米特里察的难题。我还要感谢芭芭丽娜·多迪，她有卓越的语言天赋，还能进行即时翻译，这为我节省了数周的时间，却花费了她大量的个人时间。我唯有希望，那些在不同层面给过我帮助和建议的人，在读到成书的时候不会感到他们的劳动白费了。

约翰·朱利叶斯·诺威奇

第一部分

清晨的风暴

1

王冠的代价

当彼得·莱昂尼之子努力从北方对抗受到福佑的英诺森，这场大冲突之中的异动和骚乱是那么多，那么可怕！……难道他的陨落没有连累其他众星吗？

——索尔兹伯里的约翰，《论政治原理》，第 8 章第 23 页

1130 年圣诞节，罗杰·德·奥特维尔于巴勒莫主教座堂被加冕为国王。往前数 113 年，第一批年轻的诺曼冒险者首次抵达南意大利，他们来这里的表面目的是回应加尔加诺山大天使米迦勒洞穴中一位伦巴第民族主义者的求助，事实上则是为了追求荣誉和财富。自加冕往前数 69 年，罗杰的伯父普利亚公爵罗贝尔·吉斯卡尔的军队第一次登上西西里岛。不可否认，征服的进程非常缓慢，而在同一时期，征服者威廉已经在数周内横扫了英格兰。不过，威廉面对的是一个深受诺曼人影响、秩序井然的中央集权制国家。而罗贝尔和他的同伴们面对的是一个秩序混乱的南意大利，一位教皇、两位皇帝、三个民族，加上数量不断变化的公国、公爵领和较小的贵族领地，这片土地已经被相互冲突的继承权主张弄得四分五裂；面对的是被撒拉逊人统治了两个世纪之久并已

失去活力的西西里岛，岛上的少数希腊基督徒处于无助的境地，而相互妒忌的当地埃米尔们则无休止地争权夺利。

混乱状况一点点地得以改善。罗杰的父亲西西里大伯爵罗杰一世用他人生的最后30年让西西里岛和岛上的人民成为一个整体，他以那个时代罕有的洞察力，自一开始就清楚成功的唯一希望在于整合。不会有二等的西西里人，每一个人，无论是诺曼人、意大利人或伦巴第人，还是希腊人或撒拉逊人，都将在新的国家中扮演各自的角色。阿拉伯语、希腊语、拉丁语以及诺曼法语都会成为官方语言。一位希腊人被任命为巴勒莫埃米尔（Emir of Palermo），这个头衔如此优美而有影响，罗杰认为没有理由改变它。另一位希腊人受命管理快速发展的海军。国库和造币厂则由撒拉逊人管理。西西里军队中设立了一支特殊的撒拉逊人部队，这支部队很快就获得忠心耿耿、纪律严明的声誉，这声誉保持了一个世纪以上。清真寺和以前一样熙熙攘攘，同时，岛上拉丁和希腊的基督教堂和修道院——其中一些由罗杰所建——的数量在不断增长。

和平顺理成章地带来了贸易。最后的撒拉逊海盗被消灭之后，狭窄的海峡再度成为安全的航行通道，巴勒莫、墨西拿、卡塔尼亚和叙拉古成为前往君士坦丁堡和黎凡特的新兴十字军国家的中转港。结果在大伯爵于1101年去世之时，他已经把西西里变成了一个国家，国内的民族、宗教以及语言均不统一，却均忠于它的基督徒统治者，它的繁荣程度即使不能称雄于全欧洲，也能冠绝于地中海。

这项事业由罗杰二世继续下去，也非常适合他。他出生于南方，母亲是一位意大利人。他自幼接受希腊和阿拉伯老师的教导，成长于父亲建立的一种宽容和相互尊重的国际化氛围之中，在直觉上就理解国家内部稳定所依赖的权力制衡的复杂系统。他身上没有多少诺曼骑士的特质，不具有父亲和伯父借以扬名的尚武品质，这种尚武品质让他们的名字在一代人的时间里从默默无闻变得响彻整片欧洲大陆。但是在所有奥特维尔家族的兄弟中，只有他的父亲一人成长为政治家。其他人——即便是天赋异禀的罗贝尔·吉斯卡尔——到最后也只是战士和行动家。罗杰二世则不一样，他讨厌战争，只是在年轻时有过一些他未率兵亲征的倒霉远征，除此之外，他尽可能地避免开战。他长得像南方人，在性格上又是东方人，他从诺曼祖先身上继承了精力和野心，并将它们与自己的外交天赋相结合。他最后获得普利亚和卡拉布里亚公爵的头衔，并且自吉斯卡尔时代以来第一次将南意大利联合在一个独立的政权之下，这并非基于他在战场上的勇气，而是基于他的上述品质。

1128年8月22日清晨，在贝内文托城外萨巴托河的一座桥上，教皇霍诺留二世将三处公爵领授予罗杰。罗杰站起来的时候，他已位列欧洲最强大的统治者之中。只需再实现一个目标，他就可以与国外的王公们平起平坐，并将自己的权威施加在他在南意大利得到的新封臣之上。这个目标就是王冠，他得到王冠是两年之后。1130年初，教皇霍诺留二世的去世让两方争夺教皇之位，最后两位互相敌视的候选人同时被选为继任教皇。这两次选举的故事我已经讲过，无需此时再讨论细节。有把握地说，双方都非常不合规，所以很难说哪一边的主张更合适。首先，号称英诺森二世的这位不久后就让整个欧洲大陆都站在他这边，而他的对手阿纳克莱图斯二世·皮耶莱奥尼基本只能控制罗马，而后者像许多前任教皇在危急之时选择的那样，向诺曼人求助。阿纳克莱图斯和罗杰谈妥了价码，罗杰保证支持阿纳克莱图斯，作为回报，他成为教皇宗主权之下的国王，其王国是欧洲第三大的王国。

从短期来看，这个安排对阿纳克莱图斯比对罗杰更有利。阿纳克莱图斯本该处于一个足够强势的位置上，尽管他被选为教皇不合法规，但他的对手也是一样。这的确也是教廷中大部分人的观点。若放开让枢机主教自由投票，阿纳克莱图斯就能轻松胜选。即便事情发展成这样，还是有 21 名枢机主教支持他。他的虔诚得到了广泛认可，他的精力和能力毋庸置疑。罗马依旧完全忠于他。诡计多端的英诺森二世被迫逃离该城已有 4 个月，为什么轮到阿纳克莱图斯发现脚下的土地正在离自己而去呢？

这或许部分要怪他自己。尽管他在此后经受了许多诽谤，以致我们不可能就他的品质描绘出一幅清晰的图像，但是无疑，他已经被野心所吞噬，不择手段地想达到目的。他有改革家的背景，所以不惜利用自己家族的庞大财富来收买罗马的贵族和人民。没有理由相信他比大多数同僚更加腐败，但是他的对手正在大肆传布他行贿的流言，还耸人听闻地说，他统治罗马之后就把教会的财产据为己有了。他的敌人发现，在北意大利和国外的众人中有一位可利用的听众，这位听众的双耳还没有被皮耶莱奥尼用金子捂住。他也被——非常矛盾——身负的职务束缚在罗马，当英诺森在欧洲各地寻求支持时，他则被压制在拉特兰宫。不过，这些都是次要的东西，有一项对抗阿纳克莱图斯的因素比其他所有因素加起来更重要，并最终打碎了他所有的野心和希望。这个因素就是明谷的圣伯尔纳。

圣伯尔纳当时 40 岁，无疑在欧洲拥有最强大的精神力量。他巨大的个人魅力可以让他轻易地控制接触到的人，但是对于一位拥有客观眼光的 20 世纪的观察者而言，他不是一个富有吸引力的人物。他身形高大，却形容憔悴，他一生中有所夸张的肉体苦行让他一直承受着痛苦，也让他性格阴郁。他的宗教热忱异常炽烈，如此一来就再也没有可以容纳宽容和温和持中的空间。他的公共生活始于 1115 年，当时任西多修道院院长的英国人斯蒂芬·哈丁（Stephen Harding）将他从修道院的纪律中解放出来，派他去香槟地区的明谷（Clairvaux）建立一个分院。从此以后，尽管非他所愿，他的影响开始四处传播。在他生命的接下来的二十几年里，他不停地移动、布道、劝解、论证、争辩，写了无数的书信，参与了每一次他认为牵涉基督教基本原则的争论。

教皇分裂正是他眼中牵涉基督教基本原则的争论。伯尔纳毫不犹豫地宣布支持英诺森，从那一刻起，结局便已注定。和以前一样，他的理由是感情上的。教皇秘书长兼枢机主教艾默里为英诺森出谋划策，他应为整个争论负直接责任，而他正是伯尔纳的私人密友。另一方面，阿纳克莱图斯出自克吕尼修道院，而伯尔纳嫌恶克吕尼修道院，因为他认为它背弃了改革派的理念，认为它屈从于应该被根除的财富和世俗的诱惑。更糟的是，阿纳克莱图斯祖上还是犹太人。伯尔纳在后来写给皇帝洛泰尔的书信中写道："如果犹太人的后代居然获得了圣彼得的教皇宝座，就等于伤害耶稣基督。"他似乎没有想过圣彼得本人的族属为何。[1]

1130 年夏末，法国国王路易六世（Louis Ⅵ，绰号"胖子"）在埃唐普召开宗教会议，以咨询他应该支持两位教皇中的哪一位。

---

1 圣彼得是犹太人。——译者注

伯尔纳已做好突袭的准备。他敏锐地发觉，若要调查选举的合法性，则对他弊大于利，所以他坚定地着眼于个人品性，立刻发动了一场骂战，几乎在一夜之间，就把枢机主教团中的一位广受尊敬的高级教士在他听众眼中变为敌基督（Antichrist）。虽然没有任何埃唐普会议的文件流传至今，但是可以追溯到该时期的一封修道院院长的书信非常准确地反映了他的看法。

信中说，阿纳克莱图斯的追随者"与死亡订立了协议，和地狱签署了契约……可怜又招人嫌恶的行为在圣地出现，他在神的祭坛上纵火。他迫害英诺森，也迫害英诺森那边的清白之人。英诺森从他面前逃开，因为'狮子［对应皮耶莱奥尼的名字］吼叫，谁不惧怕呢？'（《阿摩司书》3：8）他听从了主的话语：'有人在这城里逼迫你们，就逃到那城里去。'（《马太福音》10：23）于是他逃走了，因为他仿效使徒而逃离，这足以证明他自己也是一位使徒"。

在今天，很难相信这种诡辩式的辱骂可以被人严肃地对待，遑论带来什么持久的影响。但是伯尔纳控制了埃唐普会议，正是因为他，英诺森在法国得到了正式的承认。在英格兰的亨利一世那里，困难更少。起初亨利也很犹豫：阿纳克莱图斯在他的宫廷中做过教皇使节，何况两人还是私下的朋友。然而伯尔纳亲自拜访英格兰，与他谈论此事，亨利的抵制瓦解了。1131 年 1月，他赠予英诺森各种礼物，并且在沙特尔主教座堂（Chartres Cathedral）向英诺森宣誓效忠。

还剩下帝国的问题。德意志国王洛泰尔二世处于非常尴尬的位置上。他年近六旬，身体强健，性格骄傲而固执，他当上皇帝时是不那么重要的贵族。他在 1125 年被选为国王，这在很大程度上得益于与枢机主教艾默里有密切关系的教皇派的影响。因此，他应该倾向于支持英诺森。但在另一方面，阿纳克莱图斯给国王夫妇、德意志和萨克森的教士与平信徒送去了非常礼貌的书信，告诉他们，他的枢机主教同侪"以惊人的一致"将他推上教皇的宝座。他还在之后的书信中将与洛泰尔争夺王位的霍恩施陶芬的康拉德处以绝罚，驱逐出教门。洛泰尔知道，只有自己在罗马加冕为帝，才能说保证胜过了康拉德。无论敌对的教皇主张如何，他都不想挑战实际控制圣城的那一位。他决定尽可能拖延下决定的时间，并选择不回复阿纳克莱图斯的来信。

但是不久他发现，他不能长时间保持观望的态度，因为情况发展得太迅速了。在整个西欧，英诺森一派的势力已变得颇为强大，他们在埃唐普已经得到了更多的支持。1130 年秋，该派已经强大到足以迫使洛泰尔下决定了。10 月，16 位德意志主教在维尔茨堡（Würzburg）开会，宣布支持英诺森。1131 年 3 月末，英诺森率领全部侍从在列日（Liège）接受国王的效忠。

洛泰尔无法对抗他的主教们。而且，英诺森现在已经是得到普遍接受的教皇了。在欧洲所有的王公中，阿纳克莱图斯只剩下一位效忠者——西西里的罗杰。这一事实足以让本可以支持他的帝国转而反对他。任何教皇，无论合法与否，有什么权力可以让那些新发家的诺曼人在本属于帝国的领土上加冕称王？罗杰加冕之后，洛泰尔就不再有丝毫迟疑了：教皇必须是英诺森。然而——也许是由于其他原因，他想保留些颜面——他试图提出一个条件：9 年前帝国失去的以戒指和牧杖为象征的主教叙任权，应该归还给他和以后的皇帝。

他没有考虑到伯尔纳。伯尔纳陪同英诺森前往列日，而这正是他所擅长应对的那种危机。他从座位上一跃而起，当着众人的面，无情地斥责国王，要求国王放弃自己的企图，并无条件地向合法的教皇宣誓效忠。一如既往地，他的话语——更可能的是话语背后的人格力量——起到了作用。这就是洛泰尔与伯尔纳的第一次相遇。洛泰尔过去不太可能被人以这种方式说过话，他不缺少道德品质，但是这次他的直觉告诉他，自己的地位不再稳固。他屈服了。在会议解散之前，他向英诺森正式宣誓效忠，并为效忠而付诸一次对教皇来说更有价值的行动——洛泰尔亲率一支德意志军队，带着教皇前往罗马。

在被加冕的时候，罗杰就已经意识到阿纳克莱图斯和自己身上的压力，他已经无法逆转地把自己的命运和对立教皇联系在一起了。他知道自己已经加入了一场赌局。他的王冠可能确实是政治所需，但是现在的代价却是承受半个大陆的怒火。从某种程度上来讲，这是无法避免的。新出现的、野心勃勃的强大势力，在国际舞台上是不受欢迎的，更何况西方帝国和拜占庭帝国仍宣称罗杰建立王国的土地应属于它们。更不幸的是，他此时不仅必须对抗当时欧洲的政权，还要对抗精神上的势力，尤其精神势力的代表是以下二人：明谷的伯尔纳和克吕尼修道院院长彼得。在选举之后的头几个月里，罗杰可以和两个自称教皇的人讨价还价。比起向他求助的阿纳克莱图斯，英诺森的未来看起来更加光明。在现实面前，罗杰肯定难受地感觉到自己押错了宝。

除了能产生威胁的帝国和教会，新国王还有其他敌人。其他同样危险的敌人近在咫尺，那就是城镇和贵族们，后者在 100 多年的时间里是半岛恢复秩序、完成统一的主要障碍，之前奥特维尔家族的人也是这么想的。唯有卡拉布里亚没有任何成规模的居民点或重要的居民点，因此当地居民乐于接受国王的统治。坎帕尼亚的城市与北意大利的城市有所差异。在北意大利，由于贸易的恢复、帝国控制的松弛以及开始组织化的手工业，一些独立的商业城邦得以建立，它们采用民主政治——这也是之后中世纪意大利的一个特点。坎帕尼亚的城市在政治参与上不及北意大利城市，却已被这股公共自治的香气所勾引，它们采取了一些措施，这些措施显著地反映了正在流行的背离统一的倾向。普利亚的情况也差不多。巴里已经成为一个由"执政团"（Signory）控制的地方，由受到法律限制的王公控制下的城市贵族统治。特罗亚在特罗亚主教之下形成了相似的系统。莫尔费塔和特兰尼则是公社。如果可能的话，没有城市希望被管理严格、高度集权的君主国统治。留给它们表明态度的时间已经不多了。罗杰在 3 年前匆匆穿过意大利本土的公爵领之时，为了回报城镇的快速投降之举，偶尔会允许它们继续控制自己的城墙和城堡。当时的这种安排符合罗杰的目的，但他无法再做出这种让步了。从此时起，他的权威只要存在，就必须是绝对的权威。1131 年 2 月，他正式要求阿马尔菲的市民放弃城防，将城堡的钥匙交给他。

阿马尔菲人拒绝了，他们声称国王践踏了他们在 1127 年投降时签订的协议，虽然他们说得没错，但是罗杰认为两者不相干。对他而言，这就是公然的反抗之举，换谁都忍不了。年轻的黎凡特希腊人安条克的乔治以后将成为最伟大的西西里海军统帅，现在正处于职业生涯的起点，他奉命率舰队封锁该城的海上通道，并俘获所有停在锚地的阿马尔菲船只。同时，另一位希腊人，也就是担任埃米尔的约翰，率军从背后的山区接近该城。遭到围困的市民无力抵抗，他们坚持了一段时间，但是当他们看到卡普里（Capri）及附近所有的据点尽数落入西西里军队手中，他们也只好投降。

在 25 英里外的那不勒斯，公爵塞尔吉乌斯七世（Sergius Ⅶ）正在关注事态的发展，他的焦急已迅速转化为警觉。他一度想向阿马尔菲伸出援手，但是在得知西西里军队的规模后，他立刻改变了主意。因此，泰莱塞的亚历山大得意地记录道：该城"自罗马时代以来就极少被刀剑征服，但是现在却仅仅凭借一则军力的报告，便向罗杰投降了"。最后，当时由阿纳克莱图斯授予罗杰的所有领土，现在又被罗杰尽数掌握在手中了。

当年夏天，在 3 艘那不勒斯舰船的护卫下，罗杰乘船返回巴勒莫，却在海上突然遭遇了一场猛烈的暴风雨。在海上度过了两天，一行人似乎将要葬身大海，罗杰立下了誓言：如果他们能够安全地回到岸上，他将为救世主基督建造一座主教座堂。次日刚好是主显节（Transfiguration），暴风雨停止了。船只停靠在切法卢的海湾里，停靠在至今还占据着大部分巴勒莫东海岸的巨岩之下。这块巨岩曾经庇护着一座繁荣的小镇，在拜占庭时期，有主教在镇里驻扎。但是撒拉逊人占领这里之后，它的重要性降低了。1063 年，罗杰一世攻击了这里，并将其大加破坏。现在，轮到他的儿子来做出补偿。罗杰上岸后，下令在登陆处修建一座小教堂，以纪念圣乔治，他宣称自己在风暴正盛时见到了圣乔治。[1] 随后他令人带测量杆来，立刻开始主教座堂的选址工作。

---

[1] 这不是圣乔治第一次在危急时刻为诺曼人提供支持了。《征服，1016—1130》的读者可能会记得，他曾在罗杰父亲于 1063 年参与的切拉米之战中现身。

　　以上便是这则故事，当地学者为它的真实性争论了一个多世纪。怀疑的人指出，没有任何当地的编年史可以证实，甚至泰莱塞的亚历山大也没有记载，而他是罗杰的传记作者中最能奉承的一个，还特别喜欢这类故事。另一方面，罗曼蒂克的人则找到一份同时代的证据，它是 19 世纪 80 年代发现于巴塞罗那阿拉贡王国档案中的一份文件，他们认为没有太多质疑它的空间。[1] 他们的证据很有说服力，却不能完全证明此事为真。我们只能确定，1131 年 9 月 14 日，切法卢再次拥有了自己的主教，这一次是一位拉丁主教。此时，教堂的修建工作已经开始了。

　　西西里的容颜改换得极快。唉，欧洲其他地方的投机者和地产商也将注意力投向西西里，许多世外桃源般的景致都被混凝土建筑和汽车旅馆破坏了。但是在这块土地上还有两座建筑杰作，无论是遥看还是近观，都美得摄人心魄。其一是塞吉斯塔神庙（ Segesta Temple ），当地的背景为这处遗址的美增色甚多。无论如何，人们会被它坐落的高台、高台与周遭山岗的关系，被壮丽感、孤独感和静寂感所震撼。这不是说贬损神庙本身，她太美了。但是，几乎所有的希腊神庙都是如此，必须承认，它们彼此之间特别相像。

　　其二则是切法卢主教座堂，它是独一无二的。第一眼从西侧的沿海道路望去，它周围的环境与塞吉斯塔神庙毫无相似之处。一片轮廓柔和的海滩上长着松树和刺梨，将我们的目光引向

1　Rosario Salvo di Pietraganzili, 'La leggenda della tempesta e il voto del Re Ruggiero per la costruzione del Duomo di Cefalù'. In *La Sicilia Artistica ed Archeologica*, vol. II, Palermo, June-July 1888.

海湾远处，那里有一簇拥挤的屋顶。在屋顶背后的城镇中，升起了罗杰的主教教堂，它毫不费力地俯视下面的房屋，和林肯郡（Lincoln）和达勒姆（Durham）的主教座堂一样。在主教座堂背后是该城之所以得名的岩石。古代的希腊居民把这里看作一颗巨人的头颅，但它更像巨大而宽阔的肩膀，方正而结实，为该镇提供了保护。既不至于太近给人压迫感，又不至于太远而遭人忽视，岩石和小镇浑然一体，彼此互补，彼此相融，而主教座堂构成了它们之间的连接点。

以上是第一印象。但是只有抵达中央广场，才能完全欣赏切法卢主教座堂的壮丽之美。观众会第二次感到吃惊，这次的原因有所不同——教堂的位置极为完美。教堂坐落的岩石斜坡有一些坡度，比广场略高，若观者要接近教堂，只能从斜下方逐渐接近，就像接近帕特农神庙一般。越来越近，真实感也逐渐增强。它的外观不仅是西西里的诺曼建筑中最迷人的，也是全世界所有主教座堂中最为迷人的。教堂正面有两座塔楼，它们有些差别，而非一模一样。塔楼之间是让人眼花缭乱的精致连拱廊。我们见到的教堂的正立面可以追溯到1240年，也就是罗杰时代的一个世纪之后。在此之后，这种早期诺曼西西里建筑典型的东西方交融的风格消失了，剩下华丽的南方罗马式建筑，简洁而不朴素。

以上是切法卢主教座堂外面的样子，但是它最伟大的奇迹还不仅于此。你再沿着楼梯而上，穿过两尊奇特而惹人喜爱的巴洛克风格的主教石像，走过内部庭院，来到三拱门式的柱廊前，这柱廊建于15世纪，却毫不逊色。走过柱廊，就进入了教堂内部。你第一眼或许会看到一处令人失望的小瑕疵：两根古罗马立柱之间的一些细长的拱——这些拱的形状无疑会让人想到伊斯兰建筑的影响——差不多被 17、18 世纪死气沉沉的装饰淹没了。但是不久后，你的眼睛就会忘记透进来的阳光，逐渐凝视主教座堂内的光线，沿着立柱往前看，直到圣坛。目光从圣坛一直朝上，越过高高的祭台，能看见屋顶的圣徒、天使以及大天使。最后再望向东侧后殿的屋顶，与基督在此处相遇。

这是全能的基督，是万物的统治者。他举起右手祈祷，而左手拿着一本书，打开的书页上写着"我是世界之光"，它以希腊文与拉丁文写就——确实如此。这幅马赛克镶嵌画为罗马教会的荣耀而制作，它本身是纯粹拜占庭的风格和工艺。我们对这位制作马赛克画的工匠一无所知，只知道他可能是罗杰从君士坦丁堡寻来的。不过，他毫无疑问是一位天才。他在切法卢制作的全能者基督像，可能是所有全能者基督像——甚至是所有形式的耶稣像——中最具壮丽感的。只有雅典附近达夫尼修道院（Daphni Monastery）中的一幅马赛克画可以与之媲美。虽然这两幅马赛克镶嵌画时代相近，却有极大的差异。达夫尼修道院中的基督像颜色很暗，显示出一种胁迫的氛围。而切法卢主教座堂的基督像既有力量和威严感，也没有忘记他的任务是救赎。温柔和缠绵与他毫无关系，但他眼中含着悲伤，眉毛开放而舒展，甚至他前额缓缓垂下的两缕头发，都诉说了他的仁慈和怜悯。拜占庭的神学家曾要求，宗教艺术家展现基督耶稣的形象时，应当试图反映上帝的形象。这个要求不简单，但是在切法卢，这项工作得以首次出色地完成。

在耶稣下面，他的母亲玛利亚站着祈祷。她的儿子辉煌耀眼，她附近有 4 位大天使，从下面窗户中照进来刺眼的光芒，所以她很容易被遗漏。这一点有些可惜，因为如果她像托尔切洛岛

（Torcello）上教堂后殿中的圣母像一样，是独自待在金色环境之中的话，这处圣母像也会被当作杰作而受到歌颂。（大天使穿得像拜占庭的皇帝，甚至拿着皇权宝球和拉伯兰军旗。）再下面是耶稣的十二门徒，他们不像常见的东方圣像画上那样站得笔直，而是向彼此略做转身，似乎在交谈。最后，在唱诗席的两侧各有一个白色大理石宝座，宝座上镶嵌着红、绿和金色的装饰，一个是主教的，另一个是国王的。

在生命的最后几年，罗杰肯定坐在这里的宝座上，注视着他创造的辉煌景观。而窗子下方的铭文记录说，所有的后殿中的马赛克于 1148 年完工，而他在 6 年后去世。[1] 他一直认为这座主教座堂是他个人的奉献物，并在该镇修建了一座宫殿，以监督教堂的修筑工作。[2] 所以毫不奇怪，他在 1145 年 4 月计划让自己死后埋在这里，并同时捐献了两副斑岩石棺：一副供他自己使用，而另一副按照他的说法，是"为了我名字的庄严记忆以及教堂本身的荣耀"。可悲的是，他的愿望被人们忽视了，他现在没有躺在这座充满荣耀的教堂之中，而是躺在华丽却空洞无物的巴勒莫主教座堂里——本书将在后面提到这则故事。8 个世纪之后，希望当局会转变想法仍是徒劳的。无论如何，参观切法卢主教座堂的人很难不做出一次默声祈祷，祈祷这位最伟大的西西里国王将在某一天在这座教堂中安息，国王他爱这里，属于这里。

1　在唱诗席旁墙上马赛克最上面一排，铭文是拉丁文的而不是希腊文的，它时代稍晚，或许出自 13 世纪的一位当地艺术家之手。上面拱顶处的炽天使也是如此。

2　这座宫殿的旧迹至今保存在被称为"大酒馆"（Osterio Magno）的地方，这里位于罗杰大街（Corso Ruggero）和 G. 阿门多拉大道（Via G. Amendola）的拐角处。

2

国内叛乱

我们穿越阿尔卑斯山而来！

——教皇英诺森二世晓谕拉文那大主教，1132 年 4 月 16 日

罗杰已经经受住了一场暴风雨，切法卢主教座堂正是这场暴风雨的绝佳见证者。但是他知道，教堂的地基还未打好，另一场暴风雨正在迅速酝酿。洛泰尔正计划向罗马城进军，企图一箭双雕：一是把英诺森二世送上教皇宝座，二是让自己加冕为皇帝。明谷修道院院长、大部分西方教会、英格兰国王和法国国王皆从旁协助，他很有可能成功。他成功的话，要怎么阻止他率军进入西西里，一劳永逸地赶走这位搞分裂的教皇及其唯一的拥护者呢？

一旦洛泰尔到了南方，他就会发现自己不缺乏支持者。南意大利的封臣总是憎恨他们姓奥特维尔的领主，比城镇更甚。在之前的一个世纪里，他们一直是罗贝尔·吉斯卡尔的眼中钉，让他心烦意乱，还耽误了他的各项军事行动。由于他们时不时引发叛乱，所以罗贝尔从来没有足够的时间来征服西西里，而他本来甚至可能坐上君士坦丁堡的皇位。然而，罗贝尔至少能在此维持一

定的权威，但在继承他普利亚公爵头衔的儿孙那里，这仅存的权威也丧失了，南意大利陷入了混乱。这些封臣可以随心所欲地攻伐、抢掠，泰莱塞的亚历山大不禁哀叹说，甚至农民都不能平安地耕田了。

只有在坚决维护自由、抵制所有重新建立强有力中央集权的企图之时，这些封臣才会联合起来。事实上，他们的领主不再只是一个公爵，而是一位国王，只是这位国王还没有试图从中调解并恢复新秩序。可以确定，他们也不喜欢帝国，但是如果他们不得不选择一位领主，他们就会希望这位领主能尽可能地离他们远一些，一位年老昏聩、位于阿尔卑斯山另一边的老皇帝，当然优于一位坚定决绝、精明强干、近在咫尺的年轻奥特维尔。差不多在罗杰国王于 1131 年夏返回西西里的同时，这些封臣中最桀骜不驯的两位——孔韦尔萨诺的坦克雷德和巴里亲王格里莫尔德——在普利亚掀起了一场小规模的反叛。到圣诞节，他们已经占领了布林迪西。

西西里国王罗杰并不是特别急于制服他们。他惯于在冬季尽可能地前往西西里，这时切法卢主教座堂无疑占据了他的大部分注意力。此外，他还深爱着自己的家室。王后埃尔薇拉是卡斯提尔国王阿方索六世的女儿，她嫁给罗杰已经有 14 年了。遗憾的是，我们对她知之甚少，只知道她的婚姻非常幸福，两人育有 7个孩子，其中有 4 个健壮的儿子，这些儿子是国王在晚年的重要依靠。1129 年，他的长子罗杰和次子坦克雷德在意大利梅尔菲进行了一场仪式性的登台亮相，当时普利亚和卡拉布里亚的贵族非常不情愿地向罗杰和他的两个儿子宣誓效忠。但是在大多数时间里，王后埃尔薇拉和她的孩子们都居住在西西里。在近几年的夏季，罗杰没有多少机会看望他们。

1132 年 3 月，罗杰不能再拖延前往意大利本土的日期了。这不仅是因为普利亚的叛军引起了他的注意，还是因为阿纳克莱图斯提出了另一个更严重的问题，想与罗杰在萨莱诺会商将来的计划。这位对立教皇的担忧与日俱增：他的对手英诺森二世教皇已经到达北意大利。危险还在远处，因为谁都知道洛泰尔的军队还未开拔。而罗马城内已谣诼纷纭，阿纳克莱图斯的死对头弗兰吉帕尼家族四处散播谣言，让民众颇为不安。更糟糕的是，月亮也发生了异变。据贝内文托的编年史家法尔科记载，月亮突然失去光彩，变成了血红色，大家都不认为这是一个好兆头。阿纳克莱图斯认为，当务之急是展示力量，让罗马人知道他仍然是罗马城的主宰，背后有西西里国王撑腰。罗杰同意阿纳克莱图斯的观点，随即派出主要封臣卡普阿亲王罗贝尔和姐夫阿里菲伯爵雷努尔夫率领 200 名骑士前往罗马城，驻守在那里，等待下一步指示。

正如这位国王的其他举措一样，上述行动也没有看上去那样大公无私。就在数年前，卡普阿的罗贝尔和其他贵族竭力试图把罗杰拦在南意大利的公爵领之外，即使他没有太大的决心。后来他像其他人一样，选择有条件地投降，成为当地的主要封臣，帮助国王在巴勒莫主教座堂戴上王冠。但是他从来没有完全与新国王和解。罗杰见危机即将到来，或许希望能利用这次机会将卡普阿的罗贝尔送出一个安全的距离。阿里菲伯爵雷努尔夫更加狡诈，他已经不止一次地背叛了罗杰，[1] 如果机会合适，他无疑会再次背叛。另外，他的弟弟，控制着阿韦利诺的里夏尔也在近期否认了

---

1 《征服，1016—1130》，第 336—342 页。

国王的宗主权，并宣布独立。当罗杰派使者让里夏尔听令时，里夏尔残忍地挖出了使者的双眼，划开了使者的鼻子。国王随即针锋相对地占领了双方之间的争议领土，然而，新发生的事情让事态更加复杂。雷努尔夫到罗马之后，他的妻子，也就是罗杰同父异母的姐姐玛蒂尔达，抛下丈夫到罗杰那里避难，声称丈夫雷努尔夫长期家暴，不想再继续这段婚姻了。

罗杰支持姐姐。当雷努尔夫——违背罗杰的命令——离开罗马城，并要求归还领土和妻子时，罗杰回复说，玛蒂尔达是自由的，她回不回去取决于她自己的意愿，他不会强迫她回去。同时，玛蒂尔达带着儿子随罗杰回到西西里，而且罗杰要求雷努尔夫立即归还作为玛蒂尔达嫁妆的领地，也就是卡夫丁峡谷（Caudine Valley）以及峡谷内的所有城堡。在阿韦利诺问题上，罗杰同样不妥协：听闻弟弟里夏尔宣布独立，雷努尔夫无动于衷。因为罗杰未能保护合法的宗主权利，所以他宣布没收里夏尔在阿韦利诺的一切权力。只在一种情况下罗杰才会妥协：雷努尔夫及其追随者在萨莱诺当着罗杰的面正式说明情况，罗杰愿洗耳恭听。

雷努尔夫当然不会接受这样的处置，也不会去萨莱诺向罗杰脱帽致敬。他主动与卡普阿的罗贝尔——他也违反命令，从罗马撤回——接洽，商议叛乱事宜。

普利亚的叛乱被迅速镇压了。经过短暂的围城，1132 年 5 月，巴里居民将格里莫尔德亲王及其家眷交给罗杰，罗杰把他们作为囚犯押送至西西里。而孔韦尔萨诺的坦克雷德仅仅在许下一个诺言后就得到了自由，他许诺离开此地，前往圣地耶路撒冷，却从未兑现。所有战事在一个月内结束，但是更深层次的不满情绪在南意大利蔓延开来。更重要的是，在雷努尔夫和罗贝尔召集军队的关键时刻，普利亚的叛乱无疑让罗杰分了心，无暇顾及。雷努尔夫和罗贝尔违背命令从罗马城撤回，罗杰便有了充足的借口。如果他能在他们回程的路上袭击他们，或许可以为自己免去其后数年中发生的一系列麻烦。但他失去了这次机会。他把西西里的事务处理得非常稳当，却还捉摸不透他在本土的封臣。这也不是他第一次低估封臣的力量了。他的自尊心伤害了姐夫雷努尔夫，却没有达到实际的效果，只是将一个潜在的对手变成了真正的敌人。雷努尔夫现在又气又恼，这相当危险，因为他有了卡普阿亲王罗贝尔的支持，其军事实力就是南意大利第二强大的，仅次于西西里国王。

在过去，卡普阿的罗贝尔从来就没有很强的道义勇气，但是叛乱即将发生，洛泰尔和他的帝国军队不久后就会出发。另外，他不是雷努尔夫的领主吗？如果他在封臣面前丧失了勇气，那要怎样保持封建王公的地位呢？他拿出全部力气，准备再发动一场全国性的叛乱。1132 年晚春，罗贝尔与雷努尔夫召集了 3000 名骑士，还有差不多 10 倍于骑士数量的步兵，发动叛乱。大多数南意大利的贵族都支持他们。

这次叛乱的力量让国王大吃一惊。他刚刚镇压了一场叛乱，最不想面对的就是另一场叛乱，更何况这次叛乱的规模要可怕得多。时机不巧，他此时还需要调动所有精力来对付北方的威胁。按照他的习惯，他想尽可能地避免战争，所以意图达成某些妥协条件。7 月中旬，他派遣使者前往叛军驻地，想与之协商，却毫无成果。两位叛军领袖相当顽固，他们认为自己遭到了无理对待，想得到补偿，否则就没有谈判的余地。

两方军队在贝内文托附近集结，他们都有充分的出兵理由。贝内文托是教皇的领地。80 多年前，贝内文托居民驱逐了他们的统治者，并归附于教皇利奥九世的庇护之下，此后他们一直忠于教皇，现在他们是教皇权力在南意大利的重要堡垒。1128 年，就在贝内文托城外，教皇霍诺留将公爵领授予罗杰。两年之后，阿纳克莱图斯在城中的教皇宫里为罗杰戴上王冠，并保证该城在战时应帮助罗杰。在现在的情形下，这项承诺意义重大。但问题是，罗杰真的可以指望这项承诺吗？

最初，这项承诺似乎靠得住。阿纳克莱图斯任命科雷森提乌斯（Crescentius）枢机主教为贝内文托的牧区神父（Rector），加上当地的大主教和一群市民中的要人，他们一起向罗杰保证，会保持亲善关系。他们听说罗杰要放弃一些对贝内文托的经济权利，就毫不犹豫地答应积极为罗杰提供军事援助。这是一个灾难性的错误决定，后来这座城市失去了经济待遇，而罗杰永远失去了贝内文托。在他们不在的时间里，罗贝尔的密探忙碌起来，四处散布谣言，说科雷森提乌斯及其朋友已经被西西里国王收买了。罗杰和贝内文托之间的协议条款泄露之后，贝内文托人惊慌失措。如果他们像其他城市一样会被卷入内斗，那么他们教皇城市的地位还有什么意义？在一次全体民众的集会上，他们表明了以下态度：

> 我们不能就这样与国王结盟，也不能答应他去冒着烈日，气喘吁吁、汗流浃背、精疲力竭地参与西西里人、卡拉布里亚人和普利亚人的长途行军，我们倾向于在安静的地方生活，我们实在难以适应如此冒险的生活。

这则声明似乎说明他们想放下武器，但事情可能没有看上去那样简单。贝内文托的民众必定了解教皇英诺森和国王洛泰尔的眼睛正时刻盯着他们。教皇和对立教皇之间有可能爆发巨大冲突，他们比南意大利的任何人更急于押中胜利的一方。尽管他们自称是温文尔雅、热爱和平的人，但他们对待科雷森提乌斯的方式，竟让这位枢机主教逃回罗杰那里，才捡回一条命。而那位可怜的大主教则惊惧不已，将自己锁在主教座堂之中。

叛军获得了胜利。罗贝尔亲王毫不费力地确保了贝内文托的友好中立，他的军队可以自由地在贝内文托的领土内穿行。那位大主教瑟瑟发抖地从避难处出来，为订立卡普阿和贝内文托的新协议庄严宣誓，但他小心地指出这座城市忠于教皇。至于是哪位教皇，他没有明说，他的信众似乎也认为最好别问。

失去贝内文托对罗杰是一次沉重的打击。它究竟会在长期造成多严重的问题，还没有明显的答案。但是它的直接影响便是将罗杰的军队置于危险的境地。罗杰的军队依赖贝内文托提供的食物等补给品，但是原本信任的亲善突然转变为公开的敌意。此外，卡普阿的罗贝尔在地方势力的支持下安全无虞，随时可能发起袭击。一如既往地，罗杰再次本能地从这场直接对峙面前退缩了。他命令军队的各个部分都要密切注意其军旗的动向，一旦它移动，就要及时跟着它行动。

夜幕降临之后，他发出了信号，西西里军队趁着夜晚翻越群山，撤退到南方。从表面上看，可以说这次行动是一次战略转移，但是它发生的背景和行军速度分明显示这是一次逃亡，因为在破晓时分，国王的军队已经到达阿韦利诺城外的阿特里帕尔达山（Mt Atripalda）山麓，而一夜之间在山路上行军 20 英里可不是一件容易的事情。但是这还没完。据法尔科的记载，国王在马上反复思考复仇的方法，最终决定重新取得主动权。因此，他没有前往本土上的都城萨莱诺，而是右转，向诺切拉（Nocera）进军。诺切拉是罗贝尔手中仅次于卡普阿的重要据点，如果发动突袭，就可能出其不意地拿下该城。运气好的话，那些以为他已经回到萨莱诺的叛乱分子，几天后才会知道他究竟去了哪里。一旦他们得知罗杰的动向，必定会火速赶往诺切拉支援，并选择耗时最短的——尽管不是最近的——路线，穿过沿海平原，走过维苏威火山（Vesuvius）和亚平宁山脉之间的峡谷。这样一来，他们就要穿过萨尔诺河（Sarno）宽阔的下游地带，河上只有一座桥梁，这是一座老旧的木桥，位于斯卡法蒂（Scafati），在通往庞贝（Pompeii）的道路以西一两英里的地方。如果能毁掉这座桥，就可以争取数天时间。罗杰派一队工兵赶去桥边，工兵迅速拆毁了桥梁，等他们回来之时，对诺切拉的围攻已经开始。

这是一个大胆而有想象力的计划，罗杰一世或罗贝尔·吉斯卡尔如果在世，也会同意这样做。这个计划离成功只差一点，可是叛军的行军速度比料想的更快。诺切拉围城战刚刚开始 5 天，叛军就搭起了临时的简便桥梁，成功渡过萨尔诺河，并在城北宽阔的平原上安营扎寨，正对着罗杰的军营。卡普阿的罗贝尔率领 1000 名骑士驻守在左方，雷努尔夫率领 1500 名骑士驻扎在右方，这样就将平原分成了三部分。同时，他们派出 250 名骑士前往城墙附近，牵制攻城的敌军。其余的骑士原地待命，准备作战。

时间是 7 月 14 日，星期天。罗杰不再犹豫。他听闻敌军已经渡过萨尔诺河，便立刻停止围攻诺切拉。第一波突击队已经列阵完毕，现在他们在国王的命令下，放低长矛，策马飞奔，急速向前冲锋。受到攻击后，罗贝尔的战线迅速崩溃。后方的卡普阿步兵见前方的骑兵溃败了，顿时惊慌失措，向河边逃去。那座临时匆忙搭建的桥梁难以承受数量巨大、快速奔逃的士兵，结果数以百计的士兵落水身亡。

国王军队的第二波冲锋产生了类似的效果，但是现在阿里菲的雷努尔夫伯爵率领 500 名骑士来到后方，从侧翼直逼国王军队。顷刻之间，国王的军队有所动摇。还没等他们重整战阵，另一波猛攻紧随而至，接着雷努尔夫军队的左翼和右翼也随中军进攻——如法尔科所述，其势头宛如一头 3 天未进食的饿狮。

战场的形势逆转了。现在罗杰处于劣势，他抓起长矛，在战阵中策马奔跑，号召士兵再次随他冲锋，却为时已晚。他的军队已经完全败退，他别无选择，只能一起撤退。当天晚上，他身带血迹，筋疲力尽地回到萨莱诺，身边只剩下 4 名骑士。约有 700 名骑士和 20 位男爵被俘，其余的在战斗中死亡，或者像其他大量步兵一样，在逃跑中被砍倒。损失的物品不计其数，法尔科坦陈，他无法估计被掠走的"大量的金银，极多的镀金器皿，种类繁多的衣服和马具，还有铠甲等装备"。而教皇忠诚的拥护者、随罗贝尔前往诺切拉的圣阿加塔主教亨利记载，胜利者从国王的文件中找到了阿纳克莱图斯将王国的领地赐予罗杰的教皇诏书。[1]

这是罗杰参与的第一次大型战斗，它是场灾难。他遭受了巨大损失，他在意大利的声望也摇摇欲坠。随着罗杰战败的消息传遍半岛，叛乱的战火也接踵而至，越来越多的城镇加入卡普阿的

1　见 J.B.R.G., vol. V, *Monumenta Bambergensia*, p. 444。

罗贝尔的麾下。在贝内文托，人们举着火把游行，走遍了城市所有重要的圣坛，并做好安排，欢迎教皇英诺森派代表前来代替倒霉的科雷森提乌斯担任牧区神父。在巴里，人们再次发动起义，杀死了多名罗杰的撒拉逊守卫。在蒙特佩罗索，孔韦尔萨诺的坦克雷德迅速取消了参加十字军的出征计划，重新加入叛乱。同时，德意志的消息不断传来，洛泰尔已经集结军队，正在翻越阿尔卑斯山，向南进发。

此时，罗杰正在萨莱诺重建他那残破不堪的军队，强化海军——比起以往，制海权对此时的他来说至关重要——以迎接未来的挑战，据说他的乐观和自信让身边所有人印象深刻。从某种程度上讲，罗杰可能是装出来的，可不一定全是装出来的。在此之前，罗杰一直避免阵地战，他在各个时候全部或部分地使用过外交、贿赂、搪塞、消耗、围城等战术手段，而不愿与敌人在战场上正面交锋。从贝内文托撤退一事就是极好的例证。罗杰的士兵无疑更愿意坚守在那里与敌人交战，而不愿耻辱地在夜色的掩护下撤退，因为这既令人泄气，又毫无尊严。但是，翻越群山的漫漫旅途让国王有充足的时间去探究自己的灵魂。如果他要平息士兵的窃窃私语，要平息自己的心绪，就必须证明自己无愧于血统和名字。最后，他还是朝着这些目标做了一些努力。他的领导能力或许有缺陷，那也是灾难性的一天。但他最终发现，到他 36 岁那年战争的号角响起的时候，他并不缺乏勇气。

北方传来的消息是有充分根据的。自洛泰尔答应护送教皇英诺森回罗马城起，已经过去了将近一年半的时间。德意志的动荡不安推迟了洛泰尔的启程时间，而且他未能组建一支规模满足心意的军队。现在他认为，解决国内问题的关键在于尽早获得皇冠，以及获得皇冠附带的崇高声望。于是在 1132 年 8 月，他与王后诺德海姆的丽琴莎（Richenza of Nordheim）带着一支差不多等于武装卫队的队伍，翻越群山，来到伦巴第。

这次旅行可不舒服。伦巴第的诸城市逐渐变得强大而富有，独立自主的精神也愈发高涨，它们对皇位主张者的愤恨情绪也与日俱增。因此，他们对这位最新的皇位主张者的态度介于冷漠到彻头彻尾的敌意之间，当看到洛泰尔随从的规模时，他们更是新添了一丝奚落之情。洛泰尔不得不谨慎行事，他选择经过敌意不那么明显的城镇，寄希望于教皇英诺森能争取到足够的地方支持——至少能让他体面地进入罗马城。

洛泰尔发现教皇正在皮亚琴察（Piacenza）附近等候他。英诺森的呼吁起到了一定作用，这次洛泰尔的军队最后有望达到 2000 人左右。这个数字仍然令人失望，但至少不再那么丢脸了。现在洛泰尔缺少的主要是海上力量的支持。比萨和热那亚是西北方的两大海洋共和国，教皇非常依赖它们的帮助，而它们此时紧盯着科西嘉岛（Corsica）和撒丁岛（Sardinia），为了这两座岛而互相对抗。没有比萨和热那亚的帮助，如果洛泰尔军队面对水陆协同袭击，那么取胜机会微乎其微。于是，洛泰尔决定到来年春季再来加冕。或许那时就能说服这对敌对的城市为了共同的利益而搁置争议。

事实上，这些城市得以放下争端寻求合作，应主要归功于明谷的圣伯尔纳。圣诞节之后不久，他来到意大利。3 月，他与英诺森轮番对比萨人和热那亚人进行威逼利诱，促成了休战。4 月，他与英诺森回到洛泰尔的军营，准备向罗马城进军。就军力而言，这支重新召集的军队还是非常不起眼。但是根据洛泰尔的密探回报，罗杰仍忙于自己的事务，自顾不暇，洛泰尔一行此时前往罗马的话不会遇到太大的抵抗。

城外圣阿涅丝教堂（S. Agnese fuori le Mura）至今犹存，它还基本保持着 7 世纪最初建立时的样子。1133 年 4 月 30 日，就是在这座教堂的面前，准皇帝洛泰尔集结队伍，准备进行决战。罗马城的骚乱已经持续了好几天。比萨和热那亚的舰队已经沿台伯河而上，兵临罗马城，加上城中的谣言夸大了即将到来的德意志军队的规模，包括市政长官在内的许多罗马民众都迅速转变了效忠对象。城市的大部分地区纷纷敞开大门迎接洛泰尔和英诺森。弗兰吉帕尼家族和柯尔西家族（Corsi）的要人及其仆从——他们一直反对对立教皇阿纳克莱图斯，从未动摇——在罗马城门处等候，热情地欢迎洛泰尔和英诺森进城，让他们以胜利者的姿态分别居住在两座宫殿中：洛泰尔夫妇入住阿文丁山（Aventine）奥托三世的老皇宫，教皇英诺森入住拉特兰宫。

但台伯河的右岸仍然牢牢控制在阿纳克莱图斯手中，圣天使堡和传统上加冕礼的举办地圣彼得教堂都在这里。阿纳克莱图斯还没打算屈服。洛泰尔知道自己力量有限，因此提出谈判，但是这位对立教皇的答复始终如一：将这个有争议的选举问题提交给国际的教会法庭讨论。如果这个合法合规的教会法庭反对他，他就会接受这一决定。在那之前，他会继续留在他所归属的罗马城。如果由洛泰尔自己拍板，他可能会接受上述提议。在他看来，这无论如何比继续在教皇问题上保持分裂要好得多。有对立教皇，就可能产生敌对的皇帝，到时候他自己的地位可能也会不安全。但是，现在伯尔纳也随他进入罗马城。在伯尔纳看来，无论如何都不能妥协。如果不能使阿纳克莱图斯屈服，那就不要理会他。于是英诺森在拉特兰宫而不是圣彼得教堂重登教皇宝座，并尽其所能地准备仪式和典礼。6 月 4 日，英诺森加冕洛泰尔为皇帝，丽琴莎为皇后。

一位假定的教皇正在举行皇帝的加冕礼，而另外一位教皇就在一两英里之外的地方愤怒难平，却又无可奈何，这种事情已经是半个世纪内的第二回了。在上一次，罗贝尔·吉斯卡尔率领约 3 万名士兵前来，来得正是时候，他拯救了格里高利七世。[1] 阿纳克莱图斯知道他无法做这种指望，尽管国王罗杰仍是他忠诚的捍卫者，但是罗杰现在也忙得焦头烂额。幸运的是，他不需要营救。这位对立教皇或许无能，但他现在不至于有性命之虞。如果洛泰尔不能控制连接两岸与台伯岛的那两座桥梁，他就无法进攻台伯河右岸的越台伯河区。古老的马塞卢斯剧场有效地控制着前往桥梁的道路，而这座剧场现在是皮耶莱奥尼家族[2]的重要堡垒。在这种情况下，洛泰尔既没有能力也没有意愿发动攻击。既然他的目标已经实现，他只想尽快赶回德意志。加冕之后的数天，他就带着军队启程了。比萨和热那亚的舰队也踏上归途，沿河而下，驶向大海。

对教皇英诺森而言，洛泰尔的离开完全是一场灾难。他剩下

1　1085 年，与格里高利七世结盟的意大利南部诺曼人向罗马进军，救出了格里高利，但诺曼人在罗马城内进行了大肆抢劫，放火烧毁了 1/3 的城池，令格里高利大失人心。因此在诺曼人撤走时，他不得不随之南下。不久，便逝于萨莱诺城（1085 年 5 月 25 日）。

2　皮耶莱奥尼家族是罗马城非常有权势的家族。对立教皇阿纳克莱图斯就来自这个家族，他本名彼得罗·皮耶莱奥尼，后文中以彼得·莱昂尼（Peter Leone）的形式出现。

的支持者立马开始离他而去。只有弗兰吉帕尼家族还忠于他，但是他们尚且无法独力控制罗马城。7月，阿纳克莱图斯的间谍开始在罗马城的各个角落活动，皮耶莱奥尼家族金库取之不尽的黄金发挥了作用。8月，可怜的英诺森被迫再次流亡。就像他3年前所做的那样，他悄悄地离开他的教区，然后慢慢地走向比萨，意图寻求庇护。

英诺森并不是唯一一个感到被背叛的人——南意大利的叛军也是如此。他们盼望许久的皇帝刚来就走了，连最小的忙都没有帮上。皇帝离开的消息必定让仅存的一丝胜利希望也丧失了。1133年初，叛乱在孔韦尔萨诺的坦克雷德领导下不断蔓延，波及普利亚的各个角落。甚至连奥特维尔家族的第一个首府梅尔菲，以及最伟大的4位奥特维尔——包括罗贝尔·吉斯卡尔——的沉睡之地韦诺萨，都公开宣布反对国王。然后，其他城镇纷纷加入叛乱的行列，但它们很快就会后悔。刚到春季，国王罗杰就率领一支完全不同的新军队从西西里岛渡海，赶到意大利本土。过去，他急于赢得南意大利封臣的支持，因此觉得一支完全或主要由穆斯林组成的部队对他的威望有害无益，所以他有意慎用撒拉逊人，只是将他们用来强化正规部队而已。现在他已不再有这种顾虑了。他很绝望，而事实证明，撒拉逊人是他臣民中最忠诚的支持者，既不会受到诺曼贵族叛乱的影响，也不会受到教皇绝罚令的影响。现在，他带着踏上意大利土地的这支军队基本上是一支撒拉逊人的军队，这是唯一可以迫使他的基督徒封臣屈服的方式。

罗杰军队组成成分的变化似乎反映了他性格上的相应变化。两位编年史家详细记录了接下来的这场战争，其一是厌恶罗杰的贝内文托文书法尔科，其二是吹捧罗杰的泰莱塞的亚历山大。无论我们阅读其中哪一位的作品，我们都会感受到罗杰性格的新特征：冷酷无情，心存报复。他一直是一位精通外交手段和治国手腕的大师，而且终其一生都是如此。但是过去两年发生的事情教会他一些道理，那就是在一些情况下，上述手段会失灵。尽管诺切拉之战打得很糟糕，但是这场战斗也让罗杰相信自己有能力对付叛军。在必要的时候，他不再害怕流血了。

于是在1133年的春天和夏天，西西里王国的撒拉逊军队进攻普利亚。首当其冲的是韦诺萨，因为攻占这座中部山区的城镇之后，可以借此切断坦克雷德及其叛军与西边卡普阿的盟友之间的联系。罗杰向东方和西方横扫，直抵海岸，在身后留下满目疮痍。所有抵抗者均未被饶恕，许多人被活活烧死——至少法尔科是这样记载的，法尔科祈祷上帝见证"这针对基督徒的闻所未闻的残忍行为"。科拉托、巴列塔（Barletta）、米内尔维诺、马泰拉等叛军的据点相继落入罗杰之手。最后，罗杰率领撒拉逊军队兵临蒙特佩罗索城下。蒙特佩罗索是坦克雷德的藏身之地，他在这里防守，以等待这场无法避免的围城战。据泰莱塞的亚历山大记载，坦克雷德身边只有40名雷努尔夫派来的由普伦科的罗杰（Roger of Plenco）[1]——是"一位勇敢的军人，但极度敌视国王罗杰"——指挥的骑士。

蒙特佩罗索的城墙难以抵挡西西里军队的攻城器械。两个多星期后，"号角齐鸣，杀声震天"，撒拉逊军队杀进城中。一些守军"乔装改扮，穿上最粗陋的衣服，以免被骑士抓住"，成功逃

1　法尔科称为普勒托的罗杰（Roger de Pleuto）。

脱。但是他们的领袖就没有这么幸运了。当法尔科写下这段文字之时，他的笔似乎在颤抖：

> 然后坦克雷德和不幸的［普伦科的］罗杰跑起来，在城中最暗、最隐蔽的巷子里躲藏，但是他们被人发现，并被扭送到国王罗杰面前。多不幸，多可怕，多难过啊！啊，我的读者，如果你在场的话，你也会感到非常痛苦！国王下令立刻绞死罗杰，由坦克雷德亲手拉绳。噢，多么令人发指的罪行哪！坦克雷德尽管很悲痛，却不得不听从国王的命令。整个军队都被恐惧击垮了，他们向上帝呼喊，请他报复这个如此冷酷的暴君，报复这个如此残忍的人。然后，国王下令将坦克雷德关押起来，我们听说坦克雷德被押解至西西里。后来，罗杰毫不迟疑，将整个蒙特佩罗索城，包括修道院和所有民众，无论男女老少，统统交给火与剑。

蒙特佩罗索陷落之后，普利亚叛军事实上已经瓦解，但是罗杰的怒火还没有平息。现在他决定展示强硬的铁拳，让任何臣民都无法忘记这次教训。从今以后，每个人都应该清楚地了解反叛的代价。特兰尼被焚烧殆尽，而特罗亚派一支战战兢兢的市民代表团去见罗杰，罗杰当场处死了其中 5 位市政官员，然后将整座城市夷为平地，将其中的幸存者分散安置到附近的村庄。梅尔菲遭受了同样的命运，而阿斯科利的下场略好一些。罗杰毁掉普利亚所有重要城镇的防御力量之后，于 10 月 16 日率领撒拉逊军队返回萨莱诺。19 日，他们乘船返回西西里。

　　或许罗杰不用再担心普利亚了，但是还有两位坎帕尼亚的封臣尚未归附。卡普阿的罗贝尔和阿里菲的雷努尔夫听闻洛泰尔将至，就迅速赶往罗马城，恭恭敬敬地参加洛泰尔的加冕礼，他们期待加冕礼一结束，洛泰尔就会率领军队南下，帮助他们对抗西西里国王罗杰。他们真应该待在原处。罗杰迅速而突然地发动复仇行动，他们毫无准备，就被迅速切断了与部下之间的联系。雷努尔夫全速返回驻地，但他似乎从未采取任何有效的措施来阻挡罗杰的前进势头，除非算上倒霉的普伦科的罗杰率领的 40 名骑士。罗贝尔亲王则较为谨慎和明智。上个夏天的事件让他认识到，凭借手头可利用的部队，即便他能取得诺切拉之战那样压倒性的战果，也不能决定长远的局势。如果没有外部力量的帮助，就难以击溃罗杰。如果皇帝洛泰尔帮不上忙，就必须找别的帮手。于是，在 6 月的最后一周，罗贝尔离开罗马赶赴比萨。经过长时间的协商，他成功与比萨订立协议，以 3000 磅白银为代价获得 100 艘比萨和热那亚的船只，在来年 3 月供他调遣。

　　面对这样庞大的舰队，罗杰的制海权颇为危险。他的敌人可能会冒险投入全部力量攻击墨西拿以封锁海峡，甚至直接进攻巴勒莫。但是，罗杰没有表现出特别的担忧。1134 年初春，他再次回到大陆，试图一劳永逸地解决意大利问题。在横扫叛乱地区的过程中，罗杰几乎没有遇到抵抗。去年他处置普利亚城镇的消息已经传遍坎帕尼亚，坎帕尼亚民众已经了解反叛的后果，这和罗杰希望的一样。无论他的军队经过哪里，抵抗力量似乎都在土崩瓦解。但是，卡普阿和阿里菲的领主仍然在抵抗，他们已经获得了 1000 名比萨士兵的支持，并等候着北方的海洋共和国许诺的大量援军。现在是轮到他们避免阵地战的时候了。他们的城堡接二连三地陷落。甚至罗杰在约两年前蒙受了一生中最深的耻辱的地方——诺切拉,也在雷努尔夫的救援行动失败后迅速投降了。国王罗杰没有采取报复措施,去年他很残忍,今年却非常仁慈,守军士兵只要发誓效忠国王,便可获准回家。

春去夏来,比萨和热那亚的舰队还没有出现。他们的到来至关重要:与其说是战略原因,还不如说是因为没有其他事情能让叛军恢复士气。最终,绝望的罗贝尔亲王乘船前往比萨,这表面上是为了最后一次求救,但人们怀疑他是逃命去了。只剩下雷努尔夫孤军奋战了。雷努尔夫虽然有诸多缺点,却从不缺乏勇气。鉴于这场与妻弟的厮杀不可避免,他就召集所有士兵,积极准备最后一战,却为时已晚。罗杰安插在雷努尔夫军中的密探出手大方,且具有相当的口才,雷努尔夫身边的当地骑士和男爵这时也纷纷离他而去。雷努尔夫自知必败无疑,于是派人去找罗杰,说他愿意无条件投降,请求国王宽恕。

6月末,罗杰和雷努尔夫在阿韦利诺附近的劳罗村(Lauro)会面。据泰莱塞的亚历山大描述,当时的场景相当感人:

> [雷努尔夫]在国王面前屈膝跪地,首先试图亲吻国王的脚,但是国王扶他起来,似乎想反过来亲吻他。伯爵拦住国王,乞求国王将所有怒火发泄到他身上。国王满怀深情地回答说:"已经发泄完了。"然后雷努尔夫说:"我请陛下今后像对待奴仆一样对待我。"国王回答:"我会的。"雷努尔夫又说:"请上帝见证陛下与我之间的对话。"国王说:"阿门。"国王马上亲吻了雷努尔夫,大家看到他们两人站在一起,彼此拥抱了很久,一些在场的人流下了喜悦的泪水。

显然，罗杰此时的心情和去年处置孔韦尔萨诺的坦克雷德和普利亚叛军时候的心情完全不同。为了和解，罗杰归还了雷努尔夫的妻子和儿子——无论这两人是否愿意，他们都在很大程度上是这些麻烦的起因。他们似乎高兴地回家了，这似乎表明，伯爵夫人玛蒂尔达之前抛弃丈夫之举可能没有最初表现的那样直截了当。当然，国王的宽宥是有条件的。作为玛蒂尔达嫁妆的土地仍然被没收了，而且雷努尔大被要求交出战争爆发以来他占领的所有领地。

罗杰最后的敌人是卡普阿的罗贝尔。众所周知，罗贝尔还在比萨为比萨人的失约而抗议。国王的使者前往比萨，为罗贝尔带来了罗杰的条件：如果罗贝尔在 8 月中旬之前返回卡普阿投降，那么除了最近国王在战争中夺取的领地，他还可以保留其他领地；但是，如果罗贝尔执意选择逃亡，他的儿子就会成为卡普阿亲王，由国王罗杰代为摄政，直至亲王成年；如果罗贝尔继续反叛，就没收他的全部领土，他的公国也会丧失独立地位，由西西里王国直接控制。走哪条路由罗贝尔自己选择。但罗贝尔没有做出任何回复，于是国王罗杰正式向卡普阿进军。

据泰莱塞的亚历山大记载，卡普阿是一座巨大而繁荣的城市，它不仅有城墙和塔楼，还有宽阔的沃尔图诺河环绕城墙，河边有许多小型水力磨坊。但它未做抵抗，人们怀着敬意——如果我们相信泰莱塞的亚历山大的记载——和喜悦在主教座堂迎接国王。后来，罗杰接见了那不勒斯的塞尔吉乌斯公爵。此人有些自我矛盾：塞尔吉乌斯一直对于罗杰对南意大利的权利主张感到愤慨，并且毫不掩饰他对叛军的同情，却设法让自己和自己的城市远离任何实际战斗。鉴于国王已经控制了卡普阿，塞尔吉乌斯也别无选择，只能妥协。他也在罗杰面前下跪，向国王宣誓效忠。

这场叛乱似乎已经平息了。一两周之前，贝内文托的民众在另一场动乱后将教皇英诺森的代表赶出城，并宣布拥护阿纳克莱图斯和罗杰国王。最后，南意大利终于在3年中首次安定下来。在这几年，每到秋天降临，罗杰才能返回巴勒莫的家中。1134年7月末，他觉得是时候回家了。

罗杰似乎已经解决了他的问题，但是历史学家心中还有一个问题没有答案：北方的海洋城市共和国答应给叛军的援兵到底为什么没有到呢？本来谈判已经完成，价格和日期也确定了。最终的协议也于2月在比萨签署，由教皇英诺森见证，并且在一两周前就获得了叛军的正式确认。按照协议，这100艘配备满船员的船要在3月抵达。如果他们真的履行了协议，1134年夏季的情况就会完全不一样。但是他们没有出现，是什么阻止了他们？

圣伯尔纳写于1134年的两封分别给比萨人和热那亚人的信或许为我们提供了意义重大的线索。在写给比萨人的信中，他典型地借全知全能的上帝之口，说道：

> 上帝对他的受膏者英诺森说，愿我的居所在这里，我必赐福与它……在我的支持下，比萨人能抵挡住西西里暴君的攻击，不会被威胁所动摇，不会被贿赂所诱惑，也不会被狡诈所蒙蔽。[1]

在写给热那亚人的信中，他更加清楚地表明了自己的态度：

1　Letter 130.

我听说你们已经接见了西西里伯爵（原文如此）罗杰的使者，但是我不知道他们带来了什么，又带什么回去复命。为了说实话，姑且借用诗人之语："即使希腊人带着礼物来，我也惧怕"。[1]如果你们发现你们中间有人堕落到伸出双手获取肮脏的不义之财，请立即调查问题所在，将他作为叛徒和危害你们美名的敌人进行审判。[2]

西西里国王罗杰真的贿赂了比萨人和热那亚人（可能还有威尼斯人），以让他们违背承诺，蓄意拖延承诺给罗贝尔的援军吗？我们不确定。但是我们知道，西西里确实相当富有。凭借无可匹敌的贸易地位和经济效率，除了威尼斯，她可能是同等体量的地中海各国中最富有的国家。我们也知道罗杰是一位手段高超，尽管不太正派的外交能手，他总是宁愿收买敌人而不是与之交战，并在贿赂的艺术上有丰富经验。圣伯尔纳的怀疑可能不怀好意，但比萨人和热那亚人竟会错得如此离谱吗？我认为可信度不高。

---

1 维吉尔，《埃涅阿斯纪》，第 2 卷第 49 行。

2 Letter 129.

3

帝国的入侵

于是他们踏上征程，

来到普利亚的土地上。

这是那位王公的意愿。

那位王公唤作罗杰，

他被洛泰尔赶往

西西里。

——《皇帝编年史》，

"洛泰尔二世"部分，第 17084—17089 行

1134 年盛夏，国王罗杰回到了巴勒莫，此时他一定非常开心。南意大利已经恢复了和平与秩序，整个王国都听命于他。虽然他还没能证明自己是一个配得上奥特维尔家族祖先声望的将领，但他在战场上的勇气已毋庸置疑。在意大利，他获得了朋友甚至敌人的尊重，这在之前还从未有过。德意志皇帝已经穿越阿尔卑斯山北归，没有对付罗杰。所有欧洲王公中唯有他一人支持的那位教皇，仍然牢牢地坚守在罗马城。他已经做得非常好了。

但是罗杰的麻烦还没有结束。他一回到西西里就身染重病。

他康复了，可是他的妻子又病倒了，可能是染上了同样的疾病。巴勒莫的希腊医生和阿拉伯医生是世界上医术最高明的，国王在萨莱诺还拥有全欧洲医术最先进的医学院，但是这些都无济于事。1135 年 2 月第一周，王后埃尔薇拉病逝了。她是一位事迹不清晰的人物，这位西班牙公主在 22 岁时嫁给了——具体背景不详——罗杰，然后与他共同度过了 18 年。与罗杰的母亲阿德莱德不同，埃尔薇拉从不参与政治事务，她也从不会像罗杰的伯母——令人敬畏、难以忘怀的萨莱诺的西吉尔盖塔一样陪同丈夫亲征。据泰莱塞的亚历山大记载，埃尔薇拉以虔诚和慈善著称，但是我们没有发现她捐建修道院的记录，这位修道院院长的话可能不过是善意的编年史家对去世的王室成员所写的敷衍性颂词。最令人动容的证据是丈夫罗杰对她去世的反应。罗杰伤心欲绝，他含着悲痛退到宫中，除了几个宫廷成员和议会成员，再无其他人见过他。正如亚历山大所说，不仅远离他的臣民认为国王已经跟随妻子而去，甚至国王身边的人也相信此说。

罗杰最近生病的消息为上述猜测增添了可信度，他去世的谣言迅速传到意大利本土。一时间没有比这更加可怕的谣言了。国王的长子只有 17 岁，尚不通晓战争和国务。在雷努尔夫和所有昔日反叛者的心中，希望再次高涨，他们决定立刻反叛。在英诺森、伯尔纳和卡普阿的罗贝尔的恫吓之下，比萨人不再逃避。13 个月之后的 4 月 24 日，他们承诺的舰队载着 8000 人，由罗贝尔亲自率领，停靠在那不勒斯港。塞尔吉乌斯公爵热情地接待了他们，这位公爵再次轻易地换边站队了。比萨舰队的到来使那些摇摆不定的人坚定了反叛的信念。数天之内，坎帕尼亚再次陷入混乱。

中世纪意大利的历史——以及之后的历史——的确充满了毫

无结果的战争记载。战斗的浪潮时涨时退，漫上半岛之后，又退回海中。城市被围攻并攻陷，又被解围或收复，这一场沉闷的斗争似乎永远不会结束。这些历史对历史学家来说都足够冗长乏味了，对其他人而言则更加难以忍受。所以，我在这里不再讲述罗杰再次取胜以及建立权威之前的那些必要战役的琐碎细节。[1]总而言之，叛乱者很快就有理由为他们的草率行动而后悔。因为在开始的 6 个星期里，国王的死讯仍在继续盛传，巴勒莫也没有任何反击的迹象，这使叛军取得了一些较小的进展。但是罗杰在意大利本土的官员和守军牢牢地守护着王国，阻止叛军取得有意义的进展。6 月 5 日，西西里舰队出现在萨莱诺外海。

罗杰之所以从丧妻之痛带来的麻木萎靡中振作起来，不单有这次威胁大陆统治秩序的新叛乱，还有无尽的愤怒。从天性上来说，罗杰从来不是性情暴躁的人，甚至是现在，他似乎也没有强烈地痛恨卡普阿的罗贝尔。虽然去年罗贝尔不理会罗杰的招降，现在依然是一个公开的反叛者，他作为宣誓效忠过的封臣，违背了忠诚的诺言，但是，至少他没有在数月前刚刚宣誓就拿起武器反叛——那样会加重罗杰的愤怒。而雷努尔夫和塞尔吉乌斯的情况却大不相同。在前一年，这两人在罗杰面前下跪，将双手放在罗杰的手中宣誓效忠。雷努尔夫确实做得更加过分，他利用国王亲属的身份上演了一出病态的煽情戏码，回想起来简直让人反胃。这是最黑暗、最无耻的背叛行为，不可原谅。

说句公道话，我们应该知道雷努尔夫或许真的相信国王罗杰

---

1 如果读者非常想知道更多的历史信息，可以阅读夏朗东的书，可以在他的书中找到直到最后一次围城战的不间断的战争细节。

已死。然而，无论有没有这层亲戚关系，这次他都知道自己已经罪责难逃。他必须与时间赛跑。流亡比萨的教皇英诺森一直对北方的海洋共和国保持压力，尤其是对热那亚，热那亚承诺派遣舰队和人员在 1134 年前去援助，却至今还没有踪影。在阿尔卑斯山以北，明谷的圣伯尔纳在每一处讲道台痛斥罗马城内那个搞分裂的教皇和他扶上宝座的国王，伯尔纳发誓，他永不停止斥责，除非能发起新的十字军运动打击他们。即使是现在，如果叛军能够坚持足够长的时间，他们仍然可以自救。雷努尔夫率领 400 名部下迅速赶赴那不勒斯，卡普阿的罗贝尔毫不理会国王提出的单独媾和的要求，加入了雷努尔夫的叛军。塞尔吉乌斯公爵比他们更加担忧，欣然迎接他们，并开始准备应对围城战。

对 1135 年南意大利的一般旁观者而言，甚至对罗杰国王而言，夏季的一系列事件似乎不过是权力角逐的延续，这场角逐在过去 8 年中几乎从未中断过。事实上，从那 3 个主要的坎帕尼亚叛乱分子盘踞那不勒斯的时刻起，这场权力角逐的性质就完全发生了转变。迄今为止，这场角逐从本质上说都是国内事务，是国王与封臣的实力较量。国王应该对对立教皇一直待在罗马城一事负主要责任，还要对这一危及整个欧洲政治和宗教秩序根基的宗教分裂负主要责任，但这些事是附带发生的。没有哪个外部的国家真正拿起武器对付罗杰，除非算上那些不守时的、极没有效率的比萨雇佣军。洛泰尔长途跋涉来到意大利也只不过是为了自己的加冕礼而已。

叛军退回那不勒斯标志着叛乱的领导者不再是罗杰的封臣，而是已经上升到国际层面。教皇英诺森和伯尔纳早已接受以下事实：他们无法将阿纳克莱图斯逐出罗马城，西西里国王仍在保护他。很明显，必须先除掉罗杰，而显然皇帝是最能胜任这一工作的人。圣伯尔纳想要确保洛泰尔知道这个道理。1135 年末，他致信洛泰尔：

> 一谈到规劝人们作战，我就异常难过，但是我要全心全意地告诉陛下，教会卫教士的职责就是保护教会免受分裂行为之害，皇帝的职责就是保护他合法的王冠不受西西里暴君阴谋的破坏。就如同犹太人的后裔企图夺取圣彼得的宝座是对基督最大的伤害一样，任何企图将自己立为西西里国王的人就是在冒犯皇帝。

大约在同时，一封劝诫信从一个意想不到的地方送到洛泰尔手上，当然，这封信中的理由完全不同于上一封劝诫信。在君士坦丁堡，皇帝约翰二世·科穆宁（John Ⅱ Comnenus）正密切关注南意大利的局势。普利亚沿海的港口距离拜占庭帝国在亚得里亚海对面的边界只有六七十英里，它们在不到一个世纪之前还属于拜占庭帝国的伦巴第军区，拜占庭帝国始终没有放弃拥有这些地方的主张。近几年来，达尔马提亚（Dalmatia）的富裕城市已形成无法抗拒的诱惑，吸引西西里人进行一些温和的海盗行为。此外，对北非海岸的侵袭表明西西里国王早已不再满足于现有的领地，如果不遏制他的话，他可能很快就会将地中海变成自己的内湖。安条克公国（Principality of Antioch）的局势仍然不明朗，它是罗杰的堂兄博埃蒙德在第一次十字军东征时建立的公国，而博埃蒙德的儿子博埃蒙德二世（Bohemund Ⅱ）于 1130 年初战死沙场，没有留下子嗣，因此西西里国王罗杰正式宣布继承安条克公国。目前南意大利的繁忙事务使罗杰无法有效抽身，但是如果他有机会，就会重提安条克的事情，而约翰二世最不想看到的便是西西里军队侵扰他的南方边境。简而言之，如果罗杰像半个世纪前的罗贝尔·吉斯卡尔一样成为拜占庭帝国的眼中钉，约翰二世就一定会出手阻止。1135 年，约翰派使者去见洛泰尔，慷慨地承诺提供资助，以助他在战斗中一劳永逸地一举击溃西西里国王。

拜占庭使团在前往德意志的路上，在威尼斯稍做停留，以争取威尼斯共和国的支持。威尼斯商人也受够了西西里海盗的袭扰，据估计，他们的损失已经达到 40000 塔兰特。威尼斯总督非常乐意帮忙，他承诺在必要时刻派出一支舰队。同时，威尼斯特使与拜占庭使团同行，这为希腊人的请求增添了力量。

他们发现，洛泰尔不用怎么劝就答应了。过去两年里，多亏了加冕带来的巨大声望，德意志的形势已经好转了不少，洛泰尔已迫使政敌霍恩施陶芬家族向他屈服。现在他可以毫不费力地招募一支规模可观的军队。凭借这支军队，他就能在伦巴第重新树立权威，进而首度进入南意大利的领土，让那位新兴起的奥特维尔获得应受的惩罚。然后，估计阿纳克莱图斯就掀不起什么风浪了。6 月，这位对立教皇在北方最后的据点米兰已经归附教皇英诺森，分裂势力只存在于西西里王国和罗马城。罗杰不再挡道之后，阿纳克莱图斯就会孤立无援，不得不投降。如此一来，这就会成为洛泰尔统治的顶点。他派遣哈弗尔贝格（Havelberg）的主教前往君士坦丁堡，带去他对约翰的溢美之词，还说他会在来年进攻罗杰。然后，更有意思的是，这位老皇帝宣布对教会地产征收一项特别税——为了筹集出征费用——并开始准备军队。

对罗杰来说，1135 年是糟糕的一年。他自己生病，妻子去世，在意大利刚建立的法制和秩序再次陷入叛乱，这足以让任何人心灰意冷。但是至少这年的结局比开端更让人满意：3 个叛乱的罪魁祸首罗贝尔、雷努尔夫和塞尔吉乌斯，非常不体面地匆忙躲进那不勒斯的城墙内，事实上等于承认了他们在没有外援的情况下已无法与罗杰抗衡。

然而，他们还有获得外援的希望，因此拒绝投降。此时，卡普阿的罗贝尔失去了最后的妥协机会，国王的耐心已经耗尽。不久之前，罗杰将长子罗杰立为普利亚公爵，次子坦克雷德立为巴里亲王，废掉了叛乱的格里莫尔德亲王。秋季，他支持三子阿方索（Alfonso）代替罗贝尔统治卡普阿公国，不久之后，阿方索在卡普阿主教座堂举行了庄严的即位仪式。这些孩子才刚学会飞，罗杰公爵只有 17 岁，坦克雷德比罗杰小一两岁，阿方索刚刚步入少年时代。但是这 3 个孩子已经足以为其父的远大宏图贡献力量。在罗杰的规划中，他家庭成员之外的任何人都不能再成为有权有势的封臣了。到 1135 年末，南意大利的封地首次全部掌握在奥特维尔家族手中。

整个冬季，那不勒斯都在负隅顽抗。1136 年春，发生了严重的饥荒。法尔科记载，许多人纷纷病倒和饿死在路上，无论男女老少。然后他自豪地补充说，公爵及其随从仍然坚守阵地，"宁愿死于饥饿，也不愿在邪恶的国王那里引颈就戮"。他们很幸运，罗杰一直没能实现完全的封锁，即使他已经切断所有陆上的通道，却从来没能切断海上的通道，所以罗贝尔和塞尔吉乌斯得以多次逃到比萨获得基本的补给。即使如此，那不勒斯也无法长时间保持军队的士气。幸亏罗贝尔迅速赶赴洛泰尔在施派尔（Speyer）

的宫廷，为叛军带来了可喜的消息：洛泰尔的备战工作已经取得了积极的进展。

罗杰也得到了相似的消息，他的密探已经让他准确地得知帝国军队会有多么强大。所以，他也开始进行战前准备，所有的准备都基于这样一个推断：敌军在数量上远远超过他所能募集的兵员。西西里军队在正面交锋中取胜完全不可能成功，因此罗杰只得寄希望于筹略和计谋。

洛泰尔的军队到盛夏才在维尔茨堡集结完毕。我们不知道这支军队的确切规模，但一份随行封臣的名单显示这支军队在规模上一定与洛泰尔在1132年带去罗马城的小队伍完全不同。最重要的封臣是皇帝的女婿巴伐利亚（Bavaria）公爵"骄傲者"亨利（Henry the Proud），还有霍恩施陶芬家族的康拉德——他曾是洛泰尔的老对手，现在已经屈服于洛泰尔，洛泰尔许诺归还康拉德所有的土地和荣誉，前提是康拉德参加这场即将到来的战役。后面则有人员众多的更小一级的贵族及其扈从，有帝国各地的边疆伯爵（Markgraf）、行宫伯爵（Pfalzgraf）、领土伯爵（Landgraf）、城堡伯爵（Burggraf），还有一支神职人员组成的队伍，其中至少有5名大主教、14名主教和1名修道院院长。8月的第3周，他们已经做好了准备。21日左右，在皇帝夫妇的带领下，这支庞大的队伍缓慢而吃力地南下，向布伦纳山口进发。

与4年前相比，皇帝洛泰尔更不受伦巴第诸城镇的欢迎，但是这一次他率领的军队规模相当可观。虽然他的军队在路上不可避免地会动动刀剑，但是一路上没有遇到严重的阻碍。在克雷莫纳（Cremona）附近，一支米兰的军队加入了洛泰尔的大军，卡普阿的罗贝尔也在这里等着洛泰尔。1137年2月初，洛泰尔抵达博洛尼亚（Bologna），他在这里将军队分成两部分。他自己率领一部分继续进军，经拉文那抵达安科纳，再从这里沿着亚得里亚海海岸抵达普利亚。同时，巴伐利亚公爵率领 3000 名骑士和约 12000 名步兵前往托斯卡纳和教皇国，如果可能的话，他将在罗马城重新建立英诺森的权威，确保对卡西诺山修道院的控制。然后，他会到巴里与岳父洛泰尔会师，共度圣灵降临节（Whitsun）。

529 年，圣本笃选择了一处据守罗马城和那不勒斯之间必经之地的山顶，在这里建立了他的第一所修道院，同时也是他最伟大的一座修道院。他无意中给这个修道院赋予了一种战略意义，在接下来的 15 个世纪里，修道院的居住者会因为这个战略意义而遗憾。后来，随着卡西诺山修道院的势力和声望日益增长，它地理位置的优势日益明显，仅次于它的政治意义。但是对诺曼人来说，自从他们踏上半岛，这座修道院就已经在政治和军事上代表一项深入南意大利的关键因素。对罗杰二世来说它更为重要，因为它作为一座极其重要的防御要塞，几乎可以充当缓冲地带，据守西西里王国和教皇国之间的边界。

至于修道院本身，它从来都不觉得作为边境要塞是件特别舒服的事。所以在前途未卜之时，它学会了把赌注押在诺曼人这边。因此，它小心翼翼地与罗杰在大陆的总督保持友好关系，尽管两者的关系在数月之前有过短暂的危机，它的忠诚度因怀疑而有所下降——这或许不公正——被迫选出的新任院长雷纳德（Rainald）是一位坚定的国王支持者。4 月中旬，当巴伐利亚的亨利抵达卡西诺山之时，他发现周围的乡村已经被有意荒弃，修道院对他紧闭大门。亨利在从托斯卡纳赶来的路上过得相当艰难。

比萨和其他保持忠诚的城镇尽其所能地伸出了援手，但是佛罗伦萨和卢卡进行了顽强的抵抗之后才被征服。亨利在3月初忙着格罗塞托（Grosseto）的事务，英诺森与圣伯尔纳在此时从比萨赶来，加入亨利的队伍。

从一开始，亨利和教皇似乎就非常讨厌彼此。亨利是一个比他的岳父洛泰尔更强硬、更不愿屈服的人，他作为帝国的王侯，非常有希望在洛泰尔去世之后继承皇位，所以丝毫不愿妥协——他后来可能会因此而后悔。作为将领，他有本职工作，从不打算听命于教皇或其他任何人。他攻陷维泰博之后，冲突到了非解决不可的地步：英诺森马上要求亨利赔偿3000塔兰特，这大致相当于2000磅白银，索赔的理由是这座城镇位于教皇国的领地之内，亨利却将它作为战争的合法战利品继续占有。然后，亨利决定绕过罗马城。他坚持认为，先击溃罗杰才是较为明智的做法，这样阿纳克莱图斯就会因为丧失支持而垮台，所以不应把时间和精力浪费在将阿纳克莱图斯强制赶出圣彼得教堂上。他的观点在逻辑上毫无问题，英诺森也接受了这一观点。但是，这意味着英诺森还要继续过无限期的流亡生活——更不用说他还要跟着帝国军队在普利亚度过一个漫长而炎热的夏天——这可不能消解他的怒火。

现在更糟糕的是，他还面对卡西诺山的问题。山上的修道院作为西方修道院机构的源头，它不仅傲慢地蔑视这支帝国的军队，还蔑视英诺森本人。亨利封锁了所有进出修道院的道路，等待了11天，徒劳地等待修道院派人出来谈判，却终究是一无所获。修道院在贮藏室中储存了大量食物，它的守军相当坚强，且士气高昂，而且它的地理位置让它牢不可破。同时，亨利公爵曾经答应在5月底与洛泰尔在普利亚会师，他不能再浪费时间了。他暂时放下自尊，派了一位使者上山请求谈判。

虽然修道院院长雷纳德非常支持罗杰，但他最在乎的还是他的修道院，而当务之急是尽快摆脱亨利及其军队。而亨利公爵提出谈判时，他保证修道院完好无损，修道院院长之位原封不动，他只要求少量的保证金，要求在城堡内悬挂帝国旗帜，因此雷纳德准备接受条件。英诺森早已将这座修道院处以绝罚，因为它支持阿纳克莱图斯。这个全欧洲最受人尊重的宗教机构——而且它还非常接近教皇国的边界——居然还被一个冥顽不化地支持阿纳克莱图斯的人握在手中，居然飘着皇帝的旗帜而不是教皇的旗帜，英诺森对这一协议的直接反应是什么呢？但他的直接反应未见于任何编年史。[1] 或许这样也不错。

当亨利公爵率领军队穿过加里利亚诺河之时，他可能为取得了表面上的胜利而喜悦，却不会对这次胜利的真正意义抱有幻想。帝国的旗帜飘扬在修道院中，这可能暂时地影响了罗杰在这一地区的声望，但是他没有在这里留下守军，因此难以阻止修道院在德意志军队离开以后再将旗帜拽下来。不过，在亨利的下一个目的地卡普阿，好运正在等着他。他刚一抵达，罗杰委任守城的两位当地男爵就打开大门表示效忠，从克雷莫纳就一直跟随大军的

1　有部《皇帝编年史》（*Kaiserchronik*），它冗长而凌乱，汇编了巴伐利亚的打油诗，成书于 1150 年左右。据该书记载，这座修道院被亨利的一支队伍攻陷了，他们伪装成朝圣者而获准进入修道院，而长袍下藏着刀剑。但是这则故事无论以何种形式出现，都是中世纪描写修道院包围战的必备模式，参见《征服，1016—1130》，第 85 页。唯一出人意料的是伯恩哈迪（Bernhardi）这位一丝不苟（甚至有些偏执）的洛泰尔的传记作者，居然把这条记载当真了。（*Lothar von Supplinburg*, 700-701.）

罗贝尔恢复了往昔的地位。当地民众非常愿意接受他，其中大多数人始终认为罗贝尔才是他们的合法领主，与西西里国王相比，民众对他的忠诚更加坚定、更加久远。其他城市看到罗贝尔背后有如此庞大的军队，望风而降。罗贝尔不得不向亨利支付4000塔兰特，以免亨利的军队进城劫掠。但是以这样的价格恢复原来的地位，他一定认为这相当划算。

现在轮到贝内文托了。这一次，民众坚定地御敌，却非常鲁莽地对帝国军营发动了自以为是的所谓奇袭，事实证明，这是一场灾难。他们逃回城中，追击的敌军跟在后面，突破了城门。次日上午，也就是5月23日星期日，贝内文托民众投降了，只希望能够保证这座城市不受损害，阿纳克莱图斯的支持者不受折磨。他们的条件获得了批准，只有枢机主教科雷森提乌斯被老对手抓获，这位阿纳克莱图斯的牧区神父已在5年前遭受过一次流放，这一次他被交给英诺森，英诺森判处他在修道院昏暗的小房间中度过余生。

在胜利的鼓舞下——或许会因为这一次也没能在城中抢劫而略显失落——亨利的军队穿过群山，来到普利亚，与洛泰尔在巴里会师，刚好赶上圣灵降临节的感恩祷告。皇帝洛泰尔确实有很多事需要向上帝感恩。他在半岛的进展比女婿更为顺利，拉文那人热情地欢迎他，进行抵抗的安科纳已经付出了代价。洛泰尔对安科纳的野蛮处置对其他城市是个警告，所以许多当地的男爵纷纷表示效忠，并提供物质支持。随着洛泰尔向南推进，有许多人效仿这种方式，表示归顺。一些城镇仍然怀有敌意，但是在看到安科纳的命运之后，他们逐渐转变这种敌对情绪，选择心怀不满地表示归顺。但是在乡村地区，大多数男爵还是希望己方能反败为胜。

从进入普利亚边界，到抵达"马刺"处的加尔加诺山，皇帝一路上没有遇到任何抵抗。在加尔加诺山，罗贝尔·吉斯卡尔以前在圣安吉洛山的城堡的守军抵抗霍恩施陶芬家族的康拉德长达3天之久，这次洛泰尔率领军队主力从西彭托赶来，风卷残云般拿下了这座城堡。[1]一位佚名的萨克森年代记作家提供了关于整场战役最详尽的记录，据他记载，洛泰尔来到诺曼史诗发源的神圣洞穴中，"恭敬地礼拜有福的大天使米迦勒"。然后，他的恭敬并不妨碍他搜刮圣地的宝藏。金银珠宝，以及数年前达尔马提亚的西蒙公爵敬献的祭衣，都被他搜刮一空。他的恭敬也不妨碍他处置后来落入他手里的反对者。切断手脚、肢解、割开鼻子是他常用的手段，他引发的恐惧是如此之大，以致当他原路返回时，沿途的所有民众都望风而逃。

对普利亚人而言有桩幸事。洛泰尔非常匆忙，非常焦虑，尽管他率领着半数大军，却不想在漫长的攻城战上浪费时间，像特罗亚、巴列塔这些顽强抵抗的、精力饱满的城镇，很容易就被他忽略了：可以等他女婿到来，再行攻打。然而特兰尼的情况完全不同。洛泰尔刚一抵达那里，特兰尼的民众就开始袭击西西里的守军，并破坏了城堡，这些守军有可能大部分都是撒拉逊人，而撒拉逊人在意大利非常不受欢迎。一支由13艘船组成的西西里援军被赶走了。就这样，通往巴里的道路已经打通了。

因此在1137年5月30日，德意志军队在巴里的圣尼古拉教堂（Church of St Nicholas）举行了欢乐而充满胜利气氛的圣灵降

1　该城堡的遗迹保存至今，它能给人留下非常深刻的印象。

临节集会，共同聆听教皇本人吟诵的感恩大弥撒。[1]这一刻是多么有福啊！据这位萨克森年代记作者记载，在这场弥撒中，人们看到一顶巨大的金冠从天空徐徐降落到教堂之上，一只鸽子在金冠上盘旋，这时一个伴随着烟气的香炉从金冠中飘了出来，香炉上竖着两支点燃的蜡烛。这次笨拙的祥瑞似乎为时过早了，因为城堡里的西西里守军仍在顽强抵抗，他们到下个月才最终投降。但是洛泰尔在总体上还是比较满意的。他和亨利公爵让南意大利的大部分地区感受到帝国的力量，他们成功地在约定的时间和地点会师，军队事实上完好无损。虽然有几次因为时间紧迫，他们不得不与敌人妥协，但是他们从未吃过败仗。另一方面，那个西西里人——他们从不称罗杰为国王——遭受了一连串的打击和灾难。罗杰的一些封臣和城镇已经倒戈，甚至几位亲戚也背叛了他。守军未做抵抗就投降了，一支宝贵的舰队也被击溃了。他的主要敌手卡普阿的罗贝尔已经恢复了权力，牢牢地控制着他的领地。战争开始之后，罗杰从未敢于露面。这样看来，罗杰不仅是个篡位者，还是个懦夫。

洛泰尔一定已经意识到事情没有那么简单。如果罗杰仍然待在西西里，而不去阻止帝国军队的进犯，那是因为他知道皇帝的军事力量太强了，因此，他必须更加坚定地坚持他的旧有原则，避免正面交战。他只有一个优势，也是最重要的优势，那就是时

1　这座华丽的教堂建立在米拉的圣尼古拉（St Nicholas of Myra）的故居之上，而圣尼古拉是后来圣诞老人的原型。该教堂有两座西塔，一座是伦巴第风格的，另一座则是半东方风格的。教堂可能是诺曼人在 1087 年 5 月 9日占领巴里之后，在心中没底的情况下建成的。教堂上部的楼座已经被改为一个小博物馆，该博物馆藏品丰富，其中有巨大的王冠，还有圣尼古拉与罗杰二世的珐琅质肖像画。

间。或许洛泰尔可以按自己的意愿往前推进，甚至抵达墨西拿海峡沿岸，而罗杰有信心在那里阻止洛泰尔渡海。洛泰尔的军队迟早会撤退，或是因为疾病，或是因为普利亚漫长而炎热的夏季，或如之前撤退的敌军一样，是因为他们要赶在冬天的第一场雪封住山路之前抵达阿尔卑斯山。还有一个理论上的可能性：这位老皇帝可能会决定在意大利过冬，以待来年春天再继续这场战役，不过，可能性不大。他的军队将会迫使他返回，他自己也不情愿待在距离皇位如此之远的地方。当然，之前的帝国远征军从不会冒险待上两个季度。往昔的经验表明，虽然这种远征可以在短时间内取得可观的成果，但是他们一旦离开，他们取得的成果就难以维持太长时间。就目前来看，唯一明智的做法是放任入侵者扩张，使他们精疲力竭。

即使在这后期阶段，罗杰似乎还可以通过外交手段获利。罗杰在政治上的大多数麻烦都来自两位最强大的敌手，也就是联手对付他的皇帝和教皇。如果他能离间这二人，或许就能达成部分协议。据萨克森年代记作者记载，罗杰派使者去找洛泰尔求和：如果皇帝能够停止交战，并承认他的国王身份，他愿意将王国一分为二；他自己继续统治西西里岛，他在大陆上的统治权将转移给儿子，并将大陆上的土地作为帝国的封地；此外，罗杰将为洛泰尔支付一定数额的战争补偿金，并派另一个儿子去当质子。

这个提议很符合罗杰的风格，它听起来是合理的，也比较有想象力，一方面确认了帝国对南意大利的权利——在德罗戈·德·奥特维尔从皇帝亨利三世那里接受授职仪式[1]之后的90

1 《征服，1016—1130》，第81页。

年中，诺曼人似乎已经忘记了这一点。这项提议可能没有什么实际意义，因为罗杰已经将大陆的封地交给了儿子们，他显然希望能让儿子们手中管理半岛的权力越来越多。一旦皇帝回到阿尔卑斯山的另一边，仅在理论上可行的帝国宗主权——它在理论上是业已存在的——无论如何都没有什么实际价值。然而，这是一次真正的政治妥协，罗杰提议将儿子作为人质，这保证了他的诚意。如果洛泰尔只需要考虑自己的利益，他就会欣然答应这一有利于帝国且颇有可行性的提议，尽管这确实比他想得到的东西更少一些。

遗憾的是，这样一来，教皇的利益就要遭受损失了。教皇英诺森只关心一件事，那便是立刻将阿纳克莱图斯永远赶出罗马城。这个问题很关键，而罗杰在这件事上明显保持沉默态度，这催生了一个有趣的问题：他是否真的相信自己能诱使洛泰尔单独媾和，进而说服洛泰尔返回德意志却不采取任何直接措施对付那位对立教皇呢，还是说，他这是为了媾和，打算先把阿纳克莱图斯晾在一边，等谈判进行到后面再拿出来商议？这两种情况都不太可能。罗杰是个很现实的政治家，不可能犯前一个错误；他又是一个头脑清醒的盟友，所以也不可能犯第二个错误。但还有第三种可能，这种解释非常符合我们已知的他的性格以及随后发生的事件。罗杰根本无意与洛泰尔达成任何协议，他只是想以这样一份极具吸引力又没有风险的协议吸引洛泰尔，而教皇肯定会阻止洛泰尔接受这样的协议。这样一来，就可以让皇帝和教皇之间的关系变得紧张。

皇帝和教皇之间的关系迅速恶化。一般来说，英诺森不是一个难相处的人。他来自罗马城中一个古老的贵族家族——帕帕雷斯基（Papareschi）家族，同时利雪的阿尔努夫（Arnulf of Lisieux）主教称他品性质朴，举止安静而谦逊。我们得知，他从不会提高嗓门说话，是一个非常优雅、非常友善的人。他的私生活也毫无瑕疵。在成为教皇之前，他没有树敌；在成为教皇之后，也没有人能对他提出任何严重的指控。然而，在这相当朴实无华的外表背后，隐藏着根深蒂固的倔强，使他无法妥协，圣伯尔纳在他身边时更是如此。他决定在自己去世之前在罗马城中恢复教皇之位，但他已将近 70 岁，留给他的时间越来越少。与此同时，在意大利的一年中的大部分时间里，帝国军队一直忽视甚至轻视他。虽然精疲力竭的帝国军队在半岛最偏远的角落里获得了不值钱的胜利，英诺森却离圣彼得的宝座越来越远了。

我们可以想象，教皇在巴里见到洛泰尔时，以平静而坚定的方式与皇帝交谈。洛泰尔已经从女婿那里听说了英诺森在维泰博、卡西诺山等地的态度，但同样的故事由英诺森讲出来，免不了添油加醋一番。但是这些政治和性格上的分歧反映了潜藏的怨愤，这股怨愤愈发强烈，它已经充斥在军营的各个角落里。德意志军队和教皇随员之间长期存在的冷漠已经发展为赤裸裸的敌意。某种程度上，这或许源自两个人群之间——条顿人和拉丁人之间，偏向武力和偏向精神的人群之间——天生的反感。但还有其他更直接的原因。巴里气候潮湿，令人精神不振，夏季的酷热更是无情，疟疾在此处肆虐。而帝国军队被迫攻城的那个月，是自冬季以来他们在同一地区待得最久的一次，他们的活力和士气均已消失殆尽。突然之间，他们似乎开始意识到，这场面对拒战之敌的战役是如此漫无目的，如此不得要领。如果他们要迫使罗杰应战，就意味着还要朝相反的方向多走几百英里的路程，要穿越粗野的、敌意渐浓的乡村，还要渡海。尽管海路很短，但是在这种情况下也是复杂而危险的。这还意味着要远离家乡和亲人，再待一年，而他们离家已经有 10 个月了。这是为了什么？就为了一群傲慢的、不停抱怨的意大利人能够在罗马城树立教皇权威，再朝另一个方向奔波 200 英里吗？很明显，罗马民众根本不需要，因为他们已经有一位受人爱戴的教皇了。

　　如果洛泰尔真的想过要途经卡拉布里亚赶赴西西里——他的做法让这种可能性很低——军队中出现的新情绪会迅速使他打消这个念头。封建法律精确地规定了封臣为领主服兵役的时间上限，即使是皇帝，也不能迫使封臣违背意愿地打破这种时间限制。巴里守军投降之后，为了惩罚他们，皇帝将其中一些人送上遍布城中的绞刑架，而把另一些人丢进大海。他打下巴里之后决定不再继续沿海岸前进，而是先折回特兰尼，再突然转向内陆。他可能希望亚平宁山脉的空气能够冷却军队的情绪。

　　但这没有起到什么作用，甚至数天后攻克梅尔菲一事也没能使军队满意。梅尔菲是奥特维尔家族在意大利的第一个据点，城破之后，帝国军队屠杀了 300 名守军。此时，帝国军队已经被罗杰的密探彻底渗透了，密探们正在努力煽动日益增长的不满情绪，并慷慨地分发西西里的黄金，以支持他们的论点。他们确实成功了。帝国军队还在梅尔菲的时候，一些受怂恿的士兵试图拿起武器袭击教皇和枢机主教们，打算残酷地杀死他们。洛泰尔及时地获得了这个消息，他骑上战马，向着教皇的营帐疾驰而去，设法在出现重大伤亡之前成功地恢复了秩序。但是当洛泰尔率军再次踏上山路之时，这支队伍中依然充满了怒气和憎恨。

在此期间，洛泰尔会见了修道院院长雷纳德和卡西诺山修道院的代表团，详尽地了解了修道院的整体状况，包括它与帝国和教皇的关系。即使我们能够从不可靠的修道院图书馆员执事彼得（Peter the Deacon）的编年史里甄别出真相，我们也不必为全面了解事件经过而耗费太长时间，说一下结论就够了。雷纳德一行承诺"服从教皇英诺森及通过教会法选立的所有教皇继任者"，并"宣布摒弃和咒逐所有分裂者及异端"，尤其谴责"彼得·莱昂尼之子、西西里的罗杰，还有所有跟随他们的人"。如此声明之后，英诺森才接见跣足的他们，以轻柔的吻，欢迎他们重回教会的怀抱。

洛泰尔本人非常关心卡西诺山修道院是否属于帝国的问题，与英诺森相比，洛泰尔可能更不满意卡西诺山修道院事务的处理结果。但是他不能冒险与教皇公开决裂，还有可能试图为梅尔菲的事件而赎罪。另外，刚刚传来了更贴近洛泰尔切身利益的消息。由100艘船组成的比萨舰队已经抵达坎帕尼亚海岸，伊斯基亚（Ischia）、索伦托和阿马尔菲已经投降。比萨人试图解除那不勒斯之围，但是西西里的封锁对他们来说太过强大，于是他们向南进发，此时正在进攻罗杰在大陆上的首府萨莱诺。

为了尽可能地为比萨人提供支持，皇帝派遣亨利公爵和阿里菲的雷努尔夫带着1000名骑士赶赴萨莱诺。也有人怀疑，洛泰尔此举是希望在比萨人取得进一步胜利之时，他有合适的代表在场。亨利一行抵达那里时，发现卡普阿的罗贝尔已经包围了该城。在罗贝尔的帮助下，他们毫不费力地从陆地上完全封锁了萨莱诺。此时比萨一方有征用来的全部阿马尔菲舰队，共有300多艘船，此外还有80艘热那亚船。而他们的对手西西里人在萨莱诺只有大约 40 艘船，守军在数量上处于绝对劣势。那不勒斯围城战已经拖了两年时间，此时进攻方却撤围而走，因为他们要将所有人员和船只用于防御首府萨莱诺。面对如此庞大的水陆联合进攻，萨莱诺守军知道取胜的希望非常渺茫。

即使敌人已经占据罗杰在意大利的领土，大陆上的首府萨莱诺遭到威胁，罗杰仍然没有行动。从表面上来看他非常怯懦，而这种态度只说明了一点：率领撒拉逊大军从巴勒莫驶出或许是种英雄行为，却不是政治家该做的事。此时出兵的话，只会招致惨败，就算他能侥幸逃脱，也很难恢复元气。因此，他坚守在西西里，让萨莱诺的地方长官、英格兰人塞尔比的罗伯特（Robert of Selby）负责萨莱诺的防守。

塞尔比的罗伯特是他的同胞中第一个到南方为西西里国王服役的人。我们对他的早年经历知之甚少，但自从他到达南方，他一直为赢得荣誉而努力，10 年后终于得偿所愿。同时代的英格兰历史学家赫克瑟姆的约翰（John of Hexham）记载，塞尔比的罗伯特是"国王最有影响力的朋友，颇为富有，荣誉满身"。数月之前，他刚刚被任命为坎帕尼亚总督，现在他要证明自己配得上国王的信任。经过了灾难般的夏季，萨莱诺仍然坚定地忠于国王。守卫萨莱诺的 400 名骑士身强力壮，精神抖擞。守军和民众团结一心，共同御敌。他们勇猛而顽强地御敌达 3 周之久。

8 月 8 日，其他帝国军队出现在萨莱诺东面的山地上，皇帝本人骑马走在最前头。起初，洛泰尔准备让女婿负责围攻事宜，但夏季正在悄悄过去，萨莱诺的抵抗超出了他的预想，因此他改变了主意，亲自前来。事实证明，他的决定是正确的。对萨莱诺人来说，洛泰尔的到来意味着两点：第一，面对如此强大的敌人，萨莱诺不可能指望继续撑下去，等德意志军队在冬天撤退；第二，如果迅速向洛泰尔投降，同时请求帝国保护，萨莱诺或许还可以逃脱被比萨人洗劫和掠夺的命运。塞尔比的罗伯特完全赞同这些非常敏感的想法，他召集城中的长者，向他们讲了这些想法。他自己代表国王统治整个省份，当然不能投降，但是，这是萨莱诺自己的事务。他建议说，萨莱诺居民可以立即派一个代表团到帝国的营地，提出讲和及寻求保护的事宜。

事情在次日尘埃落定。洛泰尔听闻萨莱诺人前来求和，又惊又喜，认为这是个证明他巨大威望的新证据，因此提出了非常温和的和谈条款。萨莱诺提交了一笔战争补偿金，全城民众的生命财产安全赖以保全，甚至400名骑士也获得了自由。同时，塞尔比的罗伯特带着一小队精锐撤到城中最高的城堡中，这座"诺曼城堡"就是60年前最后一位独立的萨莱诺的王公抵抗罗贝尔·吉斯卡尔的地方，直到今天我们还看得到它的遗址。塞尔比的罗伯特打算继续让西西里的王旗飘扬在城堡中，等国王亲自来解救他。国王来救的时候，他会发现他在大陆的首府依然屹立着。

事实上，各方都欢迎这样的安排，仅有比萨人除外。比萨人非常愤怒。他们不仅期待能在攻陷萨莱诺后抢到丰厚的战利品，而且他们为这个消灭主要贸易竞争对手的机会而等待了数年，甚至数十年。对皇帝来说，比萨人是不可或缺的盟友，没有比萨人的话，他永远无法攻克这座城市；对教皇来说，比萨人在过去7年的大部分时间里为他提供了庇护。但是，比萨人什么都没有得到。如果这就是与皇帝结盟的意义，那么比萨人就不打算再继续下去了。如果皇帝能与敌人单方面媾和，那么比萨人也可以照做。比萨人派出一艘船前往西西里，试图与罗杰谈判，其他人则闷闷不乐地返回比萨。

后来，教皇英诺森在安抚比萨人方面取得了一点成绩，但对洛泰尔来说，比萨人的背离无关紧要。战役已经结束了，皇帝或许拿不准他取得的成就能维持多久。诚然，他未能成功地击溃西西里国王，但是他也给罗杰造成了沉重的打击，罗杰似乎不可能恢复过来了。成就能维持多久全看南意大利的统治将如何安排，看帝国军队离开后的权力真空要如何填补。普利亚公爵的人选有三位：那不勒斯的塞尔吉乌斯、卡普阿的罗贝尔和阿里菲的雷努尔夫。塞尔吉乌斯和罗贝尔已经是有权有势的王公了，洛泰尔无意进一步增强他们的实力。比起这两位，尽管——或者说正因为——雷努尔夫和罗杰有姻亲关系，他有更多理由害怕罗泰尔。雷努尔夫有时候两面三刀，滑头滑脑，一牵涉到切身利益就变得勇敢坚定了。另外，尽管洛泰尔可能没有意识到这一点，但是雷努尔夫确实非常阴险，而且有一股能让人信服的魅力，这股魅力在过去甚至让罗杰本人中招，最近又轻易地让粗暴的老皇帝洛泰尔着了道。因此，洛泰尔下定决心，认为只有雷努尔夫才能替帝国保障这块公爵领的安全。雷努尔夫的授职仪式将是这场意大利远征的最后一场正式典礼，这标志着战役结束了。

但是由谁来主持这场授职仪式呢？这个问题刚一出现，皇权和教权之争便像以前一样再次激烈地爆发了。洛泰尔争辩说，第一任普利亚公爵奥特维尔·德·德罗戈的授职仪式便是在 90 年前由皇帝亨利三世主持的。而英诺森平静地指出，罗贝尔·吉斯卡尔的授职仪式是由教皇尼古拉二世主持的。最后，他们达成妥协：举行一场三方参与的授职仪式，雷努尔夫在仪式中从皇帝和教皇手中接过象征权力的长矛，洛泰尔持矛柄，英诺森持矛尖。巴伐利亚的亨利对岳父的懦弱和英诺森的傲慢早就心怀不满，这一次彻底愤怒了，许多德意志骑士纷纷表示站在他这边。但是，洛泰尔不在乎。他已经挽回了面子，这就够了。他老了，也累了，现在只想回家。

8月将近，皇帝踏上归程。他在卡普阿听到了非常不愉快的消息：卡西诺山修道院院长雷纳德已经与西西里国王的密探联络，此时距他在拉古佩索尔的宣誓还不到一个月。英诺森在圣伯尔纳的支持下，抓住这个机会，强调他对卡西诺山修道院的权威，并立即主动任命两名枢机主教和伯尔纳本人组成一个委员会，让委员会来论证这位修道院院长的合法性。几天后，他们提出了另一项折中方案。9月17日，皇帝和教皇的代表组成了一个仲裁会议。仲裁会议中当然有圣伯尔纳，他总是其中的主要发言人。会上宣布雷纳德的任职不符合教会法。可怜的雷纳德别无选择，只得把戒指和牧杖放到圣本笃的墓上，以示离任。新院长叫作斯塔沃洛的维巴尔德（Wibald of Stavelot），他是一位强硬的洛林人，全程参与了这次远征。我们不知道他们通过什么方式让修道院的修士接受这位帝国任命的修道院院长，可能是因为德意志军队就驻扎在山脚下，所以这些修士别无选择。

洛泰尔的健康状况正在急剧恶化，他身边的人都知道他已经时日无多了。洛泰尔比任何人都了解自己的情况，却拒绝卧床等死。他是个德意志人，因此希望在德意志的土地上咽气。雷努尔夫、卡普阿的罗贝尔和坎帕尼亚的封臣一直陪在旁边，送他到诺曼领土边界的阿奎诺。他在阿奎诺留下800名骑士，以帮助叛军在他离开后维持局势。他自己则向罗马城进发，但是还没抵达罗马城，却转而前往帕莱斯特里纳。对他来说，此时将教皇重新迎回圣彼得教堂只是举手之劳。在法尔发修道院（Monastery of Farfa）里，洛泰尔与英诺森道别。从今以后，英诺森必须独自战斗了。

洛泰尔手下那支意志消沉、军心涣散的军队以所能达到的最大速度前进，但是一行人抵达阿尔卑斯山山麓之时，已经是 11 月中旬了。洛泰尔的随从恳请他就地过冬。疾病正在一天天地侵蚀他的身体，随从们指出，入冬已深，此时试图翻越布伦纳山口，无疑是蠢事一桩。但是老皇帝知道他不能再等了，他抱着必死的决心执意前进，到 11 月底，他已经抵达因河（Inn）河谷。但到此时，洛泰尔的最后一股力气也消失了。皇帝最终歇脚在蒂罗尔（Tyrol）地区的小村庄布莱滕旺（Breitenwang），他被抬进一个穷苦农夫的棚屋中。1137 年 12 月 3 日，洛泰尔在屋内去世，享年 62 岁。[1]

1　我最近路过布莱滕旺时，询问当地人是否有纪念洛泰尔的东西。他们将我带到一座相当大的房子里，房中有一块牌匾，上面写着：
"1137 年 12 月 3 日，在这里，
德意志人和罗马人的皇帝
洛泰尔二世
在他的女婿‘骄傲者’亨利的怀中去世。
弗雷德里克・R. 西姆斯
在此致以崇高的敬意。
伦敦和霍尔茨高。"

4

调解与承认

> 感谢上帝让教会得胜……我们的痛苦已经化为喜悦，我们的哀泣已经变为鲁特琴的琴声……那无用的枝条，那腐烂的肢体，已经被切除干净。那将以色列导向罪孽的恶棍已经被死亡吞没，扔进地狱深处。愿所有和他相似的人都遭受同样的命运！
>
> ——圣伯尔纳就阿纳克莱图斯的死亡所说的话
> （摘自一封给克吕尼修道院院长彼得的信）

苏普林堡的洛泰尔在位的 12 年里，已经向他的德意志臣民证明了自己是一位值得尊敬的皇帝。按照当时的标准，他诚实正直，英勇顽强，仁慈宽容，他已经为饱受内战之痛的土地带去了和平。他渴求获得皇权，同时也是一个非常虔诚的人，想努力弥合教会内部的分裂。他让他的同胞变得更加幸福和富裕。一旦到了阿尔卑斯山以南，他的能力似乎变得大不如前。对他来说，意大利是一个陌生的地方，他对当地民众充满猜疑和误解。他始终没有确定自己的主要任务是帮助教皇恢复地位，还是击溃西西里国王，结果两个任务都没完成。优柔寡断的性格导致他始终处于局促不安的状态，这使他在反常的过分残忍和疏忽大意之间不断切换。

最严重的是，直到太晚的时候他才意识到，他在西西里王国的大陆地盘上耀武扬威，只不过是一种虚张声势而已，而收服罗杰的唯一方法便是与他同归于尽。如果他一开始就全力以赴地水陆联合攻击巴勒莫，他可能——只是可能——早就成功了。但是当他明白这一点时，他的军队已经处在造反的边缘，教皇也变得更像是敌人，而非盟友，他自己也被南意大利的气候和迅速袭来的疾病折磨得精疲力竭，变成一个垂死的人。

帝国大军离开卡西诺山还不到3个月，皇后丽琴莎亲手合上了洛泰尔的双眼。趁此机会，罗杰已经收复了大部分领地。罗杰在过去一年里的政策已经足够正当，不需要另找站得住脚的理由。10月初，当他抵达萨莱诺时，他获得了民众的欢迎。他横扫坎帕尼亚时也没有遇到什么抵抗，尽管他的撒拉逊军队在所到之处留下一片死伤和废墟。卡普阿下场最惨。罗贝尔逃往普利亚，如果法尔科的记载可信的话，他的城市仿佛被狂风暴雨袭击过一样，民众被火与剑屠杀殆尽。他继续写道："这位国王下令将这座城市洗劫一空……教堂遭到掠夺，其装饰物被剥了下来；妇女甚至修女都丢掉了名节。"我们知道，就算法尔科愿意，他也不可能站在公正客观的立场上著史。但即使抛开法尔科对诺曼人的仇恨，罗杰也很明显有意再次惩罚这座叛乱的城市以儆效尤，就像早年的普利亚叛乱之后他所做的一样。出于对教皇地位的虔敬，罗杰饶恕了贝内文托。那不勒斯也轻松地逃过一劫，因为塞尔吉乌斯公爵在3年里第二次主动跪在国王的脚下，宣誓效忠。很少有人会原谅这样的第二次背叛，但罗杰生性仁慈，或许他认为经过了如此漫长而艰难的围困，那不勒斯人已经遭受了足够多的痛苦。

　　塞尔吉乌斯是否吸取了教训呢？长远来看，他是否能证明自己是忠心耿耿的封臣呢？我们无法知道答案，因为此后不到一个月他就去世了。10月的第三个星期，他陪同罗杰前往普利亚，雷努尔夫决定在此处捍卫他新得到的公爵领，正忙于招募军队。他用洛泰尔留下的800名德意志骑士，加上挑选出的几乎同样多的地方民兵，以及相应比例的步兵，组成了一支相当强大的武装力量。或许有人劝过罗杰，让他最好避免正面硬碰硬。可能是坎帕尼亚的成功让变得他刚愎自用，抑或是他对这无休止的叛乱的忧虑蒙蔽了他的判断力。不管怎样，是罗杰而不是雷努尔夫执意打这场仗。战场就在里尼亚诺村（Rignano）之外，此处位于加尔加诺山山麓西南，距离普利亚平原有2000英尺。[1]

　　罗杰要为接下来战斗的失败负责。两年前，他任命长子罗杰为普利亚公爵，现在长子要为收复自己的领地而进行首次大战，他要向世人展示他是名副其实的奥特维尔家族的子孙，便英勇无畏地向敌人冲锋，将一部分敌人往西彭托方向驱赶。同时，国王罗杰决定发动第二次冲锋。我们不知道事情的具体经过，但结果是罗杰被彻底击溃。法尔科兴奋地说——尽管无法证明他的描述是否准确——国王罗杰最先逃跑。国王直接逃回萨莱诺，而最后一任那不勒斯公爵塞尔吉乌斯战死沙场，享年39岁。

　　1137年10月30日，里尼亚诺之战发生时，洛泰尔还活着，

1　从里尼亚诺村向南望，可以将普利亚的风景尽收眼底，因此该村很久以来都有"普利亚之窗"（Balcone delle Puglie）的美名。当地中世纪城堡的遗址上盖有很多房屋，而城堡的建设时间大致与此处记载的事件处于同一时期。

仍有 5 周的生命。但愿洛泰尔在去世之前能听到罗杰战败的消息，也好给他带去一些慰藉。出乎意料的是，里尼亚诺之败并没有给罗杰造成持久的损害。一些坎帕尼亚城市利用罗杰战败的机会讨要原来未取得的待遇，但是它们依然忠于罗杰。罗杰返回萨莱诺的一两天之后，有消息传来，卡西诺山修道院院长维巴尔德刚刚就任一月零一天就害怕地逃窜到阿尔卑斯山以北去了。看来维巴尔德花了些时间向修士们强调说，他离开是为了他们，而不是为了自己。如果不是国王公开威胁维巴尔德说如果他敢留下来就绞死他，修士们可能就会信了他的话。维巴尔德后来担任科尔比修道院（Corbie Abbey）院长，安全无虞的他此后在余生中坚持不懈地猛烈抨击国王罗杰，却此生再未冒险进入意大利。为了填补空缺，卡西诺山的修士从他们中间选出了一位修道院院长，新院长坚定地支持西西里国王和阿纳克莱图斯。从此以后，这座伟大的修道院虽然在名义上保持独立，却已经在实际上成为王国的一部分。

罗杰再次返回萨莱诺之后，便可以观察一下时局。总的来说，他没有感到不满。他采取的避战政策使得德意志军队的攻击势头自然燃尽，事实证明它成效显著。皇帝来了又走，他来的时候看上去所向披靡，势如破竹，但他离开还不到两个月，他所取得的成绩已经所剩无几，只剩下普利亚的叛乱——这是罗杰、罗杰的父亲和伯父们在过去 100 年时间里治理过无数次的、枯燥乏味的、年深日久的地方性叛乱，它无疑会再次被平息。王国摆脱了危险的处境。除了那场本不必发生的里尼亚诺之战所造成的损失，其他的人员伤亡和财产损失都很少。教皇阿纳克莱图斯仍然掌握着圣彼得教堂。和平的政治谋略再一次战胜了野蛮的武力。

另一方面，罗杰的声望确实遭到了大幅的削弱。许多缺乏远见的追随者对罗杰的消极被动非常震惊，认为这是胆小懦弱的表现。或许罗杰本想在里尼亚诺之战中重树威望，但他的表现却进一步证实了追随者的疑虑。还有一桩无可否认的事情：虽然眼前的威胁已经解决，罗杰的基本问题一个都没有解决。除阿纳克莱图斯之外，再无其他人承认罗杰的王权。罗贝尔和雷努尔夫这两个屡教不改的叛乱分子仍然逍遥法外。而且，一切问题的基础——教会分裂问题仍悬而未决。

对罗杰的敌人来说，教会分裂问题也非常烦人。这也解释了为什么那位迄今为止最令人敬畏的敌人居然亲自在 11 月初来萨莱诺拜访西西里国王。正如教皇英诺森的其他随从一样，明谷的圣伯尔纳也难受地度过了这个夏天。长期以来，他的健康已遭受了极大的损害，而帝国军队在半岛拖延了 7 个月，他的身体已经濒临崩溃。他和洛泰尔素来不睦。正是伯尔纳，而不是那位性格温和的英诺森，极为厌恶皇帝和亨利公爵的那副自认为是南意大利主人的态度——即使是那位"西西里的暴君"都知道这里是教皇的领地。几乎可以确定，正是伯尔纳劝说和鼓励英诺森在拉古佩索尔、卡西诺山等地坚定地反对皇帝的要求。

皇帝和教皇最终在法尔发分开的时候，伯尔纳希望回到明谷休养。但是他们将伯尔纳送回普利亚，想看他的声望是否能在未被武力征服的地区上生效，看他是否能使罗杰接受他们的条件。尽管伯尔纳非常不情愿，还是回到了意大利。他还曾出现在里尼亚诺，试图规劝罗杰放弃交战。[1] 罗杰战败之后，伯尔纳准确地算

---

1 *Vita Prima*, II, vii.

到罗杰此时更容易被说服。罗杰无意继续维持这种教会分裂的局面，他凭借支持阿纳克莱图斯而登上王位，后来却因为阿纳克莱图斯又几乎丢掉了王位。现在的情况已经与7年前完全不同了。在当时，阿纳克莱图斯似乎有可能大获全胜；但在此时，显然阿纳克莱图斯只能希望保留对立教皇的耻辱名号，作为实际上的囚徒在梵蒂冈度过余生。只要罗杰继续一意孤行地支持阿纳克莱图斯，皇帝就会继续煽动南意大利的叛乱，这片土地就永不安宁。对罗杰来说，当务之急是解决封臣的叛乱问题，但他不愿背叛宗主。除了背叛，或许还有其他解决方法。不管怎样，伯尔纳的到来是一次机会，罗杰欢迎这次机会，这或许能让他走向对话，终结战争。罗杰迫切地需要一点时间来休养和恢复，他知道，自己的外交手段比任何对手都技高一筹。罗杰以枢机主教的待遇接待了伯尔纳，欣然同意重新考虑教皇的问题。

罗杰提议，两位教皇分别派出3位代表到萨莱诺为各自申辩。伯尔纳同意了。可怜的阿纳克莱图斯一定非常惊惧：他唯一盟友的立场居然出现了动摇的迹象。但是他不能拒绝。他选择了教皇秘书长比萨的彼得（Peter of Pisa），还有两位枢机主教，马修和格里高利。英诺森也派出了他的秘书长兼枢机主教艾默里——该为教会分裂担负主要责任的人就是他——以及枢机主教卡斯泰洛的圭多（Guido of Castello）和博洛尼亚的杰拉尔德（Gerard of Bologna）。后面这两位分别是后来的教皇塞莱斯廷二世（Celestine II）和卢修斯二世（Lucius II）。6名代表在11月底抵达了萨莱诺。

虽然伯尔纳名义上不是英诺森的代表，但他不可避免地成了主要发言的人。正如在埃唐普会议上一样，他似乎故意忽略了讨论中唯一应该讨论的合法性问题——最开始的选举是否符合教会法。然而，这一次他没有猛烈抨击对方，因为那样的话，在场的阿纳克莱图斯派会奋起反诘，罗杰也会心生反感。他转而试图凭借人数优势取胜。只要英诺森在现场获得的支持比阿纳克莱图斯多，英诺森就是合法的教皇。无论按照什么标准，他话中的理由都是不靠谱的。但正是他的话引发的宗教热忱让人们在很大程度上忽略了话中的逻辑缺陷。

　　基督受难时，异教徒和犹太人均不敢撕毁基督的斗篷，彼得·莱昂尼现在却要撕毁它。世间只有一种信仰，一个上帝，一场洗礼仪式。大洪水时期也只有一座方舟。8个灵魂因方舟而得救，而其他的都毁灭了。教会也是一种方舟……最近，有人建造了另一座方舟，所以就有了两座方舟，其中有一座必定是假的，必定会沉入海底。如果彼得·莱昂尼的方舟来自上帝，那么英诺森的方舟就会毁灭，东方和西方的教会也会随之毁灭。法国和德意志将会毁灭，西班牙、英格兰和蛮族的土地将会毁灭，一切都会沉入海洋深处。卡马尔多里会、加尔都西会、克吕尼派的修士，还有格兰芒、西多、普利蒙特雷等的各种数不清的修士修女，以上所有人将淹没在大旋涡之中，沉入海底。饥饿的海洋会抓住主教、修道院院长和其他教职人员，像磨盘一样绞紧他们的脖子。

　　这个世界上的王公之中，只有罗杰进入了彼得的方舟，其他人则毁灭了，只有他会被拯救吗？难道这种全世界的宗教应该毁灭吗？我们清楚地明白彼得·莱昂尼的生平。彼得的野心会为他在天国中谋得位子吗？[1]

伯尔纳的演讲一如既往地发挥了作用。这番话不是讲给自己这边的人听的，而是为了在这种法律的程序中将对面的人争取过来。所以，当伯尔纳的演说结束之后，走向他的不是国王，而是比萨的彼得，彼得为过往的错误而忏悔，并请求宽恕。自己的秘书长居然公开背叛了，这给阿纳克莱图斯造成的沉重打击仅次于他被罗杰亲自废黜。伯尔纳向变节者伸出手，然后温柔而得意扬扬地带他离开。几乎裁判庭上的所有人都认可了伯尔纳的理由。

然而，罗杰仍然不为所动。他拖延的时间越长，对他就越有利。另外，没有获得相应的好处就妥协让步也不符合他的一贯做派。毕竟他国王身份的唯一合法性就在阿纳克莱图斯身上，要让他改换盟友，英诺森就先要确认他的国王身份。同理，还要确认他儿子的普利亚公爵身份，正式剥夺英诺森授予雷努尔夫的公爵头衔。但是在这样一个公开的裁判庭，实在不适合讨论这些。会议进行到第 9 天，国王宣布这个议题太过复杂，无法当场做出裁决。他需要咨询议事会。因此，他提议双方各派出一位枢机主教与他一同返回西西里。在圣诞节当天，他会公布自己的决定。

伯尔纳没有陪同罗杰去西西里，而是与比萨的彼得一同回到罗马城。或许他觉得自己对国王施加影响的努力已经失败了。如果他还抱着一丝希望的话，很难相信他会放弃趁热打铁的机会——随罗杰前往巴勒莫。所以毫不奇怪，罗杰依照约定在圣诞节公布决定时，他没有理由改变以往的观点。像以前那样，罗杰

1　*Vita Prima*, II, vii.

支持阿纳克莱图斯作为真正的教皇，在将来亦然。

　　最有可能的情况是，罗杰如此答复是因为教皇英诺森拒绝了他的条件，而英诺森的态度或许与罗马城中的最新事态有关。阿纳克莱图斯一直没有从失去比萨的彼得的阴影中走出来。随着多灾多难的 1137 年走向年尾，阿纳克莱图斯失去了罗马城的控制权。从当年 11 月起，我们发现英诺森的信件都以"罗马"（Romae）起头，而非之前使用的"在罗马人的领地"（in territorio Romano）。到此时，阿纳克莱图斯控制的地方不超过圣彼得教堂、梵蒂冈和圣天使堡。1138 年 1 月 25 日，阿纳克莱图斯去世了，或许这对他来说再好不过了。[1] 他的一生，开始充满希望，最后却是可悲的。在他以教皇的头衔坐在圣彼得宝座上的 8 年中，以伯尔纳为首的敌手无休止地辱骂他，他在大多数时间里都默默忍受着。几个世纪以来，这场由天主教护教者和圣伯尔纳的传记作者所支持的战争还在继续。在一些当代的作品中，凡是有关阿纳克莱图斯的地方，他不是遭到污蔑，就是直接被彻底删除。他应该得到更好的对待。即使他在早期阶段有买卖圣职的污点，却仍然比同时代其他的大多数教皇更加清白。如果一定要清算分裂教会的责任，那么教皇英诺森和秘书长艾默里肯定会承担更大的罪责。倘若阿纳克莱图斯能取胜，或是圣伯尔纳忙于处理修道院和修会的事务，那么或许他就能凭借智慧、虔诚和外交经验证明自己是一位杰出的教皇。事实证明，他以尊严和克制维持

1　我们从未发现阿纳克莱图斯的坟墓，可能是因为他的支持者有意隐藏，抑或被英诺森的支持者破坏了。

了一个不可能不遭人反感的职位。

他去世以后，教会分裂实际上已经结束了。仍然效忠阿纳克莱图斯的枢机主教们并没有立刻投降。或许是在罗杰的授意之下，他们在 3 月推选枢机主教格里高利为教皇，称为维克托四世（Victor Ⅳ）。[1] 但是格里高利志不在此。他没有前任阿纳克莱图斯那么受欢迎，而且最初答应支持他的少数罗马民众很快就被英诺森收买了。数周之后，格里高利再也无法控制局面。5 月的某天夜晚，他偷偷溜出梵蒂冈，穿过台伯河，到圣伯尔纳的住处投降。5 月 29 日，即五旬节后第 7 日，伯尔纳向明谷修道院的院长说了这件事：

> 上帝已将统一赐予教会，将和平赐予罗马城……彼得·莱昂尼的支持者已经谦卑地仆倒在我们教皇的脚下，他们发誓像臣下一样忠于教皇。原本搞分裂的神父和他们所立的偶像皆如此照办……民众沉浸在极大的欢愉之中。

阿纳克莱图斯去世了，他那懦弱荒唐的继任者垮台了，这些事都没有让罗杰过分担忧。他继续支持对立教皇的做法并没有如他所愿成为好用的谈判筹码，教会分裂的结束无疑使前景更加明朗。他现在可以摆脱在当国王的头 7 年中造成了严重破坏的承诺，他认为继续与教廷为敌毫无意义，于是公开承认英诺森为合法的

1　只有法尔科记载他们向罗杰请示过选立教皇的问题，并得到了罗杰的同意。无论人们支不支持阿纳克莱图斯当任教皇一事，都无法为维克托当选教皇的合法性辩护，因为维克托只是由少数分裂的枢机主教投票选出的。而在此时，结束教会分裂才会对罗杰有好处。

教皇，命令全体民众照做。然后，他率领大军开赴普利亚。

从夏天到秋天，战役一直在进行。罗杰一定非常灰心丧气。他再一次横扫半岛，洗劫并烧毁路上遇到的一切抵抗力量。然而不知为何，他没有取得任何实质性的突破。当他在年底回到巴勒莫时，普利亚的大部分地区仍在叛军手中。同时罗马也没有做出任何回应，没有迹象表明英诺森打算与罗杰和解。来年春天，罗杰为新一年的战争做准备的时候，教皇的态度表明他完全没有和解的想法。在 1139 年 4 月 8 日的拉特兰会议上，英诺森重申了一项决定：将西西里国王及其儿子，还有阿纳克莱图斯祝圣的所有主教，均处以绝罚。

但是罗杰为期 9 年的磨难就要结束了，而且结束的日期比任何一个主角所预料的都要早。1138 年的战争没有结果，这意味着雷努尔夫可以无限期地保持自己在普利亚的地位。拉特兰会议又以咄咄逼人的姿态显示了罗马城中弥漫的自信心态。而事情没有那么乐观。拉特兰会议之后不到 3 周，雷努尔夫就在特罗亚感染了热病，放血疗法未见效，他在 4 月 30 日去世了。人们将雷努尔夫安葬在特罗亚主教座堂。

贝内文托的法尔科向我们讲述了那段悲伤的记忆。雷努尔夫去世的消息传出后，惊惶迅速在叛军控制的普利亚蔓延：少女和寡妇在恸哭，老人和孩子在哀号，人们痛苦地撕扯头发，顿足捶胸，抓伤脸颊。这些描述听上去非常夸张，不过我们难免产生雷努尔夫确实受人爱戴的印象。尽管他背信弃义，却是一位有吸引力的、堂吉诃德式的人物，不管是朋友还是敌人都无法抗拒他的魅力。在他短暂的公爵任期内，他的统治似乎相当明智、相当得当。他是位出色的战士，也是位勇敢的战士，而且比罗杰勇敢得多——他曾两次在战场上打败罗杰。他作为一位彻彻底底的诺曼人，在同胞们的普遍印象中是一位完美的骑士，在这一点上，他那位带有东方血统的、心术不正的内弟永远难以与他匹敌。他的弱点在于缺少政治眼光。他不明白，如果不能从外部得到长期的政治支持和军事支持，就不可能打倒罗杰。正是这一无知导致他——在违背庄严的誓言，并在国王向他展示了罕见的宽恕之后——发起了为南意大利带来悲惨与灾难的事业，让南意大利面对罗杰那只有在绝望的时刻才会使用的残忍做法。简而言之，雷努尔夫给他的国家所带来的伤害是无法估量的，他配不上他去世时所带来的这么多悲伤。

雷努尔夫死后，叛乱正式走向尾声。除了一两处可以被轻松对付的孤立抵抗——尤其是巴里，还有特罗亚与阿里亚诺周围的地区——只剩下一个问题。6月末，教皇英诺森带着他的老盟友卡普阿的罗贝尔率军从罗马南下。英诺森现在无法再制造真正的威胁。根据各种记载，教皇军队的规模不大，最多有1000名骑士。这一次，教皇应该是带着对话的希望去的。的确如此。在探子报告了教皇一行接近的消息之后，没过多久，两位枢机主教就抵达了西西里军队的营地，他们说英诺森已经抵达了圣杰尔马诺（S. Germano），[1]如果罗杰愿意前去侍奉教皇，就能受到和平的接待。

罗杰带上儿子，率军翻山越岭，抵达圣杰尔马诺。谈判僵持了一周时间。英诺森很明显已经准备承认罗杰的西西里王冠，却

1　现代的卡西诺城，就在卡西诺山修道院下面。

要求恢复卡普阿亲王以作为回报。罗杰拒绝了，因为他在过去7年中反反复复地为罗贝尔提供了讲和的机会，现在他的耐心已经消失殆尽了。罗杰见教皇无意再让步，便决心不再浪费时间。他考虑到自己在桑格罗河（Sangro）河谷还有一些没办完的事，就拔营往北方进发。

不出罗杰所料，英诺森和罗贝尔不久重启战端，并且开始一路向卡普阿攻打，焚烧了沿途的村庄和葡萄园。军队在加卢奇奥（Galluccio）小镇突然停了下来，西西里军队正在他们左侧的高处俯视。英诺森很快嗅到了危险，马上下令后撤，可是为时已晚。他的军队还没反应过来，年轻的罗杰公爵已经率领1000名骑士发动了伏击，直冲教皇军队的中央。教皇军队乱作一团，许多人在逃跑时被杀死，还有不计其数的人在逃跑时淹死在加里利亚诺河里。卡普阿的罗贝尔设法逃走了，教皇英诺森却没有这么幸运。教皇试图去避难，他避难的故事现在还能在加卢奇奥的圣母领报教堂中的圣尼古拉礼拜堂的湿壁画中见到。但是，他没有避难成功。1139年7月22日夜，教皇和他的枢机主教、档案和财宝，都落入了国王的手中。

两个月前，教皇英诺森还在罗马召集军队的时候，沉寂近一个世纪的维苏威火山喷发了，其景象壮观而令人战栗。火山喷发了一周之久，喷出的岩浆覆盖了周边的村庄，空气中弥漫着发红的火山灰，贝内文托、萨莱诺和卡普阿的天空也因此变得昏暗。当时没人怀疑这是一个凶兆，战斗结束之后，人们知道它应验了。教皇的地位大为降低，这是自汉弗莱·德·奥特维尔公爵和他的弟弟罗贝尔·吉斯卡尔在86年前的奇维塔泰之战彻底击败教皇利奥九世以来，教皇在诺曼人那里所受到的最严重的羞辱。

与诺曼人兵戎相见是教皇常犯的错误，正如利奥在奇维塔泰与俘获他的人达成协议一样，现在轮到英诺森向形势低头了。他开始拒绝让步，因为罗杰坚持以恭敬和尊重的态度待他，他就误以为自己还能提条件。3 天之后，他终于明白了眼前是什么形势，为赎身需要付出什么。7 月 25 日，在米尼亚诺，罗杰的西西里王国得到了正式承认，他对加里利亚诺河以南所有意大利土地的控制权也得到了确认。接下来，他的长子被授予普利亚公爵领，第三子阿方索被授予卡普阿亲王国。教皇随后主持了弥撒，在弥撒中就和平的主题做了很长时间的布道，他离开教堂时浑身轻松。在接下来的特许状中，他将所有事情看作仅仅是扩展和更新了早先由霍诺留二世授予罗杰的权利，以设法挽回一些教皇的荣誉。国王也答应，每年提供 600 施法蒂[1]给教皇。但是没有什么可以掩饰以下事实：米尼亚诺的协议意味着教皇一方的无条件投降。

半个世纪后的英格兰史家拉尔夫·尼格尔（Ralph Niger）在他的《世界编年史》（*Chronica Universalis*）中记载，英诺森把自己的主教冠递给罗杰，从而完成了协议。而国王用黄金和宝石装饰这顶主教冠，以将它作为自己和继承者的王冠。无论如何，两人似乎已经建立了相当密切的关系。他们一起骑马前往贝内文托，教皇在那里受到了热烈的欢迎，根据法尔科的描述，就像是圣彼得本人进入了该城。一两天之后，国王在城外的大营里接见了那不勒斯派来向他宣誓效忠的使臣，使臣向他交出了城市的钥匙。

1　施法蒂是阳文的拜占庭钱币，1269 年时相当于 8 塔利斯的黄金，也就是说，比 1 西西里盘司的黄金的 1/4 多一些。所以，1 施法蒂大致与 1 英格兰索福林（sovereign）金币等值。（Mann, *Lives of the Popes in Early Middle Ages*, vol. IX, p.65.）

这一投降标志着一个时代的结束。在 4 个多世纪里，那不勒斯公爵一直在南意大利政治危险的海峡和浅滩中冒险行驶，而且经常处于翻船的边缘，甚至有时还需要比萨等当时的盟友救他们一把。虽然他们在理论上挂着拜占庭的旗帜航行，十分安全，但是他们近几年也逐渐地被迫在桅杆上挂起其他旗帜——西方帝国的旗帜，甚至是诺曼人自己的旗帜。不过无论如何，他们的船只一直都能设法浮在海上。但是这一次不一样了。那不勒斯在 9 年时间里已经遭到了 3 次围攻，还有一次灾难性的饥荒。它在最后一任公爵去世之后，由一个半共和的政府统治，却毫无起色。伟大和荣耀已经逝去。几天之后，年轻的罗杰公爵进入那不勒斯，以父亲的名义正式接收该城，他不仅把这里当成一块效忠于他的采邑，而且当作西西里王国不可或缺的一部分。那不勒斯这艘船，最后还是沉了。

只剩下两处还在抵抗的地方需要解决：一是特罗亚地区，洛泰尔留下的德意志军队依旧在这里制造麻烦；二是巴里，一些叛乱的男爵撤退到这里进行最后的抵抗。8 月的首周，国王出现在特罗亚城下。该城在他抵达后就屈服了，由于教皇签署了投降协定，所以他们继续抵抗已经毫无意义，更何况市民还听说罗杰宽大处理了普利亚的沿海城镇。因此，市民邀请罗杰和平地进入该城。但是现在，国王第一次表示自己深深地厌恶自己姐夫的背叛行径，他回话说，只要雷努尔夫的遗体依旧埋葬在城墙之内，他就不会接受特罗亚人的投降。他的话在城中引发了恐慌，但是特罗亚居民的精神已经崩溃了，他们别无选择，只能照办。由原先雷努尔夫最忠诚的支持者领头，4 位骑士打开了他的坟墓。裹着裹尸布的尸体被拖了出来，根据国王的命令，被拖过街道，拖到城堡中，丢到城门外气味难闻的沟渠里。不久之后，罗杰似乎对这项不人道的做法有所后悔，并在儿子的劝说下重新体面地安葬了这位宿敌。他虽然没有针对特罗亚人采取进一步行动，却依旧拒绝进城。在他生命接下来的 15 年里，他再也没有来过这里。

然后心存报复的国王冷酷地经过特兰尼——他的儿子在数月前曾与该城达成了非常慷慨的协议——前往巴里。普利亚没有其他城市如此频繁地欺骗他，而且周围的城市都已经投降，并得到了宽容的对待，而巴里居然还在抵抗，罗杰最后一丝耐心也耗尽了。遭到两个月的围攻，遭到饥饿的威胁之后，守军被迫答应谈判。罗杰最想要的事就是解决叛乱，并回到西西里，所以答应了他们的条件：军队不会在城中劫掠，双方应该归还战俘，战俘不应受到伤害。罗杰进城之后，他的怀恨之心再次占了上风。他的一个骑士新近被释放，他报告说，他在监狱里被人挖了一只眼睛。这正是罗杰想找的一个借口。这算不算违反了业已达成的协议呢？罗杰从特罗亚和特兰尼召来法官，这些法官和巴里的法官一起宣布协议无效。作乱的亲王加昆图斯（Jaquintus）与他的主要臣僚们一起被带到了国王那里，均被判处绞刑。另有 10 位市民的领袖被处以瞽目之刑，其他的则被监禁、没收财产。法尔科记载道："城市中充满恐慌和忧惧，没有哪个男人或女人胆敢上街或去广场。"

回到萨莱诺后，国王的怒火还没有彻底消除。那些参加叛军后心感轻松而暗自庆幸的坎帕尼亚封臣，在此时被没收了土地和财产。他们之中有一些人被关进了监狱，大部分人则流亡到"山那边"。11 月 5 日，当罗杰乘船前往西西里时，他在身后留下了一群受到恐吓、受到惩罚的男爵。

　　1139 年是他在位时取得最大胜利的一年，在这一年，他的主要敌人雷努尔夫去世了，那不勒斯和巴里的两个小王朝终结了。卡普阿的罗贝尔的势力实际被消除了，尽管他在余生中一直在对抗国王，但是无法再对西西里的王位构成任何严重威胁。在这一年，大陆上也发生了近一个世纪里最重要的胜仗，此仗让罗杰彻底地为两年前的里尼亚诺之战雪耻。在这一年，整个南意大利都宣告恢复和平，它最终屈从于国王的意志，入侵的德意志皇帝留下的最后一批人也被肃清了。最后，在这一年，国王与教皇达成了谅解，合法的、毫无争议的教皇承认了西西里的王权。罗杰本人则显示了勇气、外交策略、政治手腕，以及至少在最后一刻之前的仁慈。即便他的仁慈比起他的其他优良品质而言有所欠缺，他做过的事却依然比其同时代的大多数君王都好得多。

　　萨莱诺大主教罗穆亚尔德总结道："就这样，最强大的罗杰国王消灭了敌人和叛徒，带着光荣和胜利回到西西里，在完全的和平和宁静中统治他的王国。"这听起来像是童话故事的结局，而且罗杰的确应该在回家的路上感到心满意足。然而他心里不可能是高兴的，因为他在特罗亚和巴里的行为已经显示，他的心灵已经受到了伤害。过去的数年已经让他心里充满痛苦，让他大失所望，他永远都不能克服这些情绪了。人们经常滥用他的慷慨，背叛他的信任，他为王国保留的伟大计划也经常因自私而怀有野心的诺曼男爵而无法实行。在没有大量采邑的西西里，信 3 种宗教、属于 4 个民族的人们幸福而和平地生活着，西西里逐渐走向繁荣。但是，罗杰在南意大利什么都没能实现，封臣处处与他作对。他开始憎恨半岛了。在将来，他会尽快把这些事务交给儿子们，并将注意力集中在他过去一直没时间关注的西西里岛。

　　罗贝尔·吉斯卡尔和弟弟在 1072 年 1 月一路打进撒拉逊人统治的巴勒莫时，他们最开始的决定之一就是转移首府的行政中心。埃米尔一直在海边哈勒萨区的王宫里统治，但是罗贝尔他们在西边 1.5 英里处高地上的一座旧堡垒里统治。这座堡垒建于两个世纪之前，用于保卫陆上的入口，它更加凉爽，更加安静，远离城市所有的尘土和喧嚣。这里的位置也控制着城市，遇到麻烦时也更容易在此处防守。最后这一点对新来的征服者而言是至关重要的。如果居住的地方不能在紧急时刻提供恰当的防御，每个诺曼人都会生活得不自在。所以在修缮和加固之后，旧的撒拉逊堡垒成为诺曼人的统治中心，并在后来成为西西里大伯爵的宫殿所在地。

　　多年以来，罗杰一世和他的儿子进行了各种广泛的结构调整，最后已经看不出多少撒拉逊人的结构了。到 1140 年，该建筑已经基本上是一座诺曼宫殿了。尽管在过去的 8 个世纪里，这里不可避免地添加了新的结构，比如内院和柱廊、凉廊，还有巴洛克式的正立面，更不用说西西里议会所有笨重的装饰物，但是依旧毫无疑问地显示出它的诺曼起源。尤其是位于北端的比萨塔（Torre Pisana），它又被称为圣宁法塔（Torre di Santa Ninfa）。圣宁法是一位早年的巴勒莫贞女，她非常敬仰基督教的殉教者，所以她也追随他们而去。这座塔依旧矗立在原处，和罗杰当时见到的一个样。甚至当地天文台的铜制穹顶也松松地跨在屋顶上，没有应该具备的那么有压迫感。罗马式的塔使用球茎状的圆屋顶，这是诺曼西西里建筑的典型趋势。老一代的巴勒莫天文学家沿袭着传统，无论他们是否意识得到这一点。有件值得高兴的事：19世纪的第一个夜晚，天文学家在这个天文台中发现了第一颗，也是最大的一颗小行星，他们将它命名为"刻瑞斯"（Ceres），这正是该岛的保护女神的名字。

王宫（Palazzo Reale）还叫老名字，但它既不抓人眼球，也不引人遐想，它在整体上只是个建筑的大杂烩，没有出彩的特征。比萨塔也看起来呆板生硬。乘兴而来的游客或许会耸耸肩，掉头就走，前往更适合拍照的隐修者圣约翰教堂（Church of S. Giovanni degli Eremiti）。游客这样做也可以理解，却依旧有些可惜。因为这样做会在不知不觉中错过西西里甚至全欧洲最让人激动的一个景点——他走进王宫后肯定能首先发现的王宫礼拜堂（Palatine Chapel）。

早在1129年罗杰还没有做国王的时候，他就开始在宫殿的一楼修建私人礼拜堂，它俯瞰着整个内部的庭院。修建的速度很慢，这主要是因为大陆上的麻烦让罗杰每年只有几个月可以监督建筑工作。1140年春天，尽管还未完工，礼拜堂已经准备投入使用。在4月28日的棕枝主日，在国王及其所有希腊和拉丁礼的主要教士面前，福音堂得到了祝圣，它被献给圣彼得，并正式获得了符合其王室礼拜堂地位的待遇。

罗杰不会比家族的其他成员更热爱拜占庭，但是成长时接受的规矩和生活的东方式气氛让他亲近拜占庭式君主制的概念，也就是带有神秘色彩的绝对君主制，君主在其中受上帝的委派而统治，他的生活远离臣民，高于臣民，生活在一种壮丽而堂皇的环境中——这体现了他作为尘世与天堂的中介者的地位。突然绽放的诺曼西西里艺术首先是一种宫廷艺术，而与之匹配的最耀眼的珠宝应该就是巴勒莫的王宫礼拜堂，无怪乎七个半世纪后莫泊桑描述它是"人类梦想中最令人惊讶的宗教珍宝"。[1]这座建筑比西西里的任何地方都更能让人讶异，我们在建筑里能看见西西里-诺曼政治的奇迹如何以视觉的形式表现出来：看起来毫不费力地就把拉丁、拜占庭与伊斯兰传统中最精彩的部分融合到一件协调的杰作之中。

它的样式基本上是一座西方的巴西利卡式教堂，有一个中殿和两个侧廊，中殿和侧廊之间用成排的古代花岗岩立柱隔开，立柱全都是黄金装饰的科林斯式柱头，它们抓住人们的眼球，沿着五级台阶一直往前伸，伸到唱诗班席位的位置。教堂西侧也是如此，尽管这里体现了一些南方的元素，却依然有装饰丰富的走廊，有嵌着生动图案的台阶、栏杆和矮墙，更不用说巨大的讲经台了。这座令人自豪的讲经台，有黄金、孔雀石和斑岩做的饰钉装饰，侧面有一个巨大的复活节烛台，还有一组 15 英尺高、用白色大理石制成的动物寓言画。[2]

如果我们现在还能看到礼拜堂中所有发光的黄金装饰，我们就能和拜占庭面对面了。唉，其中一些马赛克镶嵌画，尤其是耳堂北墙的上侧的那些，已经消失了。其他的也在几个世纪里遭到

1　*La Vie Errante*, Paris, 1890.

2　可以肯定，这个烛台是巴勒莫大主教休在 1151 年的复活节上将罗杰的儿子威廉加冕为其父的共治者之时安置在此处的。在烛台上面，众天使托举着钉在十字架上的耶稣。在大致与天使们处于同一水平线上的地方，有一个人居然站在一片棕榈叶上。此人戴主教冠，有点像潘趣先生（Mr Punch），一直被认为就是罗杰本人。但是此人还穿着教皇的披肩式祭服，这和国王的身份不符，所以他更有可能代表着教皇的捐赠。（Schramm, *Herrschaftszeichen und Staatssymbolik*, vol. I, p. 80.）

了大幅度的——有一两处是灾难性的——修复。有时候，在中央后殿和两侧后殿的下面，我们还能看见 18 世纪的奇怪装饰，如果相关部门灵光一点，应该早就把这些东西清理掉了。不过最优秀的装饰——全能者基督以祝福的姿态在穹顶上俯视，一群天使用翅膀绕成一周，环绕在基督周围，四位福音书作者位于四处三角拱——所有这些都是最好的、纯粹的拜占庭风格，纵使放在君士坦丁堡的教堂中也毫不逊色。唱诗席附近的墙上全是希腊语的铭文，写着建造的日期和工匠的名字。与拜占庭式装饰相对的，是北部耳堂的圣母玛利亚[1]、正厅的《旧约》故事场景、侧廊中圣彼得和圣保罗的事迹，这些都是威廉一世（William I）在 20 多年后添加的，当时他的父亲已去世。到处都有的拉丁铭文，对拉丁圣人的喜好，以及试图打破之前呆板的拜占庭圣像画模式的尝试，均说明威廉雇用了当地的艺术家，这些艺术家可能是最初的希腊师傅的意大利徒弟。13 世纪后期，其他意大利人在王室看台[2]附近的西墙上绘制了坐在宝座上的基督，还在圣坛的拱上描绘了圣乔治和圣希尔维斯特，他们在安茹王朝时期不可原谅地引入这些，以代替更早时候罗杰本人的肖像。

这些几乎是拉丁和拜占庭在一个豪华的框架内相互唱和，为王宫礼拜堂在世界宗教建筑中赢得了一个特殊的位置。但是对罗

1　从下面看，她的位置莫名其妙地偏离中央，左上方的施洗者约翰似乎是为了弥补画面平衡而做的一次尴尬的尝试。然而，从北墙的大窗子看去，她似乎位于目光中墙体的正中间。如此一来，可以推断这扇窗——与宫殿内部相交流——在约 1160 年之后充作王室看台。（关于这一点和西西里马赛克镶嵌画中其他更吸引人的艺术作品，见 Demus, *The Mosaics of Norman Sicily*, London, 1950。）

2　根据北面侧廊的墙上的一则铭文，这里恢复于 14 世纪。

杰而言，它们还不够。其国家里伟大文化传统中的两个已经炫目地反映在他新建造的建筑里，但是第三个呢？岛上人口最多的撒拉逊人，他们的忠诚比起罗杰的诺曼人同胞来可谓是毫不动摇的。在半个世纪以上的时间里，他们在行政管理上的效率在很大程度上推动了王国的繁荣，他们的艺术家和工匠也蜚声亚非欧，他们的文化传统体现在何处呢？所以，礼拜堂得到了进一步的装饰，这装饰的确让它的荣耀登峰造极，它是世界上所有基督教室中最让人意想不到的屋顶装饰：钟乳石状的木质屋顶，其风格是典型的伊斯兰式，和开罗或大马士革的装饰一样精美；上面还有知道具体年代的最早的一组阿拉伯绘画作品。

还需要谈谈这里的具象绘画。12世纪中期，一些阿拉伯艺术的派别已经试图在伊斯兰艺术厌恶人物形象的老习惯中耍些手段，这些艺术家以波斯人为主，他们一向没有同样的道德顾忌，而巴勒莫的宗教宽容气氛让这些艺术家得以进一步尝试。如果观众站在地板上，或许很难发现绘画的细节。如果拿着望远镜观察，你就能看到在一堆动植物装饰的中间，有夸赞国王的阿拉伯语铭文，有无数让人愉快的东方的生活和神话的场景。有些人骑着骆驼，有的人在猎杀狮子，还有人在闺房中享用餐食，似乎到处都有人在吃吃喝喝。龙和怪兽到处都是。一个人——或许是辛巴德（Sinbad）？——骑着一只四腿的大鸟，这是希罗尼穆斯·波什（Hieronymus Bosch）的作品。

然而，正如观众眼中的真实观感是整体效果而不是单独的细节，王宫礼拜堂本身也不能被看作分散元素的集合，而是一个有机的整体。同时，它也是一个深刻的、献给神的作品。没有其他用于礼拜的场所能散发出如此耀眼的光辉，也无法在起源和意图上做出这样的保证。这是一座由国王建造的礼拜堂，供国王用于礼拜活动。然而，它首先是一座上帝的房屋。王室看台和唱诗席一样高，却矮于圣坛。王室看台在西侧的尽头，周围有大理石栏杆，看台上面有亚历山大里亚式的镶嵌画，镶嵌画用斑岩围成八角形的结构。人们再看落座在此的国王，就会看到国王四周围着镶嵌画的光环——国王因此而倍加威严。但是在王室看台的正上方还有另一个宝座，这个宝座不是以大理石而是以黄金制成的，上面端坐着升天的基督。这个伟大地方的每一处光辉，每一处跃动的色彩——铜绿、牛血红和奇波里诺大理石（cipollino）交相辉映，每一处墙上的马赛克片所反射出来的光辉都营造出一种神秘的气氛，而不是卖弄夸示的气氛，营造出一种人类在造物主面前的谦卑，而不是国王的傲气。莫泊桑选择的比喻非常恰当：进入王宫礼拜堂犹如走入一枚珠宝。或许他还可以补充说，这是一件天国的冠冕上的珠宝。

第二部分

午时的王国

5

国王罗杰

> 如果在一个区域中得到的领土之语言、习俗和法律均各
> 不相同，只有拥有极好的运气，付出极大的努力，才能够控
> 制住它们。
>
> ——马基雅维利，《君主论》，第 3 章

不仅后视者明、旁观者清的历史学家认为 1140 年是罗杰统治的分水岭，而且国王本人在经过 10 年的艰难抗争之后似乎也完全意识到了这一点，他在这些年里承受了数不清的失望、背叛和败绩，终于完成了他的第一项大任务。最终，他把自己的王国握在了手中。在那些违抗他权威的封臣中，最强大的一些要么去世了，要么被剥夺了领地，要么流亡在外。一些零星的战斗还要再持续几年时间，尤其是在阿布鲁齐和坎帕尼亚，西西里王国在这些地方与北方的教皇国之间的边界还没有得到清晰的建立。不过，这将是其儿子们——普利亚的罗杰和卡普阿的阿方索——的主要职责，他们已经到了可以管理自己领地的年纪了。无论如何，王国的整体安全已经不再是问题了。

事实上，通往罗杰伟大设计的第二个舞台的道路已经被廓清

了。国家已经统一，已经处于安定的状态。现在必须制定一个制度。11 年前，他在梅尔菲强迫男爵们和南意大利教会的头面人物发出了伟大的效忠誓言，勾勒了他将进行统治的政治系统和惩罚系统的轮廓。但是似乎 1129 年已经过去了很久，自那以后，很多事情都发生了变化，太多的誓言被打破，太多的信任遭背叛。最好再重新开始。

1140 年的上半年，罗杰将大多数时间用于准备他在巴勒莫创立法律的工作。因为这项法律将平等地适用于王国各地，所以他本可以在首都颁布法律，却没有这么做。他在意大利本土的封臣是最强大的，他们在那里享有极大的自由。对于他们，他必须首先用国王的权威约束他们，然后用法律条文管束他们。7 月，他乘船回到萨莱诺。7 月底，他快速访问了他儿子最近在阿布鲁齐占领的地方后，迅速穿过山区来到阿里亚诺[1]，他的封臣从南意大利各地聚集到这里。

在刚好 100 年前，也就是 1856 年，人们发现了留存至今的两个版本的阿里亚诺的法令文件——一份发现于卡西诺山的档案，另一份则保存于梵蒂冈——人们才第一次完全理解了这些法令的重要性。[2]这些法令的范围和效力均远超梅尔菲的誓言，它们构成了一部法律集——虽然很多都直接抄自查士丁尼法典——它在中世纪早期相当独特，涵盖了罗杰统治的方方面面。它有两个特点，

1　今天的阿里亚诺-伊尔皮诺（Ariano Irpino）。

2　两份文本都可以见于 Brandileone, *Il diritto romano nelle legi normanne e sueve del Regno di Sicilia*。梵蒂冈的那份文本可能与罗杰在阿里亚诺所发布的是一样的。卡西诺山的那份似乎是节本，尽管它包括了一些之后添加的条文。

自一开始就颇有争议。第一个特点是，为了和如此复杂的国民组成相适应，国王明确指出，他的所有臣民都要继续遵守已经生效的法律。处于他统治下的所有希腊人、阿拉伯人、犹太人、伦巴第人和诺曼人都要继续按照祖辈的习俗继续生活，除非习俗与国王新制定的法律直接冲突。

第二个特点是，整部法律的主旨在于强调君主政体的绝对性——它源于国王神授权力。法律是上帝的意志，而且只有国王能制定或修改法律，只有国王拥有法律的最终解释权——他不只是个法官，而且是个教士。质疑他的决定，或者以他的名义做决定，既是犯了渎圣之戒律，也是犯了叛国之刑律。犯了叛国罪（crimen majestatis）的人当处以死刑。而叛国罪涉及的范围宽得让人害怕。比如，不仅对国王个人的冒犯和阴谋算叛国，针对任何他王廷（curia）[1]成员的冒犯和阴谋也算叛国。战场上惧战，为暴民提供武器，拒绝为国王或国王的盟友提供支持，均算叛国。在中世纪欧洲，没有其他哪个国家或法典有这样范围宽泛的法条。在欧洲，只有一个国家的君权在理论中这么高：拜占庭帝国。

拜占庭正是罗杰整个政治哲学的关键。在他大陆统治区域内流行的封建制度属于西欧，他在巴勒莫以及西西里诸省继承自父亲的政府机构在很大程度上以阿拉伯的制度为基础。至于他构想并将其变为现实的君主制本身，则彻彻底底地是拜占庭式的。略逊的西欧国王只是待在封建制度金字塔的顶端而已，西西里国王则不同。在加冕之前，西西里国王像古罗马的皇帝及其在君士坦

---

1 自罗杰二世起，王廷（Curia Regis）就是中央政府的主要机构，其权力远大于现代内阁的权力，因为它肩负重要的司法职责，尤其是在民事法律方面。

丁堡的继承者一样，要小心地确保得到人民的一致同意和欢呼。
但在加冕仪式之后，他被浸染了一种神秘的、具有神赐感的特
质，这让他高于、异于一般人。罗杰故意在生活中保持这种距离
感。为他作传的泰莱塞的亚历山大写道，尽管罗杰才思敏捷、能
言善辩，却"从不在公私场合让自己表现得太友善、太愉快或者
太亲热，唯恐人民不再害怕他"。三四年之后，我们发现罗杰在与
君士坦丁堡进行外交谈判的时候，要求对方承认他与拜占庭皇帝等
同——上帝在人间的副代理，等同于使徒——这不会让我们吃惊。[1]

　　虽然这个理论准确无误地一次次反映在西西里王国的法律、
外交以及圣像中，却从来没有被许多文字描述出来，或许是因为
这样做会遇到一个难以解决的实际难题：这个理论中有教皇的位
子吗？这一问题从没有得到满意的回答，而这在很大程度上解释
了罗杰处理与教皇关系的所有事情时体现出的有趣的二元性。作
为教皇的封臣，他准备像教皇的合法封臣一样去效忠；作为基督
徒，他准备向教皇展示应有的尊敬。但是作为西西里的国王，对
于影响其国内的教会的事，他绝不允许教皇干涉。他手中还有父
亲在 42 年前从乌尔班二世手中夺取的教皇使节任命权，因此他的
力量也得以加强。但是，正如我们将要看到的，他在教会事务上
显示的顽固和固执己见已经超出了乌尔班和继任的教皇们所预见
的范围。

　　专门处理这类事务的阿里亚诺法令倾向于强调国王作为保
护者的角色，国王保护的是基督教会，保护的是法令所代表的个

1　罗杰的称号是"Rex"（王）而不是"Imperator"（皇帝）的事实丝毫不
会减弱这一主张。"Rex"是对希腊语"Basileus"的可接受的翻译。而且，
王宫礼拜堂中的马赛克镶嵌画上的皇帝尼禄也被称为"Rex"。

人权利和待遇。异教徒和背教者——从基督教背教的，而非相反——将要受到剥夺公民权的惩罚，买卖圣职的人也会受到严厉的惩罚。同时，主教可以不用上公共法庭，神品更低的教士则根据等级被授予了更低的豁免权。所有此类措施都对罗马有利，但是——这一点无疑引发了非常不同的反应——国王可以撤回这一切，而想反对他的判决和决定，则投诉无门。就罗杰而言，这一权力——假设教皇在这上面没弄错——并非源自任何历史上他被授予的教皇使节特权。他还有高级教士待遇的权利，也就是在相应的宗教场合穿戴主教冠和法衣，手戴牧师戒指，手持牧杖——这些权利直接来自上帝。

相似的严格控制也扩展到了封臣那里。经过 10 年的反抗和叛乱之后，他们终于处于沉寂之中，但是不能指望他们会永远这样沉寂下去。罗杰针对他们的立法的有趣之处就在于，他在阿里亚诺及以后的立法中，企图将一个大体上是西方的制度与占主导地位的拜占庭体系调和在一起。这意味着，首要的事就是要让国王和封臣之间实现最大程度的分离。这项工作非常复杂，因为普利亚的许多诺曼男爵的家族在意大利待的时间比奥特维尔家族更长，并且他们认为，科唐坦那位低微贫穷的骑士的孙子要把自身的权力凌驾于他们之上，超过任何其他的西方君主，这样做太没有道理了。

虽然罗杰在接下来的数年里尽力去通过更新绝大部分现存的采邑封赐的方式来减小影响，但是还有另一个从没有完全克服的难题。从此之后，他的封臣保有封地不是因为占据之举，不是因为 11 世纪第一次意大利的诺曼征服时早期的领地授予，而是因为国王的恩典，他们保有领地的日期从获得新的王家特许状的时间开始算。同时，骑士"种姓"的人数和力量受到了限制，变得更加封闭，几乎相当于一群独立的公务员。比如，阿里亚诺法令的第 19 章《新军事组织》（"De Nova Militia"）就明确规定，只有来自业已建立的骑士家族的人，才能成为骑士或保有现存的骑士地位。另有法令告诫所有对镇民和村民拥有权威的封建领主等人——包括教会人士——要人道地对待这些居民，切勿向他们索取超出合理公正的限度的东西。

离开阿里亚诺之前，国王宣布了另一项创新之举：第一次为整个王国引入标准钱币，他所选择的钱币单位被称为杜卡特（Ducat），这得名于他的普利亚公爵领（Duchy）。这是杜卡特的起源，在接下来的 7 个世纪里，世界上财富的很大一部分都通过闪闪发亮的金杜卡特和银杜卡特衡量。打制于布林迪西的杜卡特原型似乎质量不佳——法尔科恶意地评价为"铜多于银"（magis aereas quam argenteas）。[1] 但是杜卡特钱币提供了另一种有效展示罗杰的王权理论的手段。钱币的形制是典型的拜占庭式，一面是国王的形象。国王端坐于宝座之上，身穿全套拜占庭的皇帝服饰——身穿长袍，头戴冠冕，一手抓着一个圆球，一手握着一个多一根横杠的十字架。他的儿子普利亚公爵罗杰站在他旁边，一身戎装，手里也握着一个十字架。钱币另一面的意义更大。打制于铁臂威廉公爵统治时期的早期普利亚钱币，反面全都是圣彼得的肖像，这显示了威廉是教皇的封臣这一层关系。但在此时，那个时代已经过去了，新的杜卡特的反面不是圣彼得，而是全能者

1　第一枚金杜卡特到 1284 年才在威尼斯出现，而银杜卡特在 1202 年之后就已经流通。

耶稣，好像是在说国王罗杰和耶稣之间已经不再需要中间人了。[1]

1140 年春，国王罗杰托朋友给教皇送去了一些木材当礼物，以给拉特兰宫做房梁。拉特兰宫和 12 世纪的许多罗马教堂一样，亟须修复。在此姿态下，如果英诺森认为他与奥特维尔家族不再有什么麻烦，那他就错了。仅仅几个月之后，罗杰的两个儿子就采取了他们称为"恢复昔日普利亚或卡普阿的土地"的行动，在坎帕尼亚推进到切普拉诺，在北阿布鲁齐则推进到特龙托河，频繁制造冲突，逐渐深入教皇的领地。但是人们觉得，兄弟俩仅仅是在活动筋骨，打发作为年轻的诺曼骑士的时间，做他们一直在做和将要去做的事情。他们或许对激怒教皇很享受，却对教皇没有真正的敌意。同时，他们的父亲虽然允许儿子们有一些自由度，但确实急于改善自己与教会的关系，想尽可能地消除过去 10 年的不愉快记忆。

因为在加卢奇奥的失败，英诺森还在感到痛苦，他没有那么

1　有一项争议顽固地保存在第 11 版的《大英百科全书》（*Encyclopaedia Britannica*）中，而它最新的版本已经删除了这个词条。它记载说，"杜卡特"的名称源于钱币上面的铭文 "Sit tibi, Christe, datus, quem tu regis, iste ducatus"（基督，这块公爵领的统治者，这献给您）。这样的说法是没有根据的。一枚这么小的钱币上不可能有这样的铭文，甚至缩略的形式也不可能。在这些早期的杜卡特上，除了标示两位人物身份的铭文，只有"AN.R.X"字样，此字样的全称是"anno regni decimo"，即"打制于罗杰统治的第 10 年"。这构成了另一个对教皇的挑战，因为教皇自然认为西西里王国的时间要从他于 1139 年在米尼亚诺承认罗杰算起。另一种钱币的价值为杜卡特的 1/3，和杜卡特在同一时期打制，打制于巴勒莫的造币厂。这种钱特别明显地展现了西西里人的开明，因为它正面是围绕一个希腊十字架的拉丁文铭文，反面是阿拉伯文铭文——意为"于 535 年打制于西西里城（原文如此）"，这里的年份是伊斯兰历法中的年份，也就是 1140 年。

容易平息心情，但是他的主要盟友却显示了颇为惊人的变脸能力。早在萨莱诺的裁判庭上，圣伯尔纳似乎就已经觉得罗杰不是那个他一直认为的魔鬼，打算改变原先的观点。令人惊讶的是，以长篇大论抨击"西西里暴君"的行为闻名于全欧洲的圣伯尔纳，居然在1139年初的一封写给老敌手的信中有如下内容：

> 您伟大而远播的盛名已经传遍了大地的每个角落，难道还有没有被您的名字的荣耀所照耀到的地方吗？[1]

虽然国王无疑因为这突然的转变而偷着乐，却时刻准备去会见这位转变到半途的敌手。双方之间友好关系的最后障碍被清除，也就是米尼亚诺的协议签署后不久，罗杰写信给伯尔纳，暗示伯尔纳可以亲自访问西西里，想同他商议一些事情，其中包括在西西里王国建立一个新的修道院机构。伯尔纳当时只有50多岁，但是已经被过度的劳累、糟糕的身体状况以及作为其特征的歇斯底里的苦行所折磨，他以非常真诚的遗憾之情回复罗杰，说他没办法应邀亲自前去。但是，他立刻派出自己最信任的两位修

1　伯尔纳的朋友——克吕尼修道院院长尊者彼得（Peter the Venerable）和伯尔纳一样，在教会分裂的时间里同样是阿纳克莱图斯的公开敌人，因此也是罗杰的敌人，而他在3年后向"荣耀而伟大的西西里国王"表达了更加令人印象深刻的襃扬：

"西西里、卡拉布里亚和普利亚这3个地区，之前被撒拉逊人所占据，或成为强盗的巢穴和抢匪的洞窟，而现在——多亏上帝助您完成功业——成了和平的家园、安静的避难所，成为一个宁静的、至为幸福的王国，其统治者宛如又一位所罗门。愿那块贫穷、悲惨的托斯卡纳及其邻近的省份也能加入您的王国之内！"

（Book IV, Letter 37）

士前往巴勒莫，让他们以他的名义与罗杰商谈。两人作为随从人员，陪同在 1140 年嫁给普利亚公爵罗杰的香槟伯爵特奥巴尔德（Theobald）的女儿伊丽莎白，从法国于该年年尾抵达西西里。结果没过多久，南意大利的第一座西多会修道院就出现了，几乎可以确定它就是卡拉布里亚的菲洛卡斯特罗（Filocastro）的圣尼古拉修道院。

该修道院的选址可能从另一个角度说明了罗杰此时对教会的政策。尽管西多会偏向于在遥远而隐蔽的地方修建修道院，但是圣伯尔纳无疑更想在西西里的某个地方建修道院，它最好不要离首都太远，以便他的修道院院长密切注意时局。或许这座修道院可以对国王的宗教政策造成积极的影响。基于同样的考虑，罗杰坚决反对这样的建议。无论他的宗教观念有多么真诚，他本能地不信任大陆上巨大又强大的修道院组织。既然他已经对西西里的拉丁教会建立了严格的控制措施，自然不想看到有破坏活动从内部破坏这种控制。这是他的典型做法。在其统治期间，他只批准了一座主要的拉丁修会机构，也就是巴勒莫的本笃会修道院——隐修者圣约翰修道院（S. Giovanni degli Eremiti，其教堂称隐修者圣约翰教堂）。他为修道院增加修士的人数时，没有利用来自卡西诺山修道院或者萨莱诺城外的拉卡瓦大修道院的修士，而是利用阿韦利诺附近的维基内山（Monte Vergine）的一个规模小、声名不彰的苦修群体。在此之后，罗杰做出了规模可观的奉献，隐修者圣约翰修道院得到了靠近王宫的优势位置和大笔的捐赠，而西多会或者克吕尼修道院获得了一小笔支持的钱款。他立刻被看作基督教王国中最虔诚、最慷慨的君主之一，受到人们的欢迎。没有多少奥特维尔家族的人——罗贝尔·吉斯卡尔显然不在

此列——可以抵挡这种诱惑，但是罗杰更加精于统治。他已经在
罗马教会，尤其是圣伯尔纳那里吃了很多苦头，所以这一次谨慎
行事。

在今天，隐修者圣约翰修道院空壳一般地矗立在那里。那里
已经没有任何遗存可以表明它在诺曼王国最辉煌的时期是西西里
最富有、最有声望的修道院。它建立于 1142 年，罗杰在 6 年后颁
布的特许状规定，它的修道院院长充任国王的牧师和听告解神父，
其神品是主教，并且应该在所有节日亲自到王宫礼拜堂主持弥撒。
罗杰还进一步规定，除国王本人外的所有王室成员，宫廷中所有
高级官员，均应埋葬在该修道院的墓地中。这块墓地至今还保存
在教堂以南的开阔庭院里。[1]

已经不再作宗教用途的修道院教堂本身非常狭小。它修建于
一座年代更早的清真寺的遗址之上，原来清真寺的一部分构成了
教堂南耳堂的延长部分。但是在教堂内部，尽管还有地砖、马赛
克和湿壁画的痕迹，甚至还有原来清真寺钟乳石状的屋顶，却对
非专业游客没有任何的吸引力。圣约翰修道院迷人的地方在外面。
在西西里所有的诺曼教堂中，它最有特色、最有冲击力。它有 5
个朱红色的穹顶，每个穹顶下面都有圆柱状的鼓形结构，所以穹

1　最后这条规定从未得到普遍的遵守。几乎所有的王室成员实际上都葬于
抹大拉的圣玛利亚礼拜堂（Chapel of St Mary Magdalen）——它位于老的主
教座堂的旁边。40 年多后，主教座堂重修这些王室墓葬，其中包括王后埃
尔薇拉和贝亚特丽斯的墓葬，以及罗杰的 4 个儿子（罗杰、坦克雷德、阿
方索和亨利）的墓葬，将这些坟墓转移到另一个名字相似的礼拜堂里。这
座礼拜堂至今还矗立于圣贾科莫（S. Giacomo）的宪兵军营的庭院里，不
过这些坟墓本身已经无迹可寻了。（Deér, *The Dynastic Porphyry Tombs of the
Norman Period in Sicily*. Cambridge, Mass., 1959.）

顶的高度也得以增加。我们能知道的修建这些穹顶的阿拉伯工匠都说，这些穹顶宛如树林环绕的环境里破开的巨大石榴。它们并不漂亮，却把自己烙在了记忆里。在很多真正的杰作被遗忘的很久之后，这些穹顶依旧在那里，依旧了无修饰，依旧生动鲜活。

在西北方不远，有一座较小的回廊内院，一对对细长的立柱支撑着这里优雅的拱廊，其修建时间比教堂晚半个世纪，并且与教堂形成了鲜明的对比。在炎热的午后坐在这里，看着高耸而朴素的王宫，看着科蒙尼亚（Kemonia）的圣乔治教堂的那座咄咄逼人的巴洛克式钟楼，总是会想到棕榈树后面隐隐约约的东方式球状屋顶——它一次次提醒人们，伊斯兰教从未在西西里走远。或许，在王国内这个一度居于首要地位的修道院里，它的教堂和回廊内院还能让人强烈地感受到伊斯兰教的存在。

穆斯林的东方风格和拉丁的西方风格在隐修者圣约翰修道院这里的对抗如此激烈，以致游客容易忘记编织诺曼西西里的第三股基本的文明的丝线。在巴勒莫，没有哪一座独立建筑的外部可以让人回忆起拜占庭。尽管王廷中有不少高级的希腊人官员，尽管罗杰在统治后期招徕了许多希腊的学者和智者，首都本身却从没有成规模的希腊人口。这里首先是一座阿拉伯城市，与那些在古代就有希腊人居住的地方——比如西西里东部的德莫纳谷地、卡拉布里亚的部分地区，直到今天，这些地方的偏远乡村里还有人讲希腊方言——相比，它很少受到拜占庭的影响。

自西西里征服的时代直到我们现在说的故事的时间点，希腊人一直在新民族的形成过程中扮演着至关重要的角色。首先，他们保持了整个诺曼西西里的未来所依靠的基督徒和穆斯林之间的平衡。罗杰一世尽可能地鼓励拉丁的教士和俗人迁来西西里，但他不允许他们迁来的速度太快，以免希腊人和阿拉伯人社群受到惊吓后转而反对他。此外，这样的移民本身也会带来危险。如果不加以严格控制，大批诺曼男爵就会从大陆拥入西西里，索取符合他们等级和地位的封地，并且似乎总是使岛屿陷入紧随其后的混乱状态。

如果没有希腊人，早期的基督教元素可能会被彻底淹没。但是他们也起到了另一个极有价值的作用。他们干净利落地对拉丁教会的主张起到了平衡作用，让罗杰一世和罗杰二世在与罗马谈判时有效地讨价还价——如果真的不算胁迫的话。11世纪90年代末，有传言声称大伯爵罗杰严肃地考虑改宗东正教的事宜，因为没有证据，所以此事为真的可能性极小。不过，这在罗杰二世那里可能是个好主意，他在与教皇英诺森长期争吵的各种时刻，可能考虑过宣布彻底放弃教皇的权威，转而支持某种松散的拜占庭模式的政教合一制度。可以确定，1143年，希腊修道院长（Archimandrite）巴勒莫的尼鲁斯·多克索帕特里乌斯（Nilus Doxopatrius）向罗杰献上了《论牧首之座》（"Treatise on the Patriarchal Thrones"）一文，并得到了国王的完全同意。尼鲁斯在文中声称，罗马帝国的首都在330年迁移到君士坦丁堡，君士坦丁堡又在451年的查尔西顿会议（Council of Chalcedon）上被承认为"新罗马"，教皇已经失去了在教会中的首要地位——此时已经属于拜占庭牧首了。

但是在此时，随着12世纪快要走到一半，情况已经改变了。首先，西西里正在稳定地逐渐变富，政治也随之变得更加稳定。与意大利半岛那难以摆脱的混乱状态相比，该岛已经变成公正、

开明的政府的典范，这里的人民和平安宁、遵纪守法，各种族与
语言的融合似乎也增强而非削弱了国家的力量。并且因为它声望
日隆，越来越多的神职人员、行政官员、学者、商人以及无耻的
冒险者都受到了吸引，从英格兰、法国和意大利渡海而来，定居
在这个许多人眼里不折不扣的"黄金国"（Eldorado），定居在这
座阳光下的王国。同时，希腊社群的重要性开始降低，这是不可
避免的。因为缺乏从国外来的希腊移民，希腊社群无法维持现状，
因此其人口逐渐被拉丁人超过。在流行的宗教宽容、和平共存的
氛围中，希腊人作为抵御伊斯兰教的堡垒的价值变得微不足道。
最终，罗杰针对拉丁教会建立了十分严格的控制之后，他就不再
需要任何平衡力量了。

　　不存在针对希腊人的歧视。奥特维尔家族对拜占庭拥有复杂
的情感：欣赏其制度和艺术，却对它不信任，外加些许对所有领
域的嫉妒。考虑到这种情感，就算他们以希腊人是政治和信仰的
忠诚明显不一样的外来少数群体为由，将希腊人作为二等公民来
对待，也是可以原谅的。但是他们从未这么做。罗杰及其继承者
继续支持他们的希腊臣民，无论后者是否需要其支持。他们一直
在关注希腊人和希腊教会的福祉。一系列伟大而杰出的希腊海军
将领一直在 12 世纪延续。至少在罗杰的统治期间，整个诺曼西西
里的财政体系都掌握在希腊人和阿拉伯人手中，[1] 只是两者的重要
性发生过变化。虽然瓦西里安修道院在刚开始从属于拉丁的教阶
制度，还是在之前的 50 年里不断大量成立。知名的有卡拉布里

---

[1]　值得注意的是，如伊夫琳·贾米森小姐所指出的（*Admiral Eugenius of Sicily*, P. 40）："在这个时期，没有任何拉丁文化的人出任中央财政机构的官员，无论官职高低。"

亚的罗萨诺附近的庇护者圣母修道院（Monastery of S. Maria del Patirion）[1]，它由摄政者阿德莱德在世纪初修建。其姊妹修道院是墨西拿的救主修道院（Saviour Monastery），它建立于 30 多年之后，是建立于西西里的最后一座希腊修道院，它建成后不久就成为西西里所有希腊修道院之首。自那以后，王室更偏向于把大笔捐赠给新建的拉丁修道院，如隐修者圣约翰修道院和随后的马尼亚切修道院、蒙雷阿莱修道院。

幸运的是，私人赞助依旧在这条路上畅通无阻。因此，王国历史上最杰出的一位希腊人奠基、修建并赞助了一座教堂，这座教堂配得上全西西里希腊教会那壮观的遗产，也是其中唯一一座外表能够与王宫礼拜堂和切法卢主教座堂一较高下的建筑。

虽然他的这座教堂最初的、正确的名称是海军统帅的圣母教堂（Church of S. Maria dell' Ammiraglio），永远地纪念着它的建立者，但是安条克的乔治的历史地位无需用这样的纪念建筑来确保。我们第一次见到他时，他是一位天资过人的年轻黎凡特人。他早年效力于马赫迪耶的齐里王朝的苏丹们，然后投向西西里，后来在 1123 年利用他完美的阿拉伯语和无人能比的对突尼斯海岸的了解，为罗杰的第一次不幸的北非远征取得了唯一的胜利。[2] 自那时起，作为西西里海军统帅的他，无论在陆地和海上，都以杰

1　前往罗萨诺的游客通常满足于游览拜占庭式的圣马可教堂和大主教府——这里有一份 6 世纪的著名的紫色手抄本。我建议游客绕小路去看圣母教堂，教堂坐落在通往邻镇克里格里亚诺（Corigliano）路中的山冈之上。修道院的建筑已成为废墟，但是教堂本身依旧矗立着。教堂的马赛克地面极为精美，值得一看。

2　《征服，1016—1130》，第 324—327 页。

出的行为为国王效劳，并于 1132 年成为他的国家授予过的最荣耀的头衔的第一位获得者，此头衔就是"埃米尔中的埃米尔"（Emir of Emirs），高级海军统帅兼王国的首席大臣。[1] 尽管他的职业生涯如此杰出，但是不应该认为他对教堂的心思占用了他晚年的时间，减少了他的退休时间。在他赞助教堂的 1143 年，他肯定有 50 岁出头。在赞助后的数周里，他率领舰队去非洲进行另一次远征，这一次更加成功。在去世之前，他让西西里的旗帜飘扬在博斯普鲁斯海峡的岸边，带着拜占庭丝绸业的所有机密、大批顶尖的匠人返回巴勒莫。

但是，无论伟大的海军统帅的不朽有多么牢靠，有一点对他有些不公平：他的教堂有个更短且常用的名称，这个名称居然纪念的不是他，而是一位逊色得多的人物——马尔图拉努的戈弗雷（Geoffrey de Marturanu），此人于 1146 年创立了附近的本笃会女修道院，3 个世纪之后，乔治的教堂被合并了。唉，合并的结果没有反映在名称上啊。所以，尽管受到了反对，但是它从此必须被称作马尔托拉纳教堂（Martorana Church），我们从教堂的名字再也看不出它的起源了。它的外部模样曾经非常漂亮。1184 年圣诞节，阿拉伯旅行家伊本·祖拜尔在去麦加朝圣的归途中拜访了这里，他写道：

> 我们注意到了它最显眼的正立面——我们无法描述它，

1　或许最好在这第二部分重提一下在第一部分说过的事："海军将领"（admiral）这个词，在很多欧洲语言中变化不大，它来自诺曼西西里，源自阿拉伯词语"Emir"（埃米尔），尤其是来自它的合成形式"Emir-al-babr"（海上统治者）。

而且我们最好对它保持沉默，因为这是世界上最漂亮的作品……它拥有一座由大理石立柱支撑的钟楼，钟楼的穹顶也是由立柱支撑的。这是人们所能见到的最令人惊叹的建筑。愿安拉带着怜悯和祝福，在不久后让宣礼员的声音从这座建筑中传出，给它带来荣耀吧！

今天从马尔托拉纳教堂的外面看，伊本·祖拜尔的一项虔诚的祈祷已经差不多实现了，与他同一宗教信仰的人几乎不可能比基督徒对它做得更坏。如果他今天看到正立面，或许已经认不出来了。再看相连的圣卡塔尔多教堂（Church of S. Cataldo），因为它的 3 个沉重的小穹顶，可以准确无误地辨认出它是 12 世纪中期的诺曼建筑。马尔托拉纳教堂这个所有西西里教堂中的珍宝——与主教座堂或者礼拜堂相对比——已经以笨拙的巴洛克风格装饰了一番。唯有罗马式的钟楼，尽管因为 1726 年的地震而失去穹顶，却依旧有结构之美，依旧吸引旅行者驻足。

教堂已面目全非。为了容纳数量不断增加的修女，教堂在 16 世纪末实施了一项重建和扩建的计划，这个糟糕的工程在 17 世纪一直在继续。西墙已被拆毁，从前的门廊和前厅被纳入教堂的主体之中。更不能原谅的是，主后殿所有的马赛克镶嵌画都在 1683 年被清除了，被湿壁画所代替，19 世纪的所有修复活动所带来的可怕痕迹已经无法消除了。

这就是当代的马尔托拉纳教堂的样子。它的东端已经没有了，西边的凸出部分也没有了。然而神奇的是，在这两部分之间，古老的乔治的教堂却保留了下来，拜占庭传统的十字形主体结构还在，看起来和它最开始受到祝圣之时一样，或者说，和 40 多年后让伊本·祖拜尔感到警觉的时候一样：

> 内墙是镀金的，或是用一大块黄金制成的。有各种颜色
> 的大理石板，其样子是我们从未见过的。它最显眼的是金色
> 马赛克，并且顶上是绿色马赛克拼成的树枝。强烈的阳光透
> 过镀金的玻璃，顺屋顶而下，让我们炫目，使我们心神不宁，
> 因此我们祈求安拉帮我们压制这种不安。我们了解到，这座
> 教堂因之而得名的创建者为修建工作提供了许多昆塔尔的黄
> 金，此人是当下这位多神教国王的祖父的一位维齐尔。[1]

与切法卢主教座堂、王宫礼拜堂（同类作品中最棒的）的大
部分马赛克一样，马尔托拉纳教堂的所有马赛克镶嵌画的作者也
是罗杰二世在 1140—1155 年从君士坦丁堡请来的那批顶尖艺术
家和匠人。与其他的马赛克镶嵌画不同，这里的没有后来的补充。
这三处教堂的马赛克镶嵌画显示出密切的关联，然而每一处都难
以置信地拥有各自的风格。奥托·德穆斯（Otto Demus）博士是
一位研究诺曼西西里马赛克镶嵌画的专家，他至今健在，成果杰
出，他如此比较它们：

> 为切法卢主教座堂工作的马赛克工匠，需要装饰它那高
> 高的、具有控制感的后殿，所以需要营造宁静的庄严感。为
> 王宫礼拜堂工作的艺术家，以一种精致而喜乐的风格来装饰，

---

[1] 伊本·祖拜尔写作于罗杰的孙子好人威廉的统治时期。对虔诚的穆斯林
来说，所有基督徒都算多神教徒。作为三位一体的信仰者，他们还能是什
么呢？

让教堂充满了王家的辉煌感，却缺少某种古典美和切法卢主教座堂的那种简洁感。装饰海军统帅私人教堂的工匠们，注重小教堂的亲密性，浓缩、简化了他们的建筑样式，使之成为现存意大利中世纪建筑装饰中最迷人的一个。他们纵然效法过在两座王室教堂中工作的同伴，他们建筑的品质也不会因此而逊色。他们为建筑赋予了伟大的科穆宁马赛克装饰艺术的优雅、可爱和亲切感的精髓。[1]

只不过，穹顶上的马赛克非常令人失望。得到精细描绘的全能者耶稣的坐像，已经失去了王宫礼拜堂中的那种威严，更赶不上切法卢主教座堂中的耶稣像。耶稣下面有 4 位弯腰前躬的大天使。德穆斯博士让我们确信，这些大天使"在拜占庭艺术中没有敌手，甚至在中世纪艺术中也是一样"。他们的身体奇异地扭曲着，甚至近乎滑稽。但是如果你把视线放平，看下面的墙壁，东墙画着圣母领报的场景，加百列用一个扭曲的旋涡移动，圣母玛利亚安静地坐着纺纱，而神圣的鸽子向她飞去。西墙画着神殿奉献的场景，一侧是身为婴孩的拯救者耶稣张开双臂，另一侧是圣西缅，他们完美地支撑着连接入口和正厅的大拱。在拱顶，画着基督耶稣降生，而对面是圣母的去世，她的灵魂像是另一个襁褓里的婴儿，被她的儿子虔诚地托举着。最后，你舒服地坐在某个角落，等四下黑暗，再看教堂中的一切，四周映出金光，熠熠生辉，宛如轻柔的火焰。

当你感受着金光，走过大天使下面的穹顶基座时，你可能会

---

1 *The Mosaics of Norman Sicily.*

发现一块狭窄的木质中楣。这里被黑暗笼罩了数个世纪，直到 19
世纪末的修复工作中，光线照到穹顶上，人们才得以再次发现一
则铭文——一首赞美圣母的拜占庭赞美诗。因为马尔托拉纳教堂
是一座希腊教堂，所以发现这首诗应该没什么稀奇的，但是，这
则铭文是阿拉伯文的。我们不知道它为什么会是阿拉伯文的。也
许，中楣周围都是阿拉伯基督徒的作品——阿拉伯人是最好的木
匠——这是他们对教堂做的贡献。但是还有一个更有趣的可能性：
这首赞美诗是安条克的乔治的最爱，他最爱它阿拉伯语的版本，
也就是半个世纪之前，还是孩子的他在叙利亚第一次听到这首诗
时候的版本。

　　现在，当你离开最开始的教堂，经过见证欧洲宗教艺术真正
的黑暗时代的这些傻笑的小天使和杏仁蛋白糊颜色的圣母像，驻
足在靠近入口的中殿北侧的西面墙那里，也就是或为乔治教堂前
廊的地方，你会发现他的肖像正在昏暗的光线下映出微光。这是
一幅献给海军统帅的马赛克镶嵌画，画明显是东方式的，画上的
人看起来比他本人要老，他匍匐在圣母面前。不幸的是，身体的
部分在什么时候受到了损坏，后来又雪上加霜，他被一次笨拙的
修复工作变成了乌龟的样子。但是头部是原来的作品，它可能是
照着真人画的。圣母的整个形象基本上原封不动地保留了下来，
她的右手伸向乔治，似乎要将他托起。她左手拿着一卷羊皮纸，
纸上用希腊语写着：

　　　　孩子啊，圣言啊，请你永远保卫乔治，他是执政官中的
　　第一人，他在这座机构中为我修建了房舍。愿你宽恕他的罪。
　　噢，神啊，只有你有权力这样做。

　　穿过教堂中殿，在南墙的相应位置，是马尔托拉纳教堂最后的也许是最伟大的财富——一幅国王罗杰本人的马赛克镶嵌画，耶稣基督正在象征性地为他戴上王冠。国王站立着，稍稍向前躬身，身穿宽袖长袍和披肩，王冠上有拜占庭式的珠宝垂饰。他甚至还像希腊人祈祷那样向上弯曲手肘。在他头上，一行金色背景中的黑色字母标明了他的身份：ΡΟΓΕΡΙΟΣ ΡΗΞ，即 Rogerios Rex（罗杰王）。这个用希腊字母书写拉丁语单词的强硬做法没有看上去的那么奇怪。在罗杰统治时期，一般称呼国王的希腊语词语是"basileus"，这个词和拜占庭皇帝的联系非常紧密，如果出现在这里，就很难想象。然而，使用希腊字母转写的这一简单事实自有其作用，它似乎传播了诺曼西西里的整个精神——更何况我们在附近的柱子上还发现了阿拉伯语的铭文。

　　这也是一幅来自生活的肖像。的确，因为钱币和图章太小，不能提供更多信息，只有象征意义，所以这里的肖像是唯一留存的、可以安全地认为属实的国王形象。[1] 除此之外，我们只有萨莱诺大主教罗穆亚尔德的证言，此人的记载不太详细，他只记载罗杰身材高大而肥胖，有一张狮子般的脸——无论这意味着什

1　另外唯一的一幅传至今天的肖像——除非我们算上王宫礼拜堂中的复活节烛台上的人像——在巴里的圣尼古拉教堂的珐琅饰板上。饰板表现了罗杰被圣尼古拉加冕的场景，这可能是教堂以前的一种说法的原型，这种说法声称，罗杰加冕于这座教堂，而不是在巴勒莫。（据说罗杰接受加冕时戴的王冠也略带骄傲地在这里展示，但它是个铜和铁做的大金属圈，更适合箍在大桶上，而不是戴在人头上。）不适合在这里探讨这块饰板的来源，关于这一问题，博陶（Bertaux）写过一篇有趣的文章，我已经列在参考文献里了。这幅肖像可能源于真实生活，却更像另一幅如今已遗失的作品的复制品。它的基本特征似乎与马尔托拉纳教堂的马赛克镶嵌画是一样的。

么——嗓音是"subrauca"，意为沙哑，或粗糙难听，或只是稍稍惹人厌。马赛克镶嵌画告诉了我们更多信息。它向我们展示了一位在中世纪边缘的、肤色黝黑的人，有着长长的胡须和一头披肩发。他的脸看起来像希腊人，或者像意大利人，甚至稍微有点像闪米特人，一点都不像传统中想象的诺曼骑士的样子。

通过人物肖像来解读一个人物总是很危险的，尤其是在我们熟悉他本人却不熟悉肖像的情况下。是有危险，却极为诱人。甚至马尔托拉纳教堂的马赛克镶嵌画这种像修士的、模式化的肖像，也确实有一些灵感的闪光，有极微小的调整，有镶嵌块的各种层次——它们一同将国王罗杰鲜活地呈现在我们眼前。这的确就是那位南方人和东方人；是那位心思敏锐、手段极为活跃的统治者，他的生活就是挑动各个势力相斗；是那位政治家，对他来说，再阴险的外交手段也是比刀剑更为自然的武器，以再腐败的方式抛撒金钱总好过抛洒热血。他是科学的保护者，是艺术的爱好者，他可以在战斗的绝望时刻停下来，去欣赏劲敌的城堡阿里菲的美。最后，他是个聪明人，深入思考过管理科学，用大脑而不是心来统治；是个不抱幻想的理想主义者；是个专制的君主，拥有公正和仁慈的天性，尽管我们难过地知晓这份仁慈有时必须为公正而让步。

阿里亚诺法令打开了和平的大门。1140年之前，暴风雨肆虐，雷云笼罩着意大利本土，而繁荣的西西里也无法完全避开雷云的阴影。1140年之后，天空放晴了。在罗杰统治的最后14年，阳光终于真正地普照在他的王国上。

王国做出了回应。我们看到，诺曼西西里的艺术宛如某些经过了漫长抽芽期的稀有的亚热带兰花，突然绽放出绚烂的颜色。巴勒莫的宫廷也同样引人注目。在加冕之前，罗杰就已经从父亲那里继承了政府机构，这个政府兼收并蓄地学习了诺曼人、希腊人和阿拉伯人的政府，不逊于任何西方国家的政府机构。罗杰去世时，他为继承者留下了一个让欧洲惊奇、嫉妒的统治机器。在埃米尔中的埃米尔、王廷的下面，是两个独立的土地登记部门，称为divan[1]，得名自它在法蒂玛王朝的原型，负责管理西西里和意大利本土的海关、专营、封建领地的征税事宜，其职员大多由撒拉逊人充任。财政管理的另一个机构是卡米拉（camera），它基于罗马帝国的国库（fiscus），由希腊人管理。第三个机构的原型是盎格鲁–诺曼的财政部（exchequer）。各省的政府由首相（camerarii）控制，首相之下是地方的长官——拉丁人的执行官（bailiff）、希腊人的督军或者撒拉逊人的阿米尔（amil），视各地的主要民族和语言而定。为了避免贪污和侵吞公款，最底层的官员都可以直接与王廷联系，甚至有时候能上达国王。巡回的司法官（justiciar）和执法官（magistrate）不停举行巡回审判，负责处理刑事事务，数量不等的 boni bomines ——意为“好人与真实”——从旁协助，其中既有基督徒，也有穆斯林，他们经常坐在一起活动，这实际上是现代陪审团的先驱。他们也有权在必要的时候将案件提交给国王。

至于国王，各地的人民都记得他的存在、他的权力，知道他既易于接近又疏远于人民的矛盾性。他自己位于俗世和天堂之间，

1　意大利语“dogana”一词就是源自这里，再通过意大利语形成法语的“douane”。

以他的名义处理事务的人是否滥用了法律，或产生了误判，在他眼里都很重要。代表他的人尽管无处不在，他的统治机器尽管十分有效率，也永不会被允许横亘在他和他的日常行政工作之间，更不会被允许贬损他身边的神秘性。他非常明白，他身上神圣威严的光环正是他王国的凝聚力所依靠的东西。马尔托拉纳教堂中描绘着基督为他加冕的样子，是有原因的。

埃米尔（Emirs）、总管（seneschals）、执政官（archons）、部门长官（logothetes）、首席书记官（protonotarii）、最高贵者（protonobilissimi），甚至似乎这些高级宫廷显贵的头衔也增加了弥漫的华丽感。但是，无论这些头衔的外皮是什么样的，想要给宫廷带来辉煌，仅有这些臣僚还不够。而罗杰在巴勒莫的宫廷当然在 12 世纪的欧洲是最光彩照人的。国王本人对知识有填不满的好奇心，对事实充满热情，因此闻名在外。（他在 1140 年正式进入那不勒斯之后，对那不勒斯人说那不勒斯城墙的精确长度为 2363 步，市民们大为震惊——他们中没人知道这个数字，不过这或许也不怎么奇怪。）因为这种好奇心，人们对他的学识产生了高度的尊重，这在欧洲的王公中是非常独特的。[1] 到 12 世纪 40 年代，他已经让众多欧洲、阿拉伯世界的一流的学者、科学家、医生、哲学家、地理学家和数学家定居在巴勒莫。随着时间的推移，他会花费越来越多的时间与他们为伴。在他的近亲之外——他很多年都是一个鳏夫——只有和这些人才在一起，他才能放下一些国王的身段。根据记载，若有学者进入王宫，罗杰就会从椅子上起

1　按照那个时代的标准，英格兰的亨利一世被公认为受到了良好的教育——这一事实足以为他赢得"贤明者"（Beauclerk）的绰号。但是亨利并没有像罗杰一样努力在身边造就一个有教养的宫廷。

身，前去迎接，然后拉着他的手，让他坐在自己身边。在接下来
讨论学术的时候，使用的语言无论是法语、拉丁语、希腊语还是
阿拉伯语，他似乎都能听懂。

> 无法形容他在数学领域的学识有多么广，正如在政治领
> 域一样。他对科学知识的了解也深不见底，他必定是专门研
> 究过，才会知道得如此深刻，如此明智。一些独特的创新和
> 奇妙的发明也出自他，从没哪个王公做过这种事情。

这些话是罗杰的密友阿布·阿卜杜拉·穆罕默德·艾德里西
（Abu Abudullah Mohammed al-Edrisi）记录下来的，他也是宫廷
学者之一，是罗杰最仰慕的人。艾德里西于1139年抵达巴勒莫，
他将在这里度过一生的大部分时间。他在15年的时间里领导着一
个委员会，这个委员会因国王的命令而建立，负责收集来自各地
的地理信息，加以联系，加以汇编，最终形成一部概括性的著作，
著作中将出现关于当时世界的所有知识。西西里位于三大洲十字
路口，它的港口如同欧洲的其他大都市一样繁忙，一样充满了国
际性，所以它是一个理想的中心，适于询问靠岸的船舶都停靠过
哪些地方，这些地方的气候和人民如何。15年来，几乎每一艘停
靠在巴勒莫和墨西拿的船都接受过这样的问询。首先发出询问的
人几乎是委员会的官方代理人，但是如果旅行者提供的信息非常
有价值，他就会被领入王宫，接受艾德里西的反复问询，有时则
由国王亲自询问。

这部作品完成于1154年1月，也就是国王去世的一个月之前。
作品由两部分组成。第一部分是一张用纯银制作的巨大地图，其

重量不少于 450 罗马磅，图上刻着 "7 种气候的结构；拥有这些气候的地区、国家，近处和远处的海岸、港湾、大海以及水道的分布；沙漠和耕地的方位，以及它们各自与一般道路的距离，以里数或其他度量衡的数字表示；港口的名称"。如果这件杰作能保留下来，我们就能得到更多信息了。唉，它在完成的数年之后，就在下一任统治者在位时期因为暴乱而被毁掉了。

但是第二部分完整地留存了下来，它或许是艾德里西的劳动成果中价值更高的。它是一本书，名为《一个渴望知晓世上各国知识的人的业余爱好》(*The Avocation of a Man Desirous of a Full Knowledge of the Different Countries of the World*)，但是通常称为《罗杰之书》(*The Book of Roger*)。书的第一页上有以下文字：

> 大地是圆的，像个球。水附在大地上，并通过无差别的自然平衡而得以维持。

和预想的一样，《罗杰之书》汇集了可靠的地形学事实，作为哥伦布之前三个半世纪的作品，书中的描述惊人地准确。书中还有旅行者的故事。即使是书中的故事，也经过了严格的评判。必须牢记，这是一部科学著作，除非对真实性有所提及，否则书中不会出现什么荒诞不经的故事。但是作者从未丧失好奇心，本书读起来非常有趣。[1] 比如说，书里讲了西班牙王后麦丽达（Merida）的事，她吃的菜需要漂在水上，再送到她面前。书中还说，黑海

---

[1] 就我所知，此书现在没有英语译本，有一部法语译本，已经列在本书的参考文献中。

有种叫杳比里亚（Chabria）的鱼，渔夫把这种鱼捕到网中时，就会给当地渔夫带来不幸。[1]本书还记载，俄罗斯冬天的白昼非常短暂，甚至让人没有时间做完 5 项拜功。而挪威人——他们有些人生来就完全没有脖子——在粮食作物还是绿色的时候就收割，然后放在壁炉旁烘干，"因为阳光很少照耀在那里"。关于英格兰，书中说：

> 英格兰在黑暗之洋里，它是一座大岛，它的轮廓像鸵鸟头。这里有很多繁荣的城镇，有高山、大河和大平原。这个国家极其富饶。它的居民勇敢、积极，有进取心。但是，一切都笼罩在永恒的冬天里。

虽然罗杰的宫廷里不全是艾德里西这样的阿拉伯人，但阿拉伯人的比例可能是最高的。许多到巴勒莫的欧洲人，正是被在这里占统治地位的阿拉伯特色所吸引来的。这不是什么新鲜事。与基督教不同，伊斯兰教从来没有在神圣知识和世俗知识之间划出一道鸿沟。在黑暗时代，当罗马教会——追随大格里高利那极其糟糕的先例——担忧甚至主动阻止世俗研究的时候，优秀的穆斯林还记得先知本人嘱咐信徒们终其一生地追求知识，"即便这种追求把他们引到中国"，因为"在追求知识的路上走，就是在安拉引他到天堂的路上走"。因此在很多年里，西方世界都承认伊斯兰文明在所有方面都强过基督教的欧洲，尤其是在数学和自然科学领

1　正如法语译文所说："il entre aussitôt en érection d'une manière inaccoutumée"——无论它可能是什么意思。

域。阿拉伯语已经成为国际讨论科学的标准语言。不仅如此，这里还有大量古典时代的希腊语、拉丁语学术作品，由于蛮族入侵和伊斯兰教的扩张，基督教世界已经没有这些著作了，它们只保存下来了阿拉伯语的译本。到 12 世纪，由于西班牙犹太裔学者的工作，其中一些著作开始再次出现西方语言的版本。但是，想要严谨研究科学的人还是必须掌握阿拉伯语。

然而阿拉伯语难学得简直邪门儿。在欧洲的北方，没多少能教阿拉伯语的教师。因此，在半个多世纪的时间里，人们前往西班牙和西西里，希望在那里找到伊斯兰世界的秘密：可怜的教士探求知识，想让自己胜过同伴，想为自己开辟上升的道路；做着梦的炼金术士爬梳东方的传统经卷，只为获得长生不老药的配方或哲学家之石；或如同巴斯的阿德拉德（Adelard of Bath）这样的真学者，此人是英格兰研究阿拉伯的先驱，是罗伯特·格罗斯泰特（Robert Grosseteste）与罗杰·培根之前英格兰科学人物中最伟大的一位，他在 12 世纪初来到西西里，后来恢复了欧几里得的《几何原本》，他将此书从阿拉伯语翻译成英语，遂使之成为欧洲的文化遗产。

为了探索一些更加特殊的领域，这些早期的阿拉伯学家陆续被吸引到穆斯林的西班牙，尤其是托莱多（Toledo）的学校，这里一直都是国际科学复兴的领先之地。不过对其他地方来说，西西里拥有一个极大的优势：文化上依旧属于阿拉伯世界的同时，还与希腊的东方保持着联系。在巴勒莫的图书馆中，更别说岛上和卡拉布里亚的瓦西里安修道院里，学者可以找到原始的希腊语文本，而在西班牙只能找到节本，或准确性存疑的译本。今天的我们可能会忘记，在 12 世纪对古代知识的兴趣得以恢复之前，西欧实际上已经忽略了希腊语。而罗杰治下的西西里此时已经成为拜占庭帝国之外最先进的希腊研究中心。但是在拜占庭帝国，阿拉伯文化声名不彰，备受误解。只有在西西里，人们才能同时直接研究希腊文明和阿拉伯文明，才能把它们表达出来，加以优化，并使之融会贯通。无疑，有大量求真的人在 12 世纪中叶聚集在巴勒莫，因此巴勒莫不仅是三大洲在贸易上的交换中心，在文化上也是如此。

这一次，所有的活动依旧以国王本人为中心。罗杰被指责为缺乏创造力，与他的外孙腓特烈，与能力显著的吟游诗人——狮心王理查相比相形见绌。他的确没有留下任何自己创作的文学作品。如果有的话，则必定非同凡响，因为欧洲民间文学的非凡之花已经乍开于普罗旺斯，其香味还未飘散到更远的地方。在罗杰的时代有很多活跃在巴勒莫的诗人，他们几乎都是阿拉伯人。此外，国王本人热爱科学。他热爱美，但是也热爱辉煌；有人怀疑，对他来说将这两者区分开来并非易事。无论如何，他更热爱知识。

说到这里，若提及他缺乏创造性，便是忽略了以下事实：如果没有他，那么西西里 12 世纪的独特文化现象就不会出现。一个如此多样化的国家需要一位指导者提出目标，这样才能将各种元素合为一体。而罗杰在文化和政治上都扮演了这种指导者的角色。在真正的意义上，罗杰就是西西里。他提出构想，他提供刺激。他，也只有他，才可以创造出有利于其他因素的前提条件。他开明且总是具有鉴别力，他是第一位王室的守护者，集中关注围绕在他身边的汗水和活力，视线从不离开他的永恒目标——王国的伟大和荣耀。

6

王国的敌人

> 我们已经夺取了防御工事，也就是说城市中最坚固的塔楼和宫殿尽在掌握之中。这座城市和这位西西里人、教皇一起，准备抵御您的权威……因此我们祈求您立刻前来……教皇已经把他的权杖、戒指、法衣、牧冠和凉鞋都委托给了这位西西里人……这位西西里人用他的大量金钱来伤害您和罗马帝国——而按照上帝的垂怜，它是您的。
>
> ——霍恩施陶芬的康拉德致约翰二世·科穆宁的书信[1]

1143 年 9 月 24 日，教皇英诺森二世在罗马去世。他被埋葬在拉特兰宫，安放在容纳过哈德良皇帝遗骸的同一个斑岩石棺之中。但是在 14 世纪初的一场灾难性的火灾之后，他的遗体被转移到越台伯河区的圣母教堂之中，这座教堂由他在去世之前重修。在圣母教堂后殿的巨幅马赛克镶嵌画上，他在半圆形屋顶俯视我们，他的教堂被他紧紧地抓在手中，他那双哀伤又疲惫的眼睛流露出一种怪异的伤感情绪。

1　转引自 Otto of Freising, *Geata Friderici I Imperatoris*, I。

英诺森二世与阿纳克莱图斯的长期斗争已经让他精疲力竭。在外8年，他遭受的痛苦甚至超过那位不舒服地被围在罗马的对手。甚至他的盟友也没有全心全意地帮助他。洛泰尔在安全地得到加冕之后，只对他有一点点关心而已。而"骄傲者"亨利就更少了。明谷的伯尔纳依旧忠诚，却有意无意地一有机会就抢英诺森的风头。只有在阿纳克莱图斯去世后，英诺森获得胜利才成为可能，而且这几乎立刻就被加卢奇奥的溃败变为尘土。他尽可能礼貌地接受了这一羞辱，甚至将其归因于上帝为了恢复和平而做的工作。他还与西西里国王达成了协议。但是他没有得到应有的回报。罗杰已经在分裂的那几年变得大胆，当时无论他做什么，阿纳克莱图斯从不会去阻止他，所以在达成协议的一年之内，他比以往更加傲慢，建立新教区，任命新主教，规定教皇使节不可在未经他允许的情况下进入西西里王国，他甚至拒绝批准王国境内的拉丁教士应教皇召唤前往罗马。同时，他的两个儿子在教皇国南部的边界附近夺取领土，而他们的父亲从未发话阻止。

这还不算完。即将走到生命的终点时，可怜的英诺森二世发现自己在家门口正面临更严重的问题。在一个多世纪的时间里，意大利城镇向共和自治发展的运动已经演变成不可阻挡的潮流。在罗马城，连续几任教皇和旧贵族竭尽所能地阻止罗马不被这股潮流淹没，而且他们一度成功办到了。但是最近教会的分裂削弱了他们的控制力。尤其是，英诺森已经不再享有民众的全面欢迎，他来自越台伯河区，一直被认为比阿纳克莱图斯更不"罗马"，而且他一直以不慷慨而著称。因此，当罗马民众得知英诺森已经与敌人单独媾和之时，就抓住了谴责教皇临时权力的机会，在卡庇托山恢复了古代的元老院，宣布实行共和制。英诺森尽全力地抵制，但他年事已高，或许有 70 多岁了，承担不起这样的活动。数周以后，他去世了。

在他去世后的第二天，举行了一场选举，尽管由于首都局势而有些仓促，却是 82 年中在罗马进行的第一次完全不受干预的教皇选举。不幸的是，新任教皇和前任一样老迈，而且同样没有能力去解决前任所遗留的难题。新教皇正是那位在 6 年前与圣伯尔纳一起在萨莱诺为英诺森的事业而辩护的卡斯泰洛的圭多，祝圣后称为塞莱斯廷二世。他与圣伯尔纳不同，他没有被国王打动。《米尼亚诺条约》让他感到震动，让他害怕，他就任之后拒绝承认该条约。在他眼中，罗杰依旧是一个僭越者和暴君。

这个立场很愚蠢，他坚持毁约，尽管这是正当的。罗杰的首相、有效统治大陆的总督是塞尔比的罗伯特，也就是在洛泰尔围攻萨莱诺的时候为自己赢得声名的那位。自那时起，他的名声就在各个方面稳步增长。英格兰的学者和外交家索尔兹伯里的约翰（John of Salisbury）如此记载他的这位同胞：

> 他是一位有能力的官员，尽管学问不高，却极为精明，在演说能力上超过绝大多数行省的官员。他的话非常有说服力，人们因为他对王公的影响力而畏惧他。他因为高雅的生活方式而受到人们尊重，这因为他生活在伦巴第人中间而更为明显，毕竟伦巴第人因节俭——虽说不上是悭吝——而闻名。他为奢华的生活而花费了巨大的财富，显示了其民族的

显著特征：他是英格兰人。[1]

守财奴经常与懈怠和懒散的奢侈生活相连。然而，南意大利的伦巴第人不会对塞尔比的罗伯特产生这种危险的误解。新教皇的决定刚宣布，教皇城市贝内文托就发现自己会遭到西西里军队的攻击。没有任何准备的市民自然会抗议，抗议国王在特许状中授予他们的待遇遭到了破坏。罗伯特以国王的名义抵达这里，进入教皇宫，要求贝内文托人出示争议中的文件。贝内文托人把文件交给他，就再也没有拿回文件。愤怒的贝内文托人委托大主教去向教皇投诉。但是大主教还未出城，就做了俘虏。事态的发展情况渐渐传到罗马之后，教皇发现他做得太过了。他手中没有任何可用的军队，罗马公社还在背后稳定地提升压力，他别无选择，只能屈服。此后不久，他放下骄傲，委派森西乌斯·弗兰吉帕尼（Censius Frangipani）和枢机主教圣塞西利亚的奥克塔维安（Octavian of S. Cecilia）前去巴勒莫谈判。

如果能更了解塞尔比的罗伯特就好了。[2] 我们唯一知道的另一则关于他的故事，谈到他试图从三位坎帕尼亚的教士那里确保空缺的阿维拉（Avella）主教之位时做了什么。按照索尔兹伯里的约翰的说法，这三位教士的每一位都从首相那里收受了一大笔钱。

1　*Policraticus*, VII, ch. 19. 有人怀疑，约翰本人在受到罗伯特款待时有过窘迫的经历。约翰在一封差不多在此时写给拉塞勒修道院（Abbey of La Celle）院长的信中沮丧地谈到，首相劝他喝酒时说："为我的毁灭和身体不健康而干杯。"（Letter 85）

2　必须小心对待《民族人物词典》（*Dictionary of National Biography*）中关于他的词条，因为此书在很多重要的方面都不准确，尤其是时间。

很明显不情愿的罗伯特努力讨价还价，直到每个人都和他以满意的价格成交。

> 他们庄严地以既定的形式挑出一天来进行选举。当这一天到来之时，大主教、主教和许多受尊敬的人都聚集起来，首相提出了三位竞争者的主张，描述了所有发生的事情，并且宣布，他现在准备与主教们的意见保持一致。主教们谴责了这三位买卖圣职的竞争者。完全没有参与所有事情的一位贫穷修士按照教会法当选主教，得到了确认和正式任命。其他人则被迫支付他们有义务支付的费用，直到口袋倒空。[1]

从这两则故事中可以发现，罗伯特行政管理的方法明显不像他的生活方式那样正统。他比他的主人更爽朗、更外向，然而两人的共性也很多，所以很容易理解为什么国王如此欣赏他，如此信任他。对于他们来说，结果比手段更重要。他们首先想要获得的结果是法律、秩序和安宁。这些年里王国在大陆上的和平，还有编年史家那里缺乏战争的记载，便是说明这些成就的最好证据，而这在很大程度上要归功于塞尔比的罗伯特。

试图在巴勒莫与罗杰谈判的两位教皇代表，在一开始就处于不利位置。1144 年 3 月中旬的一天，他们的窘迫达到了顶点：他们到国王面前时，却被告知教皇塞莱斯廷去世了，继任的教皇是枢机主教博洛尼亚的杰拉尔德。新教皇此后被称为卢修斯二世，

1　*Policraticus*，VII，19.

是一个很谦逊的人，似乎是罗杰的密友。[1] 由于教皇代表们的特殊权力随着塞莱斯廷的去世而失效，所以他们别无选择，只能尽可能地振作精神，返回罗马。不过，他们为国王带去了提早与教皇会面的提议。

双方在当年 6 月于切普拉诺会面，却以失败告终。谈判持续了两周，互不信任和怨恨的气氛笼罩在会谈之上，双方谈不到一起，谈判最后流产了。被寄予厚望的友谊宣告终结。这是教皇的损失。如果他和他的谈判人员哪怕只展现出一点点现实和灵活，就可能获得一个可以与罗马公社相匹敌的诺曼盟友。相反，因为他们现在又有了一位新敌人，所以他们的老敌人提出了更加傲慢的要求。"元老们"现在开始坚持要求，教皇应交出他在城里和城外的所有临时权力，他应该用什一税和捐赠来支持自己，因为教会的早期教父就是这样做的。同时，年轻的诺曼王公不仅没有转而支持他，反而是在塞尔比的罗伯特的支持下再度发起侵袭，深

1　此处有个问题。萨莱诺大主教罗穆亚尔德告诉我们，国王听到新教皇当选的消息时非常兴奋，因为卢修斯是他的"教父和朋友"（compater et amicus）。按照夏朗东和伯恩哈迪的看法——虽然我没有找到同时代的可信证据——这是教会分裂及以后的那位亲英诺森的贝内文托牧区神父杰拉尔德，他曾与他的前任教皇一道，作为英诺森的使者前往萨莱诺的裁判庭。如果夏朗东等人的解释属实，就很难解释他与罗杰的友谊。如果我们将"compater"按一般译法译为"教父"，这个问题就更难回答了。曼恩认为，这位新任教皇实际上是罗杰孩子的教父。但是这也不太可能。在王后埃尔薇拉的一生中，杰拉尔德似乎一直待在罗马，或是在德意志当使节。埃尔薇拉在 1135 年去世，国王到 1149 年才再婚。他几乎不可能要求一位教会的要人当他私生子的教父。他们有可能是在某一次萨莱诺的洗礼仪式中同为教父，不过会是谁的洗礼仪式呢？普利亚公爵罗杰在 1140 年之前都没有结婚。

入教皇的领地。

离开切普拉诺仅有数周，卢修斯被迫求和。罗杰在10月——虽然是在他的儿子阿方索在一次遭遇战中阵亡之后——勉为其难地同意了一份为期7年的停战协议。但是这太迟了。1144年接近年尾之时，罗马的局势也到了一触即发的时候。共和派与教皇派已经在城市的很多地方爆发了武装冲突。1145年1月，我们发现教皇写信给克吕尼的彼得，告诉他，自己不能离开拉特兰宫，无法去阿文丁山的圣萨巴修道院（S. Saba Abbey）为新任修道院院长主持授职仪式。2月初，卢修斯感到自己已经被逼到了绝境，决定开始采取攻势。在盟友弗兰吉帕尼家族的帮助下——他已将大竞技场（Circus Maximus）交给他们当堡垒——自己率领一支军队进攻卡庇托山。这是个英勇的举动，却以灾难收尾。守军扔的一块石头砸到卢修斯的头，教皇受了致命伤，被弗兰吉帕尼家族送到以前大格里高利位于西连山（Caelian）的圣安德鲁修道院。2月15日，他在那里去世了。

15年前，几乎在同一天，教皇霍诺留二世在同一所修道院咽下了最后一口气，他的去世和接下来的事件导致了西西里王国的诞生。但是，他们两人都给罗马带来了灾难性的后果。看形势，这些后果还没结束。

除了在去年10月为儿子而不情愿地承认了停战协定，罗杰没有做什么事为老朋友纾困——倘若教皇卢修斯真是他老朋友的话。首先，比起之前诺曼人的领袖，这一漠视行为非常不光彩。以罗贝尔·吉斯卡尔为例，他在1084年率领2万人向罗马进军，将教皇格里高利七世从同样危难的情况下拯救出来，那次行动令人印象深刻，即使他在行动过程中对城市造成了极大的破坏。然而，吉斯卡尔是在回应他的合法宗主的求救，他 4 年前在切普拉诺从这位宗主手中正式得到了荣誉和头衔。罗杰也带着请求去切普拉诺，或许他心里认为希望很大。他真诚地想获得相同的授职仪式，所要求的东西没有超出英诺森曾授予的，却遭到了拒绝。他没有从教皇手中得到任何东西，自然也不会有所回报。教皇不再想拥有他的效忠了。

不仅如此，罗贝尔·吉斯卡尔将格里高利从圣天使堡中成功地救出来不仅是出于封臣的义务，也是政治所需。如果让教皇听天由命，教皇就会放任皇帝入侵南意大利。而在罗杰这里，教皇的敌人是罗马城的民众，只涉及罗马城和近郊的事情。帝国的威胁依旧是个问题，却没那么紧迫。洛泰尔的继任者霍恩施陶芬的康拉德（即康拉德三世）还有麻烦要去对付。因为巴伐利亚的亨利（Henry of Bavaria）未能当选德意志国王，所以这两个老对手的家族之间又新添了火星。韦尔夫家族与霍恩施陶芬家族之间，圭尔夫派（Guelph）和基伯林派（Ghibelline）之间，德意志和意大利之间，长达数个世纪的长期冲突即将到来。当时康拉德已即位 7 年，但是依旧没有坐稳王位。

意大利依然吸引着康拉德。教皇为他而进行的加冕仪式只能加强他的政治地位，就像之前加强了洛泰尔的政治地位一样。在罗马之外还有巴勒莫，这是更加诱人的目标。想想那个西西里强盗，15 年来一直宣称拥有大片帝国的领土，尽管康拉德采取了多次想将他赶走的行动，他还是一如既往令康拉德头痛。康拉德非常明白，如果永不安分的韦尔夫家族没有从罗杰的代理人那里拿到大笔金钱的话，根本无法一直与自己为敌。当看到宫廷中的一小批可怜的南意大利流亡者，康拉德无疑会时不时想起罗杰的事。流亡者中有卡普阿的罗贝尔，阿里亚诺伯爵罗杰和雷努尔夫的兄弟里夏尔。康拉德认为胆小的英诺森教皇在米尼亚诺背叛了自己，他永不会原谅英诺森。他对在此之后迅速单独与西西里媾和的圣伯尔纳也是同样的态度。甚至自即位时起，他就盘算着对南方发动一次惩罚性的远征，这次远征的规模、组织和装备都要比洛泰尔的那次更好。而且，他还想派出一支海军，如有必要就可以在墨西拿海峡之外的地方开战。事实上，就算他能解决国内的困难，这样的一次远征也远远超出了他的能力。幸运的是，他有一个现成的盟友。

拜占庭帝国也主张自己拥有南意大利。巴里或许还有健在的老人依稀记得那些史诗般的日子，也就是差不多一代人之前，当时的巴里居民以拜占庭皇帝的名义抵抗罗贝尔·吉斯卡尔和大量诺曼敌人达 3 年之久。自那时起，希腊人就隐隐约约透出恢复各意大利行省的希望。我们知道，皇帝约翰·科穆宁（John Comnenus）在 1135 年为洛泰尔提供了对抗西西里国王所需的经济支持。看起来，大笔拜占庭金钱在洛泰尔远征的开销中所占的比例非常可观。那次远征失败了，但是约翰的决心依旧坚定。

自那以后，局势变得更加糟糕。当罗杰的堂兄弟安条克的博埃蒙德二世于 1130 年被杀后，只留下了两岁的女儿康斯坦丝。而罗杰作为当时奥特维尔家族中最年长的人，宣布继承安条克的王位。5 年后，小公主未来的丈夫普瓦捷的雷蒙（Raymond of Poitiers）经过南意大利去与未婚妻会合之时，罗杰试图绑架他。雷蒙起初假装自己是朝圣者，后来又假装是富商的管家，设法躲了过去。1138 年，国王甚至逮捕了赶赴罗马的安条克宗主教拉杜尔夫（Radulph）。能言善辩、魅力出众的宗主教未受到这次明显的越轨行为的影响，不久就被放走了。他在回程之时，罗杰以非常不一样的方式接待了他：在巴勒莫热情欢迎他，甚至派出一支西西里舰队为他护航。与宗主教来时的旅程相比，这样殷勤的接待显得太过头了。如果罗杰真的谋划攫取安条克的王位，那么宗主教就是最有价值的盟友。从来不信任他们任何一方的约翰·科穆宁心里更加狐疑了。

在接下来的数年间，使者在德意志和君士坦丁堡之间不断往来。为了对付共同的敌人，两位皇帝开始制订严肃的计划。然后在 1143 年春，约翰去奇里乞亚的山区打猎，突然有一根有毒的箭擦到他右手无名指和小拇指之间的位置。起初他没有在意这点小伤，但是过了几天，他的整条手臂都受到感染，按照一位同时代的编年史家的说法，手臂肿得跟大腿一样粗。医生建议他截肢，但是皇帝不信任他们，所以拒绝了。约一周之后，他死于败血症。他年轻的儿子曼努埃尔（Manuel）继承了皇位，新皇帝开始与西西里国王关系不错，甚至考虑与其联姻。但是谈判没有达成任何结果，双方的关系逐渐恶化，直至最终破裂。西西里的使节被终身囚禁在君士坦丁堡的监狱中。

也许不是完全没有缓解局势的办法——曼努埃尔转而向西方帝国求助。他的父亲在去世前已经在考虑另一桩帝国间的联姻，这一次是曼努埃尔自己与康拉德的小姨子祖尔茨巴赫的贝尔塔（Bertha of Sulzbach）。联姻获得同意后，新娘被带到君士坦丁堡，曼努埃尔对这项提议的最初反应是冷淡的，德意志公主并未在第一眼就点燃他的激情。不久，他即位后出现的小规模反抗活动以及他打算与西西里联姻的想法让他搁置了迎娶贝尔塔的意图。

但是在 1144 年底，他开始转变想法。基于自己的利益，康拉德非常积极热情。他写道，这样一桩婚姻会产生"一个保持友谊的永恒联盟"，他自己将会成为"皇帝朋友中的朋友以及其敌人的敌人"——他没有提敌人的名字，但是曼努埃尔可以自己补充。皇帝还说，只要曼努埃尔的荣誉受到一丝丝损害，他就会亲率德意志诸国的大军前去援助。

因此联姻得以实现。在过去 4 年被人遗忘的贝尔塔重新出现在公众视野中，她刺耳的法兰克名字换成了悦耳的希腊名字伊琳妮（Irene）。1146 年 1 月，她按约定嫁给了皇帝。曼努埃尔本该是位极佳的丈夫。他年轻，有天赋，以肤色黝黑的俊美外表而闻名在外，性格开朗而有魅力，这和他父亲高度纪律化的严肃性格形成了鲜明的对比，令人耳目一新。他无论是在自己的布拉契耐宫（Blachernae），还是在打发了许多时间的狩猎小屋，任何的理由都足以让他用来庆祝。如有外国统治者——尤其是西方的统治者——来访，就会出现精心准备、时间更长的节庆。与大部分的前几任拜占庭皇帝不同，他将大部分时间都用来与"海外"的法兰克人保持联系。他确实羡慕西方的制度。他将西方的骑士比武引入君士坦丁堡，自己也作为极好的骑手而参与其中。这项活动必定会让很多老派的臣民感到震惊。但他自己却和肤浅的事情无涉。当他上了战场，所有明显的轻浮之气都会散去。事实证明他是一位优秀的战士，不知疲倦，坚决果敢。吉本写道："他似乎在战场上忽略了和平，他在和平中无法作战。"他是一位老练的外交家，又因为富有想象力、坚定沉着，因而是一位天生的政治家。除此之外，他依旧是一位典型的拜占庭文人，最喜欢将几个小时的时间专心投入推测性的神学争论之中。而他作为医生的技能不久就会得到霍恩施陶芬的康拉德本人的证实。

但是他一点也不喜欢贝尔塔。正如希腊史家尼基塔斯·侯尼亚特斯（Nicetas Choniates）所说：

> 他的妻子是一位来自德意志的公主，与精神相比，她更不注重修饰外在的肉体。她拒绝涂脂抹粉，认为这些只是爱虚荣的女人耍的手段，她只愿意接受来自美德的固有的美。这就是为什么极为年轻的皇帝不喜欢她，且没有对妻子保持应有的忠诚。但是皇帝给了她很大的荣誉，给了她至高无上的宝座，给了她无数仆从，提供了能让她变得华贵、受人尊敬的各种东西。他还与侄女保持着触犯法律的关系，这败坏了他的名声。[1]

罗杰多年以来用探子和间谍在国外建立的强大网络可不是摆设，这使他成为对西方世界的消息最灵通的统治者。利用这个网络，他一直能及时掌握从德意志到君士坦丁堡——很有可能还有其他的几个地方——的所有事态发展，他对这些事也越来越关心。当年对付老洛泰尔就已经够麻烦了，这次敌人又从一个变成了两个，而这两个敌人都以战技和勇气而闻名，还都处于力量鼎盛之巅。康拉德时年53岁，只比罗杰大2岁，而曼努埃尔还不到30岁。他还要对抗拜占庭海军，海军肯定会直接进攻西西里。如果他们真的攻来，他还能相信他希腊臣民的忠诚吗？

罗杰很久以来就担心出现这种危险。为了避免发生这样的事，

---

1 *History of the Emperor Manuel Comnenus*, I, ii.

他数年来一直在给德意志的韦尔夫家族送去大量金钱，他知道这是让康拉德困于国内事务的最好方法，因为这样康拉德就无法率军出国远征了。基于相似的目标，他提议与拜占庭帝国联姻。但是，两个计划都没能成功。他的武器库中也没有更多的外交武器，无法让两位意志坚决的皇帝改变意图。战争肯定会打响，但鹿死谁手或未可知。

1146 年初的他或许不知道，他已经被 12 个月之前的一件事拯救了。矛盾的是，这件事是基督教世界的一次灾难，而且会在不久之后带来一次更严重的灾难。前一次灾难是埃德萨的陷落，后一次灾难是第二次十字军东征。

7

第二次十字军东征

在现在的西西里王国，在这个国家的穆斯林之中，有一位学识渊博、财富众多的人。国王非常尊重他，将他的地位置于宫廷中的教士和修士之上。因此该国的基督徒指责国王内心深处是一位穆斯林。一天，当国王在观景楼上眺望大海之时，一艘小艇从海上驶近。船上的人说，西西里军队已经深入穆斯林居住的地区，他们在那里夺取了大量战利品，杀死了很多人，总之，获得了巨大的成功。当时这位穆斯林坐在国王旁边，似乎是睡着了。国王叫他："嚯，你啊！你没有听到刚刚说的消息吗？"穆斯林回答："没听见。"国王又把消息重复了一遍，并说："当这些国家和它们的居民被这样对待的时候，穆罕默德在哪里？"这位穆斯林回答道："他已经离开了他们，去征服埃德萨了。教友们已经拿下了那座城市。"在场的法兰克人听闻此言，哈哈大笑。国王却说："别笑。神为我做证，此人从不撒谎。"

——伊本·阿西尔

在基督纪元的最初几年，埃德萨国王阿布加五世（Abgar Ⅴ）

患了麻风病。他得知最近在巴勒斯坦发生过一些奇迹般的事，就给耶稣基督写了一封信，请他到埃德萨为自己治病。耶稣拒绝了，却答应派一位门徒来治疗国王，还要向他的臣民传播福音。按照某些权威说法，耶稣在回信时附上了一张神奇地印着自己肖像的帆布。后来他遵守诺言，让圣多玛斯（St Thomas）派七十门徒之一的撒迪厄斯（Thaddeus）去见阿布加五世，撒迪厄斯圆满地完成了所有使命。

以上是优西比乌（Eusebius）等人所述的故事。作为此事真实性的证据，据说是耶稣亲笔用古叙利亚语写在羊皮纸上的书信，长期以来一直保存在埃德萨主教座堂中，供公众崇拜。[1]我们现在知道，事实上基督教在 2 世纪末才传入埃德萨。但是到 12 世纪中叶，埃德萨可以以另一件可信程度更高的神圣事迹而自豪，那就是已知的年代最早的基督教堂的遗址。正是在这座教堂里，用希腊文书写的《新约》第一次被翻译成外语——古叙利亚语；正是在这座教堂里，后来成为国王的阿布加九世（Abgar IX）受洗，他是史料记载的第一位接受基督教洗礼的君主。

在更晚些时候，埃德萨伯国是第一个在黎凡特建立的十字军国家。它的历史可以追溯到 1098 年，当时布洛涅的鲍德温离开十字军的主力部队，往东方进攻，并在幼发拉底河畔建立了一个国家。他没有在此停留很久。两年后，他继承了弟兄的耶路撒冷国王之位，在那里度过了一段短暂而痛苦的时间，最后走向生命的终点。他做了罗杰二世的继父。但是埃德萨伯国依旧作为半

1　后来这封书信被带到君士坦丁堡，并在 1185 年的革命中下落不明。见第 18 章。

独立的国家而存在，它理论上奉耶路撒冷王国为宗主国。1144年圣诞节的前一天，遭受了为期25天围攻的埃德萨落入阿拉伯军队之手，阿拉伯一方的指挥官是摩苏尔（Mosul）的阿塔贝伊（Atabeg）伊马德丁·赞吉（Imad ed-Din Zengi）。

埃德萨陷落的消息震动了整个基督教世界。当时西欧人把第一次十字军东征最初的成功当成上帝支持己方的明证，而埃德萨却陷落了，这让他们内心的安心想法变得岌岌可危。半个世纪还不到，十字架就再次输给了新月，这是怎么一回事？这不是说明上帝在发怒吗？从东方返回的旅者时常带回"海外"的法兰克人已广泛堕落的消息。这件事会不会是说，上帝已经认为他们不配在救世主的旗帜下从异教徒手中保卫圣地了？

而十字军长期以来熟悉这些圣殿，因而可能采取更加理性的措施。埃德萨伯国对他们而言是至关重要的缓冲区，它保护了安条克公国和的黎波里伯国（Principality of Tripoli），并通过保护这两个国家来保护耶路撒冷王国本身，免遭达尼什曼德王朝（Danishmends）、阿尔图格王朝（Ortoqids）和其他北方的好战突厥部落的进攻。幸运的是，当阿拉伯部落翻越了东方的山脉之时，这些突厥部落还经常分裂，互相攻伐。但赞吉是一位野心勃勃的政治家、杰出的将领，他开始准备将身后的这些部落组织起来，梦想有朝一日一劳永逸地从基督徒入侵者手中夺取亚细亚，他被承认为伊斯兰教的先锋。

不论法兰克人如何想自己的精神价值，其军事弱点是毋庸置疑的。十字军热忱的第一次大浪潮以1099年成功占领耶路撒冷而告终。移民慢慢从西方移居到此处。至于朝圣者，许多都按照古代的传统，不带武器装备而来。甚至对那些准备前来舞弄刀剑的人来说，一个夏天的战斗就已经够多了。唯一的常备军——如果这个称呼准确的话——由医院骑士团和圣殿骑士团这两个军事修会组成。但是他们无望抵挡赞吉所筹划的全面进攻。力量亟须加强，教皇必须再一次宣布发动十字军东征。

虽然埃德萨在教皇卢修斯去世的 8 周前就已经陷落，但是其继任者尤金三世（Eugenius Ⅲ）在即位 6 个月后才正式得知此噩耗。送来消息的特使还带着紧急的求助请求，在维泰博找到了教皇。[1] 尤金三世即位之初就不顺利。不幸的卢修斯刚去世，尤金三世就安全平稳地在弗兰吉帕尼家族的地盘上当选了。但是当他试图从拉特兰宫前往圣彼得教堂祝圣时，民众拦住了他。3 天之后，他逃出了罗马城。

他逃走之快不算惊人。其实，尤金三世唯一的一件令人惊讶的事，就是得票最多而当选的人居然是他。他曾是明谷修道院的修士，是圣伯尔纳的门徒，是一个普通的人，温和而不擅交际。人们认为他完全不适合做教皇。伯尔纳本人得知尤金三世当选的消息后也没有坦然接受。人们本以为圣伯尔纳会因为这第一位坐上教皇宝座的西多会修士而喜悦，恰恰相反，他很明显因自己的一个"孩子"骑到自己头上而恼火，不加掩饰地表示反对。在一封写给整个教廷的信中，他说：

1　此次使团的领头者是叙利亚的加巴拉（Jabala）主教休。按照此时教皇身边的史家弗赖辛的奥托（Otto of Freising）记载，休提到了一位约翰王——"一位居住在波斯和亚美尼亚之外的遥远东方的国王和教士，他和他的臣民都是基督徒。"约翰王是东方三贤士的直系后代，以绿宝石权杖统治。就这样，祭司王约翰（Prester John）的传奇故事第一次进入历史记载。

愿上帝原谅你们所做的事情！……你们把末位选为首位，瞧啊！他最后的状态比最开始更危险……你们在教皇去世后就忙着找到这个莽夫，抓住正在避难的他，夺走他手上的斧头、镐或锄头，将他推上教皇宝座，到底是什么原因或建议让你们这么做的？

他也对尤金坦率地说道：

由此上帝用手指把穷苦的人从尘土中提起，将乞丐从污秽中托起，让他与王公平起平坐，继承荣耀的宝座。

看起来，圣伯尔纳打的比方很糟糕，不过这确实说明新教皇是个温和又耐心的人，毕竟他没有发怒。不过，伯尔纳毕竟是他精神上的父亲。此外，尤金不是乌尔班二世，既没有动力去发动十字军，性格也与此不符。因为罗马的事情，他不可能越过阿尔卑斯山，按他自己的说法，到法国去吹响天堂的福音号角。在未来的几个月，他将一如既往地极其需要老友的帮助。

当教皇尤金考虑西方的王公之时，他发现只有一位适合做下一次十字军的领袖。理想情况下，这一荣誉应该归西方帝国的皇帝，但是康拉德还只是罗马人的国王，尚未加冕为皇帝，仍旧被自己的麻烦事困于德意志。解决这些麻烦后，他也对解决意大利的问题更感兴趣，而不是去东方冒险。英格兰国王斯蒂芬（Stephen）手头的内战已经打了6年。由于一些其他原因，西西里国王罗杰也不在考虑之列。唯一可选的只剩下法国国王路易七世（Louis Ⅶ）。

路易没有更多要求。他是一位天生的朝圣者，虽然年仅 24 岁，但是他已经拥有伤感的虔诚光环，让他看上去大于其实际年龄。这样他也吸引不了年轻漂亮又富有活力的妻子阿基坦的埃莉诺（Eleanor of Aquitaine）。已经有十字军誓言约束他。自兄长腓力（Philip）在数年前骑马时意外身亡之后，他就从兄长那里继承了这个誓言。此外，他的灵魂也极度痛苦。1143 年，在一次与香槟伯爵特奥巴尔德的战争中，他的军队在马恩河（Marne）畔的维特里（Vitry）小镇——今天的维特里–勒弗朗索瓦（Vitry-le-François）——放了一把火。镇中的千余名居民，无论男女老幼，都在避难于教堂之时被活活烧死。路易看见了大火，却无法阻止。自那时起，那一日的记忆就压在他心头。他知道这是自己的责任。在赎罪上，没有什么比得上一次十字军东征——它承诺可以让参加者清除所有罪愆。

1145 年圣诞节，路易告诉聚集起来的主要封臣，他准备加入十字军，并请求他们追随他。德伊的奥多（Odo of Deuil）记载："国王有热忱的信仰，蔑视世俗的享乐与荣华，他自己因此而闪闪发光，所以他自己就是比任何演讲都更具说服力的例证。"然而说服力还是不够，其封臣的反应令人失望，他们表示自家还有事务需要处理。此外，他们已经听闻了"海外"所发生的事，他们那些悲惨的同胞或许是自食其果而已。让那些人自己找救赎的办法吧。头脑冷静的教会人士圣德尼修道院（Abbey of St Denis）院长叙热（Suger）是皇帝以前的监护人和老师，也坚决反对这个计划。但是路易已经打定了主意。如果他本人无法在封臣心中和脑中点燃十字军的火焰，就需要去找可以做到这一点的人。他写信给教皇，表示参加十字军。然后，他别无选择地派人去向明谷的圣伯尔纳求助。

伯尔纳一直在积极关注圣地事务，路易的邀请非常符合他的意愿。尽管他心情憔悴，身体也不好，到目前为止一直希望能够在他的修道院中过平静的闲居生活，但是他还是以出奇的热忱，以在 1/4 个世纪以上的时间里统治整个基督教世界的心灵之声做出了回应。他欣然答应在法国建立这支十字军，并宣布国王将在下一个复活节于韦兹莱（Vézelay）召开集会。

"伯尔纳"这个名字的魔力开始起作用，随着约定日子逐渐接近，来自法国各处的男男女女都拥进韦兹莱小镇。因为人数太多，主教座堂里站不下，所以人们在山坡上搭了一个巨大的木质讲台（它一直保留在原地，后来在 1789 年毁于法国大革命）。1146 年 3 月 31 日，棕枝主日的早晨，伯尔纳出现在讲台上，出现在众人面前，发表他一生中最重要的一次演讲。奥多写道，伯尔纳身体虚弱，似乎很接近死亡了。国王站在伯尔纳身边，胸前放着教皇为象征他的决定而送来的十字架。两人登上讲台，伯尔纳开始发表演讲。

接下来的诫辞的文本没有流传下来。但是，真正对听众产生影响的不是这些话本身，而是伯尔纳演说的方式。我们只知道，他的声音"如天上的管风琴一般"穿过草地。他对众人宣讲的时候，众人开始安静，后来便哭喊着索要十字架。本来已经事先备好了不少一捆捆用碎布做的十字架以分发给众人，后来这些十字架发完了。伯尔纳脱下长袍，将长袍撕成碎布，以制作更多十字架。其他人也效仿他。他和帮忙的人到夜幕降临时还在缝制十字架。

新的十字军包括了各行各业的男人和女人[1]，其中许多都是3个月前没有被路易成功说服的封臣。似乎整个法国都已经被伯尔纳的精神所点燃。不久之后，他以可被宽恕的骄傲向教皇写信（他之前对教皇尤金的憎恨此时已被忘却了）：

> 你下令了，我也服从了……我做了宣告，也发表了演说。现在他们〔十字军〕人数猛增，超出数量。城市和堡垒都被遗弃了。就算7位女子一起，也很难找到1位可以托付的男人。那么多女人都守着活寡。

这的确是一项杰出的成就。在欧洲没有别人能完成这项工作。然而，之后发生的事说明，这件事若没有做成反倒更好一些。

在韦兹莱的成功在伯尔纳身上起到了补药一般的作用。他不打算马上返回明谷修道院，而是经过勃艮第、洛林和佛兰德斯，直到德意志。他在沿途的教堂中宣传十字军，人们把教堂挤得满满当当的。他采用的方式总是非常直接，有时的说辞甚至让人惊慌。他在一封致德意志教士的书信中写道：

> 如果上帝号召你们这样的蠕虫去保卫他的遗产，这不意味着他的手臂变短，或是失去力量了……如果你们不是全知

1　有传说声称组成了一个全是女人的军团，埃莉诺是名义上的首领。惊奇的是，这则传说被拜占庭编年史家尼基塔斯·侯尼亚特斯确认了。根据他的记载，在君士坦丁堡出现了"一队女人，她们骑着马，穿着和武器装备皆如男性，看上去完全就是军人。她们似乎比阿玛宗人（Amazons）更勇敢"。

全能的上帝最完美、最直接的造物，那他为何要接纳杀人犯、强奸犯、通奸者、做伪证者等其他罪犯，并拯救他们呢？

到秋季，德意志也被点燃了。甚至开始人们预计会拒绝加入十字军的康拉德，也在伯尔纳于圣诞节进行的严厉批评之后表示自责，答应戴上十字架。[1]

教皇尤金收到康拉德答应加入十字军的消息时，产生了警觉。这不是明谷的圣伯尔纳第一次越权办事了。教皇只是让他去法国宣传十字军，可没让他去德意志。德意志人和法国人肯定会吵起来，他们一向如此。他们不可避免地要为争位子而耍手段，这或许会轻而易举地葬送掉整个事业。此外，教皇在意大利需要康拉德。没有康拉德，他如何在罗马重建自己的地位呢？但是木已成舟，誓言已经发出了。尤金三世此时已经很难阻止这次十字军出发了。

与此同时，法国国王路易七世已经开始做准备，他写信给曼努埃尔·科穆宁和西西里国王罗杰，以谋求支持。尽管曼努埃尔喜欢个别西方人，喜欢西方的生活方式，却非常不喜欢纪律不严的法兰克军队经过他的帝国去进行另一场大规模入侵的提议。他知道 50 年前的第一次十字军东征给他祖父造成的困难：大量拉丁暴徒和野蛮人让君士坦丁堡变得堕落，这些人什么都想得到，想分文不付地从拜占庭人手中得到睡的地方，想找到吃的，甚至还想得到穿的。他们的首领也趾高气扬，拒绝就他们将在东方征服

1　康拉德之所以会加快转变心意，或许是因为发生在二天之前的一桩奇迹。圣诞节当天，伯尔纳进入施派尔主教座堂，三次匍匐在圣母像前，圣母像迅速回应了他的问候辞。

的地盘向皇帝宣誓效忠。他们完成征服之后，往往还是怀有敌意的邻国。必须承认，达尼什曼德王朝的突厥人在不久之前给曼努埃尔制造了很多麻烦。或许，新的一拨十字军会比前一次表现得更好，甚至有可能长期受到祝福，但是曼努埃尔怀疑这种可能性。他不冷不热地回复路易，言辞中没有任何冒犯。他答应为十字军提供食物和补给，但他要求有所回报。而且，所有的十字军领袖都被要求在经过拜占庭帝国的时候再次向曼努埃尔宣誓效忠。

　　写信给西西里国王的时候，路易发现自己的位置略显尴尬。他本人在1140年正式承认了罗杰，双方之间也没有争吵。但是他非常清楚两位皇帝和罗杰关系很差，更不用说东方的基督徒统治者了。罗杰不仅正式主张拥有安条克伯国，还试图控制它现在的王公——普瓦捷的雷蒙。更麻烦的是，普瓦捷的雷蒙正是当今年轻的法国王后埃莉诺的叔叔。还有桩不幸的事：按照罗杰的母亲阿德莱德嫁给鲍德温国王时商定的条件，鲍德温死后无嗣，应由罗杰继承耶路撒冷的王冠。但双方的婚约后来被宣布无效，并被取消。鲍德温花光了阿德莱德的钱财之后，就把她打发回巴勒莫。她的儿子永远不会忘记这次羞辱，西西里王国和十字军国家之间的关系依旧很坏。路易明白，罗杰在“海外”不受欢迎，他大概也不会乐意前往——除非是以征服者的身份。

　　另一方面，罗杰现在被公认为地中海的主人，这是因为他的地位在1146年的夏季得到了进一步加强。当时他占领了利比亚城市的黎波里，有效地把地中海一分为二。从此以后，只要没有他的准许，船舶就不能往来于地中海的两端。如果第二次十字军东征想取得成功，西西里国王的支持是必需的。但是，大家也不希望他坚持亲自参加十字军，因为那样会让大家都尴尬。至于第一点，路易不久就得到了罗杰的支持。罗杰不仅宣布支持十字军，还要为十字军提供运输服务和补给，提供大量战士。然而对于第二点，他的回复不太令人满意：如果十字军接受提议，他本人或他的某个儿子将率领一支西西里军队前往巴勒斯坦。

就像绝大部分国王的外交沟通，罗杰的回复是非常虚伪的。像父亲抵制第一次十字军东征一样，罗杰也反对第二次十字军东征。他的很多最为杰出、最有影响力的大臣都是穆斯林，他理解穆斯林，也会说他们的语言。有人甚至怀疑他对穆斯林的喜欢超过对法国人和德意志人的喜欢。此外，我们前面提到他一直憎恨黎凡特的法兰克国家。宽容是他王国的基石，他现在为什么要支持这样一个鼓吹仇恨的运动，支持这个注定会遭到他一部分重要的人民憎恨的运动呢？

事实上，他无意举起十字架，至少，最远进军至安条克。对他而言，十字军东征只意味着两件事：一种将两个帝国的注意力从进攻西西里转移走的方式，一次在东方扩大自己影响力的机会。如果能确保法国国王的友谊或支持，这两个目标都能得到促进。这样一来，对十字军采取善意的中立政策是不够的。在这种情况下，他至少需要投入程度有限的热情，这种热情体现在一系列行动之中，他在行动中可以在任何时刻改变最初的目标，转而对付"海外"的国家，甚至在有必要的时候对付君士坦丁堡本身。

然而，当罗杰的使者正式把计划呈交到于1147年初在埃唐普举行的十字军东征预备会议上的时候，路易国王婉拒了。他的盟友康拉德无论如何都坚持走陆路。即便没有康拉德的坚持，西西里的提议也是不切实际的。虽然罗杰的海军很庞大，却不足以运送全部的十字军队伍。如果接受这个提议，则意味着要把军队分开，将其中一半交给臭名昭著、不值得信任的君主，而这位君主曾试图在一次相似的航行中绑架王后的叔叔未遂；还要让另一半军队通过路途遥远的安纳托利亚，而这是整个远征中最为危险的部分。他们的担心可以理解，也确实合情合理。虽然路易拒绝了西西里提供的帮助，致使罗杰完全无法积极参与十字军活动，但是他做的决定或许是明智的。

也许，在本章前面引用的那封伯尔纳写给德意志教士的语带贬损的书信，可能比他所知的更有预言性。主要因为所有成功的十字军运动都伴随着免除所有罪愆的保证，所以十字军的队伍比中世纪的其他军队更加声名狼藉。一支 20000 人的德意志军队于 1147 年 5 月底从拉蒂斯邦（Ratisbon）出发，其中就有比例远超正常情况的不受欢迎的人，有适应十字军场景的宗教狂热分子，有寻常的混混、懒汉和逃犯。在进入君士坦丁堡之前，他们就开始在乡村劫掠、强奸、毁坏，甚至在情绪上头时杀人。十字军的领袖也经常充当手下的坏榜样。在哈德良堡（Adrianople，今埃迪尔内［Edirne］），康拉德的侄子兼军队副帅、年轻的士瓦本公爵腓特烈（Frederick，他后来以绰号"红胡子"［Barbarossa］而在历史中闻名）烧毁了一座修道院，杀死了清白无辜的修士，以报复之前一伙当地土匪的攻击行为。十字军与曼努埃尔派去监视他们的拜占庭军队之间的冲突越来越激烈。9 月中旬，十字军终于抵达君士坦丁堡城下。皇帝要求他们从首都绕过去，渡过赫勒斯滂海峡（Hellespont）径直前往小亚细亚，却被康拉德愤怒地拒绝了。德意志人和希腊人之间的关系已变得极差。

进军之路沿途的人们还未从震惊中回过神来，法军旋即出现在西方的地平线上。法军比德意志军队略少，行为举止更得体，纪律更严明。法军中还有不少杰出的女士，如王后埃莉诺。她们的丈夫有爱妻相伴，无疑行为更加温和。不过，法军的行程不太顺畅。巴尔干的农民现在明明白白地表现出敌意，考虑到不到一个月之前德意志军队是怎么对他们的，就不会感到奇怪。巴尔干的农民卖一丁点粮食，就漫天要价。不久，双方变得互不信任，两者之间还爆发了激烈的冲突。所以，离君士坦丁堡还很远的时候，法国人就已经在憎恨德意志人和希腊人了。法军于10月4日抵达时，他们震惊地听闻，曼努埃尔已决定在此刻与敌对的突厥人签订停战协定。

虽然无法指望路易会欣赏曼努埃尔的做法，但是这是一件值得曼努埃尔去做的预防措施。法国和德意志的军队与他的首都近在咫尺，他们构成的危险比亚洲的突厥人所构成的更加直接。皇帝知道，两支军队中都有想让西方军队联合进攻君士坦丁堡的人。事实上，就在数天之后，圣伯尔纳的表兄弟朗格勒（Langres）主教戈弗雷"以一位明谷修士对非基督徒的难容"，[1]正式向法国国王提出类似的意见。皇帝故意散布消息，声称有一支突厥大军正在安纳托利亚集结，还暗示如果法军不赶紧穿过敌人的地盘，就永远走不了了。就这样，曼努埃尔成功地化解了法军攻城的危险。

---

1 Sir Steven Runciman, *A History of Crusades*, vol. II, p. 268. 戈弗雷主教曾任明谷修道院副院长。根据索尔兹伯里的约翰的说法，因为伯尔纳能让国王听取他的建议，所以戈弗雷的这段经历让自己获得了特殊的权威。不过，他的虚张声势时不时被利雪主教阿努尔夫打断。阿努尔夫是教长里面最世俗的一位，他一直说自己很喜欢塞浦路斯的葡萄酒，这种酒尝起来很甜，但是不掺水稀释的话，就很容易喝醉。

皇帝用持续不断的宴席和豪华铺张的娱乐活动取悦路易，让路易闲不下来，并同时安排国王和他的军队尽早进入亚洲。

曼努埃尔与他那不受欢迎的客人道别，当他见到渡船载着客人和牲畜，穿梭于博斯普鲁斯海峡之间时，皇帝比任何人都更好地预见了法国军队将在第二段旅途中遇见的危险。他本人不久前在安纳托利亚打过仗。尽管说他召集突厥人的传言有所夸张，他此时还是将十字军视作自己人。他肯定明白，这支松松垮垮的军队士气不高，纪律不严，如果遭到塞尔柱骑兵的突袭，获胜的机会将极为渺茫。他为十字军提供了给养和向导，警告说一路缺乏可饮用的水。他还建议十字军不要就近走穿越内陆的道路，最好沿着还在拜占庭控制下的海岸前进。他也只能做到这么多了。如果这些预防措施都未见效，十字军还是遭到了屠杀，那么他们就只能怪自己了。那样的话，曼努埃尔会感到遗憾，却不会太难过。

道别之后不出几天，曼努埃尔收到了两份报告，报告来自两个不同的地方。第一份是来自小亚细亚的急报，告诉他，德意志军队在多里莱乌姆附近遭突厥人突袭，落得惨败。康拉德逃走了，到尼西亚（Nicaea）加入了法军，但是他的九成手下都横尸在营地的废墟中。

第二份报告告诉他，西西里国王罗杰的舰队已经出发，前来进攻拜占庭帝国。

研究中世纪的历史学家总会遇到一个难题：他们所依靠的编年史家的作品必定缺乏分析性思维。编年史家通常会给出足够清楚的事实，而事实的准确性各有不同。然而，他们倾向于忽略原因和动机的问题。对于有的问题，我们可能会想，如果他们记载得更明确些就好了。罗杰在1147年对拜占庭的进攻究竟有多严重呢？

有些权威认为，这件事的确很严重。这一行动的时间与法军抵达君士坦丁堡的时间一致，并且按照罗杰最初的计划，西西里军队将和法军一起推翻皇帝，占领首都。他们认为曼努埃尔事先知晓这个计划，这才能解释为什么他会在法军接近时先要求他们宣誓效忠。这个假说很有意思，但是它唯一的证据只有戈弗雷主教的规劝罢了——而且就我们所知，戈弗雷甚至没有提及西西里的帮助。在57年后的第四次十字军东征中，威尼斯人劝说法国军队在前往巴勒斯坦之前先进攻君士坦丁堡。如果最初路易接受了罗杰的建议，让西西里运输他本人及其军队，那么他会不会接受第四次十字军东征时那样的提议呢？当然不会。路易没有真的同拜占庭闹矛盾。他就十字军发过誓，人们怀疑，如果西西里国王试图转移进攻目标，路易国王恐怕会强烈反对。

如果要合理地解释罗杰在前前后后的事件中的举动，就必须换个角度来看。他是政治家而不是冒险家。如果他想与法国军队联合行动，那他肯定要保证自己的想法能得到他们的支持。实际上，他根本没有理由相信路易会帮助自己。在上个春天的埃唐普会议上，罗杰的使者明显受到了冷遇。如果西西里海军到君士坦丁堡的时候法国军队还没离开，那么法国军队可能会和希腊人一起对付他们。

结果，他们根本没去君士坦丁堡。安条克的乔治指挥舰队，于1147年秋季从奥特朗托出发，径直穿过亚得里亚海，抵达科孚岛，该岛不战而降。尼基塔斯·侯尼亚特斯告诉我们，受到拜占庭税收压榨的当地居民被希腊-西西里海军统帅的甜言蜜语所迷惑，将诺曼人当作解放者来欢迎，并且愿意接受为数 1000 人的驻军。接下来舰队向西南航行，绕过伯罗奔尼撒半岛，沿途进一步在战略要地留下驻军，再向东航行，到达优卑亚岛（Euboea）。此时，似乎乔治觉得自己已经航行得够远了。舰队掉转方向，迅速进攻雅典，[1] 然后抵达伊奥尼亚群岛（Ionian Islands），向东进入科林斯湾（Gulf of Corinth），洗劫沿途城镇。尼基塔斯写道，他这一路"宛如海上怪兽，吞噬了路上的一切"。

在乔治送上岸的攻击队伍中，有一支深入内陆，攻击了拜占庭的丝绸业中心底比斯（Thebes）。战利品十分可观。大批的锦缎和织锦被运到岸边，然后装上西西里的船。但是，海军统帅还是不满意。大批女工被赶到船上，她们擅于养蚕缫丝，我们基本可以确定都是犹太人。[2] 她们必定会在巴勒莫受到欢迎。入侵军队从底比斯继续前行，抵达科林斯，并在短暂的围城之后夺取该城。尽管科林斯居民提前知道敌人将至，早已携带最值钱的物品逃到科林斯卫城的最高处去了。城市遭到洗劫，圣狄奥多尔（St Theodore）的遗骨被入侵者带走。安条克的乔治经科孚岛返回西西里，得胜而还。

尼基塔斯写道："因为装了很多抢来的东西，所以西西里的

1　西方的编年史家提到诺曼人洗劫了雅典城，但是人们对此事的真实性尚有疑问。近来美国挖掘了雅典的古市集（Agora），考古证据显示此事属实。K. M. Setton, 'The Archaeology of Mediaeval Athens', in *Essays in Medieval Life and Thought, Presented in Honour of Austin Patterson Evans* (New York, 1955), p. 251.

2　犹太人旅行家图德拉的本杰明（Benjamin of Tudela）在乔治攻击底比斯的 20 年后到过那里，他记载城中有 2000 名犹太人。他写道："他们是全希腊最熟练的做丝绸和紫布的工匠。"

切法卢。

切法卢主教座堂。

切法卢主教座堂，全能者
基督像。

切法卢主教座堂，圣母像。

巴里的圣尼古拉教堂。

特罗亚主教座堂。

巴勒莫王宫，右边的是比萨塔。

巴勒莫王宫礼拜堂内部。

王宫礼拜堂，全能者基督像。

王宫礼拜堂里的钟乳石状屋顶。

马尔托拉纳教堂。

马尔托拉纳教堂，基督
为罗杰二世加冕。

马尔托拉纳教堂，基督像。

马尔托拉纳教堂内的阿拉伯语铭文。

巴勒莫主教座堂。

巴勒莫主教座堂，罗杰二世
之墓。

船在水上走得很慢，以致更像商船，而非它们的真实身份——海盗船。"[1]他没有夸大其词。底比斯、雅典和科林斯是希腊最弱的城市，如果这还不算海盗行径，那就无话可说了。但是海盗行径也不是全部。正如乔治沿北非海岸的入侵并非只为入侵本身，而是为了确保对地中海的海峡的控制，所以他首次远征希腊是一次针对拜占庭帝国西端的有计划的攻击，是罗杰为完成其政策而有意发动的，具有无可挑剔的战略上的考量。罗杰知道，第二次十字军东征不会让西西里永远免受两大帝国的进攻，而只是推迟了这一天的到来，因此他有一两年的时间布防。通过占领科孚岛以及其他经过精心挑选的、位于希腊本土的战略要地，他夺取了拜占庭可以借以入侵南意大利的主要桥头堡。

所以，这才是远征的真实目的。但是如果这次远征还能提供额外利益的话，那就更好了，而事实证明，他们得到的丝织工人就是这样的外快。有时人们会说，巴勒莫的那些著名的丝绸工坊正是以这些工人为核心而建立的。这一说法其实过誉了，尽管他们可能引进了某些新技术。自倭马亚王朝（Omayyads）时期起，在所有东西方主要的伊斯兰国家和拜占庭帝国的君士坦丁堡中，宫殿里或宫殿附近都设有丝绸工坊，用于制作袍子和在典礼场合下使用的宫廷服装。西西里也不例外，巴勒莫的丝织业在阿拉伯人统治时期就较为繁盛，王家工坊的称呼"提拉兹"（Tiraz）就

1　另一份史料记载，船舶因装载了赃物而极为沉重，甚至下沉到水位接近第三层船桨处的船帮处。这说明，我们在处理某些想象力丰富的编年史之时需要格外小心。

来自阿拉伯语。[1]然而根据一个历史悠久的穆斯林习俗，提拉兹的女工不在织机上做活的时候，就要去为宫廷的绅士们提供更加亲密的服务。一直兼收并蓄的诺曼人也对这一传统充满了热情。不久，"提拉兹"成了"王家后宫"的隐语，尽管不太隐晦。当我们读到安条克的乔治描述不幸的底比斯被攻陷的时候，很难不去想他心里觉得那些妇女最可能被送去哪里。

西西里军队在希腊劫掠的消息让曼努埃尔很气恼。无论他怎么看十字军，西西里这个所谓的"基督教国家"居然趁十字军东征入侵他的国家，他深感厌恶。而得知带兵的将军是叛变的希腊人之后，皇帝的怒火燃得更旺了。100 年前，普利亚还是拜占庭的一个富饶的行省，而此时这里只是海盗的巢穴，是他的敌人发动入侵的跳板。他无法容忍这种情况持续下去。罗杰"这条恶龙，威胁着要把怒火喷得比埃特纳火山的熔岩还高……他是所有基督徒的敌人，是非法占领西西里土地的人"，[2]必须永远地从地中海消失。西方帝国曾试图消灭罗杰，却以惨败告终，现在轮到拜占庭了。如果能得到其他军事力量的帮助，又不用对付他人，曼努埃尔相信自己能做到。幸运的是，十字军已经离开了。曼努埃尔已经在 1147 年春季与突厥人达成了停战协定，到此时又加强了双方之间的关系。帝国的每个军人和海员都要参与他描绘的宏大蓝图，

1　王家工坊最好的一件作品，就是罗杰二世的那件极为精美的斗篷。该斗篷现藏维也纳的艺术史博物馆（Kunsthistorisches Museum），用红色丝绸制成，并用金线绣出了两只攻击骆驼的老虎。斗篷边上的阿拉伯文显示它产自巴勒莫的提拉兹，生产的时间是伊斯兰历法的 528 年，即 1133 年。

2　Imperial Edict of February 1148.

这蓝图或许会造就他这一辈子的最高成就：将南意大利和西西里岛再度揽入拜占庭帝国的怀抱。

下一个问题是寻找合适的盟友。他无法获得法国和德意志的帮助，因此转而求助威尼斯。他知道，威尼斯一直都对西西里海上力量的增长感到非常担心。12 年前，当曼努埃尔的父亲派使团去找洛泰尔，意图成立反西西里联盟的时候，威尼斯人就自愿加入了那个使团。自那时起，他们就越来越警觉，而且理由也很充分。威尼斯不能再像以前那样控制地中海了。巴勒莫、卡塔尼亚和叙拉古的市场日益繁忙，里阿尔托（Rialto，威尼斯的商业中心）的贸易就会缓慢而危险地衰落。如果罗杰能加强他对科孚岛以及伊庇鲁斯沿海的控制，他就能封锁亚得里亚海。这样一来，威尼斯人就会全方位地被西西里人封锁。

当然，威尼斯人也做了一些讨价还价，他们从不白打工。曼努埃尔不断提高威尼斯在塞浦路斯、罗得岛和君士坦丁堡的贸易待遇，因此在 1148 年 3 月，他得到了想要的回报：一支威尼斯舰队在接下来的半年里供他调遣。同时，皇帝积极地准备拜占庭的海军。据他的秘书约翰·辛纳穆斯（John Cinnamus）估计，拜占庭海军包括 500 艘加莱桨帆船和 1000 艘运输船，而军队有两三万人。皇帝任命姐夫大公斯蒂芬·康托斯蒂法努斯（Stephen Contostephanus）为海军统帅，突厥人阿克苏赫（Axuch）为陆军统帅。阿克苏赫在 50 年前还是孩童的时候被俘虏，长大于皇宫之中。曼努埃尔本人负责总指挥。

4 月，远征大军准备开拔。得到整修和补给的船只停泊在马尔马拉海，军队正等待出发的命令。突然，形势大变。南俄的波洛夫奇（Polovtsi，或称库曼［Kumans］）部落横扫了多瑙河流域，进入拜占庭境内。而威尼斯总督去世，威尼斯舰队的出征因此推迟了。一系列反常的夏季风暴中断了东地中海的航运。直到秋季，拜占庭和威尼斯的海军才在南亚得里亚海会合，开始联合封锁科孚岛。同时，陆上进攻被进一步推迟。在对付波洛夫奇部落的时候，曼努埃尔知道等不到自己的军队腾出手来，品都斯山脉（Pindus Mountains）就会大雪封山，挡住去路。他让大军在马其顿的冬季大营驻扎，然后赶往塞萨洛尼基（Thessalonica），一位重要的客人正在那里等他：霍恩施陶芬的康拉德已经从圣地回来了。

第二次十字军东征以不光彩的惨败而告终。康拉德率领在多里莱乌姆落败的德意志残军与法国军队一起进军至以弗所，大军在那里庆祝圣诞节。康拉德在此处得了重病，因此回君士坦丁堡养病，德意志军队则在没有他的情况下继续进军。他在拜占庭宫廷中做客，一直待到 1148 年 3 月，此时皇帝把一支希腊舰队交给他指挥，让舰队送他去巴勒斯坦。同时，虽然法国军队一路比德意志军队更顺利，却在通过安纳托利亚的途中十分难熬——此时轮到他们在突厥人的手里遭受惨重的损失了。这在很大程度上是路易本人的过错，曼努埃尔告诉他要沿海岸前进的警告被他忽略了，但是他坚持将每一次与敌人的遭遇都归结于拜占庭的粗心大意或者阴谋，或二者兼有。他迅速对希腊人形成了精神错乱般的怨恨。最终，绝望的他让家眷和骑兵尽可能地从阿塔利亚（Attalia）上船离开，自己则与剩下的军队和朝圣者继续在陆上全力作战。晚春，这位领主率领上一年出发时还很自信的残军，悲惨地挨到安条克。

这些麻烦还只是开了个头。强大的赞吉去世了，但是他的权柄交给了他更加伟大的儿子努尔丁（Nur ed-Din）。努尔丁的据点阿勒颇现在是穆斯林反抗法兰克军队的中心，它由此成为十字军的首要目标。路易刚到安条克，安条克亲王雷蒙就对他施加极大的压力，想立刻合兵进攻阿勒颇。路易拒绝了，因为他必须去圣墓教堂祈祷。但是，王后埃莉诺和路易关系不佳，一路上的危险没有增加夫妻感情，反而是从法国出发的一路旅途劳顿让她不舒服，加上有人怀疑她和雷蒙的关系已经超越了叔侄关系，所以她宣布自己要留在安条克，并要求离婚。她和丈夫是远房表亲，血亲关系的问题在他们结婚的时候被忽略了，但是再提起的话还是会令人尴尬——埃莉诺了解这一点。

路易完全忧心于当时的局势，忽略了妻子的抗议，强行将她带往耶路撒冷。不久之前，他成功地激怒了雷蒙，雷蒙因此拒绝继续参加十字军。毫无疑问，他在尽可能保留尊严的情况下处理了事态，但是他的名誉却受到了不好的影响，尤其是在这种形势下。路易偕一言不发的埃莉诺在 5 月抵达耶路撒冷，康拉德已先行到达。耶路撒冷王太后梅里森德（Mélisende）和她已经满 18 岁的儿子鲍德温三世（Baldwin Ⅲ）以应有的礼节欢迎了他们。路易一行待在此处，直到 6 月 24 日，所有的十字军都被邀请去阿卡参加一个大型会议，以讨论接下来的行动。与会各方不久就达成了一项决定：必须调集所有人马，合力进攻大马士革（Damascus）。

或许我们永远无法理解为什么要选大马士革为首要目标。在整个黎凡特，大马士革是唯一与努尔丁为敌的重要阿拉伯国家，它应该能成为法兰克人的一个有价值的盟友。十字军进攻大马士革，等于让大马士革背离本意，将它赶去努尔丁的穆斯林联盟那边。如此一来，十字军的毁灭也就注定了。十字军到达城下后，发现大马士革的城墙很坚固，而守军很坚决。第二天，攻城者又做出了一个符合十字军特征的灾难性决定，将营地搬到一个靠近城墙东部的地方，而这里缺少阴凉和水。巴勒斯坦的男爵们已经为城破之后如何分配战利品而吵得不可开交，突然就失去了信心，催着要撤退。还有一些关于受贿和叛国的阴暗流言流传开来。路易和康拉德开始感到震惊而厌恶，却在不久之后明白了现状。继续围攻不仅意味着将大马士革推向努尔丁，还会让士气出现普遍的崩溃，最终摧毁全军。7月28日，也就是围城开始的5天之后，他们下令撤退。

在叙利亚的荒漠中，大马士革和太巴列（Tiberias）之间的这片沙漠最能摧人心神。这片漫无边际的沙漠到处都是深灰色的沙砾和玄武岩。时值阿拉伯的盛夏，十字军穿过沙漠而撤退，他们脸颊晒着残酷的阳光，吹着炎热干燥的风，躲避不停在后方袭扰的阿拉伯骑射手，在身后一路留下散发腐臭的死人死马。十字军必定感到绝望重重地压在头上。这就是结局。他们在物质和人员上都受到了极大的损失。若要继续打下去，他们既没有作战意愿，也缺乏必需的资源。最糟的是所背负的耻辱。在一年中最好的时间里赶路，挺过了死亡的威胁，经历了饥渴和病痛，忍受了酷暑和严寒，这支曾经辉煌过，标榜拥有基督徒西方世界所有理想的军队，在仅仅4天的战斗之后就放弃了一切，连一寸土地都没能从穆斯林手里得到。这就是耻辱的极点——他们和他们的敌人都不会忘记。

但是对康拉德个人而言，混乱不堪的第二次十字军东征给他带来了一个不一般的意外之喜。他已经对曼努埃尔·科穆宁产生了深深的尊重和感情。上一个圣诞节，康拉德抱病在以弗所，皇帝夫妇从君士坦丁堡乘船而来，把他安全地送回首都。在接下来的两个月里，以医术而自豪的曼努埃尔亲手照料他，为他调理，直到他恢复健康。康拉德首次率军路过君士坦丁堡时并没有留下很愉快的回忆，现在却因为受到的待遇而极为感动。曼努埃尔凭借智慧和魅力，还有他的德意志妻子（康拉德的小姨子），完美地尽了地主之谊。病人康复之后，曼努埃尔抓住机会，安排了一系列宏大的赛马和娱乐活动，以向康拉德致敬。最后，曼努埃尔派一支拜占庭舰队将康拉德送回巴勒斯坦，舰队还带上了从帝国马厩中挑出的 2000 匹全副武装的战马。康拉德依依不舍，并保证，他返回时一定会再来拜访曼努埃尔。

由此，十字军的坏运气成了过去式，两位君主在塞萨洛尼基再会，曼努埃尔第二次将康拉德带到君士坦丁堡过冬。他们的友谊在分别半年之后仍未减弱。这两个帝国家族在圣诞节进一步联合起来，在盛大的排场和不寻常的氛围下，曼努埃尔的侄女狄奥多拉嫁给了康拉德的弟弟奥地利的亨利（Henry of Austria）。[1] 然而，在这一年还有严肃的政治问题尚待讨论，最迫切的是西西里国王罗杰的问题。拜占庭人已经与他开战，他们的海军此刻已经封锁了科孚岛。而且只等品都斯山脉的冰雪融化，他们的陆军就

---

1 这次联姻笼罩在淡淡的阴暗气氛中，因为很多拜占庭人对希腊公主嫁给法兰克蛮族一事心怀恐惧。史蒂文·朗西曼爵士（*History of the Crusades*, vol. II）引用了狄奥多拉安慰母亲的诗，此诗将这场婚姻形容为"被燔祭给西方的野兽"。

能翻越山脉了。康拉德还没有公然开战，却别无他法。双方很快达成了协议。1149年初，两位统治者签署了一份正式盟约，约定在当年联合进攻罗杰。只有双方之一病倒或面临丧失地位的危险，这一承诺才能被搁置。即便在那时也不能废除该盟约，而只能是推迟。鉴于当时的环境，盟约没有规定双方从罗杰手中夺取普利亚和卡拉布里亚后该如何分配。两个帝国都曾宣称拥有这些领土，两位皇帝都急于避免双方在战利品的分配上出现争论。达成妥协对双方都有利。两个地区将由康拉德作为迟来的嫁妆，也就是他的小姨子、当今曼努埃尔的皇后伊琳妮的嫁妆送给拜占庭。

计划一经达成，新联盟的双方就没有理由继续在君士坦丁堡逗留了，两位皇帝于2月离开。康拉德回到德意志，准备入侵意大利；曼努埃尔则回到他的军队中，围攻科孚岛。此时科孚岛的战报不太妙。西西里军队在该岛北部的高处控制着难以攻取的城堡，其位置贴近海岸，几乎与海平面垂直，在拜占庭军队的远程武器的射程之外。尼基塔斯写道，希腊人像是在往天上射击，而守军则可以向下倾泻箭矢，像下冰雹一样抛石块。（有人不解，他为何要在此处不加防备地补充说西西里军队在一年前轻而易举地拿下了此地。）在一次进攻中，大公康托斯蒂法努斯阵亡，其位置由阿克苏赫接替——他此时率领陆军抵达。但是，领导权的更换对围攻毫无帮助。又过了数周时间，很明显已经无法迅速拿下科孚岛了。唯一的希望——除非有内部的阴谋——是等守军食物耗尽，而守军有足够吃一整年的给养。即便如此，西西里军队也有可能赶来提供增援和补给。

在战争中，围城战进攻方在士气上受到的压力经常和防守方一样大。入春之后，希腊水手与他们的威尼斯盟友之间爆发了严重的争吵。阿克苏赫竭力平息争吵，却未成功。冲突最厉害的时候，威尼斯人占据了附近的一座小岛，纵火焚烧大量停泊在岛屿附近的拜占庭商船。他们以一些代价设法控制了帝国的旗舰，在旗舰上进行了精心准备的嘲弄活动，让一个埃塞俄比亚奴隶身穿皇帝的服饰——他们注意到了曼努埃尔的黝黑肤色——在希腊人的众目睽睽之下，在甲板上为这个奴隶加冕。我们不知道曼努埃尔是否亲眼看到了这公然侮辱其皇帝威严的行径。如果他没看到，那肯定是在不久之后才抵达。他不会原谅威尼斯人的行径，却在当时需要他们。凭借耐心和圆滑，还有著名的魅力，曼努埃尔不久就恢复了和谐的关系，尽管有些不稳定。威尼斯人重新与拜占庭人合作，皇帝亲自指挥这次围城战。以后有的是时间报仇。

尽管路易国王非常想忘记那场灾难性的十字军活动，却不像康拉德，不急于离开"海外"。他信仰虔诚，能在耶路撒冷过复活节的可能性无疑吸引着他。和不少别的旅行者一样，或许他也不愿放弃巴勒斯坦冬天的和煦阳光而回国，他在回国的路上要穿过风暴肆虐的海洋，走过积满冰雪的道路。他也清楚，他与埃莉诺的婚姻已经无法挽回。一旦回到巴黎，他就不得不面对离婚的不快，面对接下来无法避免的政治影响。他继续住在耶路撒冷，游览圣地的圣殿，认真思考希腊人的背信弃义，尤其是他认为该为这一路灾难负责的曼努埃尔·科穆宁本人的背信弃义。路易想通了，皇帝曼努埃尔只在名义上是基督徒，事实上是基督教世界最大的敌人和叛徒，是异教徒的秘密盟友，从一开始就反对十字军东征，其所作所为均是为了让十字军东征走向失败。自己的首要任务就是消灭曼努埃尔，而这与西西里国王罗杰的意图是一样的。

1149 年春，路易不情愿地动身返程。这次他和埃莉诺决定走海路返回，却不明智地选择坐西西里的船——这在拜占庭人的海域非常危险。在南爱琴海的某个位置，他们遭遇了一支希腊舰队，这支舰队的目的地或出发地可能是科孚岛。路易一行马上遭到了攻击。路易匆匆升起法国旗帜，得以幸免。但舰队中有艘船被希腊人俘获后送到君士坦丁堡，有几个他的追随者在船上，他几乎所有的行李也在船上。土后埃莉诺与丈夫关系不佳，因此分乘两条船，她坐的那条差点也被掳走。西西里战舰及时帮助了她。

1149 年 7 月 29 日，路易在卡拉布里亚上岸。埃莉诺在那里与他会合，国王夫妇一同骑马前往波坦察（Potenza）。罗杰在波坦察等候，欢迎他们的到来，国王夫妇作为宾客留在此处。[1]这是两位国王第一次见面，他们不久就对对方生出了好感。我们知道，过去罗杰和埃莉诺的叔叔普瓦捷的雷蒙之间就安条克的问题有矛盾，所以路易和罗杰的关系也受到矛盾的阻碍。不过此时路易和普瓦捷的雷蒙之间因为埃莉诺而出现了矛盾，所以路易感觉自己和罗杰的关系不再有束缚了。而且，最近的海上之旅没有减轻他对拜占庭帝国的恨意。在波坦察的 8 月，或许路易和罗杰发现两人的共同点比预想的更多。

3 天之后，主人罗杰返回西西里，路易和埃莉诺则前往图斯库鲁姆（Tusculum），这是教皇可以安全前往的城镇里最接近罗马的一座。尤金以适合国王身份的礼节欢迎了路易一行。在政治上，出于我们马上就会谈到的原因，教皇没有特别感到鼓舞。但

1　后来人们为了增强罗杰王位的合法性，编造了一则故事，说路易在波坦察为罗杰再加冕。这则故事必定是编造的，它出自罗穆亚尔德撰写的萨莱诺编年史的增补部分。

是在此刻，比起将来的欧洲结盟活动，他更关心这位宾客眼下的家庭问题。教皇是一个优雅而热心的人，不愿看到有人不开心。路易和埃莉诺受到十字军东征和婚姻问题的双重失败，他们的样子似乎真的让教皇苦恼。此时为教廷效力的索尔兹伯里的约翰，动人地记载了教皇的调解活动：

> 他以咒逐相威胁，下令勿再谈论离婚一事，无论以什么借口都不可以解除这段婚姻。这个裁定显然让国王非常高兴，因为他深爱着王后，是近乎孩童般的喜欢。教皇用自己的贵重帐幔装饰床铺，让两人睡在同一张床上。在会面的短暂日子里，他每天都力图用友好的话语恢复两人之间的爱意。他给他们送了很多礼物。当他们要离开的时候，他禁不住流下泪水。

若教皇知道自己的努力都白费了，大概会流更多的泪。如果尤金更了解埃莉诺，他自一开始就能发现她心意已定，谁都劝不回来。然而随着时间的推移，她准备继续维持表面的样子，一直陪丈夫到罗马。元老院热情地接待了他们。在罗马，路易和往常一样去所有主要的圣殿匍匐。路易一行越过阿尔卑斯山，返回巴黎。又过了两年半，埃莉诺才终止这段婚姻，终结婚姻的理由是血亲结婚，而圣伯尔纳劝说尤金收回了之前的限制。离婚后的埃莉诺依旧很年轻，她那惊人的一生才刚开始。她将嫁给英格兰最伟大的国王，再生下两个最逊的国王。她将在半个世纪的时间里影响欧洲历史的进程。

巴黎人民高兴地欢迎了路易一行，他们甚至制作了"献给我们未被征服的国王"的勋章。在勋章的一面，国王站在一驾凯旋的战车上，他头顶是长着翅膀的胜利女神；另一面上则描绘了米安德河（Meander）畔死去的和被俘的突厥人。其他人都正视了现实，尽管他们经常将这次失败加以解释，或加以合理化。例如，教皇尤金将这次失败看作上帝降下的灾难，是世人需要吸取的一个短暂的教训。弗赖辛的奥托冷静地指出，这提供了一次得到殉道者冠冕的简单的机会。圣伯尔纳诚实地表达了他的所思所想，即便他不算十字军东征的发起者，也至少在其中起到了推动作用和激励作用。对他而言，这不只是一次简单的灾难或教训，而是一次神圣的审判，这场审判代表"一个不见底的深渊，只有有福之人才不会在深渊旁感到害怕"。[1]上帝在审判的时候，一如既往地执行了完美无瑕的正义；但在这一次，仅这一次，他将仁慈置于一旁。

在接下来疯狂地寻找替罪羊的时候，或许除了康拉德的手指，其他所有手指都不可避免地指向曼努埃尔·科穆宁。这是不公平的。任何军事行动的失败都只应由直接相关的人负责，也就是由制订计划和执行计划的人负责。在第二次十字军东征中，计划和执行都非常糟糕，而且从一开始就是个烂主意。如果一个外来势力的军队想在一片遥远的土地上维持下去，就必须取得当地人的支持，否则就待不了多久。如果它自己不能设法维持下去，尤其是用军事手段维持，那么它必定会失败。打算发动进攻之后，西方的领袖们犯了一个又一个错误。他们既没有协调好准备工作，

1　*De Consideratione*, II, i.

也没有协调好时间。他们不真诚，政治上又毫无能力，最后与他们最重要的盟友兵刃相向。他们抵达那里的人数量太少，也到得太晚。他们最初犹豫不决，后来受人误导，踏上一条错路，还缺少坚持到底的勇气。他们犹豫，他们撤退，他们失败。[1]

1　虽然不相关，我还是禁不住将第二次十字军东征的计划和 8 个世纪后的苏伊士运河行动相比较。

8

转折期

我们的心和几乎所有法国人的心，都为你和你对和平的爱而燃起奉献的火焰。由于希腊人和他们可憎的国王对我们的朝圣者犯下了卑鄙的、糟糕的、未曾听闻的背叛行径，所以我们的奉献之火燃烧得格外旺盛。起来吧！帮助上帝的子民去复仇吧！

——克吕尼修道院院长彼得致罗杰二世的信

这次十字军东征声名扫地。霍恩施陶芬·冯·康拉德和路易·卡佩的名誉受到打击，曼努埃尔·科穆宁受到指责，教皇尤金和圣伯尔纳一起背负了精神负担。在势力和重要性均处于第一梯队的欧洲王公里，只有西西里国王罗杰未受损害。此时有人号召马上发动第三次十字军东征，以洗刷前一次的耻辱，而罗杰成为他们关注的焦点。

局势之讽刺想必引得罗杰发笑。他能成为十字军战士不是因为性情或信念，所以能在最后的场合毫无顾忌地对那些头脑不清的西方人取得政治优势，而且他还准备再这么做一次。至于"海外"的基督徒的命运，他毫不关心：那是他们活该。他自己总是向着阿拉伯人。可是，黎凡特又在吸引他。他难道不是合法的安条克亲王吗？他甚至可能是合法的耶路撒冷国王。更重要的是，他必须在拜占庭的攻势中保护自己，而把十字军东征做到极致就是最好的保护，因为曼努埃尔此时不受欢迎的状态持续下去的话，罗杰就能很容易让任何一支新的十字军掉转枪头进攻曼努埃尔。

因此罗杰愿意接受西方复仇者的角色，准备塑造自己的新形象。此事颇为奇异。首先，这就是他去波坦察会见法国国王的原因。他在那里确保了路易的支持。和以前一样，他主要的难点在于康拉德。在康拉德讨厌他的几条重要理由中，现在又多了一条新的，这或许也是最强烈的一条：嫉妒。康拉德知道，自己的声望因十字军东征的失败而大受打击，而罗杰的声望却莫名其妙地高得离谱。从历史角度和神圣权利的角度讲，德意志皇帝才是西方基督教世界的剑和盾，无论他是否得到过加冕。罗杰近来攫取了帝国的特权，康德拉深感憎恨，这事像罗杰占领南意大利一般难以原谅。

圣伯尔纳试图改变康拉德的态度，却未见效。伯尔纳是法国人，对康拉德来说，法国人差不多像西西里人一样坏。更何况，上一次他抛下自己的良好判断却接受了伯尔纳的建议，那次痛苦回忆还历历在目。他也不会再听从克吕尼的彼得或枢机主教波尔托的提奥德万（Theodwine of Porto）的话，后者是教廷中最有影响力的声音之一。康拉德知道，所有这些劝他的教会人士都是偏激的反拜占庭派，尤其是明谷的圣伯尔纳。伯尔纳明显该担负十字军东征失败的责任，他急于尽可能地卸下自己所受的指责，并将其转移到东方皇帝身上。康拉德看透了他们。而且曼努埃尔是他的朋友，他相信曼努埃尔。更何况两人间还有亲密的姻亲关系，他无意去破坏。

罗杰没有显示出迫切想要和谈的迹象。相反，他开始与巴伐利亚伯爵韦尔夫策划新的阴谋。韦尔夫是"骄傲者"亨利的兄弟，坚定地与康拉德竞争皇位。韦尔夫参加完十字军，在回家的路上顺路拜访了巴勒莫，罗杰向他提供了一笔比之前更丰厚的资金，让他联合德意志的王公对抗霍恩施陶芬家族。新的联盟将是难对付的威胁，或许足够让康拉德在德意志地区忙很久。康拉德对意大利发动惩罚性远征的计划再次推迟，但是他迟早要与西西里国王算总账的意志却变得比以往更强了。

曼努埃尔在 1149 年末也过得不顺，甚至比年初还糟。夏末，科孚岛落入他手中，这可能是通过阴谋得到的，因为尼基塔斯告诉我们守军统帅后来为帝国效力。但是没等皇帝趁势渡过海峡进攻意大利，就传来塞尔维亚人发动叛乱的消息，而且附近的匈牙利王国为叛军提供了强力的军事支持。在这个时候，他又知道了另一件特别让他生气的事：在路易和埃莉诺遭袭击之后，安条克的乔治最近率领一支由 40 艘船组成的舰队驶往赫勒斯滂海峡和马尔马拉海，来到君士坦丁堡的城墙之下。西西里军队尝试登陆却未成功，然后向前航行至博斯普鲁斯海峡，在小亚细亚沿岸抢劫了一些富裕的庄园。离开之前，他们向皇宫无礼地发射了一些点燃的箭。

事实证明，罗杰占领科孚岛是一着有用的棋，尽管占领是暂时的。接下来巴尔干的叛乱正好再把曼努埃尔的入侵计划往后拖延了。回顾一下：这一系列事件是不是太巧了？有人怀疑，叛乱是不是西西里国王间接操纵的结果。编年史家们慎重地不加评论，也许他们自己也不太确定。不过，这很有可能是真的。罗杰的姐姐布西拉（Busilla）嫁给了匈牙利国王科洛曼，他自己也一直与匈牙利国王保持着密切友好的关系。如果我们的怀疑属实，那么1149年必定是他外交技巧的最高峰。罗杰面对的是中世纪时可能出现的最强大的军事联盟，即东西方帝国的军事联盟，在两个帝国同时存在的六个半世纪里，它们很少在军事上联合起来。两国本要全力合作，但是不出几个月，罗杰就让它们无法行动。这项功绩让他足以与他的叔叔罗贝尔相媲美——1084年，罗贝尔让自己面前的两个帝国的军队朝各自的方向退却了。但是，罗贝尔有3万人的部队撑腰，罗杰却没有动用一兵一卒。

还有另一个不同点：吉斯卡尔有教皇支持的优势；而对罗杰而言，教皇尤金的态度依旧不明朗。教皇当然不会忘记罗杰在南方直接与自己的国家相邻，这是常年戳在教皇肉体里的一根刺，不好拔，有时还很危险。另一方面，西西里国王现在表现得很友好。1149年初，他为与罗马公社对抗的尤金提供了军事和经济援助。尤金见局势持续恶化，知道自己无法指望远在东方的康拉德前来相助，于是接受了。就这样，一支由塞尔比的罗伯特率领的西西里军队帮助教皇当年年底返回拉特兰宫。自那时起，教皇依旧不信任罗杰的动机，却把罗杰看作有用的盟友，不会办没有借口就挑战他的蠢事。

因此，教皇动摇了。1150年夏初，他收到了一封来自西西里国王的书信，要求与他会面。他依旧举棋不定。罗杰的意图很明确。似乎对他而言，不久后他与两个帝国之间就会发生军事冲突。这可能是一次攻击行动，他想率领西方世界的军队发动一次新的"十字军东征"，对抗曼努埃尔·科穆宁所代表的异教徒。为了这个目的，他想找到大量盟友，至少首先要得到教皇的祝福。或者，他也有可能进行一些防守行动，他现在的拖延策略能拖住两个敌人，却不可能永远奏效。康拉德已经对韦尔夫家族取得了重大胜利，曼努埃尔也在恢复巴尔干的局势。或许不出一年，两位皇帝就能发动拖延已久的攻击，入侵罗杰的领地。这样的话，罗杰能信任的盟友就更少，教皇的支持就更有必要了。

切普拉诺小镇恰好位于西西里王国和教皇国的边境上，70年之前，正是在这座小镇里，格里高利七世体面地向罗贝尔·古斯卡尔授予了封地。或许是此事让罗杰获得了鼓励，因此在1150年7月，他前往切普拉诺会见尤金。现在他的首要目标和最重要的目标就是获得相似的授职仪式。为了达成目标，即让教皇正式承认他的最高统治权是合法的，他准备做出让步。没有什么能阻挡他获取西欧的领导权。他准备开出的合理价码有：西西里主教的任命权，准许教皇的使者进入西西里王国，甚至是世袭的派遣教皇使节的特权。

但是切普拉诺也见证过破裂的谈判。毕竟罗杰和教皇卢修斯的上一次不欢而散的谈判才过了6年，而双方都吸取了教训。罗杰接下来与卢修斯继任者的谈判也无法事先知道结果。教皇刚刚被迫再次离开罗马，如果罗杰打算继续让西西里军队提供帮助，或许能有效地吸引教皇。为了对抗这一点，返回德意志的康拉德招募军队，组织力量，想迅速洗刷近来的耻辱。他考虑及早开战，这样一来，尤金就不太可能确认罗杰的王位，因为那样康拉德的力量就会被削弱，教皇的地位就会陷入危险。

这一点得到了证实。康拉德或许已经对教皇施加了压力。科尔比修道院（Corbie Abbey）的院长维巴尔德的书信雪片般送往教皇处。维巴尔德曾被罗杰逐出卡西诺山修道院，罗杰是他不共戴天的敌人。而此时维巴尔德是康拉德最亲近的教会事务顾问。可能身处切普拉诺现场的索尔兹伯里的约翰告诉我们，罗杰做出了他所能做的让步，"但是他的祈祷和礼物均未见效"。

虽然约翰小心地指出国王和教皇分开时相对友好，但是获得承认的企图宣告失败，对罗杰而言肯定是一次残酷的打击。这只能说明尤金打算把筹码押在康拉德身上。这还意味着，罗杰只能放弃联合进攻曼努埃尔的计划。从切普拉诺会谈结束的那一刻起，罗杰就放弃了再对教皇的政策施加影响的企图，返回西西里，以准备应对接下来的暴风雨。

当他乘船驶往巴勒莫的时候，若他知道自己再也不会踏上意大利本土，或许会长舒一口气。

> 军营为他而哭，宫殿为他而泣，刀剑枪矛如女人一般为他而哀恸。衣衫被撕碎了，人们的心也因为伤悲而破碎了。勇者的武器已经坠地，英勇的灵魂被恐惧所攫获，能言善辩的人竟找不到合适的语言。

阿拉伯诗人阿布·艾道（Abu ed-Daw）在 1148 年 5 月 2 日为西西里国王的长子、普利亚公爵罗杰以上述话语表示哀悼。我们不知道罗杰去世的原因，他很有可能是在普利亚公爵领的北部边界附近遭到了伏击——他在此断断续续地作战多年。这是一个令人悲伤的损失。年轻的公爵——时年仅 30 岁——是一位符合奥特维尔家族老传统的人，是一个杰出的战士，也是一个能力超群的统治者，在战场上英勇无畏，对父亲绝对忠诚。在过去的 10 年里，罗杰国王越来越倾向于把大陆的事务交给他，让塞尔比的罗伯特从旁辅佐，或可能是从旁监视。罗杰公爵也证明了自己是配得上西西里王位的继承者。他去世了，这是罗杰送走的第 5 个孩子，埃尔薇拉送走的 6 个孩子。巴里亲王坦克雷德在接近 10 岁时也进入了坟墓。卡普阿亲王兼那不勒斯公爵阿方索在 1144 年去世，时年 20 多岁。另一个男孩亨利在还是婴儿的时候就去世了。唯一健在的儿子是四子威廉。他在罗杰公爵去世后继承了普利亚公爵领。1151 年的复活节，罗杰国王为他祝圣，巴勒莫大主教加冕他为西西里王国的共治者。

在中世纪，父亲健在的时候儿子受到加冕并不是很罕见的事情。这一做法在拜占庭是很正常的，拜占庭的做法继承自早些年的罗马帝国。在英格兰也有例证：威廉加冕的 20 年后，英格兰国王亨利二世为自己的长子加冕，其目的是确保王室血脉的延续，防止继承问题引发国内冲突。当时罗杰国王只有 55 岁，而他的父亲活到了 70 岁。同时代的编年史家从未暗示说他生病了，虽然他有可能已经感觉到将在 3 年后杀死他的疾病正在发作。也没有任何人反对国王唯一幸存的合法婚生子获得王位继承权一事。不过，罗杰似乎已经在关心自己死后的继承问题了，否则他不可能在丧妻 14 年之后又于 1149 年迎娶勃艮第的西比拉（Sibyl of Burgundy）。4 年后，西比拉在分娩时去世，罗杰又娶了第 3 个妻子。

无论他的理由是什么，罗杰都不能指望教皇收到威廉加冕的消息时会感到欣喜。按理说，罗杰是在自己权利范围内行事。巴勒莫大主教休最近提拔自卡普阿大主教之位，他已经被教皇授予了大披肩（Pallium），因此他可以"主持特定国家的主要城市，并且在教皇准许的情况下为它们的人民设立王公"。¹尤金从未暗示自己授权让大主教在缺少教皇支持的情况下为国王加冕，可是，其措辞被会错意了。正是尤金本人为罗杰提供了走这步棋的机会，他变得更气恼了。鉴于尤金甚至不愿给罗杰本人进行授职仪式，遑论他的儿子。所以罗杰想保证自己儿子的继承权的话，就没有别的选择了。在尤金看来，西西里王国是教皇的领地，未经他的许可，断不得进行任何处置。他的权威再次受到了公然藐视。正如索尔兹伯里的约翰所说："他对这个消息很不满，但由于他被邪恶所压制，所以无法抵抗。"

如果教皇从前不知道罗杰对什么最感兴趣，那么现在就知道了。教皇派两位特使去见康拉德，这两位特使不久就显示自己只是两个逗人发笑的人。²但是他们明确了一件事：准皇帝已经等不及想去意大利了。当他到意大利的时候，无论怀着什么意图，他都会一股脑地把教皇抛在身后。

1　John of Salisbury, *Historia Pontificalis*, chs. 33-4. 大披肩是一件用白色羊毛布制成的环状服饰，做大披肩用的羊毛于圣阿涅塞日取自在墙外圣阿涅塞教堂（Church of S. Agnese fouri le Mura）中两只得到祝福的羊羔。披肩上有6个黑色十字架。教皇身穿这种披肩，并根据大主教和都主教的请愿而授予他们，以使他们可以履行特殊的职能。

2　索尔兹伯里的约翰对教皇特使的描述值得在此引用："[圣苏珊娜的]约尔旦把他的加尔都西会作为他行卑鄙之事的借口。他向来厉行节俭，身穿肮脏破旧的衣服，言辞和行为也朴实无华。正如同性相吸，他曾任教皇大人的内侍。[圣切希里亚的，未来的对立教皇维克托四世]奥克塔维安，虽然更高贵，仪态更随和，处事更慷慨，却很骄傲自大，对德意志人阿谀奉承，试图赢得罗马人的支持——却从未成功。虽然教皇指示他们协同行动，但是不久他们就为谁更伟大而吵了起来……他们因为什么都能吵起来，不久后教会就因为他俩而沦为笑柄……所以，投诉他们的人挤满了教皇的宫廷，正如人从蜂箱中取蜜的时候旁边嗡嗡飞的蜜蜂。"

西西里王国的未来在 1152 年初看起来至为灰暗。霍恩施陶芬·冯·康拉德已经准备进军，恢复了国内秩序的曼努埃尔·科穆宁准备与他会合，威尼斯人再次宣布提供支持。长时间地犹豫之后，教皇也站在他们那边。与此同时，罗杰寄予厚望的反帝国联盟也分崩离析了。法国国王路易依旧在理论上是他的盟友，但是叙热在前一年去世一事已经夺去了他的自信，并且在很大程度上夺去了他的行动自由。此外，他眼下要与埃莉诺离婚，婚姻的事情完全占据了他的注意力，让他无暇他顾。两年前，韦尔夫和他的朋友们在弗洛希贝格（Flochberg）战败，再也不可能恢复过来。此时，匈牙利和塞尔维亚也不能为罗杰而战了。

但是就像几年之前第二次十字军东征把罗杰从相似的局势中拯救了出来，这时命运又干预了。1152 年 2 月 15 日，星期五，国王康拉德在班堡去世。他是自奥托大帝恢复帝国后第一位当选皇帝却没有在罗马加冕的德意志国王，这在一定程度上象征他的整个统治是失败的。"他拥有塞涅卡的辩才、帕里斯的长相、赫克托尔的英勇"，[1] 伟大的事业在等待他去完成，但是他没有完成宏愿就去世了，他的国家还处于分裂状态。他从未坐上皇位，只是一位悲伤的、不幸的国王而已。他葬于班堡主教座堂之中，他坟墓旁边是最近被封圣的皇帝亨利二世——这位很久以前的皇帝，早就发现诺曼人极为强大。

康拉德的同母异父兄弟弗赖辛的奥托告诉我们，在康拉德的

1　这段描述出自诗人兼编年史家维泰博的戈弗雷（Godfrey of Viterbo），这些描述或许比作者想的还要贴切。塞涅卡是尼禄皇帝的顾问和密友，最终落得自杀的下场。帕里斯是最终跟所爱走不到一起的情人。赫克托尔是个逃跑的英雄。

病榻前，一些或许来自萨莱诺医学院的意大利医生轻声提到了西西里的毒药。康拉德对罗杰而言是最危险的敌人，如果能及时除掉他，罗杰肯定很乐意去下毒。但是，没有理由怀疑罗杰与康拉德的死有关。康拉德当时 59 岁，一生过得很艰难。如果不是绝对有必要，中世纪的编年史家就不愿把君主的去世归结于自然死亡。康拉德在弥留之际还很清醒，他告诫继承王位的侄子、士瓦本公爵腓特烈，要继续他发动的对抗所谓的西西里国王的行动，直至将其捉拿法办。腓特烈答应了。在宫廷中普利亚流亡者的劝说下，他甚至想继续推行康拉德最初的计划，立刻前去进攻罗杰，并顺路戴上皇冠。然而，王位继承一如既往地出现了问题。不久，他就不得不无限期地推迟了行动。所以，在外国的军事行动上，康拉德的去世中止了德意志的行动，正如一年前叙热的去世削弱了路易七世一样。西西里又暂时得救了。

这两人的死亡仅仅是个开头。在接下来的两年里，几乎所有在前 10 年里掌控欧洲舞台的大人物都跟随康拉德和叙热进入了坟墓。1153 年 7 月 8 日，教皇尤金突然于蒂沃利去世，被埋葬在圣彼得教堂。虽然他算不上伟大的教皇，却没有辜负选举时很多人的信任，在教皇任上显示出坚定的性格。像他的很多前任一样，他不得不用金钱换取罗马人的支持。但他本人一直很清廉。他那温和、谦逊的处事方式为他赢得了真正的爱戴，赢得了无法用金钱买来的尊重。直到去世那一天，他的主教袍下还是西多会修士的粗布白衫。人们在他的葬礼上极为悲伤，用奥斯蒂亚主教休的话来说："人们愿意相信在世上享有如此荣耀的这位逝者在天堂掌权了。"[1]

---

1 他会在 7 个世纪后的 1872 年得到教皇庇护九世（Pius IX）的赞扬。

他去世的消息抵达明谷修道院的时候，伯尔纳也时日无多了。根据伯尔纳本人的记载，他此时经常疼痛，还不能食用坚硬的食物。他手脚已经浮肿了，根本不能入眠。他似乎到最后还保持着能力。8月20日星期四，上午9时，伯尔纳去世了，时年63岁。他是个很难评价的人。与他的同时代人相比，当今为他写传的人似乎毫不怀疑他的魅力，人们一个接一个地赞美他的谦逊、仁慈和通常的圣洁。如果把他们的评价限定在精神领域，那么这些赞美之辞无疑是正确的。但是在政治领域，圣伯尔纳的成就至少是有问题的。在历史中，教会人士经常能对国家事务起到有价值、有建设性的作用。但是这些教会人士也生活在这个世界上，也是能用冷静、客观的眼光来看待他们时代的重大事件的现实主义者。明谷的伯尔纳提供了一个很好的例子，说明条件不满足的时候容易事与愿违。他身上出现了相当罕见的现象：他是真正的神秘主义者和苦行者，却不得不干预政治。他的名声和强大的人格力量保证别人能听他说话，强大的修辞学天赋和说服力保证别人能听从他。

他的弱点是情绪化。他以狂热的眼光和非黑即白的眼光看待世界，想尽一切办法消灭黑的，不惜一切代价支持白的。他在书信等作品中很少用逻辑来讨论。他对政治更缺乏理解。这样的人被抬升到事实上拥有无限影响力和无限声望的位置，只能带来浩劫。圣伯尔纳对世界政治舞台的主要干涉经常带来灾难。他煽动洛泰尔二世进攻西西里的罗杰，那次进攻却以崩溃而结束，也只能如此结束。或许这也是老皇帝去世的原因。伯尔纳发动了第二次十字军东征，结果导致基督徒在中世纪蒙受了最深的耻辱。如果他还继续活着，即使他号召人们针对君士坦丁堡发动惩罚性远征，也毫不奇怪。事实上，他的表兄弟朗格勒主教戈弗雷已经在做这件事了。半个世纪后君士坦丁堡遭到攻击时，东方的基督教世界受到了毁灭性打击。

叙热、康拉德、伯尔纳，巨人们一个接一个地从舞台上消失了。差不多在此时，西西里的海军统帅安条克的乔治也走向死亡。必须承认，这位埃米尔中的埃米尔在这个故事中扮演的角色不算太清晰。在我们的故事中，他是年轻的冒险家，是艺术的赞助者——他留下了一座纪念自己的建筑，这座建筑是国家中最可爱的教堂之一。晚些时候，他又是充满勇气、威风凛凛的海盗。然而，作为海军将领的他，在20多年的时间里为罗杰的海军力量在地中海的崛起做出了重要的贡献，在这一点上，我们低估了他。这部分应归咎于西西里人在那个时代的记录。在同时代可靠的编年史中，只有一部记载了乔治一辈子的第二部分，那就是萨莱诺的罗穆亚尔德的记载。但是罗穆亚尔德更关注意大利本土的政治而不是海军事务，这也好理解。因此，我们不得不依赖阿拉伯的作者，他们为这位统帅的海上事业提供了细节详尽的报告，但是，他们也没有记载多少有关他本人的事情。

罗杰二世的北非帝国的唯一一位建筑师正是安条克的乔治。在为期10—15年的常规攻击和沿着海岸的小规模征服之后，乔治在1146年率军攻占了的黎波里，让他的主人得以控制远至突尼斯的整块沿海地区，这相应地成为罗杰的非洲政策的一个转折点。

夺取的黎波里之前，西西里王国对非洲的入侵或多或少地类似于海盗行为。夺取的黎波里之后，罗杰就能在非常坚实的基础上建立权威了。他建立权威的目的不是实现政治上的统治：罗杰非常现实，他不会因为某事有实现的可能或者很吸引人就将它定为目标。他感兴趣的只有从北非帝国获得的经济上的好处和战略上的好处，而这两种好处都相当大。他占领沿海的主要商业中心后，就可以除去中间商。国王派人运营商队，在往南行走的商队中取得了领先地位，实际上垄断了粮食等商品，不久之后，国王就能控制很大比例的通往非洲内陆的贸易。它在战略上的好处更容易看出来：它控制着西西里与突尼斯之间狭窄的海域，所以也就能控制中地中海。

在当地还握有权力的重要统治者只剩下一位：马赫迪耶的王公哈桑。23 年前，哈桑的军队在迪马斯城堡击溃了西西里海军，[1] 时年 14 岁的他被整个阿拉伯世界当作伊斯兰教的英雄。但是在那以后，他主动把罗杰视作自己的宗主，与罗杰签订了一份似乎对双方都有利的盟约。这一幸福状态本可能持续下去，但是在 1147 年，加贝斯的长官对哈桑发动叛乱，以继续担任当地长官为条件，将城市交给罗杰。罗杰接受了提议，哈桑自然表示反对。接下来双方关系破裂。1148 年夏，安条克的乔治率领 250 艘西西里战舰进攻马赫迪耶的港口。

哈桑知道城市无法长时间抵抗。他的国家正陷于饥荒，完全依赖西西里的谷物。马赫迪耶最多能坚持一个月。他把人民召集起来，说清了现状。想待在城里迎接西西里军队的人可以选择留下，其他人则要带着妻儿，带着能带的财物，自愿随他逃走。

当天下午的晚些时候，西西里舰队驶入港口。一些选择待在城里的居民未做抵抗。按照 12 世纪末的历史学家伊本·阿西尔的记载，乔治找到了状态如常的宫殿。哈桑把他王冠上的珠宝带走

---

1 《征服，1016—1130》，第 324—326 页。

了，却留下了满屋的财宝，还有大量后宫女眷。"乔治把装满财宝的房间封上，把所有女士都集中在城堡中"——她们此后的命运无从知晓。

乔治接下来的举措一如既往地堪称典范。在仅仅两个小时的劫掠之后——如果他不想面对军队哗变的话，这些最低限度的劫掠还是有必要的——马赫迪耶的秩序得到了恢复。当地市民被任命为城市长官和行政官员。乔治命军队不得冒犯宗教的敏感点。他还邀请所有避难在外的人都回来居住，甚至可以派驮畜去帮他们运送物品；避难者回来后，将得到食物和金钱。平时的人头税（geziab）依旧需要缴纳，但是税率很低。只有可怜的哈桑遭罪了，尽管不是在西西里军队的手里。他采用了坏主意，到堂兄弟那里避难，结果迅速被堂兄弟控制在远离海岸的小岛上，他因此在小岛上苦苦挨了4年。然而，他的臣民，包括斯法克斯（Sfax）和苏撒（Soussa）的居民，不久就在新主人的统治下安居乐业。因此，5个半世纪后的北非史家伊本·阿比-第纳尔（Ibn Abi-Dinar）写道：

> 这个安拉的敌人恢复了扎维拉（Zawila）[1]和马赫迪耶。他为商人提供甜头，做有利于穷人的事，将司法管理交给被居民接受的法官，在这些城市中建立了良好的秩序……罗杰在该地区的很大一部分地方都巩固了统治。他征税的方式温和而节制，他用手段安慰人心，以公正和人性来统治。

1　马赫迪耶的主要商业郊区。

安条克的乔治于伊斯兰历法的 546 年（公元 1151 年或 1152 年）去世时，伊本·阿西尔提到他"被各种疾病困扰，包括痔疮和结石"。乔治留下了 3 座纪念建筑：马尔托拉纳教堂；一座漂亮的七拱桥，架在奥雷托河上；非洲帝国。前两个至今还在。[1]第三个则持续了 10 多年，乔治在任时期是它的高峰。尽管存在时间短，但是乔治让它成了西西里王冠上最明亮的宝石。

老将军的工作完成了，他不久后就去世了。如果能多沽 3 年，他就可以拯救他的主人：国王的名声将遭遇最悲惨、最令人不解和——几乎可以确定——最不值得的玷污。

正如罗杰的出生，我们对他的去世也只有模糊的了解。我们几乎只知道去世的时间，也就是 1154 年 2 月 26 日。至于死因，伊本·阿西尔说是心绞痛。而雨果·法尔坎都斯（Hugo Falcandus）——也许是诺曼西西里所有编年史家中最伟大的一位——的史书从新国王即位的时候写起，他对国王的去世只说了一句有趣的话："他因大量活动而精疲力竭，因耽于肉体的欢愉而过早衰老，他所追求的东西超过了他的身体健康所能承受的限度。"他在人生的最后两年过得很平静。东西方帝国对王国的威胁得以避免，或至少是暂时地化解了。他那已经加冕的儿子威廉背起了一些国事的负担，即使没有背起全部。萨莱诺大主教罗穆亚尔德发现，在康拉德和尤金去世到罗杰本人去世之间的时间里，

---

1 奥雷托河如今已经改道，乔治的大桥下面现在只有附近的流浪者营地所堆成的垃圾山。但是，它依旧被称为"海军统帅桥"（Ponte dell' Ammiraglio）。1860 年 5 月 27 日，拿破仑三世军队与加里波第的千人军就是在这里第一次产生冲突。

没有什么好记载的。所以他回头描述国王的王宫。

> 他最爱土地与水，不愿与之相离，所以在一处名为法瓦拉（Favara）[1]的地方修建了大型的保护区，供鸟兽居住。此处遍布洞穴和沟谷。他还在这里的河湖里放养了来自各个地方的多种鱼类。他在法瓦拉附近又建了一座漂亮的宫殿。在巴勒莫周围，他还把一些山岗和林地用墙围起来，就这样建立了帕尔科（Parco）。帕尔科是个怡人的去处，各种树木林荫环绕，林间有很多鹿、山羊和野猪。他在这里也建了一座宫殿，地下铺有管道，直接引来甘甜清澈的山泉。就这样，睿智而谨慎的国王在这些宫殿里安度时光，视季节而变换住所。在冬季和大斋期，他会待在法瓦拉，因为那里有很多鱼。而在灼热的夏季，他会去帕尔科避暑，并通过一些狩猎活动放松被国事所累的身心。

至少，大主教的作品现存最早的版本就是如此记载的。但是在一些年代更晚的手抄本中，有人在最后两个句子之前塞入了一段很长的、灾难性的话，这段话的风格和主题都与罗穆亚尔德那田园牧歌的风格不相符。这段话讲了一则罗杰如何对待他的舰队统帅马赫迪耶的菲利普（Philip of Mahdia）的故事。这段故事不

1　该词来自阿拉伯语词语"bubeira"，意为"湖"。法瓦拉——也被称为马雷多尔切（Maredolce）——在我们今天是个让人难过的地方。当年围绕着它的大湖已经干涸了，当年宽阔的院子只留下一些痕迹而已：院子周围的东方风格的拱廊。东方风格正是当年官殿的主要特点。至于宫殿，只有当年属于礼拜堂的一部分还保留着——它正在柠檬树丛之间逐渐崩塌。

能让人开心，它所带来的问题要远多于它能回答的问题。但是在国王晚年王国内部状态的问题上，这条记载几乎是唯一的线索，因此我们有必要详细地考察它。我们必须尽可能地加以梳理。

简单地说，这段奇怪文字中的故事如下：

宦官马赫迪耶的菲利普接替安条克的乔治担任舰队统帅，他长期服务于王廷，是一层层提拔起来的，极受罗杰信任。他也是罗杰手下最有能力的大臣之　。1153 年夏，罗杰派他率舰队前往位于北非海岸的波尼（Bône）。波尼的统治者之前向罗杰求助，以抵挡西方的阿尔莫哈德王朝（Almohads）的入侵。菲利普毫不费力地占领了该城，并按照前任的方式对待它，然后返回巴勒莫。他在巴勒莫受到英雄般的欢迎，然后突然被投入了监狱，罪名是秘密拥抱伊斯兰教。他被传唤到国王跟前。起初他还坚称自己是清白的，却最终承认了罪行。国王做了一番催人泪下的演说，声称他愿意原谅他深爱的朋友针对他个人而犯下的罪行，但这是对上帝的冒犯，所以无法原谅。于是国王宣布，"伯爵们、司法官们、男爵们和法官们"，菲利普要被处死。犯人被绑在一匹烈马的蹄子上，被拖到王家广场。他在广场上被活活烧死。

记载中的事情明显不太可能发生，加上很明显它后来才被添加到罗穆亚尔德的手抄本中，我们几乎可以毫无顾忌地将它视为编造的故事而放在一边。罗杰与阿拉伯人一起长大，会说阿拉伯语。终其一生，他对阿拉伯人的信任甚至高于对诺曼人同胞的信任。中央政府中很多最高级别的官职都由穆斯林充任。陆军和海军都依赖撒拉逊人的力量。而阿拉伯商人保证了贸易的繁荣，阿拉伯官员控制着国库和造币厂。阿拉伯语是国家的官方语言。正如他的父亲拒绝参加第一次十字军东征一样，他也拒绝在第二次十字军东征中扮演活跃的角色。难道我们应该相信，他此时居然以宗教原因公开怀疑自己的海军统帅，想把国家带入或许再难痊愈的宗教冲突？

不幸的是，我们还不能忽略这则奇怪的故事，因为它还以一个略有不同的版本出现在两份独立的阿拉伯史料里：一份的作者是该世纪末的伊本·阿西尔，另一份的作者是大约200年后的伊本·赫勒敦。这两位历史学家都引述了关于菲利普命运的另一个解释：他被指控向受到尊重的波尼市民提供方便，允许这些市民在被捕之后带家眷离开该城。这个原因很明显比上一个更加可信。在罗穆亚尔德的笔下，菲利普在远征结束之后"带着胜利和荣誉"回返，而阿拉伯史料的版本和他的版本很不一样。后者还暗示菲利普因为某个政策而受到了惩罚，如前所述，这是罗杰在北非征服之后才施加的惩罚。但是伊本·阿西尔还说，牵涉此事的市民都是"品德高尚、富有学识的人"，这一事实让罗杰的行为更加费解，毕竟包括伊本·阿西尔在内的很多作者都提到阿拉伯知识分子是罗杰最宠爱的伙伴。

如果我们认为这个故事有一定事实作为依据，那么我们必须寻找其他的解释。需要提醒，菲利普不只是一个穆斯林而已，根据他的名字，他似乎是希腊裔。而他的绰号"马赫迪耶的"不能显示他的民族，正如他前任的绰号"安条克的"一样。他是一个背教者。尽管西西里王国实行宗教宽容政策，却不鼓励背教行为。比如说，我们知道罗杰伯爵的撒拉逊军团的成员被禁止接受天主教的洗礼，[1] 向其他派别改宗就更不受欢迎了。但是单独来看，仅

---

[1] 《征服，1016—1130》，第297—299页。

是一条改宗行为很难说明菲利普所遭受的恶毒待遇。但是它也暗示，罗杰可能在晚年像古往今来的许多统治者一样，陷入宗教迫害的狂热情绪，因此他才能做出这种残酷而不讲理的行为。有些现代人写的传记更彻底，甚至暗示罗杰向拉丁教士投降，据说他此时已经着手消除希腊人在王廷中的影响力。[1]但是这两种说法都忽略了一个事实：关于罗杰的阿拉伯著述有不少，几乎所有的都热情地证明国王在此事之后还是非常亲近穆斯林。我们只需看一个例子：艾德里西《罗杰之书》的前言。该前言上面的阿拉伯历法的日期相当于1154年1月中旬，也就是菲利普去世的数月之后，国王去世的数周之前。前言论及罗杰"以平等和公正来管理他的人民"。艾德里西又在后文谈及他"行为优美，情感崇高，眼光深邃，性格和蔼，态度公正"。对一个东方人来说，在描述他的这位国王朋友兼赞助人的时候，略做夸张是可以理解的。但是，一位虔诚的穆斯林几乎不可能在残暴的"宗教裁判"之后紧接着使用这样的语句。

结论似乎只剩下一个。如果菲利普确实因为以上给出的某个缘由而被处死，也只有可能是在国王丧失行动能力的时候。（我们可以忽略他人在罗杰不在的情况下处刑的可能性。一是因为这必定会留下记录，二是因为与此相关的人肯定不敢在缺少国王同意的情况下将他的主要大臣处死。）我们知道，就在两年半之前，还处于中年的罗杰就把儿子加冕为共治国王了。我们也知道，菲利普遭到审判的数月之后，罗杰就去世了。雨果·法尔坎都斯提及罗杰"过早衰老"，这或许可以支持我们的说法。国王可能已经患

---

1 Caspar，*Roger II und die Gründung der Normanisch-Sicilischen Monarchie.*

了一系列的中风或心脏疾病（伊本·阿西尔提到了心绞痛），一些流言（均不会比雨果更恶毒）将这些疾病归因于罗杰的放纵生活。无论如何，似乎他身体和精神的状态都在衰退，并可能最终导致他无法参与国事。

如果接受这个说法，马赫迪耶的菲利普的悲剧就变得可信了。这里还有一个问题：为何篡改罗穆亚尔德史书的那个人要煞费苦心地把罗杰本人也牵涉其中呢？值得注意的是，此人笔下的故事没有批评罗杰本人，他似乎写作于 12 世纪末。我们将会谈到，在那时，[1] 罗马教会甚至西西里王国的统治者都想将罗杰塑造成天主教信仰的坚定捍卫者，而不是宗教宽容的开明君主。两位阿拉伯作者或许只是在附和他们而已。

而且伊本·阿西尔的记载自相矛盾，这也显示他的记载缺乏可信度。在其他地方，伊本·阿西尔描述的罗杰很不一样。他描述了国王引入西西里宫廷礼仪的一些阿拉伯的创新之处后，总结说："罗杰以体面和尊重对待阿拉伯人。他友善地对待他们，总是保护他们，甚至为此不惜对抗法兰克人。因此阿拉伯人也知恩图报。"这是这位国王在阿拉伯史家那里获得的最高赞美，而伊本·阿西尔对罗杰的最终评价也正是这些话。

国王罗杰被埋葬在巴勒莫主教座堂。早在 9 年之前，他已经在自己建造的切法卢主教座堂中备好了一个大型的斑岩棺。但就在这 9 年的时间里，很多东西都已经改变了。巴勒莫已经成为一

1　U. 伊庇凡尼奥（Epifanio）的文章（见参考文献）已出版 60 多年，依旧是关于该事件最全面、最详细的研究。他犹犹豫豫地将这段插入文字的年代放在大约半个世纪之后。

个都主教的教区，而切法卢只是主教的教区——更糟的是，它还是对立教皇阿纳克莱图斯设立的教区。在很多人尤其是罗马教廷的心中，切法卢一直象征着罗杰长期拒绝教皇要求的行为，象征着罗杰在自己国家做主的决心。因此，切法卢依旧没有得到罗马教廷的承认。[1] 在接下来的很多年里，切法卢的教士将会愤慨地宣称，巴勒莫只是被选作国王临时的安息之所，宣称威廉早就保证，一旦切法卢主教座堂的地位得到认可，就把他父亲的遗体交给他们照顾。无论威廉是否做过这个承诺，这个承诺都没有得到遵守。罗杰去世之后，石棺空置了 60 年，然后被运往巴勒莫，在巴勒莫用于盛放他那位杰出的外孙——皇帝腓特烈二世（Frederick Ⅱ）的遗体。[2]

　　同时，一座同样用斑岩建造的新墓在巴勒莫为故去的国王准备完毕。这座坟墓所在的主教座堂已经在几百年里经过了数次灾难性的重建，但是坟墓还在原地，即南面的侧廊处，坟墓周围是他的女儿、女婿和外孙的墓。他的坟墓在这 4 座坟墓里面最朴素，其结构很简单，有三角形的山墙状结构，唯一的装饰是用白色大理石制成的一对孪生子，这对孪生子模样年轻，采取跪姿，肩扛石棺的其他部分。坟墓上方有可爱的古典式的顶盖，顶盖上闪烁着哥斯马特式（Cosmatesque）马赛克镶嵌画，该画可能修建于之后的几个世纪。他的墓葬被打开过不止一次，当时墓中罗杰的遗体依旧身着王家的斗篷和袍子，头戴有珍珠垂饰的三重冕——与

1　直到 1166 年，教皇亚历山大三世（Alexander Ⅲ）才正式为切法卢主教博索（Boso）祝圣。而且在此之后，切法卢主教也只是墨西拿大主教下面的副主教。

2　见本书第 419—420 页。

马尔托拉纳教堂中马赛克肖像画上的一样。这是国王最后对拜占庭的姿态：他厌恶这个帝国，却借用了它君主制的概念。

君主制，正是罗杰留给西西里王国的最重要礼物。他从父亲手里继承了一个国家，而把一个王国传给儿子。这个王国不仅包括西西里岛和大片土地无人居住的卡拉布里亚，还包括特龙托河口至加里利亚诺河口一线东南方的整个意大利半岛，也就是诺曼人征服的所有南意大利的土地。还有海中的马耳他岛和戈佐岛（Gozo），还有大海那边，波尼和的黎波里之间的北非沿海及内陆。罗杰宝剑上的铭文是："普利亚人、卡拉布里亚人、西西里人以及非洲人，均要遵从我的意志"。[1] 这不只是在玩弄文辞而已。

但是罗杰的成就不能够仅仅用领土来衡量。没有人比他更清楚，如果西西里王国想作为欧洲的强国而存续下去，就必定不能只是一个由许多族群、语言和宗教的人群结合起来的共同体而已，而要有所发展。在繁荣和成功的流行氛围中，这些社群已经以惊人的协调进行合作，但是谁能保证他们在危机中也会保持团结呢？事实已经证明，诺曼男爵的忠诚靠不住。那么其他人呢？比如，如果西西里岛不得不面对拜占庭帝国的全面入侵，那么希腊人社群会保持忠诚吗？如果阿尔莫哈德王朝以伊斯兰教的名义在北非发动反攻，再向西西里岛攻击，那么叙拉古、阿格里真托以及卡塔尼亚的穆斯林会不会坚决抵抗呢？

除非他能让每个公民都把自己首先看作国王的臣民，否则这些危险都可能成真。这项教化和巩固的工作只会是一个缓慢、微妙的过程，需要付出几代人的努力。但是罗杰终生都致力于此。

---

1 Radulph Diceto, *Opuscula*, vol.II, p. 276.

在诺曼西西里国家的第一阶段，他的父亲致力于整合各种因素，调和先前的敌意，以形成一个相互协调、相互依赖的系统。而罗杰二世又为臣民提供了一项荣耀——对一个伟大繁荣的国家的归属感，而将这一工作向前推进了一大步。而在国家的伟大之处里，君主制必定是一个鲜活可见的象征。国家里有这么多的法律和语言，这么多的宗教和习俗，所以需要一个强有力的中央政府站在足够高的地方掌控全局。正是基于这个考虑，加上他天生喜爱宏伟壮丽，有东方式的头脑，所以他在自己周围营造了神秘的辉煌气氛，让其他西方君主相形见绌。

在他这里，这种辉煌不止会用于一种目的。黄金和珠宝，宫殿与花园，闪闪发亮的镶嵌画和华丽的织锦，还有仪式中他头顶上的巨大丝绸华盖（一种借自法蒂玛王朝的做法），所有一切都为了一个具体的意图而服务：美化罗杰本人，而且是美化他作为国王而应有的完美状态。他那个时代的统治者很少如此奢靡，除他之外更无人能意识到金钱的价值。泰莱塞的亚历山大记载，罗杰会亲自检查国库的账目，在没有细致记载花销的情况下绝不花钱，对待自己的债务一丝不苟，宛如对待自己的收藏品。他热爱奢侈，如同所有东方的君主——无怪乎西西里阿拉伯人中最伟大的一位米歇尔·阿马里（Michele Amari）称他为"受洗的苏丹"——但是他的诺曼血液使他远离奢侈带来的慵懒。若说他享受——他完全有权享受——国王权力带来的乐趣，那么他绝不逃避责任。正因如此，他的朋友艾德里西才在谈到国王的精力时语带敬畏地说："他在睡眠中完成的事，多于别人醒着的时候所做的事。"

他去世时只有 58 岁。如果再活 15 年，他如此费力地去创造的民族认同可能就会在国家中形成。如果他新娶的那位年轻的王后能为他诞下一个儿子，奥特维尔王朝就不会在这个世纪灭亡，整个南欧的历史都会发生改变。这样的推测虽然有意思，却没有任何意义。再多给几年，诺曼西西里会通过一系列重要的军事胜利和外交胜利，增强它从伦敦到君士坦丁堡的影响力和声望。又会有两位皇帝对他表示谦卑，又会有一位教皇跪在他的脚边。再多给几年，巴勒莫宫廷文化的辉煌将继续闪耀，继续在欧洲无人能比。但是国家内部的纽带已经显示出衰败的迹象。而且在"坏人"威廉（William the Bad，即威廉一世）即位之后，王国虽然还处于黄金时代，却已经踏上了最后的衰亡之路。

第三部分

拉长的影子

9

新一代

> 国王威廉……外表英俊，仪态威严，身体发福，身材高大，对荣誉傲慢而贪婪。他是一位陆地和大海的征服者。在王国之内，比起喜爱，人们更惧怕他。虽然他挖空心思地想获得财富，分配财富的时候却略显勉强。忠于他的人会得到提拔，得到财富和荣耀；背叛他的人则会遭到折磨，或者被逐出王国。他恪守规定地参加宗教法庭，对所有教会人士都极为尊重。
>
> ——萨莱诺主教罗穆亚尔德

通过独特的绰号和孤零零的罗马数字区分在位君主的做法，从未在英格兰真正地流行过。"无备者""忏悔者""征服者"和"狮心王"是英国历史中仅有的 4 个不会被张冠李戴的国王绰号。然而，在中世纪以及中世纪之后的欧洲，还有过一批"醉酒者""口吃者""魔鬼""哲学家""航海家""捕鸟者"，有一些"英俊者""秃头""争论者""残酷者""殷勤者""糊涂者""胖子"。也许其中最有趣的是拜占庭皇帝罗曼努斯一世（Romanus Ⅰ）的父亲（尽管他未被加冕），他一般被同时代的人称为"难以忍受者"塞奥菲拉克特（Theophylact the Unbearable）。然而，在这群歪歪扭扭、痴痴傻傻、摇摇摆摆的人组成的游行队伍中，只有两人的身上永远贴着最不体面的标签——"坏人"。这两人一个是纳瓦尔（Navarre）国王查理二世（Charles Ⅱ），另一个则是西西里国王威廉一世。

不能说新国王完全配得上这个恶名。他在去世约 200 年后才得到这个绰号，这主要是由于他没能克服两桩不幸的事。一是他完全比不上其父，二是他统治时期的主要编年史家抓住一切机会诋毁他。尽管《西西里王国史》（*Historia de Regno Sicilie*）作者的真正身份依旧是西西里王国历史中最难解的谜团之一，但是不在本书的讨论范围之内。[1] 我们只知道他叫作雨果·法尔坎都斯，但是几乎可以确定这不是他的本名，实际上 4 个世纪之后才有人这么称呼他。他是一位复杂而又优雅的作者，所以最权威的爱德华·吉本才会说："他的叙述简练明了，他的文风大胆而有说服力，他的观察很敏锐。他研究人类，研究人的感觉。"但是，他缺少两种美德：作为个人，他缺少宽容；作为史家，他缺少精确度。他笔下一页页都是恐怖的阴谋、反阴谋、诡计、刺杀和毒杀，比起这些故事，波吉亚家族（House of Borgia）的历史读起来都像是教人向善的道德训诫故事。雨果认为魔鬼无处不在，几乎把所有的行动都归结为某些阴险的动机，他笔下的人物几乎都是恶人。但是，其中被写得最邪恶的是国王威廉。

记载中威廉的形象也不佳。除了钱币上的肖像，没有同时代的肖像流传下来。但是当时一部修士的编年史[2]说他是一个巨人，

1　见参考文献部分的主要史料的说明。

2　*Chronica S. Mariae de Ferraria*. 这是另一部谜一样的作品，根据间接性的推断，它可能出自法尔坎都斯那本史书的作者之手。见 Evelyn Jamison, *Admiral Eugenius of Sicily*, pp.278-297.

"浓密的黑胡须让他显得野蛮而恐怖，使人们非常恐惧"。他力大无穷，可以徒手拉开两个钉在一起的马蹄铁。我们得知有一次过桥的时候，一匹驮满东西的马被绊倒，而国王没借助别人的协助，自己就把马扶了起来。这样的特点肯定在战场上对他有利，他可以在战场上展示不败的勇气，而且按照当时的陈词滥调，他总是出现在战况最激烈的地方。但是这些特征不会增加他的受欢迎程度。

即便在肉体和军事天资上超过其父亲，威廉在政治能力上却远不如他。正如之前所有奥特维尔家族的人，罗杰二世一直对工作抱有很大兴趣。在任何时间，他都可以腾出手来去处理任何政务。他的儿子却完全相反。威廉出生时，他和王位之间还有3位兄长，威廉几乎没有在早年接受过政治和政府管理的训练，而需要肩负重要责任的公爵罗杰、坦克雷德和阿方索在青少年时代就接受过了。当兄长们英年早逝，30岁的他被推向王位时，他毫无准备。他懒散而耽于享乐，喜欢跟养在宫廷里的智士探讨艺术和科学，在宫殿里和后宫的女人们调情。按照一位旅行家的说法，这些宫殿像项链一样环绕着巴勒莫，它们是：法瓦拉和帕尔科，暂时在夏天待的米姆涅尔莫[1]（Mimnermo），后来威廉自己新修的豪华宫殿齐萨（Zisa）。而罗杰二世只会将一小部分休息时间花在这上面。他比父亲更像东方人，"东方"已深入他的骨髓。他在年轻的时候迎娶了纳瓦尔国王加西亚四世·拉米雷斯（Garcia IV

1　至少这个名字出现在法尔坎都斯著作的早期版本中。不过，这可能是米内尼乌姆（Minenium）的误写。米内尼乌姆源自阿拉伯语的"Al-Menani"。这座建筑的遗存现在被称为乌斯奇贝内宫（Palazzo dell'Uscibene），位于今天的阿尔塔雷洛（Altarello）村。它最初的结构或许能追溯到撒拉逊人统治时期，但是现在灰泥中的贝壳装饰肯定是在比较晚近的时候添加上去的。

Ramirez）的女儿玛格丽特（Margaret）。即位之后，他似乎对妻子或者妻子为他生的 4 个儿子都不感兴趣。他活得更像苏丹，而不是国王。他的性格是感性和宿命论的结合，也就是许多东方统治者的性格。如果能避免，他就从不做决定；如果某个问题有一丝自行解决的可能，他就不会去处理。但是一旦他受到刺激，采取行动，就会以惊人的精力去完成目标——夏朗东略显刻薄地说，这是为了尽快回到平常的享乐生活中去。

和父亲不同，威廉乐于将王国的日常事务交给大臣处理，这些臣僚几乎都是中产阶级的专业办事员和政府官员，他们的地位和升迁皆由国王一人控制，所以他们的忠诚毋庸置疑。他甚至尽量不插手他们的选举活动，只是简单地承认了父亲统治时期主要公职人员的等级和职位，仅有两个例外。

其中第一个是英格兰人托马斯·布朗（Thomas Brown）。他的父亲或叔叔叫威廉·布朗（William Brown）或者勒布兰（Le Brun），曾效力于国王亨利一世。当时还是孩童的托马斯于 1130 年左右抵达西西里，他或许是作为随从跟随塞尔比的罗伯特而来。我们第一次听说他是在 1137 年，从那时起，他的名字频繁出现在流传至今的官方文件中。[1] 罗杰二世统治时期，托马斯似乎一直受到国王的信任和喜爱。我们有理由相信，正是他在 1140 年绘出了

1　他出现在拉丁语、希腊语和阿拉伯语的档案中，这体现了托马斯的重要性，也体现了西西里王国的政府使用多种语言的特征。1137 年，罗杰二世为韦尔吉内山（Monte Vergine）的修士颁发特许状时，就说 "per manum magistri Thome capellani regis"。6 年后，一次边界冲突中就有一位判决者被称为 "μάστρο Θωμᾶ τοῦ Βρόυνου"。1149 年，他又以宰德布兰（Caïd Brun）的名号出现在名为奥斯曼（Othman）的大臣属下的文书官之列。

王宫礼拜堂的建设草图。但是在威廉即位后，因为某些不甚清楚的不愉快，他失去了高位，返回英格兰，在英格兰成为亨利二世国王的施赈官（Almoner）。[1]

虽然我们无法确定，但更有可能的情况是，托马斯突然离开西西里不是因为国王的缘故，而是新任埃米尔中的埃米尔——巴里的马约（Maio of Bari）的缘故。马约的升迁是威廉对他的顾问队伍所做的（除了托马斯的离开）唯一重要的改变，也是他整个统治时期最为致命的举措之一。这毫不奇怪。马约已为王室服务了至少10年，已经达到了首相的级别，所以威廉选他代替不幸的马赫迪耶的菲利普，担任王国的最高行政职位。马约的父亲是一位来自巴里的成功的橄榄油商人和廷臣，而马约在年轻的时候接受了完整的古典教育，能够在高雅的宫廷文人环境中立足。此外，他还是一位眼光敏锐的赞助人，赞助艺术和科学事业。甚至有一篇他自己的作品流传下来：《论主的祈祷》（"Exposition of Lord's Prayer"）。即便这部个人作品不算杰出，他至少学习过经院哲学和早期教父的作品，拥有令人艳羡的基础。但是马约首先是一位政治家，在新王在位的前6年制定政策的人是他而不是他的主人。他施行自己认为公平的政策之时，严厉、冷酷而坚定。他从不害怕受到他人讨厌，尽管他确实有时试图赢得他人的喜爱。所以，尽管雨果·法尔坎都斯等人严厉地批评他，但他的政治嗅觉无疑是敏锐的。在他眼里，威廉能在王位上坐上几个月就已经算很幸运了。

现在国内已度过10年的和平时期，但是还有很多男爵没有和

---

1 *Dialogus de Scaccario*, Stubbs, *Select Charters*, Oxford, 1870.

西西里王国和解，尤其是普利亚的。罗杰残酷镇压叛乱的记忆开始消散。其他人将筹码押在罗杰身上，前往首都，希望获得权力或得到青睐时，他们感到失望。罗杰终其一生都不信任诺曼同胞。那些半文盲的诺曼男爵傲慢自大，追逐名利，只会说他们自己的语言，其素质无望帮他们在高度中央集权的政府中谋得肩负责任的职位。他们作为封臣的记录过于恶劣，所以他们无法在西西里岛得到任何大型封地。因此，当希腊人、意大利人和撒拉逊人这些出身卑微，其族群也在他们眼中逊于诺曼人的人升迁到显赫的高位时，这些诺曼男爵只能眼巴巴地看着。他们一边看，一边在心里燃起不满的火焰。经过多年的斗争，罗杰最终赢得了他们不情愿的尊重。但是，既然罗杰的铁腕已经不在了，那么麻烦可能也就不远了。威廉和马约都对此心知肚明。

　　然而，心知肚明不等于缴械投降。马约受过罗杰的训练，没人比他更清楚西西里政府的任何一部分落到封建贵族手里将产生什么后果。他一如既往地无情，将他们排除在外，而找来阶层和背景都与他自己相似的人，也就是找成功而专业的中产阶级，其中既有阿拉伯人也有意大利人。似乎他不太愿意将希腊人安排到握有大权的职位上。他是意大利人，但他的家乡巴里却是希腊人口占多数的城市，所以他可能从小就对希腊人抱有偏见。但是在西西里，希腊人的影响力正在减弱。马约自己坐上的高位，之前都是留给希腊人的，这件事就能说明问题。而且这不可能在巴勒莫的希腊人中增加他的受欢迎程度。此外，西西里王国同拜占庭帝国的关系进一步恶化。在这种环境下，首相无疑会倾向于其他人群。

　　与此同时，有能力的人不断从西欧移居西西里，拉丁教会的力量也随之增长。不仅诺曼贵族屈从于巴勒莫的巨大吸引力，诺曼教士也是如此。威廉即位之时，绝大部分西西里的主教，以及大量在意大利本土担任主教的人，都半永久地定居于巴勒莫。这一无故缺席的行为后来愈演愈烈，甚至需要教皇干预。但是在此时，还没有几个人讨论这一行为，而马约将教会看作对抗男爵的主要帮手，所以加以鼓励。所以一批有能力的教士到了巴勒莫，其中有两位英格兰人将在西西里王国的事务中起到至关重要的作用：叙拉古当选主教（Bishop-elect）理查德·帕尔默（Richard Palmer），前切法卢总执事长、后来的巴勒莫大主教米尔的沃尔特（Walter of the Mill）。但是，这会导致教士团体在西西里政治实体中的影响力日渐增长，他们必定会给王国造成伤害。究其本质，这个团体不会容忍东正教和伊斯兰教，不会容忍王国赖以建立的宽容体系。马赫迪耶的菲利普遭到迫害的时候，宽容的体系已经受到了第一次具有破坏性的打击。在接下来的几年里，进一步的打击也紧随而至，直到诺曼西西里的政治基础和哲学基础发生动摇，最后彻底崩溃。

因此，当"坏人"威廉在1154年4月4日复活节这天被大主教休第二次加冕的时候，在场群臣的正式欢呼拥护声或许是震耳欲聋的。但在此刻，他至少可以部分控制心怀不满的封臣。王国面临的直接危险并非来自他们，而是来自3个宿敌：西方帝国、拜占庭帝国以及教皇国。威廉是不幸的，在他的统治时期，还有两位能力卓著的皇帝统治帝国，有12世纪最伟大的两位教皇统治教皇国。但威廉又是幸运的，他的敌人联合起来的话他就无法抵挡，但是他们之间的互不信任多于对威廉的担忧和憎恨。

他们有充分理由互不信任。腓特烈·巴巴罗萨当时还很年轻，仅有 32 岁，在当时德意志人的眼中，他是条顿骑士的个中翘楚。他身材高大，肩膀宽阔，长相不英俊，却非常迷人，在他红棕色的、厚厚的头发下，一双眼睛闪闪发亮。按照一位非常了解他的编年史家[1]的记载，他似乎总是在微笑。但是在随和的表面之下，他有着坚强的意志，完全会为了一个目标而献身。他在致教皇的书信中简洁地说："我的愿望就是恢复罗马帝国过去的伟大和辉煌。"这个构想没有任何妥协余地，更消除了任何与君士坦丁堡结盟的可能性。自 1148 年起，曼努埃尔·科穆宁就毫不遮掩地把南意大利看作拜占庭的领土。康拉德知道自己非常需要曼努埃尔的友谊，已经做好了划分领土的准备，并在去世时恳求自己的侄子执行同样的政策。但是年轻的巴巴罗萨却不认同康拉德的主意。即位不到一年，他与教皇在康斯坦茨签署了一份协议，按照该协议，不得允许拜占庭分割意大利的领土。如果拜占庭皇帝试图用武力得到，就会被武力赶走。两个帝国之间短暂的蜜月期结束了。

对曼努埃尔而言，康拉德的去世不只是意味着失去了一位朋友和一位盟友。因为他即将打响一场大型战役，意图为君士坦丁堡收复丢失已久的意大利行省，所以康拉德之死也代表着一次严重的政治倒退，腓特烈的行为不久就会展示这次倒退究竟有多严重。虽然曼努埃尔很快发现他不能再期望西方帝国提供任何援助，却不了解《康斯坦茨条约》的准确条款，认为还有分割意大利的可能性。唯有一件事非常明显：若他想夺回什么，就要用武力去

1　即洛迪（Lodi）的市政官阿西布斯·莫雷纳（Acerbus Morena），他和其父奥托属于北意大利的第一批不属于教士的历史学家。

取。德意志军队很有可能进攻威廉的西西里王国，如果此事成真，最好能有强大的拜占庭军队在场，以维护其合法权益；如果此事未成真，他就打算自己采取行动。所以，西西里王国的使者于1154年初夏来见他，想以归还所有希腊战俘以及所有安条克的乔治在底比斯远征中掠走的东西为条件，与曼努埃尔讲和，却被他全部拒绝了。新国王提出这样的建议，只表明他害怕帝国入侵；如果他害怕入侵，就说明他很弱小；如果他很弱小，就说明他会被打败。

分裂了两个帝国的相互猜疑，以及他们对西西里王国的共同厌恶，均完全被教皇所享有。尤金的下一任教皇阿纳斯塔修斯四世（Anastasius Ⅳ）是一个年老而无能的人，主要关心的事是自己的荣耀。他的在位时间很短，在1154年最后几天，他的遗体被安置在之前为皇后海伦娜准备的巨大斑岩石棺之中。数月之前，该石棺按照他的命令被搬到阿拉科埃利（Ara Coeli）的一座简朴的坟墓里。[1] 他的继任者是一个才干非常不同的人：阿德里安四世（Adrian Ⅳ），也就是唯一坐上教皇之位的英格兰人。

尼古拉斯·布雷克斯皮尔（Nicholas Breakspear）大约于1115年出生于赫特福德郡（Hertfordshire）的阿博斯-朗格里村（Abbot's Langley），当时这座村庄附属于圣奥尔本斯修道院（St Albans Monastery）。他还是学生的时候，就移居到法国，后来在阿尔勒（Arles）附近的圣鲁弗斯修道院（St Rufus Monastery）短暂地出任院长，在院长任上不算很成功。然后他前往罗马。因为出众的口才、能力和外表，他不久就获得了教皇尤金的关注。他

1　这座石棺现在位于梵蒂冈博物馆的希腊十字厅（Sala a Croce Greca）中。然而，海伦娜的遗体已经无迹可寻了。

很幸运，教皇是一位坚定的亲英派。教皇曾告诉索尔兹伯里的约翰，他发现无论给英格兰人指派什么任务，他们都能出色地完成，所以他喜欢他们胜过其他族群。但他又补充说，英格兰人行为轻佻的时候除外。不过，似乎尼古拉斯的品质里没有轻佻这一项。早在 1152 年初，他作为教皇使节被派往挪威，去重新组织整个斯堪的纳维亚的教会。两年后返回罗马的时候，他出色地完成了任务，所以在阿纳斯塔修斯于当年 12 月去世后，这位有魄力、精力充沛的英格兰人被一致推选为继任者。

这是一个明智的人选，因为教皇国此时急需他的能力和力量。阿德里安即位之时，腓特烈·巴巴罗萨就已经越过阿尔卑斯山，开始了他的第一次意大利战争。他一旦抵达罗马，肯定会要求教皇为他加冕。纵使他能得到教皇的加冕，教皇也几乎不会把他当作盟友来信任。鉴于腓特烈的绝对君主制的观念，教廷的担忧只会与日俱增。另外，东方的拜占庭帝国也有发动入侵的危险。在南方，威廉一世的西西里王国或许正在经历一个关键的阶段，但是它的外表还是一如既往的强大和繁荣。最糟糕的是罗马城的局势。因为尤金和阿纳斯塔修斯处事温和，所以元老院越发傲慢。同时，元老院的地位得到了进一步巩固。而有一位伦巴第修士在过去的 10 年中娴熟地提升了自己的影响力，他此时已经在事实上成了罗马城的主人，他的学说极大地削弱了教皇的精神权威。

这位修士就是布雷西亚的阿诺德（Arnold of Brescia）。他在年轻的时候曾求学于巴黎的学校，他的老师可能是巴黎圣母院的阿伯拉尔（Abelard）。在巴黎，他彻底服膺于新的经院哲学的原理，这种原理远离老式的神秘主义路径，更接近一种逻辑、理性的探询精神。对中世纪的教皇国而言，这种激进的观念颇具颠覆性。但是阿诺德把这种观念与一种更不受欢迎的特征，即对教会握有世俗权力的极度厌恶相结合。对他而言，国家必须享有至高权力，基于古代罗马法的公民法必须高于教会法。在他看来，教皇应该洗去世俗的浮华，宣布放弃权力和特权，回归早期教父的清贫和简朴。只有这样，教会才能与羊群中的普罗大众重建联系。索尔兹伯里的约翰记载道：

> 阿诺德经常出现在卡庇托山和各种人民的集会中，到场演说。他公开谴责枢机主教们，认为被荣耀、贪婪、伪善、耻辱所困扰的枢机主教团不是上帝的教会，而是做买卖的房子，是贼人的巢穴，其中有头有脸的人只不过是基督徒中的抄书吏或者法利赛人而已。甚至教皇本人也名不副实，他不是传至宗徒的灵魂牧羊人，而是通过火与剑获得权威的嗜杀者，折磨各个教堂，压迫无辜的人。他们行动的唯一目的就是满足自己的欲望，就是搬空别人的钱箱，填满自己的金库……罗马是帝国宝座的所在地，是自由的源泉，是世界的主人，想将枷锁套在罗马头上的人是不可原谅的。[1]

教皇自然会做出反击。他也自然利用明谷修道院院长作为先锋，按照后者无可置疑、无可撼动的信念，阿诺德的观点称得上恶毒。结果，早在1140年的桑斯会议（Council of Sens）上，阿诺德就与他的老主人阿伯拉尔在会上遭到谴责，被赶出法国。然而，他在1146年回到罗马。罗马元老院被他炙热的虔诚所感染，

1　John of Salisbury, *Historia Pontificalis*.

认为元老院对共和的追求也体现在他的精神中，于是敞开怀抱欢迎他。

另一名苦行主义者——尤金三世教皇或许暗中同情阿诺德，允许他回到罗马。被夏朗东描述为"热爱和平、性格温和的老人"的阿纳斯塔修斯，对阿诺德的大声吼叫充耳不闻。但是阿德里安的做法就完全不一样了。他即位的时候，发现自己被阿诺德的支持者限制在圣彼得教堂和利奥城之内，他开始的做法只是命令煽动者离开罗马而已。不出所料，阿诺德不仅没有理睬，还允许他的追随者发动进攻。受人崇敬的圣普登奇亚纳教堂（Church of S. Pudenziana）的枢机主教圭多（Guido）从圣道（Via Sacra）返回梵蒂冈的时候受到攻击，因此负伤。教皇打出了王牌。在基督教世界的历史上，罗马城第一次受到禁行圣事令。

这个行动需要莫大的勇气。这位仅仅做了几周教皇的外国人，对这座城市以及城中日益排外的居民几乎一无所知，而且几乎得不到民众的支持，竟然凭一纸法令，将罗马城内大大小小的教堂悉数关闭。在此禁令之下，仅有新生儿的洗礼和临终者的赦罪可以进行，其余的仪式和圣事一概不得进行。没有弥撒，没有婚礼，死去的人也不能下葬到祝圣过的坟墓里。在中世纪，宗教还是每个人生活不可或缺的一部分，这种道德封锁所能起到的作用是无法估量的。此外，复活节快到了。这个基督教全年最重要的节日没有得到庆祝便过去的话，未免过于凄凉。更何况每年在节日中进城的朝圣者是罗马城的主要收入来源之一，没有他们的话，城市的收入则更凄凉了。罗马人坚持了一段时间，但是到圣周的星期三，他们无法再坚持下去了，于是涌往卡庇托山。元老们知道自己失败了。阿诺德和他的追随者被赶出城，禁行圣事令被取消了，教堂里开始传出钟声。星期日，教皇阿德里安四世得偿所愿，在拉特兰宫庆祝了复活节。

与此同时，腓特烈·巴巴罗萨正在帕维亚过节，并在当天举行加冕礼，戴上了伦巴第人传统上的铁王冠。就像之前的不止一位国王一样，他被北意大利城镇的共和氛围，被他们去除旧的封建义务、拥护城市独立和公社自治的决心所震惊。他认为自己有责任在此地进一步展示帝国的力量，所以推迟了原先的计划。米兰常年是叛军的中心，对他而言太过强大，但是米兰的盟友托尔托纳（Tortona）似乎是个软柿子。小城托尔托纳英雄般地抵抗帝国、帕维亚和蒙费拉（Montferrat）的联军，但是到围城战开打两个月后，水井已经干涸，居民口渴难耐，只得投降。他们为自己的英雄行为付出了沉重的代价。他们的生命得以保全，他们的城市却被夷为平地，片瓦不存。

复活节过后，腓特烈不能再推迟了。他迅速穿过托斯卡纳，罗马教廷感受到了极大的威胁。托尔托纳的命运已经传遍了意大利，亨利四世在 70 年前对格里高利七世的做法依旧没有被人们忘记。有几位老迈的枢机主教依旧记得，亨利五世于 1111 年在圣彼得教堂中抓住教皇帕斯卡尔二世，将教皇囚禁了两个月，直到教皇屈服。在不断传来的所有关于新任罗马人的国王的消息中，没有任何消息显示他不会做出同样的行为。无怪乎教廷开始感到警觉。

阿德里安迅速派两位枢机主教往北走，前往帝国军队的营地。两人在锡耶纳（Siena）附近的圣奎里科（San Quirico）找到了帝国军队，并受到了热情的接待。他们向皇帝讲述了教皇最急切的愿望，请皇帝帮他们除去布雷西亚的阿诺德。阿诺德在坎帕尼亚周围盘桓了数周，最后到布雷西亚的一些男爵那里避难。腓特烈爽快地答应了教皇的请求，他跟教皇阿德里安一样，也讨厌阿诺德的激进想法，也欢迎这个能让自己展示实力的机会。他向一座有可能藏匿阿诺德的城堡派出部队，抓住了城堡的一位男爵，将他作为人质，要求敌人交出阿诺德。逃亡者立刻屈服于教皇的权威。两位枢机主教安下心来，着手下一项任务——安排教皇和国王的第一次决定性的会面。

会面的时间被安排在 6 月 9 日，地点是苏特里（Sutri）附近的格拉索平原（Campo Grasso）。会谈的开头对阿德里安而言可算是吉兆，腓特烈派出一大队德意志男爵前来迎接教皇，教皇走在前，他的主教和枢机主教跟在后。他庄严地骑行到帝国大营。但是，麻烦开始了。在此时，按照惯例，国王应该上前牵住教皇座驾的缰绳，扶稳马镫，请教皇下马。但是腓特烈没有这样做，所以阿德里安似乎有些犹豫。教皇自行下马，慢慢走向为他准备的宝座，就座。腓特烈在这时终于上前亲吻教皇的脚，然后站起来，想接受教皇回应的和平之吻。阿德里安却踌躇了，他指出，国王没有去请他下马，没有做这件之前的国王都会做的事，等于对使徒彼得和保罗不敬。除非腓特烈能弥补过失，否则就不会有和平之吻。

腓特烈拒绝了，他认为自己没有为教皇当马夫的责任。争论持续了两天。阿德里安不会动摇。他知道，这表面上只是一件礼仪中的小事，事实上却反映了一些更重要的问题——这次公开的违抗之举打击了帝国和教皇国关系的根基。不了解这一点，解释和争论就没有用处。令人惊讶的是，腓特烈忽然屈服了。他命令军队大营向南移动，搬到蒙特罗西（Monterosi）的近郊。6 月 11

日早晨，两天前发生的事件又得到了重新安排。国王前去会见教皇。我们得知，皇帝在不远处牵住马的缰绳，扶稳马镫，帮助教皇下马。阿德里安再次坐到宝座上，等待腓特烈。教皇适当地回以和平之吻。会谈开始了。

阿德里安和腓特烈不可能完全信任对方，但这一事件或多或少地增强了彼此间的尊重，保证会谈在足够友好的氛围下进行。双方在康斯坦茨谈好的条件得到了确认。双方都不会单独与威廉、曼努埃尔或者罗马元老院进行谈判。腓特烈承诺保护教皇的所有合法利益。作为回报，阿德里安也宣布，若帝国的敌人在 3 次警告之后还要作对，就会遭到绝罚。双方的意向均得到确认之后，两人一同前往罗马。

从教皇国一方来看，已经不存在阻止腓特烈加冕的理由了。[1]另一方面，自罗马公社建立以来，还从未举行过加冕礼。罗马城此时会如何欢迎这位准皇帝呢？这个问题还没有答案，而腓特烈最近在布雷西亚对阿诺德的处理让这个问题更棘手。不过，腓特烈和阿德里安心里的疑虑没有保持多久，他们一行距离罗马城尚有一段距离，遇到了元老院派来迎接的代表团，代表团明确表示欢迎他们一行。

主教弗赖辛的奥托当时可能在现场，他在笔下似乎逐字逐句地记载了所发生的事情。刚开始，罗马代表团的首领发表了一篇

1　一位编年史家（Helmold, *Chronica Slavorum*）记载，腓特烈从托斯卡纳向阿德里安派出使者，正式请求为他加冕。他们收到了如下回应："先让他为圣彼得取回普利亚的土地，这是西西里的威廉用武力占据的地方。取回之后他再过来，我们会为他加冕。"这记载属实的可能性很小。阿德里安不可能在这个时候跟腓特烈争论普利亚的归属。在当时的条件下，他必定不会在接下来的谈判中坚持普利亚应属于教皇国。

长长的演说，虽然他话里没有敌意，却夸夸其谈，自认为高人一等，表示正是罗马城造就了腓特烈的帝国，所以新皇帝最好仔细想想他应对罗马城承担什么道德义务。这里的道德义务明显包括保证罗马城将来的自由，包括提供5000磅黄金。

腓特烈打断发言者说话时，他还在滔滔不绝地讲话。所以奥托巧妙地指出，皇帝"没有预案，却并非毫无防备，他以一如既往的谦逊的魅力"，指出罗马城在古代的所有荣耀和传统都已经传给了他的帝国，传给了德意志。他来罗马不是要得到什么恩惠，而是得到本就应该属于他的东西。他自然会在有需要的时候保护罗马，却没有必要，也无意做出正式的保证。至于金钱，他会在高兴的时候提供。

因为腓特烈安静地做出保证，所以代表团放松了警惕。腓特烈询问他们是否还有别的话要说的时候，他们只能结结巴巴地回答说，他们必须回罗马城听取指示。他们刚离开，教皇和国王就展开了紧急的磋商。阿德里安根据自己跟罗马元老院相处的经验，认为前面必定有麻烦在等着。他建议腓特烈立刻派出一支军队，由蒙蒂切利（Monticelli）的枢机主教奥克塔维安陪同，趁夜攻占利奥城，并用利奥城对抗敌手。他还谨慎地指出，不可能完全没有危险，如果想避开麻烦，他和腓特烈最好尽快行动。

这天是6月17日，星期五。两人达成一致时，事态紧急，甚至不像通常的那样等到下个星期日。星期六清晨，腓特烈从马里奥山（Monte Mario）骑马而下，从圣彼得教堂旁边的金门进入利奥城——他的军队早已包围了这里。教皇早在一两个小时前就已抵达，正在教堂的台阶上等待。两人一同进入圣彼得教堂，身后跟着一大群德意志骑士。阿德里安亲自主持了弥撒。在使徒墓之前，他迅速将圣彼得之剑束在腓特烈身上，为其戴上皇冠。

枢机主教博索·布雷克斯皮尔（Boso Breakspear），也就是阿德里安的侄子和为他作传的人，告诉我们德意志骑士拥向圣彼得教堂之时，发出震耳欲聋的声音，宛如惊雷从天而降。但是没有时间再办进一步的庆祝活动。仪式一结束，皇帝甚至未取下王冠，就径直骑马返回城外的军营，他的众多随从步行紧随其后。同时，在梵蒂冈避难的教皇也在等待事态发展。

此时才到上午 9 时。元老院正在卡庇托山集会，讨论何等上策才能阻止加冕，却得到了加冕完毕的消息。他们愤怒地发现自己被摆了一道，便拿起武器。不久，一大群暴民奔过圣天使桥，进入利奥城。另一些人则已经过了台伯河，来到台伯岛上，再穿过越台伯河区向北前进。天气逐渐热了起来。德意志军队被迫在夜间行军，又在几个小时前极为兴奋，所以此时已经很劳累了，想要休息，睡睡觉，庆祝庆祝。然而，他们接到了立刻准备战斗的命令。他们的皇帝不是在早上当着他们的面发誓保卫基督的教会吗？基督的教会正受到威胁。在那一天，腓特烈第二次进入罗马，但是此时没有身穿加冕礼时穿的长袍，而是盔甲。

罗马人的皇帝跟罗马人展开激战，从下午打到晚上。帝国军队将最后的叛乱者赶回桥那边时，夜幕已经降临。双方都损失惨重。关于德意志人的伤亡，我们没有可靠的数字。但是弗赖辛的奥托记载称，有几乎 1000 名罗马人阵亡或者淹死在台伯河中，另有 600 人被俘。他没有计算受伤者的数量。元老院为它的傲慢付出了沉重的代价。

如果说之前的事显示罗马人是拙劣的外交家，那么这次至少可以证明他们是勇敢的战士。必须承认，他们的怨恨是有道理的。

之前为了加冕而到罗马来的皇帝，通常要向这座城市和城中的机构展示一些起码的尊重，即宣誓效忠其法律，顺从于人民的投票和欢呼拥护。这些事腓特烈都没做，他完全忽略了罗马人。他这样做的时候，罗马人的公社为罗马人提供了一种新的公民自豪感，让他们意识到了罗马历史遗产的伟大和壮丽。罗马人之所以会招致惩罚，在很大程度上正是因为他们以非常不得体的方式对待腓特烈。腓特烈在苏特里跟教皇阿德里安达成的最初协议表明，他在其他环境下其实可以表现得更为顺从。

皇帝也为得到皇冠而付出了巨大的代价。他的胜利甚至不能让他进入古代的罗马城，因为等到次日太阳升起，台伯河上的所有桥梁都被封锁了，罗马城的大门也被封锁了。他和他的军队都没有做好围攻的准备。意大利的暑热在一个半世纪里一直侵蚀着一系列进攻罗马城的军队的士气，这一次再次带着疟疾和痢疾袭击了德意志军队。奥托充满感情地描述道："水雾从城市周围的沼泽里升起来，从洞穴和城市的废墟里升起来，周遭的空气也变得沉重，形成了对凡人来说致命而有害的气氛。"唯一理性的做法就是撤退，而且因为教皇继续待在梵蒂冈也不安全，所以最好带着教皇和教廷一起走。6月19日，他再次拔营，率军进入萨宾山。一个月后，他径直返回德意志，将手无寸铁的阿德里安留在蒂沃利。

尽管在第一次会面之后教皇就小心翼翼地避免与皇帝公开决裂，但他也有感到怨恨的理由。他亲自冒着风险，为皇帝举行了他要求的加冕仪式，得到的回报却少得可怜。离开罗马后，他使出浑身解数想劝说腓特烈遵照最初的计划，直接去攻打西西里国王威廉。虽然腓特烈本人愿意照做，但他手下德意志男爵们的身体状况却不允许。他承诺尽快返回，到时候用一支更健康、人数更多的帝国军队把罗马人和西西里人赶到绝境。被腓特烈扔下，孤单的教皇流亡在外，尽其所能地坚持下去。

　　腓特烈·巴巴罗萨加冕的故事讲得差不多了，却还没讲完。因为在被加冕的皇帝和为他加冕的教皇之外还有第三个人物，虽然他没有在那个糟糕透顶的日子出现在罗马，却像这两人一样影响了这个事件。他就是布雷西亚的阿诺德。在意大利的历史上，隔一段时间就会出现极为受人欢迎的领导者，他们是狂热分子中的天才，仅用个人魅力，就能如施展魔法一般完全支配追随者，令追随者毫不动摇。阿诺德就是这批领导者中的第一位。这种支配有时有精神基础，如阿诺德和300年后的萨沃纳罗拉（Savonarola）；有时被历史的使命感所激励，如护民官柯拉（Cola di Rienzo）；有时却彻彻底底地是政治性的，如墨索里尼。这些人有个共同点：他们都失败了，都为失败搭上了性命。

　　没有现存记录准确地告诉我们阿诺德在何时何地受刑。我们只知道他面对死亡时的表现。他被宗教裁判所判处异端罪和谋叛罪。他在死前很坚定，镇定地走向绞刑架，没有丝毫恐惧。根据记载，当他跪下做最后的忏悔之时，行刑者也忍不住落下泪水。他们最终把他绞死，砍下头颅，焚烧了身体。为了确保人们不会拿走他的遗体来当作圣髑崇拜，他们把阿诺德的骨灰撒入台伯河。

　　无论他是对是错，作为殉道者，此荣耀可谓至高无上。

10

希腊攻势

曼努埃尔皇帝总认为，自己能轻松地用金钱和武力赢得东方的人民，但是，他从不指望自己可以在西方获得同样的优势。因为西方人在人数上更多，在自尊心上从不轻易认输，在性格上是残忍的，在财富上是富有的，而且受到的对帝国的憎恨的影响，是根深蒂固的。

——尼基塔斯·侯尼亚特斯，

《曼努埃尔·科穆宁的历史》，第7章第1页

过去的一个半世纪里，有许多支德意志军队南下意大利，并在意大利半岛恢复了帝国的统治，然而任何一支待在那里的时间也仅有数月。率军的皇帝很快便发现，纵然这块使人萎靡不振、疾病肆虐的土地在理论上是属于他们的，他们自己却从来都不属于这里。在这里，他们一直是陌生人，而且是不受欢迎的陌生人。他们的手下也有同感：士兵们身着土布衣衫，暴露在炎热的普利亚天空下，艰难地跋涉，他们吃不惯当地食物，还患了瘟疫，他们不知道这是由于在他们头上一直嗡嗡地不停飞舞的一团团蚊蝇。无论是领导的人还是被领导的人，几乎所有人都盼望，某天他们

能翻越山脉，让山脉把自己和让自己遭罪的地方隔开。

腓特烈·巴巴罗萨是一个例外。如果他能留在南方对付西西里国王威廉，他将非常高兴，但是这只有在他的骑士愿意和他一道的情况下才有可能实现。骑士们坚决要求立刻返回德意志。腓特烈也知道，自己不能把意志贯彻得太过分。这种被迫的撤退让他感到悲伤而挫败。他在半路无缘无故地大规模毁坏了斯波莱托，但是在抵达安科纳之时，他的心情也没有丝毫的恢复。拜占庭派3位使节前来见他，为首的是塞萨洛尼基前长官米哈伊尔·帕列奥列格（Michael Palaeologus）。使节们献上丰厚的礼物，向他保证，如果他改变主意，还有更为可观的金钱在等着他。腓特烈让他们稍做等待，自己再去劝说军队。即便在这最后的时刻，他也值得去做一些为追随者注入信心的尝试。但是，德意志的男爵们早就受够了。几天之后，皇帝被迫向希腊人表示自己无能为力。

米哈伊尔一行并未因为这消息而过分悲伤。在战略意义上，让德意志军队为他们战斗或许有些用处。但是在外交上，没有西方帝国干涉的话，情况就会更加简单，更何况他们现在不缺乏更容易控制的盟友：对国王威廉发动叛乱的普利亚封臣。封臣们也信任腓特烈，却因为他快速离开而感到失望。比起对其他人，他们不觉得自己与腓特烈之间有什么非同一般的忠诚纽带。既然腓特烈让他们失望，他们当然更愿意接受来自君士坦丁堡的金钱和支持。

在1154年全年，普利亚一直在顽强地抵抗新任西西里国王。这部分是因为他们期盼腓特烈·巴巴罗萨能出现，带着烈火与愤怒插手干预。不过这抵抗应在很大程度上归功于一位新领袖的精神和意志，这位领袖就是罗利泰洛（Loritello）伯爵罗贝

尔·德·巴松维尔（Robert de Bassonville）。罗贝尔是一位非常
典型的心怀不满的诺曼贵族。他是罗杰二世的姐妹朱迪丝的儿子，
作为国王的甥侄之中最年长的一位，他认为自己非常应该得到高
级职位。雨果·法尔坎都斯以他通常的恶意暗示说，罗杰甚至想
用罗贝尔代替威廉为自己的继承者。因此，马约的统治地位，以
及马约一直以来对有地产的贵族阶层的歧视，均遭到罗贝尔的极
度仇视。威廉曾在即位时将遥远的罗利泰洛伯爵领授予他，却未
平息他的怒火。他几乎马上就在附近的男爵中煽动不满情绪。威
廉自己对罗贝尔的忠诚不抱有幻想。早在 1155 年初春，他第一
次作为国王访问萨莱诺之时，罗贝尔就拒绝见他。威廉于复活节
之后不久返回西西里，返回之后，他向大陆上的总督阿斯科莱廷
（Asclettin）送去指示，要总督逮捕罗利泰洛伯爵。罗贝尔却逃到
阿布鲁齐，在这里用整个夏天来召集兵马。在阿布鲁齐，罗贝尔
首次听闻米哈伊尔·帕列奥列格抵达意大利半岛。

　　双方在维耶斯蒂（Viesti）会面，罗贝尔立刻同意合作。双方
均可提供对方所缺少的东西。米哈伊尔有一支由 10 艘船组成的舰
队，有似乎用不完的资金，还能在必要的时候从亚得里亚海对岸
叫来援军。罗贝尔则得到了大部分当地男爵的支持，还有效控制
着长度非常可观的海岸线——如果想和拜占庭保持足够的交流，
这段海岸线是非常有必要的。相比之下，阿斯科莱廷手下忠于国
王的军队远在亚平宁山脉的那边，无力阻止针对普利亚北部的快
速而突然的进攻。

　　由此，1155 年夏末，罗利泰洛的罗贝尔和米哈伊尔·帕列奥
列格开始行动了。他们进攻的首个目标是巴里。直到 1071 年被罗
贝尔·吉斯卡尔占领之时，巴里一直是拜占庭在意大利地区的首

府，也是希腊人在意大利半岛的最后一个据点。巴里人口的主体是希腊人，他们憎恨巴勒莫的政府，尤其是因为罗杰在上一次普利亚的叛乱后剥夺了他们的几项古老的待遇。若有任何让他们摆脱巴勒莫统治的机会，他们将非常感激。一些巴里居民为攻城者打开了城门。虽然西西里驻军依旧在旧有的城堡和圣尼古拉教堂里英勇地战斗，却在不久后被迫投降。城堡是西西里统治的象征，尽管米哈伊尔尽力阻止，巴里居民还是将城堡夷为平地。

巴里陷落的消息传来，加之威廉国王去世的流言——他确实患了重病——甚嚣尘上，沿海城镇的士气大为动摇。接着特兰尼也投降了。随后，尽管邻近的港口城市焦维纳佐的指挥官安德里亚伯爵里夏尔做出了英雄般的努力，该城市也投降了。在更南边的地方，抵抗还很激烈。提尔的威廉记载，当耶路撒冷宗主教拜访教皇，在半路于当年秋季抵达奥特朗托时，他发现整个地区都陷入了混乱。在这种混乱状态下，他被迫再次上船，走一段海路，在安科纳上岸。但是希腊人和叛军一起继续攻城略地，直至下起冬雨。这时，似乎整个普利亚都处在崩溃的边缘。

9月初，阿斯科莱廷终于率领一支由2000名骑士和数量未知但是较为可观的步兵组成的军队，出现在战场上。他们抵达后，安德里亚的里夏尔等依旧效忠于威廉的人加入了他们。但是对他们而言，对手很强大。他们还未抵达海岸，就被包围在巴列塔。里夏尔伯爵竭尽所能地聚集兵力，用一队骑士打破了包围圈，朝属于自己的安德里亚疾驰，罗利泰洛的罗贝尔和米哈伊尔·帕列奥列格的下属约翰·杜卡斯（John Ducas）在后面紧追。他快要抵达安德里亚之时，被敌人追上了。里夏尔知道他的城镇根本没有做好准备，为了避免围城战，他便转身应战。他一度快要取得胜利。希腊军队的防线被攻破，他们与盟友一起混乱地后撤。然而，他们以该地区所特有的石头长墙（至今亦然）为掩护，设法改变策略，再次控制了局面。里夏尔伯爵本人被一块飞石击中坠马，被一位特兰尼的教士结束了性命。我们得知，他的身体被剖开，内脏都流了出来。看见主人死在地上，安德里亚居民向杜卡斯投降了。

新叛乱的第一次激战以灾难告终。对那些依旧忠于国王的人而言，他们的未来看起来很黯淡。

教皇阿德里安开始在蒂沃利，后来到图斯库鲁姆，他满意地看着事态发展。虽然他讨厌希腊人，但是对西西里人的讨厌要得多。他那位主要敌手威廉之前逃过了巴巴罗萨的复仇，现在终于受到了应有的惩罚。教皇很高兴。仅仅在3个月之前，教皇与腓特烈一起骑马从苏特里往罗马行进之时，曾表示要放弃所有单独与拜占庭进行的外交谈判。但是时过境迁，既然皇帝拒不履行职责，那么阿德里安觉得自己也可以采取自认为合适的行动了。因此，当米哈伊尔送来书信，提到为教皇提供对付西西里国王的军事援助，以及5000磅黄金，以换取教皇授予他感兴趣的3座沿海的普利亚城镇之事时，教皇回信说，他有可支配的军队，已准备好立刻出发，联合作战。1155年9月29日，教皇开始向南进军。

在东西方教会大分裂的一个世纪以后，拜占庭皇帝居然能成为罗马教皇的资助者和保护者，而教皇也摆出了善意的姿态，这件事或许挺让人吃惊。其实早在1141年，约翰·科穆宁就已经在实行这个政策了。曼努埃尔只是在继续执行这一政策，并在环境有利的情况下施加了更大的压力。阿德里安必定已经知道，南意大利的局势为他提供了一个失不再来的机会。流亡在外的普利亚封臣也为教皇提供了鼓励，这些人见有机会获得原来的封地，高兴地承认教皇为他们的合法领主，以换取教皇的支持。10月9日，卡普阿亲王罗贝尔、卢佩卡尼纳（Rupe Canina）伯爵安德鲁以及其他的诺曼男爵在圣杰尔马诺被再次授予了世袭的封地。到年底，坎帕尼亚全境以及普利亚北部的大部分土地都掌握在拜占庭或者教皇的手中。

清除完剩下的零星抵抗之后，米哈伊尔·帕列奥列格可以为取得意料之外的胜利而庆祝庆祝。在仅仅6个月的时间里，他已经把希腊人在意大利的势力恢复到150年前的规模，也就是诺曼人还没有开始精心破坏并攫取拜占庭伦巴第军区的时候的规模。他最近刚刚获知，快速的进展让拜占庭皇帝深受鼓舞，皇帝正要派出一支大规模的远征军，以助他巩固战果。照这个速度，或许不久，整个南意大利都会承认君士坦丁堡的统治。西西里国王威廉会被碾碎，他那可憎的王国将被摧毁。阿德里安教皇见希腊人完成了德意志人做不到的事，将会对拜占庭军队的优势心悦诚服，自然也会调整他的政策。这样一来，或许科穆宁王朝的伟大梦想——将罗马帝国重新统一在君士坦丁堡的保护之下——终会实现。

过于自信总是危险的。但是没几位公正的观察者会在1155年底对西西里王国的未来抱有很大希望。在意大利本土，除了卡拉布里亚，其余的地方都由敌人控制。而卡拉布里亚依旧保持忠诚，或许只是因为它还没遭到攻击而已。如果拜占庭军队下定决心进攻，这里肯定无法阻挡。如果卡拉布里亚陷落了，叛军和他们的希腊盟友距离西西里岛就只剩一两英里了。

西西里岛上的情况也不容乐观。从9月到圣诞节，国王一直待在巴勒莫，他病得极重。在巴勒莫大主教休的协助下，巴里的马约完全获得了王国的统治权。这位埃米尔中的埃米尔从来都不受欢迎，战败的消息一次接一次地从意大利本土传来，他在诺曼贵族中的敌手们便得到了煽动不安的好机会。他们议论纷纷，认为马约该为这次崩溃负责，如果埃米尔之位交给某位诺曼贵族，断不至于发生这样的事。国内最高的行政权居然被委托给一个伦巴第商人的儿子，这实在是一个无可救药的愚蠢行为。这样的一个人注定会被半岛上那些骄傲的男爵所忽略。即便现在西西里王国变成废墟从他头上砸下来，似乎他也不懂情况究竟有多严重。他没有向阿斯科莱廷派出援军，甚至没有表现出担心。

能做的事只剩下一件：除掉马约。如果除掉马约还顺带着除掉威廉，那就更好了。国王已经病了，或许在他右胸帮一点小忙的话，他就永远也不会康复了。这样一来，将责任推在埃米尔身上也比较容易，毕竟他是国王的大臣中唯一没有被严格限制进入国王寝宫的人。事实已经显示，威廉不适于统治。如果王冠能传给他那3岁的儿子，那将多么令人满意啊。正当的统治阶层将上位，诺曼男爵们将重获他们的出身所赋予的权力和特殊待遇。

但是马约依然保持冷静。就连嫌恶他的法尔坎都斯，也勉强挤出赞赏之语，说他能在任何危机面前保持冷静，他的脸上从不透露他内心的真实想法。多亏了他的密探，他才能把阴谋在一箭之遥的地方给化解掉。这份拒绝陷入恐慌的从容，在那个冬天不止一次地拯救了他。在充满阴谋诡计的昏暗世界里，似乎他能自信地控制住局面。没过多久，他的敌人开始与他达成一致。1156年最初的几周里，他们放弃了开始的策略，采用已经被普利亚的封臣证明行之有效的方式。他们撤回西西里岛最南端的布泰拉。一群男爵公开反叛，其首领是加西利亚托的巴塞洛缪（Bartholomew of Garsiliato）。

乍看之下，这场叛乱不算非常严重。参与叛乱的人很少，他们的据点也很遥远。无论如何，这是自西西里岛被征服的近一个世纪以来，岛上的基督徒封臣第一次公开反叛他们的统治者。马约知道该采取行动了。意大利本土的经验显示，这种叛乱的传播速度相当之快。布泰拉周围的当地居民大部分都是阿拉伯人，而他必须不惜任何代价维持穆斯林的忠诚。而且国王似乎已经痊愈，他将在接下来的几个月在意大利打几场艰难的仗。如果要去意大利本土，则先要腾出手来。

大病初愈后的威廉还很疲倦。他完全继承了父亲的喜好：喜欢外交谈判胜于动用武力。他自己待在巴勒莫，派斯奎拉切伯爵埃沃拉德（Everard）为特使，去布泰拉找叛军协商，询问他们为何要走这样激进的一步。几天之内，埃沃拉德就带着答复返回了。叛军宣称，他们这样做不是想反对国王，只是针对埃米尔，埃米尔跟他的亲信大主教阴谋暗杀威廉，意图坐上王位。他们只想请求国王认清危险，趁时间还不晚，除掉邪恶的大臣。照做之后，他们就会放下武器，前往巴勒莫寻求国王的原谅。

威廉可能有些懒散，却不是傻瓜。他对任何诺曼男爵的信任都远低于对马约的信任。他没有采取行动，也没有向叛军送出任何承认他们的消息。他在等待他们的下一步行动。他没有等待太久。3月末，巴勒莫也爆发了暴乱，暴乱无疑受到了叛军的煽动和资金支持。暴民的怒火主要针对马约和大主教休，但是他们也大声要求释放波利卡斯特罗的西蒙（Simon of Policastro）。西蒙是一位年轻的伯爵，不久前在坎帕尼亚担任阿斯科莱廷的得力干将，却被马约监禁起来，还未受审判，监禁的理由是怀疑他叛国。

暴民出现在王宫外，威廉因此告别懒散，他此时认为，在事态得到解决之前，不再有和平，不再有隐私。既然主意已定，他迅速行动。为了平息暴乱，他命令立刻释放波利卡斯特罗的西蒙。随后国王由马约陪伴，由西蒙以调停者的身份陪同——毕竟他还希望尽可能地避免流血冲突——率领军队全速赶往布泰拉。

布泰拉位于一块岩石的顶端，两侧是陡峭的峡谷，是一个完美的天然据点。叛乱者开始决心顽抗，但是威廉开出了慷慨的条件，而且西蒙伯爵也从旁劝说。西蒙让叛军确信，国王不打算将他的大臣免职，因为他非常信任这些大臣，也很信任此时正陪伴在他身边的那位。不过国王在各种环境下，都乐于宽大处理拿起武器对抗他的人。西蒙让叛军立刻投降，这样他们的生命、财产和自由都会保全。他们会遭受的唯一惩罚就是流放——按照国王的意愿。叛军接受了提议，布泰拉投降了，西西里再次处于和平之中。

法尔坎都斯写道："国王威廉很少离开他的宫殿，但是一旦他被迫离开，无论他在过去多么不愿意行动，都会以一种固执的甚至是莽撞的勇气直面所有的危险。"法尔坎都斯的恶意依然明显，但是我们依然有可能从他的话中发现一些淡淡的仰慕，以及话中所蕴含的事实。既然威廉下定决心开战，还可以回顾已经取得的胜利，他就不打算停止。他已恢复健康，血液已沸腾起来。春天到了，春天正是打仗的好时节。他已准备好去解决大陆的问题。

陆海军在墨西拿集结，这将是一次联合行动。希腊人及其盟友将同时在海陆两路遭到进攻。阿斯科莱廷也被召回墨西拿，被要求解释他在过去数月里的差劲表现。阿斯科莱廷似乎是位庸碌无为、才能平平的统帅（这不奇怪，毕竟他之前的职位是卡塔尼亚的总执事长）。更严重的是，人们纷纷对他做出指控。在墨西拿，甚至连一点儿维护他的声音都没有，甚至连造就了他、违反国王的意愿将他提拔到大臣之位上的马约也没有维护他。但是，无论阿斯科莱廷是否是叛国者、懦夫或替罪羊，他的财产都被没收，他自己也被投入监狱。数年后，他死于狱中。

威廉对阿斯科莱廷的处理，反映了他对即将到来的战争持有何种态度。尽管局势有所恶化，西西里军队却不会延续上一年的糟糕表现。筹划中的新行动不是防守行动，而是进攻行动，是要联合西西里王国的海陆军队，突然打击敌人最薄弱的一点——"靴跟"处的普利亚。4 月的最后几天，陆军越过大陆，穿过卡拉布里亚，海军则渡过海峡，转向东北，朝布林迪西驶去。

布林迪西已经被包围了 3 周时间。拜占庭人一如既往地使用贿赂和阴谋手段，已经设法赚取了外城的入口。但是，忠于国王的守军在城堡里坚决抵抗。拜占庭人在普利亚的攻势得以停止，至少是暂时性的停止。近几个月里，还有几次事态反转。首先，由于米哈伊尔·帕列奥列格的傲慢日渐增长，叛乱的诺曼人渐渐对拜占庭人失去了信心和善意，最后罗利泰洛的罗贝尔厌恶地离开了。随后，米哈伊尔得了病，不久后在巴里病逝。尽管他很傲慢，在战场上却是位杰出的将领，他的去世对拜占庭人来说是一个打击。他的继任者约翰·杜卡斯指挥军队继续前进，并且与罗利泰洛的罗贝尔达成了和解。但是两个盟友之间以前的好意再也无法恢复，再也回不到 1155 年的样子了。

拜占庭军队的大本营得到消息：为数众多、实力强大的西西里军队正在赶来，为首的正是威廉国王本人。希腊人再次发现自己的同伴逃走了。出于本性，雇佣军在危急关头漫天要价，索要极不合理的报酬，并在遭到拒绝后一起离开了。罗利泰洛的罗贝尔第二次逃跑了，他的手下和大部分同胞也随之而去。杜卡斯的手下只剩下他和帕列奥列格带来的那批人，还有在过去的八九个月里多次渡过亚得里亚海而来的人，他绝望地发现己方在人数上已被远远超过。

西西里舰队首先抵达，杜卡斯只剩下一两天时间。布林迪西港的入口非常狭窄，只有 100 码宽。1200 年前，尤利乌斯·恺撒在这里封锁了庞培的船只。此时杜卡斯采用相似的策略，用 4 艘船并列，横在港口的入口处，然后让装备精良的陆军驻守入口沿岸。但是一两天之后，威廉的陆军出现在城市西面，拜占庭军队的希望走向终结。同时从陆上、海上和内部堡垒受到进攻，杜卡斯没有任何守住城墙的希望。他和他的人逃不掉了，用辛纳穆斯的话说，"给网住了"。

接下来的战斗短暂且血腥，希腊军队惨败。西西里海军占领了港口入口周围的小岛，有效地阻止了任何往海上逃生的行为。杜卡斯等其他没有阵亡的希腊人都被逮捕了。1156 年 5 月 28 日，拜占庭在前几年获得的所有成果都被彻底清除，宛如他们从未来过一样。

威廉按照得到承认的战争原则来对待他的希腊战俘，却无情地对待那些谋逆的臣民。这是他从父亲那里学到的另一课。谋逆依旧是无法被原谅的罪行，尤其是在流行谋叛的普利亚。这些之前的叛乱者里面，只有最幸运的人才会被监禁，其余的人则被处以绞刑、罄刑，或被绑上重物抛到海里。这也是威廉即位后第一次出现在普利亚，他决心让普利亚人牢牢记住这一点。他从布林迪西前往巴里。不到一年之前，巴里人欣然决定把宝押在拜占庭人身上，此时要为不忠而付出代价。他们慢慢地从家里鱼贯而出，匍匐在他们的统治者的脚下，祈求饶恕。但是他们的祈求毫无作用。威廉只是指了指原来的堡垒所变成的瓦砾堆，说："你们不怜悯我的房子，所以我也不会怜悯你们的房子了。"他给巴里人留了两天时间，让他们拿出财物。第三天，巴里城被摧毁了，只有圣尼古拉主教座堂和一些小的宗教建筑得以幸存。

"我们谈到巨大的普利亚首府时，赞扬它的荣耀，它的财富，为它那崇高的市民而骄傲，为所有人都见得到的美丽建筑而心生羡慕，而到现在，那里只剩下一堆碎石，别无其他。"就这样，雨果·法尔坎都斯略带傲慢地表示，这座城市已不再是城市了。一两年之后，犹太旅行家图德拉的本杰明更是简洁地写道："从特兰尼走一天可以到巴里，巴里是一座被西西里国王威廉所毁坏的大城市。因为被毁了，所以现在在那里既没有犹太人居住，也没有基督徒居住。"

一堂老课再次被讲授，单是南意大利的历史就足以说明其道理，但是欧洲的王公们却无论如何也听不懂：只要遥远的土地上还存在有组织的当地反抗势力，仅靠短期的军队必定无法实现永久的征服。打几场干净利落的仗不是什么难事，对当地的心怀不满者提供大量金钱的话则更为简单。待到有必要巩固并维持所获得的优势的时候，困难就会出现。对维持优势来说，无论多少黄金都起不到作用。诺曼人成功地在当地确立地位之时，他们只是作为雇佣兵来到这里，并定居下来而已。即使如此，这段历程也耗去了一个世纪的大部分时间。当他们准备向国外远征，比如罗贝尔·吉斯卡尔和博埃蒙德两次入侵拜占庭帝国的时候，则注定会失败。当然，他们在北非做得更好一些，不过北非帝国存在的日子还是不长。但是在涉及南意大利的时候，老的法则从未失效。事实上，在过去一个半世纪中占据西方帝国皇位的 8 个人中，有5 个（最近的 2 位是洛泰尔和腓特烈·巴巴罗萨）都证明了这个法则的正确性。现在，轮到东方帝国和曼努埃尔·科穆宁了。

不过，希腊人与巴里居民不是仅有的受害者。当威廉带着兴高采烈的大军穿过亚平宁山脉时，那些紧跟教皇阿德里安一同从流亡中返回的封臣普遍感到恐慌。一些人逃到教皇那里避难，一些人像罗利泰洛伯爵罗贝尔一样，逃到阿布鲁齐，想接下来在阿布鲁齐展开游击战。但是，他们的领袖卡普阿亲王罗贝尔却没有这么幸运。他也试图逃往教皇国，但是就在他快要渡过加里利亚诺河，进入安全状态的时候，却被阿奎拉（Aquila）伯爵里夏尔抓住了，里夏尔把他交给国王。里夏尔是卡普阿亲王的封臣，长期陪伴他流亡在外，里夏尔想通过这个阴谋拯救自己。罗贝尔被人用锁链锁住，送往巴勒莫。在巴勒莫，国王命人剜去罗贝尔的双眼。

罗贝尔一生中有 30 年都在从事颠覆和叛乱活动，他幸运地逃过一死。他是王国的重要封臣，在二三十年前有一次罕见地流露出忠诚，将王冠戴在罗杰二世头上。罗贝尔是王国内除国王本人之外最富有、最强大的王公，本可以成为王国的柱石。如果说有谁能给王国带来它所急需的稳定与和平，那就只有他了。但是，他选择走另一条路。他两度被迫投降，两度得到国王的原谅。这已经够多了。如果这位末代普利亚亲王的余生将在黑暗中度过，那也怨不得别人。

只剩一人独自面对眼前的风暴。教皇阿德里安的所有盟友均已不在：腓特烈·巴巴罗萨返回了德意志；米哈伊尔·帕列奥列格去世了，他的军队被歼灭了；诺曼男爵不是被抓，就是藏起来了。阿德里安在腓特烈的加冕礼之后就无法返回罗马，他偕宫廷在贝内文托过冬。西西里军队正在逼近，他便将大部分枢机主教都送去坎帕尼亚，这主要是为了他们的人身安全，但或许还有另一层原因。他知道现在必须与威廉谈判，而顽固的枢机主教们在过去破坏了太多有可能达成的协议。如果他想从这场灾难中拯救什么的话，那么他需要在协商时获得最大的自由。

西西里军队的先锋刚在山岗上露面，教皇就派出他的秘书长锡耶纳的罗兰（Roland of Siena）和两位留在贝内文托的枢机主教去以圣彼得的名义迎接国王，以避免进一步的对抗。[1] 威廉礼貌地接待了他们，正式会谈开始了。会谈不太顺利。西西里王国一方主持谈判的有马约，还有休和萨莱诺的罗穆亚尔德这两位大主教，他们处在更强势的位置上，坚决地讨价还价。但是，教皇一方也分毫必争。直到 6 月 18 日，双方才最终达成协议。

《贝内文托条约》的原始文本依旧保存于梵蒂冈秘密卷宗部门。起草者是马约的一位幕僚，他是一位年轻而聪明的文书，被

1　提尔的威廉暗示说——令人惊讶的是，夏朗东原封不动地接受了他的说法——西西里军队被迫包围贝内文托，教皇在缺粮的时候才想与西西里军队谈判。但是阿德里安现在应该急于尽可能地获得最好的条件，威廉的说法中教皇的行为是很荒谬可笑的。博索当时正在贝内文托城中，他的说法与提尔的威廉相矛盾。

称为阿耶罗的马修（Matthew of Ajello）[1]。手稿中弥漫着一股获胜的得意情绪，甚至带有一些好斗抖狠的感觉，从细密整洁的笔迹中透将出来。文中写道，"希腊人和蛮族人并非通过实力，而是通过阴谋潜入王国，他们已经被国王击溃"，国王之所以在教皇面前纡尊降贵，只是为了不在全知全能的上帝面前显得不敬，他希望能在未来与上帝保持合作。接下来便是详细列出的政治条款。威廉从教皇那里得到了所有他想要的，远比教皇之前授予他父亲或者他祖父的多得多。他的王权不仅覆盖到西西里、普利亚、卡拉布里亚和前卡普阿亲王国，还覆盖到那不勒斯、萨莱诺、阿马尔菲以及所有依附于它们的地区。而且，这也是王权第一次正式扩张到北阿布鲁齐地区，以及罗杰二世的长子在10年前战斗过并宣称过所有权的马尔凯。国王答应为这些地区缴纳年金。罗杰和教皇英诺森17年前在米尼亚诺达成的协议规定前者要为普利亚和卡拉布里亚缴纳600施法蒂金币，而这次威廉还要为在北方新获得的领土再缴纳400施法蒂金币。

在意大利本土，威廉准备在教会事务上表现得更好说话。从此以后，所有教会内的争端均由罗马处理；所有教会人员的调任均需要教皇批准；教皇享有叙任权，也可以向王国内派遣教皇特使，只要不给当地教会造成过于沉重的负担即可。但是在西西里岛，国王在传统上享有的几乎所有待遇均得以保存。阿德里安被迫确认了国王的教皇使节派遣权，声明放弃了派遣教皇使节和听取申诉的权利。他可以召集西西里的教士前往罗马，但是教士只

---

1 我在这里用了人们通常称呼他的名字。其实他来自萨莱诺，而阿耶罗是坦克雷德国王授予马修之子的伯爵领。

有获得国王的批准才能成行。教会选举所受到的控制也与之类似。理论上讲，选举由教士负责，应通过无记名投票进行。但是，如果被选出来的人不合国王的意愿，国王可以否决。

教皇接受这些条件的法律条文也是以同样华丽的辞藻起草的，内容如下：

> 威廉，乃荣耀的西西里国土，基督最钟爱的儿子，诸国王中财富与成就最为杰出者，本时代最为杰出之人。因为您对正义的坚定，您为臣民带来的和平，您伟大的事迹已经渐渐滴入基督的所有敌人的心中，因此，您姓名的荣耀将注定流传到大地上的每一个角落。

即便我们能理解当时传统上的文学夸张，也很难理解阿德里安居然毫不羞耻地在这样的文件上签了名。他当上教皇的时间只有 18 个月，但是他已经尝到了被抛弃、被背叛和流亡在外的苦涩。甚至他的双肩都可以往前躬。此时的他，似乎与短短 12 个月之前的那个对罗马实行禁行圣事令，与腓特烈·巴巴罗萨斗智的他有些不一样。

在贝内文托城外的卡洛雷河（Calore）河畔，有一座圣马尔西安诺教堂（S. Marciano Church），威廉在这座教堂中从教皇手里接受了 3 支带有三角旗的矛，这样一来，他就被授予了他的 3 个主要统治区：首先是西西里王国，接下来是普利亚公爵领，最后是卡普阿亲王国。授职仪式的最后是和平之吻。随后，国王向教皇及其随从赠予金银和珍贵的丝绸，然后缓缓骑马经过那不勒斯¹抵达萨莱诺。7 月，他乘船返回西西里，落入他手中的叛军头目正等他发落。在俘虏中，蒙特斯卡廖索伯爵戈弗雷在西西里和普利亚的反叛中起到了关键作用，他被刺瞎双眼。还有很多人遭到监禁，这包括国王的两个侄子威廉和坦克雷德，这两人是普利亚公爵罗杰的儿子。如果我们可以信任法尔坎都斯的说法，其他人被投入满是毒蛇的矿井里，而他们的妻儿则被送入后宫或者被迫成为妓女。但是，国王也赏赐了那些保持忠诚的人，尤其是马约的兄弟斯蒂芬和他的西西里妹夫、王室总管西蒙，这两人都被任命为普利亚的长官。随着马约的两位最近的亲属都坐到这样有权力的位置上，他的权力变得比以往更强。威廉用自己的方式，表示自己依旧很信任自己的主要大臣，表示自己蔑视那些胆敢对抗自己的人的观点。

或许，他在之后有理由为此时的傲慢而感到后悔。但是在此刻，他决定彻底地享受他的胜利，享受对敌人的羞辱。所以，《贝内文托条约》上王室印章中的花押字的内容不无原因，那是他的祖父大伯爵罗杰一世于 1063 年在切拉米之战后刻在剑上的字：

DEXTERA DOMINI FECIT VIRTUTEM;
DEXTERA DOMINI EXALTAVIT ME.²

1　他在此时下令修建卡普亚诺城堡（Castel Capuano），同时扩大了接近陆地的一座小岛——便由此打下了未来的奥沃城堡（Castel dell'Ovo）的基础。
2　"上帝的右手给我勇气；上帝的右手将我托起。"

11

重新调整

　　我见到阿德里安大人的时候，只觉没有人的遭遇比罗马教皇更悲惨，处境也不会比他更糟糕……他的教皇宝座上有荆棘，他的斗篷带着非常锋利的针，这针折磨着他，让他宽阔的肩膀也随之而弯曲，他艰难地维持着……如果他不担心违背上帝的意愿的话，他绝不会离开他的家乡英格兰。

　　——索尔兹伯里的约翰，《论政治原理》，第 8 章第 23 页

　　普利亚溃败的消息传到君士坦丁堡，人们为之而恐惧。不幸的杜卡斯在巴勒莫身陷囹圄，无法为自己辩护，因此成为替罪羊。因为他负担了明显属于皇帝的大部分最终责任，所以曼努埃尔决定恢复他的名誉。在来年夏季，名誉的恢复显得更加必要：一支由 164 艘船组成的西西里舰队，由马约的兄弟斯蒂芬——此时被提拔为海军统帅——率领，装着近万人的军队，扑向富庶的优卑亚岛，洗劫了沿海的所有村镇。从优卑亚岛出发，他们驶向沃洛斯湾（Volos Gulf）的阿尔米拉（Almira），同样洗劫了这里。随后，如果我们相信尼基塔斯·侯尼亚特斯的话，他们全速穿过赫勒斯滂海峡和马尔马拉海，抵达君士坦丁堡城下，并向布拉契耐

宫发射了一股银头箭矢。[1]

因此，曼努埃尔·科穆宁在1157年夏向意大利派出了一位新的密使：他的大元帅（Grand Domestic）阿克苏赫的儿子，即年轻有为的阿莱克西斯（Alexis）。密使表面上的任务与米哈伊尔·帕列奥列格接到的命令是一样的，也就是跟还未归降的叛乱男爵们接触，组织雇佣军在沿海活动，并尽可能地煽动不满情绪。但是皇帝也为他指派了第二项任务：秘密联络马约，讨论和谈事宜。和约一日不签，敌对一日不止。打得越凶，威廉开出的条件越对君士坦丁堡有利。不过一年以来，曼努埃尔·科穆宁对外政策的剧变越来越明显。他已经知道，无法凭借武力征服普利亚。他最大的希望在于与教皇建立密切联系，借助教皇对抗巴巴罗萨。而且《贝内文托条约》签署之后，他与西西里国王达成某种和解已经不可避免了。

阿莱克西斯成功完成了两项任务。在抵达的数月之内，他让罗利泰洛的罗贝尔在北方再次蹂躏西西里王国的领土，而卢佩卡尼纳的安德鲁则向南穿过卡普阿，威胁卡西诺山，并于1158年1月在卡西诺山山麓的遭遇战中打败了西西里军队。同时，尽管主持攻击行动的他无法亲自参加和平谈判，但是他可以求助于身

1　这个故事非常像安条克的乔治在1149年的入侵行动，一些学者认为尼基塔斯将这两次行动弄混了。他可能确实弄混了，但是也不能说斯蒂芬不能重复他前任那著名的功业，也不能说他的水手们不可以在宫墙之下感到同样的快乐。第二则记述有个更怪异的特点：似乎没有其他人在这里提到布拉契耐宫。这座宫殿位于城市西北，若要抵达这里，西西里军队就要登上陆地，然后沿着防御完备的城墙走上几英里；或是驶入金角湾，爬上陡峭的山崖。尼基塔斯在这里肯定是搞错了，西西里军队的目标更可能是马尔马拉海沿岸、靠近萨拉基里奥角（Seraglio Point）的老皇宫。

处巴勒莫监狱的两位杰出的希腊人：约翰·杜卡斯和阿莱克修斯·布林尼乌斯（Alexius Bryennius）。通过两人的调停，双方在初春达成了一项秘密协议。阿莱克西斯欺骗他的普利亚支持者，让他们以为他去寻求更多的人员和给养，置他们的危难于不顾，自己溜回君士坦丁堡。威廉对拜占庭人的动机满腹狐疑，这也容易理解；但他还是向曼努埃尔派出外交使团，[1] 送还了所有的希腊俘虏——仅有土家土坊的女人们对土国颇为重要，因此未加送还。罗利泰洛伯爵和卢佩卡尼纳伯爵突然失去了金钱支持，只得放弃了新征服的土地，另找靠山。

他们找上了腓特烈·巴巴罗萨。

腓特烈与东方帝国的关系在过去 3 年里急剧恶化。他一直不信任希腊人。在普利亚发生的战斗让他警觉，让他愤怒，因为他把普利亚当作自己的领土，希腊人竟想趁他不注意攫取这块土地，他将希腊人的行为视为典型的龌龊之举。希腊人居然在直接受帝国控制的安科纳城建立大本营，在伤害之上再添羞辱。更放肆的是，如果报告属实，拜占庭人还为获得一些具有战略意义的城镇而伪造腓特烈的书信。他最初的反应是断绝一切与曼努埃尔的关系。1156 年 6 月，一位使者从君士坦丁堡赶来见腓特烈，与腓特烈讨论他与拜占庭公主结婚的计划（3 年前，他在略显丢脸的情

1　领导这个使团的是亨利·阿里斯提普斯（Henry Aristippus），此人与威廉关系亲密，亦师亦友。他从皇帝那里带了一份价值极高的礼物返回，他获得的是一部希腊语手抄本：托勒密的《天文学大成》（*Almagest*）。这部伟大的作品综合了自科学诞生之日起到那时所有希腊天文学家的发现和结论，到那时为止，西方所有的《天文学大成》，如果有的话，都译自阿拉伯语。

况下已与第一任妻子离婚），他也拒绝了。他在极短的接触之后，迅速迎娶了富有的、极为迷人的上勃艮第（Upper Burgundy）的贝亚特丽斯。后来，他听闻希腊人在布林迪西战败之后，立刻缓和下来，与他的兄弟皇帝恢复了正式联系。但是，伤害已经造成，双方均心知肚明。

腓特烈对教皇同样愤怒。阿德里安不是向他亲自保证过，不会与东方皇帝或西西里国王私自交流吗？尽管如此，他还是与其中一位频繁联系，并与另一位签订了和平友好的条约。更过分的是，他在条约中承认了威廉的那顶伪造的王冠，还允许威廉在教会事务中享有比皇帝更多的特权。无论如何，阿德里安凭什么这么大方地把帝国的领土送给别人？帝国在他眼里什么都不是吗？教皇的傲慢就没个底吗？

没过多久，腓特烈最坏的预想应验了。1157 年 10 月，他在贝桑松（Besançon）召开帝国会议。开会的地点经过了精心挑选，贝桑松是上勃艮第的首都，上勃艮第就是后来的弗朗什孔泰（Franche-Comté）。他想让妻子的家族和他新获得的臣民对其帝国的力量留下深刻印象。各方使节进入贝桑松，其中有法国和意大利的使节，有西班牙和英格兰的使节，当然还有教皇的使节。然而，腓特烈的精心安排却稍稍遭到了破坏，因为教皇特使当众宣读了教皇的书信。在书信中，教皇没有按照通常习惯表示欢迎和祝贺，相反，教皇选择在这一刻发表措辞激烈的抱怨。在此之前，上年纪的隆德大主教在帝国领土内赶路时，遭到土匪袭击，土匪抢走了他的所有财产，还把他关起来索以赎金。单是这桩暴行就够严重了，可皇帝又火上浇油。他早就了解事情的全部细节，却未对罪魁祸首采取该有的行动。阿德里安话锋一转，谈及更一般的话题，他开始提到以前他对皇帝施加的恩惠，尤其是亲手为皇帝加冕。阿德里安以略带派头的语气补充说，他想在将来的某个时候进一步将封地授予皇帝。

教皇在这里主张他对皇帝的封建宗主权是不是故意的，我们永不会知晓。但不幸的是，他用的两个词"授予"（conferre）和"封地"（beneficia），都是描述领主把领地授予附庸之时所使用的专业术语。而腓特烈无法忍受这一点。正如书信所明示的，承蒙教皇的帮助，腓特烈才能保有神圣罗马帝国，这跟任何在坎帕尼亚领有小块土地的弱小男爵是一样的，这样腓特烈和坎帕尼亚的男爵之间就没有任何进一步的关系了。当教皇秘书长、枢机主教罗兰友善地询问腓特烈，如果他不是从教皇手中得到的帝国，那是从谁手中获得之时，场面骚动起来。巴伐利亚宫廷伯爵（Count Palatine）维特尔巴赫的奥托（Otto of Wittelsbach）拿着剑冲过去，若皇帝没有迅速阻止，所发生的事件怕是要让隆德大主教的遭遇也相形见绌了。阿德里安听说发生的事情后，另给腓特烈写了一封信，这次的措辞更为平和，坚称自己的话遭到了曲解，而皇帝接受了他的解释。皇帝应该没有相信教皇的说辞，但是在他接下来为征服伦巴第而采取大型军事行动的时候，他不希望与教皇公开决裂。

谁都看得出来，贝桑松的争论只是表象，它体现了教皇和皇帝之间更深层次的分歧，这分歧不是任何外交书信可以弥合的。可以现实地讨论基督教世界"双剑"的时代已经过去，自格里高利七世和亨利四世在近一个世纪前互相废黜、互相咒逐的时候就已经结束了。从那时起，他们彼此的继承者就没有将教皇和皇帝视作同一枚钱币的两面。每一方都宣称自己拥有最高权威，并与另一方相对抗。当当事双方都是阿德里安、腓特烈这样的强势人物之时，引燃点就不远了。然而，麻烦的根源不在他们各自的性格，而在于他们所代表的制度。两人都在世时，他们之间的关系——被许多或真或假的细节所加剧——变得更加紧张，但是直到两人去世之后，冲突才演变成公开的战争。

然而，如果说腓特烈将双剑的信条置之脑后，他还强硬地拒绝接受另一个 11 世纪的帝国概念。在他第一次经过北意大利去接受加冕礼的路程中，他已经被伦巴第城市自由独立的精神、明目张胆的共和政体、对他权威的毫不尊重所惊骇。由于时间紧迫，他还热切地想接受加冕礼，所以他在路上的唯一一次耽搁是在托尔托纳，让托尔托纳沦为冒烟的废墟，以展示他的不悦。自那时起，他有很多机会去感受意大利人群体感的力量，但他依然没有理解，或不愿理解。在他看来，伦巴第人不老实，这就是问题所在。1158 年 7 月，他在波西米亚国王的陪同下，率领大军翻越阿尔卑斯山，要给伦巴第人上一课。

幸运的是，我们没有必要再细谈腓特烈·巴巴罗萨在伦巴第的运气。有一些城镇依旧忠于他，因此表示欢迎；有一些城市抓住机会，让帝国军队对付它们的敌人或商业竞争对手；其他城市跟上一次一样，在暴风雨面前再次望风而降；但还有一两座城市坚定地回击。但是对我们而言，战争的利益不在于处理一个个城镇，而在于对意大利舞台上的那位意想不到的新来者——西西里–教皇国协约所起到的作用。

事实证明，《贝内文托条约》比威廉或阿德里安在当时所知的要重要得多。对教皇制而言，它开创了一种解决问题的新的政治方法，在接下来的 20 年，这种方法将为教皇带来可观的好处。尽管阿德里安有时依然显得犹豫，就好像他不适应新模式一样，但他最后还是接受了一直以来的想法：不能跟皇帝做朋友。和皇帝在一起的话，他会经常跟皇帝像敌人一样吵架，他必须以某种方式与皇帝相处。他与威廉签署条约之后，便有了一个强大的新盟友。有了这个新盟友，他才能在处理与腓特烈的关系时采用更坚决的态度——贝桑松的那封信就是明证。这是马约和威廉所急于鼓励的一种倾向。

在教皇的圈子里，政策上这样剧烈的变化必然会在开始招致反对。教廷中的很多领导人物——大概是阿德里安在协商开始前派往坎帕尼亚的那些人——依旧秉持支持帝国、反对西西里王国的态度。达成条约的消息明显在教廷里造成了极大的恐慌，正如在帝国宫廷里所造成的一样。然而在接下来的几个月里，教廷众人的态度渐渐转向亲威廉。原因有好几个。其一是巴巴罗萨的傲慢，这傲慢已在贝桑松展示过，前前后后的其他事情也能确认他的傲慢。此外，与西西里的联盟已成为既成事实，再反对也毫无意义。至于威廉，他已表现得足够真诚。在教皇的提议下，他与君士坦丁堡讲和了。威廉很富有，也很强大。而且，好几位枢机主教也能证明他的慷慨。

此时，当腓特烈·巴巴罗萨开始攻击并劫掠伦巴第的城市时，一股反对帝国的潮流席卷了整个意大利。伴随着这股潮流的，还有恐怖的情绪。如果皇帝征服了伦巴第，还有什么可以阻止他继续前往托斯卡纳、翁布里亚（Umbria），甚至去罗马城呢？不久，陆续有人受到腓特烈的行动的伤害：丧夫的妇女，丧父的孩子，城镇被烧、村庄被蹂躏后出来流浪的人，遭到流放的市政官员，当然，不可避免地还有搞阴谋的人。我们面前的这些人，运用各自的方式，试图寻找一个抵抗的中心，寻找一个可以集中他们的愿望和理想的强大力量，想要自由而不要支配，想要共和主义而不要帝国主义，想要意大利人而不要条顿人。他们找到了英格兰人教皇与诺曼国王的联盟。

在整个 1158 年，马约一直在努力加强教廷对西西里的支持，枢机主教罗兰在其中发挥了重要作用。罗兰是阿德里安的秘书长和最信任的副手，是教皇与西西里结盟的主要促成者之一，现在又是其主要拥护者。罗兰和马约合作甚洽。1159 年春，发生了第一次出于教皇—西西里联盟的直接煽动的反腓特烈的事件。米兰突然摆脱了帝国的权威，在接下来的 3 年里，米兰人坚决地抵挡住了皇帝想强迫他们就范的所有做法。1159 年 8 月，米兰、克雷马（Crema）、皮亚琴察和布雷西亚的代表在阿纳尼（Anagni）会见教皇，阿纳尼是一座靠近西西里王国边境的小镇。在国王威廉的使者的见证下——马约或许能轻松地出现在现场——代表们发下誓言，这将在未来成为大型伦巴第联盟的核心。这些城镇承诺，绝不在没有得到教皇同意的情况下跟共同的敌人和谈；教皇承诺，将在 40 天后将皇帝处以绝罚。最终，聚集的枢机主教们商议，阿德里安去世后，新任教皇应该从在场的枢机主教中选出。

或许此举说明教皇已明显时日无多了。在阿纳尼时，教皇突发心绞痛，从此再也没有恢复过来。1159 年 9 月 1 日夜，他去世了。他的尸体被运到罗马，被安置于一座 3 世纪的不显眼的石棺之中，这座石棺至今还保留在圣彼得教堂的地下室。1607 年，当人们拆除旧的圣彼得教堂时，石棺被打开过，人们发现这位唯一的英格兰人教皇的尸体是完整的，身着深色丝绸法衣。考古学家格里马尔迪（Grimaldi）描述说："一个小于常人的男人，脚上穿着土耳其式凉鞋，手上戴着一个镶有大颗祖母绿宝石的戒指。"

很难评价阿德里安任教皇时的成就。有人将他视作乌尔班二世之后最伟大的教皇，这大概过誉了。比起在 12 世纪前半叶坐在教皇宝座上的那些庸才，他确实鹤立鸡群，就像他自己又被杰出的继任者的光芒所遮盖一样。然而，很难看出为何格里高洛维乌斯（Gregorovius）会认为阿德里安的本性总是"如他坟墓的花岗岩一样坚硬不屈"。他在早年确实坚强不屈，却在《贝内文托条约》之后因为环境所迫而完全转变了态度，尽管最后的结果对教皇的利益有利。从那时起，他似乎就失去了他早期生涯的大部分敏锐感。与继任时相比，他去世时的教皇之位更加强大，更受人尊重，但是这之所以能成功，大部分是因为他对伦巴第联盟的认同——相应地，他要为伦巴第联盟感谢巴里的马约的外交政策，感谢枢机主教罗兰的政治才能。并且，他最终没能成功降伏罗马元老院。

他在位时间不到 5 年，但这几年对教皇之位来说很困难，却至关重要，他承受着这种压力。很久之前，他的健康就已开始出现问题，他的精神也是一样。他向非常了解他的英格兰同胞索尔兹伯里的约翰吐露，教皇之位的重担现在已经超出他所能承受的范围，他常常想自己从未离开英格兰就好了。他去世时，就像许多在他之前去世的教皇一样，正过着艰难的流亡生活。死神到来时，他伸手欢迎，犹如欢迎友人。

因此，在《贝内文托条约》到教皇阿德里安四世去世之间的 3 年时间里，西西里国王威廉在欧洲舞台上的位置发生了有趣的变化。国王本人依旧居于这个变化的中心。他的政策由巴里的马约所制定、执行，政策的基础原则有两条：与教皇亲善，与西方帝国对抗。他从未与北意大利的城邦或者城镇产生任何争吵，除非它们被金钱收买，或以其他方式被诱骗着跟他的敌人合作。但是，他身边的盟友关系时常发生改变。教皇到贝内文托妥协一事再次说明了一个在过去 100 年里不证自明的事实：教皇若想成为强大的政治力量，其唯一希望就在于跟诺曼西西里结盟。威廉快速而彻底地在普利亚击败了拜占庭人，尽管腓特烈·巴巴罗萨不情愿，却对此留下了深刻印象，他的痛恨之情未减分毫，却心生敬意，所以他决定无限推迟惩罚性的远征活动。最矛盾的事情莫过于伦巴第的城镇开始把西西里国王视作他们共和理想的坚定拥护者，歌颂国王为公民自由的捍卫者。要知道，西西里王国的封建制度很稳固，它比任何西欧国家的君主制都更专制，而且此时巴里城废墟中的烟尘还未完全消散哪。

但是就在威廉和马约为西方帝国的衰落而努力的时候，另一个帝国，也就是他们自己的帝国正在丢失。西西里王国迅速丢掉了北非。1155—1156 年的冬天，西西里人的气运处于最低点的时候，局势已经开始恶化。当时，希腊军队正在畅通无阻地横扫普利亚。卡普阿亲王及其追随者正在坎帕尼亚等地夺回他们的祖产。在西西里，另外一帮叛乱者正从布泰拉的高处公然藐视中央政府。同时，一位来自北非的老谢赫（Sheikh）阿布·哈桑·弗里阿尼（Abu al-Hassan al-Furriani）安静地生活在首府巴勒莫。几年前，他被罗杰二世任命为斯法克斯的总督，但由于年事已高，他不久就卸任，让位给儿子奥马尔（Omar）。为了保证奥马尔老实行事，老谢赫自愿到巴勒莫充当人质。他眼看西西里王国三面受敌，正确地断定它无法抵挡从第四面遭到的进攻，因此向儿子送去密信，让他立刻发动起义。他说，他非常清楚自己可能会因此而丧生，但这没什么大不了的。他已经老了，为这个原因而死去，他非常开心。

奥马尔收信后，照做了。1156年2月25日，斯法克斯的当地人发动起义，屠杀了城里的所有基督徒。威廉得知这一消息后，立即派去使者，要求当地长官投降，如果他不立刻投降，就杀掉他的父亲。然而，使者抵达后被拦在斯法克斯城门外。次日早晨，城门开启，使者遇到了一支长长的送葬队伍，队伍抬着棺材。队伍带来了来自奥马尔的消息："今天将被埋葬的是我的父亲。我待在我的宫殿里为他哀悼。你们请便吧。"使者回到巴勒莫，报告了事情的经过。年老的阿布·哈桑以最后的气息赞美安拉，被带到奥雷托河岸边的绞刑架前，被绞死了。

但是威廉的北非帝国已经开始覆灭了。杰尔巴岛（Djerba）和克尔肯那岛（Kerkennah）也追随斯法克斯的脚步。在伊斯兰历法的553年的某个时候，也就是1158年2月2日到1159年1月22日之间，的黎波里也发动了起义。到1159年年中，只有马赫迪耶及城郊的扎维拉（Zawila）还在西西里人手中。到此时，威廉所有留在非洲的基督徒臣民都居住在马赫迪耶，他们人数很多，甚至需要新设置一位大主教来管理他们。这位大主教的任期是短暂的。早在3年前，当地穆斯林尝试夺取这座城市，只是因为一支西西里舰队恰好赶到，他们的尝试才宣告失败。此时，阿尔莫哈德王朝的领袖阿布德·穆蒙（Abd al-Moumen）带兵出现，想从非洲大陆上抹去最后一丝基督徒的痕迹。军队从海陆两面包围了马赫迪耶。7月20日，围攻开始了。

在开始的数周里，马赫迪耶城中的士气依旧高涨。这里的守军有 3000 人，补给充足。人们相信，从巴勒莫出发的解围舰队不久就会到来。舰队确实在 9 月 8 日到达，它包括不少于 160 艘舰船，是一支本要攻击巴利阿里群岛（Balearics）却被紧急召回的舰队。舰队的指挥官是国王威廉的主要宦官，一位改信基督教的穆斯林，来自杰尔巴岛，洗礼时获得的名字是彼得。他的穆斯林背景在这种环境下让人惊讶。形势似乎有救了。阿布德·穆蒙被舰队的规模吓住了，甚至命己方的 60 艘船在岸边待命，以便在战败的情况下率部下撤退。

他的担心是多余的。就在战斗似乎要在港口外一触即发的时候，彼得的旗舰突然调转方向，全速驶往远海。其他船只紧随其后。阿尔莫哈德王朝的军队抓住机会，启程追击，俘获了七八艘西西里船只，欢欣鼓舞地返回。

发生了什么？总被认为以最不友好的看法来解释每个人行动的雨果·法尔坎都斯，对于该问题没有任何怀疑。他指出，彼得"跟所有的宫廷宦官一样，只在名字和服饰上是基督徒，但内心还是撒拉逊人"。接下来他补充说，彼得的撤退必定不是由于缺乏能力或懦弱，而是出于纯粹的阴谋。其他编年史家更加宽容，他们没有暗示发生了任何背叛行为，蒂加尼甚至引用了一位名为伊本·萨达德（Ibn Saddad）的在场者的话。按照伊本·萨达德的说法，西西里舰队被一阵大风吹散，在重整之前遭到了穆斯林的袭击。他的说法，或是相似的灾难，似乎就是事情的真相。毕竟，我们找不到彼得返回巴勒莫后遭到处分的记录。相反，他还有长期而杰出的政治生涯。他明显比不上安条克的乔治，却没有任何证据证明他做过不光彩的事——法尔坎都斯的孤证除外。

　　唉，我们无法用同样的态度评价西西里的政府啊。守军勇敢地继续坚持了 6 个月，自信地等另一支援军来解围。但是，援军始终没有到来。最后食物开始缺乏，人们开始杀马匹食用。守军向阿布德·穆蒙提出了一个条件：让他允许守军派一两人去巴勒莫，且只去一次，去询问是否还会有援军前来；如果不会有援军，那么守军的长官愿意交出城市。穆蒙答应了。离开的使者不久回返，将消息带给马赫迪耶的基督徒社群，这是一则让人难以接受的悲伤消息：巴勒莫的人认为，北非已经沦陷了。1160 年 1 月 11日，马赫迪耶开城投降。守军携带武器和行李安全地回到西西里。

　　稍提一句，法尔坎都斯说阿布德·穆蒙早与巴勒莫宫廷里的宦官接触，提前知晓了威廉的决定。这个说法跟他笔下的许多说法一样，可靠性很低。但是，这里还有个更重要、更迷人的问题：为什么威廉和马约如此轻易地放弃了北非？他们对欧洲的政策已经证明，一旦国王改变了开始的惰性，就能以充足的活力和想象力活动起来。他们怎么会冷漠地看着北非帝国在眼前崩溃呢？毕竟，这冷漠不只是在马赫迪耶被围期间才出现的，马赫迪耶确实做了一些抵抗的尝试。但是，斯法克斯、杰尔巴岛、克尔肯那岛和的黎波里的情况是怎样的呢？这些地方纵使有所抵抗，那也只是形式上的而已。必须承认，1156 年的西西里王国将军队都投到更重要的前线。但是在 1160 年，西西里军队没有其他军队要对付，却也没有任何想在军事上或外交上收复失地的迹象。是什么阻止了他们？

　　威廉在国内的臣民，心里也产生了这些疑问。他们中有不少人几乎马上将海外帝国的丧失归罪于马约。埃米尔中的埃米尔变得比以往更不受欢迎。但是我们回望这些年的时候，会发现他那明显的虚弱姿态暴露在阳光下，也更容易为我们所理解。他在下更高的赌注。非洲的领土被征服之后，此时意大利政策的模式已经变得比罗杰二世和安条克的乔治时期更复杂、更具有挑战性。在整个意大利对抗德意志人的帝国势力的新斗争中，西西里王国眼前突然出现了一个获得对意大利的道德领导权的机会，而今日的道德领导权则意味着明日的政治领导权。

　　然而，为了达到这一点，西西里必须拥有行动的自由。她要对付两个帝国、一个教皇国，还有无数独立或半独立的城邦，更别说在她自己边界内的瘟疫般的革命状况，她无法承担在合理的影响范围之外冒险的代价。以马约的才智，他必定明白最好不要再管北非。如果想收复北非，就不只是派一支远征军，打下一两座城这么简单，而需要用武力征服这里的所有人，还要打败一个非常强大的势力——阿尔莫哈德王朝。阿尔莫哈德王朝东邻埃及，西至大西洋，北至安达卢西亚（Andalusia），南至撒哈拉沙漠，它差不多可以在战场上面对任何一支或数支欧洲军队。

　　旧的法则依然有用——远征军能征服土地，却无法一直控制土地。现实一次次地证明了这条法则的正确性。正因如此，西西里王国将作为民族国家而存在，忘记这一点的人将付出代价。巴里的马约不想犯下这样的错误。

12

谋 杀

> 马约此人是个十足的怪物。世上的确找不到比他更有害、更恶劣、更能危害王国的坏东西了。他的性格足够卑鄙，他的口才与他的性格相配。他还有任意伪装和掩饰的出众天赋。不仅如此，他还道德败坏，一直想把贵族家的妇女和处女往床上带，她们的品性越贞洁，他越是急于得到她们。
>
> ——雨果·法尔坎都斯

威廉已经退回到老路上。或许有人觉得，既然威廉击溃了拜占庭帝国，又在 3 年时间里从事着紧张的外交活动，他的命运之星正在欧洲这块天空中越升越高，有人希望他能品尝到政治的滋味，至少能让被证明是好将军的他证明自己也是卓越的政治家。但是，威廉都没有做到。他于 1156 年 7 月回到西西里，立即审判那些拿起武器反抗他的人。然后，他再次沉醉于寻欢作乐的生活。宫苑楼台、床笫之间依旧吸引着他，在接下来的 6 年里，他再也没有访问过大陆，甚至其活动范围不出巴勒莫城及其城郊。和以前一样，他把国家内外的事务统统交给有能力的巴里的马约处理。

此时，马约的权力已经到达巅峰。这位普利亚商人的儿子，现在不仅是王国中最有影响力的统治者，还因为外交政策的成功而迅速跻身于欧洲最有影响力的政治家之列。[1]意大利本土和西西里岛的男爵群体比以往更加憎恨他。他们比以往任何时候都觉得自己被排除在外，只能无能为力地旁观。在他们眼里，王国被两个相互独立的群体垄断了，一个群体可鄙，另一个群体可恨。一是埃米尔的家族和亲信，例如斯蒂芬·普利亚的海军指挥官西蒙、巴勒莫大主教休，或者起草了《贝内文托条约》、明显被马约当作接班人培养的年轻萨莱诺书记员阿耶罗的马修。二是宫中的宦官，几乎所有宦官都跟曾在阿尔莫哈德舰队前出洋相的彼得一样，是改信基督教的撒拉逊人，他们的敌人认为他们在政治上就像在身体上一样有缺陷。

　　在这样的情况下，巴勒莫的空气中无疑弥漫着各种流言。人们低声耳语，说埃米尔正在密谋自己戴上王冠。他确实僭用了国王的物品，把这些物品在朋友面前展示。他拿到这些物品不是什么难事，这是王后给他的，王后对他的痴迷人所共知。其他流言更加耸人听闻，说马约重拾了推翻国王的计划，以阿耶罗的马修为中间人而收买了教皇，让教皇祝福他为威廉的继承者。

1　他此时开始修建圣卡塔尔多教堂（Church of S. Cataldo），这座教堂就在马尔托拉纳教堂以西。圣卡塔尔多教堂有 3 个高耸的穹顶，还有蜂巢状的窗户，所以从外面看上去，这座教堂的伊斯兰风格跟隐修者圣约翰教堂同样浓重。像隐修者圣约翰教堂一样，它里面的装饰也都不在了，不过地面和祭坛还是原来的，非常显眼。顺便提一句，圣卡塔尔多教堂是最后一座具有明显阿拉伯风格的诺曼西西里教堂，卡斯特尔韦特拉诺（Castelvetrano）城外的小教堂——德利亚的至圣三一教堂（Church of SS. Trinità di Delia）是其中的例外。自此以后，每座新建的拉丁教堂都长得一模一样。

　　一旦流言纷纭，阴谋必会随之而至。在巴勒莫，马约的探子和眼线无处不在，他们一般能把阴谋扼杀在摇篮里。但是意大利本土为那些想搞阴谋的人提供了大量机会。1159 年底，一群心怀不满的贵族在意大利本土策划了一起阴谋，意图彻底除去马约和他那些令人讨厌的党羽。奇怪的是，这群人里面没有威廉到目前为止的两个主要敌手：罗利泰洛的罗贝尔和卢佩卡尼纳的安德鲁。这两人无疑支持这群人的目标，却更愿意把精力放在王国北部边境附近的战斗中。总的来说，这次阴谋的主要领导者都没那么有名，都是次等的男爵：阿奎拉的里夏尔（Richard of Aquila）、阿切拉的罗杰（Roger of Acerra）和曼诺佩罗（Manopello）伯爵塔尔西亚的博埃蒙德（Bohemund of Tarsia）。不过，其中还有一位我们将在下一年的故事中经常见到的人：吉尔贝（Gilbert）。他是王后玛格丽特的表兄弟，最近抵达了威廉的宫廷，并被立刻派往南意大利，其头衔是格拉维纳（Gravina）伯爵。

　　这次阴谋不像之前的那些困扰半岛达一个多世纪的大部分阴谋，它的目标不是起兵叛乱，而是暗杀，暗杀巴里的马约。不过，让谁动手呢？肯定不可能把任务交给雇来的刺客。埃米尔太重要了，他密探的消息也非常灵通。刺杀的任务必须交给阴谋集团中的某人，此人需认识马约，能容易地接近他，而且不会引起马约的怀疑。所以，最后的人选就是年轻的贵族马修·博内鲁斯（Matthew Bonnellus）。

　　尽管博内鲁斯没有头衔，严格来说也不算贵族，却来自南意大利最古老的诺曼家族之一。他勇敢而英俊，非常富有，在墨西拿海峡两岸都拥有大量地产。马约不信任贵族，又跟当时的人一样，有些势利眼，对他人的信息非常了解，所以当他在宫廷里提拔博内鲁斯，想让博内鲁斯当自己女婿的时候，没人会感到奇怪。此后不久，男爵叛乱的消息从卡拉布里亚传来。因为博内鲁斯在该地区拥有重要的家族联系，所以是一位能承担安抚任务的合适人选。可以说，这是马约一生中最大的错误。法尔坎都斯记载，马约喜爱博内鲁斯，视同己出。但是，似乎马约严重高估了博内鲁斯的才智和基本的可靠性。一旦踏上大陆，博内鲁斯就无法抵挡所承受的压力，尤其是美丽动人的卡坦扎罗（Catanzaro）女伯爵克莱门蒂娅（Clementia）所施加的压力。没过多久，他也站到阴谋者那边，发誓除掉他的恩主。作为回报，他不会只是迎娶一个巴里的中产阶级的女人，而会迎娶克莱门蒂娅，而后者是卡拉布里亚最富有、最具影响力的女继承人。[1]

当上独裁者的危险之一，就是逐渐难以接受他不愿相信的真相，而马约现在就是这样一位事实上的独裁者。他的兄弟斯蒂芬不断地警告他，但是他听不进去。最终，确凿无疑的阴谋的证据摆在他面前，其中有写着所有主谋名字的完整名单，而博内鲁斯赫然居首。即使这样，博内鲁斯送来一封书信，宣称他已完成任务，并询问，作为完成任务的奖赏，能否将他一直期待的、跟马约之女的婚姻提上日程。这些说辞足以扫清马约的恐惧。安下心来的马约全身心投入婚礼的安排，他心里的准女婿此时返回巴勒

---

1 在这个故事上，夏朗东成了这个稀少的浪漫故事所造就的航班的受害者。他认为，马约安排马修·博内鲁斯去卡拉布里亚执行任务，是为了阻止他与女伯爵克莱门蒂娅之间既有的爱情关系。夏朗东认为她是罗杰二世的亲女儿，居住在巴勒莫。论证该故事的真实性时，他引用了法尔坎都斯的著述。但是，法尔坎都斯从没有这么说。事实上，马修在巴勒莫碰见克莱门蒂娅的可能性非常小，因为她一直居住在卡拉布里亚。克莱门蒂娅是卡坦扎罗伯爵雷蒙的合法女儿，这一点没有理由否认。

莫，安静地筹划一个非常不同的计划。

圣马丁日的前夜，即1160年11月10日，博内鲁斯准备完毕。法尔坎都斯写道：

> ……日头西坠，夜幕渐垂，你可以看见全城因模糊而突然的流言而活跃起来，成群的市民四处走动，急于互相询问发生了什么事，询问是什么造成了这种惊愕的情绪。其他人则低着头，竖着耳朵听消息，他们在广场上碰面，他们的信息相互矛盾。他们中的大部分似乎认为，马约唆国王前往大主教的府邸，而国王被杀害在大主教府附近的街道上。

他们只是错在弄错了受害者。死的不是威廉，而是他的埃米尔中的埃米尔马约。马约在当晚拜访大主教休，而他无法活到次日早晨。休是否参与阴谋则不得而知，当然法尔坎都斯认为他参与了。无论如何，马约抵达之后不久，马修·博内鲁斯悄悄将自己的人布置在科佩尔塔大街（Via Coperta）上，这条街连接大主教府与马约的家。博内鲁斯自己则待在圣阿加塔门（Porta S. Agata）附近，大街在此处分为3条道，因而急剧变窄了。博内鲁斯在阴影中等待。

最后，府邸的大门打开了，马约现身了。他正在跟墨西拿大主教深入交谈，后边跟着一小队护卫。他们还没有意识到敌人就在周围，开始顺着科佩尔塔大街走。但是，他们还没到圣阿加塔门，两个惊恐的人拦住了他们。书记员阿耶罗的马修和内侍阿登努尔夫（Adenulf）发现了阴谋活动，急忙赶来警告。马约停下脚步，命人迅速带博内鲁斯过来。可是为时已晚。听见自己的名字，刺客从藏身之处跃出，拔剑冲向马约。

一切都结束得太快了。马约尽力自卫，但他的护卫已经四散逃走。他被围住，然后被刺倒。袭击者消失在黑夜里。冒险通知伏击之事的书记员马修也在混战中被抓住，他受了重伤，设法爬走，保全了性命。同时，西西里最后一任埃米尔中的埃米尔身受10多处剑伤，当场身亡，尸首贴着墙壁倒了下去。

没过多久，听见喧哗声的附近居民出屋观看，消息迅速传遍了巴勒莫。人们纷纷拥入科佩尔塔大街。按照法尔坎都斯的记载，有些人不敢相信脚下这具血肉模糊的尸体就是那位强势而令人畏惧的埃米尔，就是那位实行铁血统治达7年之久的人物。但是大部分人都知道这不会弄错，他们尽情地表达自己的欢愉和快乐。他们把这具尸体丢到大街中央，一边踹一边吐唾沫，一把把地拔下他的须发。闹到累了，他们才停下来。但是他们没有散开。暴行持续了一个小时，开始时出于好奇的人群开始变成野蛮而有报复心的暴民。他们高喊着，想见更多鲜血，想要更多破坏。突然间，他们拥挤着，顺着街道离开，仅有马约的尸首留在尘埃里，不成人形。

国王身处王宫一楼的房间里，听见人声喧嚷，他的掌马官不久后向他详细报告了事情的经过。面临真正的危机时，威廉总是迅速果断地行事，这次也不例外。他迅速行动起来，所以等暴民赶到马约的住宅之时，他们发现这里已经被王家卫队保护起来，埃米尔的妻子和家人已经被送进王宫，以受保护。其他卫队则被派去城中的各个角落巡逻。在国王采取下一步行动之前，他有必要确保暴民不会失控。

不过，他该做些什么呢？无须埃米尔中的埃米尔提醒，他知道自己的位置脆弱而危险。他不仅失去了左膀右臂，自己的脑袋也有掉落的可能。他意识到，他的大多数臣民，无论是穆斯林还是基督徒，无论底层人民还是贵族，都憎恨马约，都坚决地站在马修·博内鲁斯那边。他也知道，许多人对自己效忠的声明是靠不住的。心烦意乱的王后恳求他坚决地处理杀死马约的凶手，如果他照做了，可能会引发全面的暴动，这样一来，他就无法平息了。他懊悔地发现自己无路可走，只能去跟刺客谈判。等到他巩固了位置，再将凶手绳之以法。此刻，他必须尽力隐藏怒火和真心，将凶手当作拯救自己的人来欢迎。

次日凌晨，11 月 11 日，国王召见他的老友和前家庭教师、卡塔尼亚执事长亨利，亨利一般被称作亨利·阿里斯提普斯（Henry Aristippus）。威廉委任亨利总管临时政府。尽管拥有希腊式绰号，但亨利生来就是诺曼人，他首先是一个学者和一个科学家。我们可以从他翻译为漂亮拉丁文的作品判断他的兴趣范围。他翻译过：柏拉图的两篇对话，即《美诺篇》（Meno）和《斐多篇》（Phaedo）；亚里士多德的《气象学》（Meteorologica）第 4 卷；第欧根尼·拉尔修（Diogenes Laertius）的《名哲言行录》（Lives of the Philosophers）；圣额我略·纳齐盎（St Gregory Nazianzen）的《小品集》（Opuscula）。此外，他是热情的天文学家，又是英勇无畏的火山学家——这得益于附近的埃特纳火山。他工作努力认真，非常值得信任。不过，他既不是行政官员也不是政治家。威廉选择他，似乎最看重他那温和而有利于调解的性格，以及他的语言能力。威廉刻意不向亨利授予马约的头衔，亨利没有当上埃米尔中的埃米尔，也没有当上首相。威廉委派两位官员来协助他的老师。一位是马尔西科的西尔维斯特（Sylvester of Marsico），他是一位中年贵族，是王室的远亲。任命西尔维斯特明显是为了安抚博内鲁斯和他的朋友，尽管国王或许不清楚西尔维斯特也在共谋者之列。[1]另一位更为重要：理查德·帕尔默。理查德是英格兰人，学识丰富，雄心勃勃，新当选了叙拉古主教，他注定在未来的 30 年里成为西西里政治和宗教体系中的头领。

虽然这个三人组中间的两人在过去与马约关系友好，但是他们也知道有必要跟博内鲁斯一伙提供适量的通融，世人皆知谋杀的责任在博内鲁斯。他们采取的第一个政策或许有些政治权宜性，即不增加他们之中任何人的荣誉，也不增加威廉国王的荣誉，并有意系统化地抹黑埃米尔的性格，让人们觉得埃米尔被刺杀实属让王国得救的好事。而对于居住在宫廷里、受保护的马约妻儿，官方的态度也发生了变化。他的妻儿慢慢意识到自己不是在受到照顾，而是遭到囚禁。马约的儿子和首席宦官均遭到逮捕和监禁。据说，两人在严刑拷打之下承认了侵吞公款、敲诈勒索的罪行。似乎，四处散播的流言之中最糟糕的说法已经得到了确认。

基础打牢之后，威廉就必须尽快以王室的名义赦免嫌犯。得手之后，马修·博内鲁斯立刻和朋友一起逃到他位于卡卡莫（Caccamo）的城堡。[2]王室的使者前往城堡，向他保证，国王愿

1　他对马约之死的第一个反应就是保证埃米尔在巴勒莫的财产落入自己手中，包括圣卡塔尔多教堂——他的女儿玛蒂尔达就埋葬在这里。

2　得到了重建和修复之后，这座城堡依然非常引人注目，至今屹立在卡洛杰罗山（Mt Calogero）的西坡上，距离泰尔米尼-伊梅雷塞（Termini Imerese）有 7 英里。在城堡中，游客依旧可以看到"阴谋大厅"（Salone della Congiura），据说博内鲁斯和他的同伴就是在这里开会的。

他一切安好，并向他保证回到首都之后的人身安全。虽然博内鲁斯似乎不信任国王，但是最近的事件使得他不再怀疑他个人的受欢迎程度。他接受了国王的邀请。几天之前，他率人在夜色的掩护下从巴勒莫全速逃离；此时，他们得胜地骑马返回。法尔坎都斯写道：

> 博内鲁斯进城时，一大群人拥来欢迎他，其中男人和女人一样多。他们欢快地陪他到王宫门口。国王在王宫里和蔼地接见了他，他再次完全得到了国王的喜爱……所以，可以从庆祝活动得知，他赢得了贵族和平民的喜爱和赞赏……同时在西西里，尤其是在巴勒莫，所有人一致宣称，想伤害他的人都会被视作公敌；如果国王要因为埃米尔之死而惩罚他，他们甚至会拿起武器对抗国王本人。

纵使我们除去法尔坎都斯的夸张之语，马修·博内鲁斯在1161年初也明显是王国内最有权力的人物之一。将他推上波峰的这股声望的浪潮，不久就消失不见了。这位年轻人的傲慢逐渐激怒了威廉国王，王后又从旁鼓动国王去展示自己力量和权威。国王的勇气开始恢复。对国王来说，掩饰从不是一件容易的事，他对这位谋杀了他朋友和顾问的人的态度越来越明显。有一天，他要求博内鲁斯为亡父的地产支付高达60000塔利斯的税——马约之前为未来的女婿而忽略了这笔款项。

博内鲁斯如数支付了，但是这件事算是警告。博内鲁斯从未低估王后对她丈夫的影响力，也不会低估王宫里的宦官。马约对这些宦官有恩，博内鲁斯知道他们会催促国王为他们的老恩人报仇。他发现有奇怪的人在其巴勒莫的住所附近徘徊，知道国王的探子正在监视他的所有行动。他只能得出以下结论：自己的性命有危险。

自埃米尔去世那一刻起，同伴就在对博内鲁斯施压，让他对国王采取动作，却都被他制止了。将西西里从一个讨人厌的暴君手中解放出来是一码事，对上帝涂过油的国王动手又是另一码事，他完全不清楚威廉的臣民会做何反应。采取行动的话，他的所有声望、他此时享有的所有权力可能会悉数丧失。然而，他逐渐开始意识到同伴的建议是对的。国王也必须被除掉。

然而即便是现在，博内鲁斯也不敢有弑君的想法。紧要之事是将威廉从权位上移走，移走之后，就有充足时间考虑怎么对付他。只要不对威廉动武，再用他的小儿子罗杰取而代之，尊王一派的观念就很容易对付了。此外，在巴勒莫还有两个毋庸置疑具有奥特维尔家族血统的人，这两人毫不掩饰自己对国王的厌恶，因此他们可以为除去国王的行动提供公开支持。第一位是威廉的同父异母兄弟西蒙，他是罗杰二世的私生子，因为威廉拒绝允许他保有塔兰托公国，所以他对威廉怀恨在心。罗杰在 1148 年将塔兰托公国授予西蒙，而威廉之所以拒绝，是因为这里很重要，所以不能处于一位私生子的手中。第二位是威廉的侄子、莱切伯爵坦克雷德（Tancred of Lecce），他是罗杰公爵的亲生儿子，因为曾在普利亚叛乱中发挥作用，所以之前的 5 年时光在王宫的地牢里度过。

阴谋者的一些基本图谋可能是坦克雷德的主意。抓住国王绝非易事，他很少在公共场合露面。国王有两处主要住所：法瓦拉，位于湖泊的中央；巴勒莫的王宫，本质上是座诺曼城堡。这两处都修建于罗杰二世时期。不仅如此，王宫外还有一支300人的卫队专门巡逻，卫兵尽是精锐，其指挥官绝对廉洁、绝对忠诚。然而，在王宫西南角还有一所关押政治犯的监狱，近年的叛乱和马约的压制政策让这所监狱充满了犯人。如果能把里面所有人同时放出来，就能从内部迅速攻破这座建筑。

博内鲁斯一伙交了好运，说服了直接负责管理犯人的官员。他们提供了巨额钱款，还答应让他在事成之后加官晋爵，所以此人爽快地答应了，不仅答应在收到约定的信号时释放犯人，还答应为犯人提供武器。犯人也提前得知了政变计划和所负的任务。所有一切安排妥当之后，马修赶往他的另一座城堡，城堡位于米斯特雷塔，在切法卢东南数英里的内布罗迪山上。似乎他打算在办好一切事情之前将国王关押在这里。他去为关押这位王室的囚犯做准备，并布置防御工作。他告诉同伙，自己会在政变之前迅速赶回巴勒莫，不可在他回来之前采取任何行动。

如果他能老成一些，聪明一些，就会知道军事行动或准军事行动的领导者的第一要务就是时刻与手下保持联系，尤其是在临近动手的关键时间里。他远在米斯特雷塔，手下无法在突发情况下联系他。而且，紧急情况突然出现了。走漏了风声，一位忠于国王的当地骑士得知了政变计划，因此密谋者处于危险的境地，他们没时间再等博内鲁斯了。唯一的希望就是在被捕之前立刻将计划付诸实践。

1161年3月9日上午，日出的3个钟头之后，政变的信号发出了。地牢被打开，犯人拿起为他们备好的武器，匆匆打开边门，放入早在门外等候的同谋。随后，了解王宫结构的西蒙和坦克雷德带他们前往比萨塔（Pisan Tower）的大房间，他们知道国王经常跟亨利·阿里斯提普斯在这里开晨会。威廉大惊失色，眼看无路可逃，就冲到窗前，想大声呼救。但他还没叫出声来，就被人抓住拖走。两位阴谋者拔剑恐吓国王。这两人是莱西纳的威廉（William of Lesina）和博瓦的罗贝尔（Robert of Bova），法尔坎都斯描述前者为"最残忍的人"，后者为"以残暴而闻名"。只有第三位曼德拉的里夏尔（Richard of Mandra）出面干涉，拯救了国王的性命。同时，另一群人径直前往王后的寝宫，逮捕了玛格丽特和她的两个儿子。

抓住国王一家之后，抢劫开始了。王宫是个名副其实的大宝库，闯入者在宫中抢劫，宛如蝗虫。罗杰和威廉在过去40年里积攒的金银珠宝被洗劫一空，拿得动的东西都被带走了。珍贵的瓶瓶罐罐充当容器，塞满了从金库中拿来的钱币，被运走了。产自提拉兹的国王礼服和宗教礼服也没有留下。或许最让人痛心的是艾德里西制作的大幅纯银星图，尽管它非常重，却也在这场动乱中下落不明。庭院里被放了火，几乎所有的政府记录，包括所有封地的记录和封臣服役情况的记录全都被火烧毁。同时，所有没能逃走的宦官都被砍死了。闯入者还进入没有任何防卫的闺房，女眷不是尖叫着被拖走，就是被就地侵犯。

对宦官的屠杀，为时局新引入了一个不祥的因素。贵族一直反对穆斯林在宫廷中的影响力，认为穆斯林的影响力太强了。政变的最初成功，将积压的对整个穆斯林社群的憎恨都释放了出来。突然间，所有撒拉逊人都处于危险之中。甚至在文书官、造币厂等公共岗位上工作的无辜穆斯林也各自逃命。威廉跟父亲一样，让数位穆斯林艺术家和智者永久居住在宫中，其中就有身处当时最杰出的阿拉伯诗人之列的叶海亚·伊本·提法什（Yahya Ibn at-Tifashi）——他被抓获并杀害。在城市的低处，一群基督徒暴民来到市场，要求自 1159—1160 年的北非之败后已经被禁止持有武器的所有阿拉伯商人和店主撤到城中专为穆斯林划出的区域，在那里，阿拉伯人在狭窄的街道中得到了所需的庇护。

数量更多的一群人在王宫前的大广场上集聚。人群中流传着各种相互矛盾的传言，弥漫着一种困惑的情绪：国王死了，国王没死；国王被抓了，国王没被抓；这是撒拉逊人的夺权阴谋，这是基督徒想在政府中清除穆斯林影响力的阴谋。但是在王宫内，元凶知道这种不确定的氛围不会持续下去，大众的感情迟早会固定下来，它固定下来的样子决定了政变是否成功。从王宫窗户时不时撒撒钱币不足以获得公众欢迎，他们需要对外发布公告，说明自己的政策和目的。因此，他们公布了以下事项：威廉的长子罗杰将正式接替其父成为西西里国王，并在几天后——其实是在马修·博内鲁斯返回巴勒莫后——在主教座堂加冕。与此同时，这个 9 岁的小孩骑马严肃地到首都的街上行进，公告邀请人民在这时欢呼喝彩，表示拥护新王。

民众的反应似乎不太热烈。罗杰在次日再次上街的时候，眼尖的人可以发现陪同小王子的人都有些闷闷不乐。不久之后，全城都知道了原因。由于大量高级的政府和教会的官员发誓支持，阴谋者的人数也大大增加，现在他们之中也出现了公开的分歧。反对罗杰当新王的呼声越来越高，这些人支持罗杰二世的私生子西蒙。

双方僵持不下，所以叛乱的头领们决定先搁置这个问题，等博内鲁斯回来。这是一个致命的错误。政变要成功，速度和果断必不可少。前进就是一切。必须把既成事实摆在人们面前，不应该在中途停歇，不应该调转方向。因此，他们打破了第二条至关重要的法则，国王威廉的王位就保住了。保王派抓住机会，重整力量。他们派探子到街上和酒馆里，四处散布不利于博内鲁斯一派的流言，四处寻找意见一致的人。叛乱者的行为尤其是洗劫王宫之举，造成了极坏的影响。所有体面的市民对杀戮和暴力感到厌恶，对随意抢劫可能被用来捍卫王国的财富的行为感到震惊。公众的观点一点点变得强硬，他们越来越同情被捕的国王。阴谋者突然发现，整个西西里都团结起来反对他们。

他们最后的希望在马修·博内鲁斯身上。因为他不在，所以他不用为所发生的事负直接责任。如果能尽快找他回来，那么他名字的魔力和声望或许能拯救局势。叛乱者迅速派两位领袖去米斯特雷塔请他，却为时已晚。两人还没有离开巴勒莫的时候，一群效忠于国王的高级教士已经采取了行动。为首的是萨莱诺大主教罗穆亚尔德、墨西拿大主教罗贝尔、马扎拉主教特里斯坦（Tristan）、叙拉古的当选主教理查德·帕尔默。他们均不属于马约的密友，但是他们不希望看到自己在宫廷中的影响力被贵族所破坏。他们还真诚地强烈反对用暴力对待涂油过的国王。3月11日，星期六，他们号召巴勒莫民众冲向王宫，拯救他们的国王。人民响应了。

叛乱者很快发现根本不可能对抗这么多的人。为了赢得时间，他们试图谈判，还指出博内鲁斯不久就会回来，博内鲁斯会解决一切误会。但是这毫无作用，博内鲁斯的名字已经失去了魔力。同时，防守宫墙的人说他们无法继续坚守。王宫一旦被攻破，叛乱者就难逃一死。叛乱者崩溃了，跑向被关押的国王，跪在国王面前，求他宽恕。

威廉得救了——在理论上是这样，却还没有脱离危险。他依旧被敌人所控制，对敌人而言是有价值的人质。叛乱者陷于绝望，如果他们走投无路，就可能带他陪葬。威廉慢慢走向比萨塔的一扇窗户，[1] 让聚集在塔下的民众能看见自己。突然间，民众中响起巨大的哭喊声，他们要求打开王宫大门，向叛乱者复仇。但是威廉举起手，示意大家安静。他说，他完全能感到臣民的忠诚和感情，他请民众放下武器，各自回家，允许王宫里的人自由进出，因为他已经赦免了这些人。人群乖乖散开了。叛乱者溜出王宫，逃回卡卡莫城堡。

他们离开之后，罗穆亚尔德及其教会同侪才得以进入国王的寝宫。不久之前，威廉还透过窗户勇敢地发表讲话。但是教会一行人此时发现他处于几近崩溃的状态，哭得停不下来。想想过去3天发生了什么，他的情绪也容易理解了。不过，在威廉获救的一刻，真正的悲剧才到来。他的小儿子兼继承人罗杰本来和他待在一起，却在王宫最后遭到进攻的时候被箭矢射中眼睛，此时已奄奄一息。这个最后的打击实在太大，威廉的精神崩溃了。[2] 主教们艰难地劝他下楼，到大厅去。他的臣民派出不少代表，正在大

1　法尔坎都斯宣称威廉在邻近的吉奥阿里亚（Gioaria）对民众发表讲话，这样的话，就基本可以确定他是通过今天称为"罗杰之间"（Sala di Ruggero，见第 260—261 页）的窗户讲话的。但是萨莱诺的罗穆亚尔德当时在现场，他明确提到是比萨塔，所以我们必须接受他的说法。

2　法尔坎都斯利用这次机会谴责老敌人的残暴行为，他承认了箭伤，却暗示小罗杰其实是被父亲踢死的——威廉在早些时候怀疑儿子不忠，于是在狂怒中踢死了他。因为法尔坎都斯的暗示的可能性实在太低，所以我怀疑是否有人认真对待过他的说法。

厅中等着庆祝国王逃出生天。国王在代表前现身，却说不出话，他只能结结巴巴地对理查德·帕尔默——法尔坎都斯提醒我们，他是"一个学识和口才俱佳的人"——耳语几句，让理查德以国王的名义向众人传话。接下来的讲话异常谦逊，威廉承认他过去的错误，承认他最近的遭遇不是没有原因的，并保证废除最近颁布的、引发民愤的法令。作为他良好意愿的保证，他从这时开始，废除了对运送到城内的食物所征收的关税。

无论最后的主意是国王的还是帕尔默的，它都与这个场合非常契合。人们报以雷鸣般的欢呼。由此，威廉的地位得到了恢复，他的声望再次得到了保证——至少在巴勒莫是这样。

虽然叛乱失败了，但是叛乱者还未受惩处，还保有武装。他们退守卡卡莫城堡，没有任何要投降的意思。威廉在军事上还很脆弱，在首都可用的军队只有300人的宫廷卫队，但这些人在过去几天里没起到什么作用，因此无法依赖他们。所以，国王召墨西拿的大部分军队和舰队来巴勒莫。同时，为了争取时间，他向马修·博内鲁斯送出了表面上很友好的书信，询问已经回到卡卡莫城堡的博内鲁斯，为什么要庇护国王的敌人。

博内鲁斯的回信很有趣。在信的开头，他向国王保证自己与上一次叛乱无关。但是叛乱者确实就是他的朋友和同僚，他怎么可能会拒绝保护他们呢？他们做那些事只是纯粹出于绝望，只是因为没有其他的方式能让他们纠正自己和其他贵族成员所遭受的错误待遇。例如，他们只有在得到王廷许可的情况下才能嫁女儿，而王廷的批准往往来得太晚，所以很多女士常常到过了生育的年龄才能嫁人，而其他人则被判处永远为处女。[1] 简而言之，除非威廉答应恢复由罗贝尔·吉斯卡尔和罗杰一世在上世纪引入的旧传统和旧习惯，否则国王和贵族之间不会达成和解。

博内鲁斯再次失算了。这不是傲慢的时候，他的回复激怒了国王。威廉答复说，如果贵族肯先放下武器，来恳求他原谅，那么他愿意同情地聆听他们的委屈。他宁愿冒着牺牲王国甚至牺牲自己性命的风险，也不愿对威胁低头。谈判立即破裂，威廉没有更多要说的话了。

叛乱者过高估计了自己的力量。博内鲁斯知道唯一的希望就是再发动一次袭击，行动要快，得赶在墨西拿的援军到来之前。他们一伙突然在没有任何预警的情况下猛地从卡卡莫城堡扑向法瓦拉附近的某个地方，而此地距离巴勒莫只有一两英里。他们在这里分散，迅速占领了通往首都的各条道路。这是一个大胆而得到良好执行的计划。巴勒莫居民吃了一惊，他们没有充足的食物，没有做好防御的准备，因此开始恐慌。如果博内鲁斯趁势直接向老家进军，径直进入巴勒莫城，或许还有可能成功。相反，他在危急时刻犯了犹豫。他犹豫之际，从墨西拿来的第一艘船驶入港口，士兵迅速下船，占据了重要防守位置。王国的其他军队从西西里岛各处赶来，与墨西拿的军队合兵一处。叛军见己方人数处于劣势，无望取胜，就再次撤往卡卡莫城堡。

这次他们准备明智地进行对话。威廉准备提供的条件比他们所期望的更慷慨。不会有死刑，也不会有监禁。绝大部分叛军领

1　引起这种悲伤的远不止是父爱而已。博内鲁斯明显不会提到贵族感到愤慨的真实原因：如果他们死后没有子女，他们的地产就会落入国王之手。

袖都被处以流放，包括西蒙、坦克雷德和国王的另一位远房堂亲公国的威廉（William of the Principate）——国王用西西里的船只把他们送往泰拉奇纳。有些人被迫去耶路撒冷朝圣。另一方面，曼德拉的里夏尔在那个命运攸关的早晨保护了国王的身体，因此得到了赦免。而在 6 个月内推动 3 次政变的马修·博内鲁斯也被赦免了，国王召他去宫廷，以充满友爱的方式再次接待了他。

为什么国王会在这时显得这么仁慈呢？ 5 年前，发生了一次不亚于这一次的暴乱，他当时下令执行绞刑、溺死、刺瞎等刑罚，将侥幸逃走的人都关进监狱，将巴里城夷为废墟以杀鸡儆猴：任何统治区内胆敢对抗他的城市都会落得如此下场。这次他担惊受怕了 3 天时间，差点性命不保，为什么他不在优待的流放之外再实施更严厉的处罚，还要张开双臂欢迎这些在西西里王国历史上最接近弄倒王座的叛乱分子呢？

简单地说，第一个原因就是虽然叛乱者得到权力的企图均宣告失败，却还没有投降。卡卡莫城堡的地势易守难攻，防御坚固，如果博内鲁斯决定坚守，或许可以坚守一年甚至更长的时间。这对巴勒莫居民整体士气的影响难以评定，但是最近的封锁引发的恐慌说明影响或许会很严重。所以，威廉不能再冒首都中发生大型叛乱的危险了。只有结束敌对活动，尽快让敌人离开卡卡莫城堡，才能恢复和平。但是除非保证赦免博内鲁斯，否则他不会投降。在这种情况下，他很难为追随者做出榜样。

威廉很幸运，这位年轻人不仅愚蠢，而且自负。如果不是他的崇高声望让他不会遭到伤害，他也不会选择投降。当依旧嚣张的他吞下诱饵，再次出现在国王面前的时候，威廉肯定知道马修·博内鲁斯已经完蛋了。他被自己的虚荣心所害，再也掀不起风浪了。他又度过了几周自由的时光，大摇大摆地走在巴勒莫城中，吹嘘自己的权力凌驾于国王之上。4月末，西西里岛中部和意大利本土爆发新的叛乱，这时威廉决定一劳永逸地除去博内鲁斯。

逮捕本身没有遇到问题。博内鲁斯被召进王宫，尽管有人秘密警告他，但他依旧认为自己的地位不可动摇，毫不犹豫地听令进宫。进宫之后，他马上被守卫逮捕，送到一座法尔坎都斯用心描述为专为反叛者准备的地牢中，这次的地牢不在王宫里（威廉从不会第二次犯同样的错误），而是在毗邻王宫的城堡里。这座城堡通常以它的阿拉伯语名字"哈尔卡"（al-Halka）称呼，即"指环"。

接下来只有象征性的市民骚乱。回到巴勒莫之后，博内鲁斯就致力于维护自己的形象。得知他被抓后，他在城里的代理者们急忙动员民众，想让民众起来示威，以表示支持博内鲁斯。但是市民无意示威，他们厌倦了骚乱和叛乱，没等示威开始就已经泄气了。王宫和哈尔卡城堡均有守卫严密控制。发生过一次组织不严的企图，起事者想烧掉大门，却被轻松镇压。法尔坎都斯写道：

> 眼看自己什么都做不了，人们……突然转变了心意，他们会向时局低头，而不是坚持一直以来的信仰，这就是西西里人的性格。很多曾经为了博内鲁斯的自由而哭喊的人，现在又不遗余力地表明自己从不想做博内鲁斯的朋友。

在国王的支持者中，只有一位受害者被记录下来，那就是王宫内侍阿登努尔夫，他被博内鲁斯的一位骑士刺死。叛军一方更为不幸，毕竟威廉的仁慈情绪已经过去了。落入他手里的人很少能逃过死刑或损毁身体的刑罚。博内鲁斯本人被刺瞎，挑断脚筋，被扔在地牢之中，不久就死了。

13

统治的结束

一位公民离去了，［他说］虽然他无法

与往昔管理政府的那些人相媲美……

但是在这个不尊重法律的时代，

他扮演了高贵的角色。

——加图在庞培葬礼上的演说辞，见琉善《内战记》，第
9 卷。据雨果·法尔坎都斯所说，当选的叙拉古主教在威廉
一世去世时引用了这段话。

西西里岛内陆和普利亚的叛乱非常严重，却很短暂。前者
的危险不在于直接危及国王的安全，而在于让宗教问题发生了不
祥的转变。两位担负主要责任的贵族莱切的坦克雷德和斯科拉沃
的罗杰（Roger of Sclavo）及时离开卡卡莫城堡，退回到该岛南
部，占领了皮亚扎（Piazza）[1]和布泰拉，鼓动在当地居住的伦巴第

---

1 它现在更多地被称为皮亚扎-阿尔梅里纳（Piazza Armerina），这得名于
加固过的营地，也就是 castrum armorum，后者由大伯爵罗杰一世修建于皮
亚诺-阿梅里诺（Piano Armerino）附近。作为城镇，这里现在以（接下文）

人[1]社群对抗穆斯林农民。恐怖迅速蔓延至卡塔尼亚和叙拉古。在很多地区，穆斯林只有冒充基督徒才能免遭屠杀，得以逃走。甚至到秩序得以重建的时候，他们中也只有少部分人能回到从前的家园。

在意大利本土，大锅也再次沸腾。罗利泰洛的罗贝尔从不消停，已经抵达了巴西利卡塔（Basilicata），也就是意大利这只靴子的足弓处，远至塔兰托和奥里奥洛（Oriolo）。卢佩坎尼纳的安德鲁也在坎帕尼亚掀起叛乱。第一次陷入不忠的萨莱诺已经加入了叛乱。甚至过去在国王的统治区内一直都最可靠的卡拉布里亚，也被女伯爵克莱门蒂娅鼓动起来——也许是为了报复威廉对她情人做的事——拿起武器对抗他。在整个半岛上，只有一些男爵还保持忠诚，比如曼诺佩罗伯爵博埃蒙德、王后的表兄弟、格拉维纳伯爵吉尔贝，尽管他们曾参与对付马约的阴谋，却在最近重获国王的喜爱。

意大利本土的情况再绝望，也只能先处理西西里岛的问题。

（接上文）3 世纪的罗马庄园遗迹卡萨雷庄园（Villa del Casale）而知名，它可能在 1161 年被威廉所毁，在近些年才得以修复。这处宫殿的地面马赛克让它成为全西西里最吸引旅游者的景点之一。但是，到皮亚扎来的游客应该不会忽略北方一两英里处小巧的圣安德烈亚女修道院（Priory of S. Andrea），它由布泰拉伯爵西蒙修建于 1096 年。西蒙是罗杰二世在母亲阿德莱德这一边的表兄弟，甚至可能是斯科拉沃的罗杰的亲生父亲——尽管夏朗东不接受这个说法。

1　罗杰一世引入西西里的伦巴第人的居民点在过去半个世纪中迅速发展，他们的主要定居点除了皮亚扎和布泰拉，还有兰达佐（Randazzo）、尼科西亚、卡皮齐（Capizzi）、艾多内（Aidone）和马尼亚切。拉·卢米亚（La Lumia）在一个世纪前写道，这些地区的居民讲的方言不像一般的西西里方言，更像北意大利的方言。

威廉只能求助于吉尔贝，让他尽可能地利用可用的力量控制意大利本土的局势。威廉本人则向坦克雷德和斯科拉沃的罗杰进军。4月末，他已踏上战场。经过数周的围困，威廉攻破皮亚扎，将它夷为平地。他的下一个目标布泰拉则是个更加强大的挑战。叛军指望海峡对岸的麻烦能迫使国王撤围而去，因此坚决地抵抗，甚至向占星学家咨询何时最适合突围和反击。不过威廉也能通过自己的占星学家得知叛军行动的具体时间，并做出相应的安排，因此叛军的这种做法可谓弊大于利。不仅如此，入冬之后叛军还缺少食物，市民的不满情绪日益增长，市民劝说叛军交出城市，这样还能以流放换取生命安全。威廉接受了他们的条件，让他们离开。但是对这座在5年之内两次背叛他的城镇，他没有怜悯。圣诞节那天，在布泰拉曾骄傲地矗立的山头，一切化为乌有，只剩下一片正在闷烧的废墟。

国王在巴勒莫稍做停留，一边庆祝圣诞节，一边为接下来的战争做准备。3月初，他渡过海峡来到大陆。当他在卡拉布里亚推进之时，女伯爵克莱门蒂娅带家人撤退到他们位于塔韦尔纳（Taverna）的堡垒里，该堡垒位于卡坦扎罗正北方的山上。叛军准备了大量沉重的木桶，在桶上打上长钉，从陡峭的山坡上滚向敌人的阵列，造成了大量伤亡。但是威廉的第二次攻击得手了，女伯爵的两位叔父被处决，她和她的母亲成了囚犯，被送到巴勒莫，命运未知。

自此之后，跟他的上一次战争一样，敌人似乎在威廉接近时就瓦解了。这次他毫不留情。当他的侍从长、宦官乔哈尔（Johar）携国王印章潜逃而被抓住时，他将乔哈尔就地溺死。塔兰托略做抵抗就迅速投降，威廉将所有能找到的支持罗贝尔的人都处以绞刑，不过罗贝尔本人逃往待在伦巴第的腓特烈·巴巴罗萨那里。威廉通过普利亚，穿过群山来到坎帕尼亚，到处都重复着同样的故事：迅速投降，紧接着是绞刑、瞽刑、切断肢体之刑。威廉偶尔让整座城镇或整个地区支付"赎金"以减轻刑罚，尽管这笔钱常常让城市在几年后破产，却确确实实地充实了国王存放战利品的国库。

夏季的某个时候，威廉抵达萨莱诺。城中许多自认为与叛乱有关的年长者都逃走了，而剩下的人以满是拥护和忠诚内容的声明出城迎接威廉。威廉拒绝听他们声明，甚至直截了当地拒绝进城。其首都的背叛是最大的不忠，因此该受到最大的惩罚。萨莱诺毋庸置疑将落得和数年前的巴里一样的下场，但是有它有两位强有力的保护者插手干预了。第一位是城市的主保圣人圣马修，按照大主教罗穆亚尔德的说法，圣马修让一个晴朗无云的夜晚下起大暴雨，暴雨似乎要将军队的所有营帐全部卷走，包括威廉自己的营帐。这似乎是圣人想让国王弄明白，如果城市受到伤害，国王自己也会受到伤害。第二位支持者也叫马修，即父亲是萨莱诺人的那位书记员马修，他请求马尔西科的西尔维斯特、理查德·帕尔默为他的出生地向国王求情。

两位马修的联合努力起到了作用。威廉满足于清除不可信赖的人，将被发现阴谋对抗他的人均处以绞刑。萨莱诺得救了。

虽然直接的危险没有了，但是已经造成的伤害永远无法弥补。1162年夏末，威廉回到西西里，他此时发现宗教仇恨让岛屿遭受着规模空前的折磨和恐怖。他不久就离开巴勒莫，但他清楚很多参加了西西里叛乱的人还没有被绳之以法。他将追捕他们的工作以及巴勒莫的管理工作都交给了宫廷里的一位卡伊德（Caïd）[1]——改信基督教的宦官马丁。这是个灾难性的选择。当叛乱在前一年暴风雨般扫过王宫的时候，马丁死里逃生，而他的兄弟在接下来的屠杀中丧生。他自那时起就开始深深地厌恶所有基督徒。因此，当威廉于3月前往意大利本土之后，不折不扣的恐怖统治开始了。不论在哪里，密谋对付国王甚至对国王及其大臣口出不敬的人都会被逮捕，许多穆斯林和基督徒之间的旧账也在公共调查员那里重新翻开。受到怀疑的人均要受到各种严刑拷打，经受住严刑拷打的人也常被等同于有罪，而不管证明罪行的证据有多么站不住脚。马丁就这样除去各种不受欢迎的人。他要求各地政府清洗辖区内的叛乱分子，各地政府莫敢不从。他甚至对那些忠诚从未动摇的城镇和地区征收赎罪金。所以，尽管秩序得以恢复，国库得以充实，却付出了沉重的代价。尽管还有各种动荡，但是大部分地方民众对中央政府的尊重，从此之后都带有一种新的、不健康的恐惧感。罗杰一世、罗杰二世好不容易在基督徒和他们的穆斯林臣民之间制造的和谐被彻底破坏了。

亨利·阿里斯提普斯也成了受害者。法尔坎都斯宣称亨利参与了最后的阴谋，还拐走了后宫中的一名女子以满足私欲——因而丧失了被赦免的可能。考虑到亨利的年龄和为人，很难说这两个指控中哪个的可能性更低。关于他的失势还有另一个更简单的解释。他是一个温文尔雅的学者，突然被卷入阴谋与反阴谋，充满暴力和凶险的宫廷阴谋的世界。在这样的世界里，他的地位自

---

1 阿拉伯语中 Caïd 的意思是长官和领袖，这是给穆斯林或者原本是穆斯林的宫廷官员的头衔。拉丁语的编年史通常称这个职位为 gaitus 或 gaytus。

然会为他带来敌人。当他的敌人用他不了解的武器，不加顾虑地
推翻他的时候，他也无法反抗。就这样，威廉这位最年长的朋友，
这位最忠实的支持者，跟他最恶劣、最肆无忌惮的敌人一样落得
同样的下场。跟马修·博内鲁斯一样，亨利·阿里斯提普斯也被
剥夺官职，投入地牢。我们不知道他有没有重获自由。

　　危机过去了。在一年时间里，威廉失去了他最信任的顾问，
后者被人在大街上公然谋害；他失去了自己的儿子兼继承人，他
亲眼看见孩子被叛军射中；他失去了国家的大量财富，失去了自
己几乎所有的财物；不仅如此，他还失去了自己的名誉和自尊心。
他在两次试图推翻他的大阴谋中幸存下来，其中的一次险些成功，
他和家人在当时被叛军抓获，时刻面临死亡的危险。他这时才发
现，无论是王国中的西西里岛还是意大利本土都处于公开反叛的
状态。这恰恰说明了马约的政策的正确性，尽管这些政策不受人
欢迎。埃米尔去世还不到一年，西西里已经处于分解的边缘。而
威廉只花了一年多时间，就恢复了他的权威与大部分财富。回到
巴勒莫的时候，他对国家的掌控更紧，而且比以往更加可靠。数
月后，王宫监狱里的囚犯试图像 1161 年那样越狱，却失败了，国
王永远地关闭了王宫监狱。除了这一次，他的统治再也没有碰到
叛乱或暴动的麻烦。

　　威廉还很年轻，只有四十出头。在有需要的情况下，他就能
展现出勇气和力量。既然现在可以放松下来，他就不去想所有国
王该考虑的事，让新的三位大臣负责政务。亨利·阿里斯提普斯
的位置由书记官阿耶罗的马修接替。老伯爵西尔维斯特（在此时
去世）的位置由担任卡伊德的彼得接替，彼得也是一位略为沉闷

的宦官，在马赫迪耶表现平平，现在却被擢升到侍从长的位置。只有一位成员没有变，那就是理查德·帕尔默，他依旧是尚未被祝圣的叙拉古主教。这三人广泛地代表了国王的各种臣民：意大利-伦巴第中产阶级、穆斯林官僚和拉丁教会。只有两群人被忽略了，那就是希腊人和诺曼贵族，他们在政府中的地位比以前更低。这是因为希腊人的重要性迅速下降，而诺曼贵族则是咎由自取。

所以威廉"严格命令大臣们，不得把可能打扰安宁的消息告诉他"，再次退回舒适安乐的私人世界。正如读者心中可能产生的疑问，我们对这段时期的了解不得不在很大程度上依赖法尔坎都斯。不过威廉也不算完全慵懒无为，根据萨莱诺的罗穆亚尔德的说法："国王在这段时间在巴勒莫附近修建了一座极为高大、装饰极为精良的宫殿，他称之为齐萨宫（Zisa）[1]。他在齐萨宫周围布置了果实累累的漂亮树木，修建了怡人的花园，还用各种水道和鱼池为宫殿增添吸引力。"

齐萨宫位于巴勒莫城的新门（Porta Nuova）之外，城市的西北方，这里的环境在 800 年后的今天不如当年一般怡人，而建筑本身也在这些年里毁坏了。最近齐萨宫得到了精心的修复。它颇为辉煌壮丽，在现存的诺曼世俗建筑中仅次于巴勒莫王宫。不得不承认，它的外部有些令人生畏。12 世纪，人们设计的宫殿依旧承担着有时用得上的堡垒功能，考虑到威廉在过去数年的经历，齐萨宫也不会是例外。每一端的小型方形塔楼和优雅地嵌入建筑

1　该词来自阿拉伯语的 aziz，可能意为"辉煌"。罗穆亚尔德编年史的最早版本错误地把它写作 Lisa。

的暗拱确实让齐萨宫的结构明亮了不少，但是第一眼的整体感觉仍是敬畏感多于吸引力。15—16 世纪，人们在原有的楣部建起了垛口状结构，如此一来正立面的大型阿拉伯语铭文就失去了意义，这样的做法很难说改善了建筑的观感。

不过，只需步入宫殿的中央大厅，你就会马上置身于一个不同的世界。这里的东方元素多于所有诺曼西西里建筑。在整个岛上，穆斯林中的天才用如此炫目的方式建造的宁静凉爽的避暑之所，也没有第二处。屋顶高耸，呈蜂巢状，3 块内墙里有深深的壁龛，屋顶连着阿拉伯建筑师爱用的钟乳石状穹顶。环顾四周，一片大理石和各色马赛克镶嵌片构成的饰带图案在壁龛内外游走，在后墙的中间变宽，成为 3 块浮雕图案：正面的弓箭手们忙于射下树上的鸟，而一对孔雀正在矮小的海枣树旁边啄食树的果子。图案的背后是精美的藤蔓花装饰。你脑中容易浮现这样一幅画面：国王轻松自在地待在他喜欢的房间里，身旁坐着他的智者或妻妾，他凝视阳光下的花园，而墙上的喷泉中涌出抚慰人心的水流，沿着大理石水道淌下，落入装饰精美的沟渠，流向生机盎然的宫殿之外。

但是威廉没有看到齐萨宫完工，完工的任务交给了他的儿子威廉二世（William Ⅱ）。在入口处的拱门上，威廉二世用白色灰泥书写的阿拉伯语铭文总结了该建筑对他的意义。[1]

如你所愿，你会在这里看到这个王国最令人愉悦的财富，

---

1 人们在移去拱的高处部分以安放一扇法式窗户时，破坏了这段铭文的中间部分，许多旧照片都体现了这一点。现在人们恢复了它原来的样子，但是丢失的铭文是什么文字我们永远也不会知道了。

世界和海洋上最辉煌之物。

　　高山的峰顶闪烁着水仙花的颜色……

　　你会看到属于他的世纪的伟大国王待在他美丽的住所，待在这座与他相配的、充满欢愉与辉煌的宅屋。

　　这里是地上乐园；国王就是 Musta'iz[1]。这座宫殿就是齐萨。

　　如果想让齐萨宫及其周边恢复到符合上述引文的样子，还有许多工作要做。数个世纪的疏于照管不可能在一朝一夕就挽救回来，荒凉的气息依然飘荡在大片的荒凉区域上，这里曾有鸣禽歌唱，曾有鱼儿在池中慵懒地游弋。

　　在这个威廉统治的温柔午后，只有一座纪念建筑保存到今天——尽管它也是在国王去世之后才建成的。这是一个位于王宫2楼的房间，现在被错误地称为"罗杰之间"。如果不是拱顶和墙壁上端镶嵌的华丽马赛克，就可以说这个小房间十分简朴。跟齐萨宫的马赛克镶嵌画（这两处也是仅有的两处从诺曼时代流传下来的世俗题材马赛克镶嵌画[2]）一样，它完全是装饰性的，而不是宗教性的，它们传达出一种纯粹的愉悦感。这里的马赛克镶嵌画

1　意为"荣耀者"。只有威廉二世用过这个头衔，因此可以借以确定铭文的年代。

2　我没有算上王宫中扈从之厅（Sala degli Armigeri）的几处零散的镶嵌画。扈从之厅有45英尺高，它的屋顶连接钟乳石状穹顶，这比镶嵌画更有趣。这里是比萨塔的一部分，或许承担了守卫附近的宝库（Tesoro）的任务。这里平时不对公众开放，不过想参观的人可以很容易地从1楼的建筑管理处（Soprintendenza ai Monumenti）得到参观的许可。

描绘了乡间的景色和捕猎的场面，对称的构图是拜占庭式的，可爱的棕榈树和柑橘树则是西西里式的，充满活力的光线则完全是西方的。这里又出现了吃海枣的孔雀和近视眼弓箭手，却还有一对半人马和一群或可能存在或不可能存在的动物，它们有许多脸上挂着表情，简直跟人类一样：几只面带内疚和疑惑的花豹；一些显然受到惊吓的孔雀；几只忸怩害羞的狮子；两只魁梧的雄鹿，轻蔑地相互怒视，完全没有意识到可怕的事情在后面等着它们。

没有现存的文献能告诉我们这些马赛克镶嵌画的事，不过我们可以凭借它们的风格（它们与齐萨宫的马赛克镶嵌画关系密切）来确定其年代。关系不大。在这个令人着迷的房间中，身处这本华丽的，蓝、绿、金三色的动物寓言集中，真正重要的是这些画如何把诺曼西西里更开心、更无忧无虑的一面展现出来，就像更明显的齐萨宫一样。这些画提醒我们，尽管已经翻过了这么多充斥着阴谋诡计、叛乱谋反的篇章，阳光还能透进森林，人们还能心怀感恩地笑着看待周遭的世界。

"坏人"威廉结束统治时和他开始统治时一样，将所有国事交给他人处理，自己则享受所有特权。没有任何证据显示他自觉良心有愧。发生在 1163 年 2 月 4 日的严重地震撼动了西西里岛的所有东部地区，几乎摧毁了卡塔尼亚，还导致墨西拿的一大部分落入海中，就算是这场地震似乎也没有让他太过担心。毕竟他居住的岛屿西部没有受到影响。在巴勒莫，王宫礼拜堂的墙上被添加了更多马赛克镶嵌画和大理石。[1]齐萨宫建得越来越高。后宫、图

1　见第 82 页。

书馆和游戏场都充满了他的笑声。对他而言，这应该是一段快乐的时光。

但是这没有一直持续下去。1166 年 3 月，国王得了一次严重的痢疾，还伴有发烧。医生被召来诊治，其中就有大主教罗穆亚尔德——他可能在年轻时求学于著名的萨莱诺医学院，也确实以外科医生的身份享有崇高声誉。罗穆亚尔德后来解释诊治未成功的原因时说，患病的国王拒绝服用他开的许多药物。无论如何，威廉的病情时好时坏，拖了两个月，他于 1166 年 5 月 7 日大约下午 3 时逝世，享年 46 岁。

甚至是法尔坎都斯，这个憎恨国王，甚至如我们所知会毫不犹豫地调整历史事实以迎合自己目的的人，也不得不承认"坏人"威廉得到了人们真诚的哀悼。他写道：

> ［市民］身着黑袍，穿这身阴沉的衣服达 3 日之久。在这 3 天里，所有妇女、贵妇，尤其是那些撒拉逊妇女——国王的去世给她们带来了难以想象的悲伤——身着麻布衣服，披头散发，终日在街上游行。一大群侍女走在她们前面，摇着铃鼓，唱着悲伤的挽歌，全城都能听见她们的悲声。

尽管切法卢——罗杰二世的两个大型斑岩石棺还在这里等待大人物下葬——的教士极力要求，人们还是决定将威廉埋在巴勒莫。他甚至没有跟父亲一样被埋在主教座堂里，而是更加私人化，葬在王宫礼拜堂。没有事先精心修建的坟墓，威廉的遗体被放在比较普通的容器中，被安置在教堂的地下室里。[1] 下葬以后，有过

1　人们在 1912 年的修复工作中重新发现了这间地下室，我们今天还能看到它。

两次打扰。第一次是国王去世仅仅两年之后，他被放入至今还在的石棺——跟他父亲的一样，是斑岩做的——送往蒙雷阿莱主教座堂的圣所，并一直安放在此，直到今天。第二次是在1811年，当时蒙雷阿莱主教座堂经历了一次严重的火灾，人们在火灾后开启了石棺。人们发现，威廉的尸首保存得极好，能让胆怯的臣民心生畏惧的厚胡须依然挂在苍白的脸上。

他不是一位好国王，尽管拥有令人畏惧的外表，却似乎对自己没有多少真正的自信。从某种程度上讲，这很自然。他的前一任是罗杰二世，这换谁都会底气不足。威廉在30岁之前都没有接受过国王的训练。如果罗杰不看好四子的能力（他确实有理由这么想），似乎他也就不会去掩饰这一点。不奇怪，威廉本可以将自己的不安全感掩藏在吓人外表的后面，再表现得自己对国事漠不关心，这样就能让别人注意不到他在行政管理上的缺陷。他父亲极为喜欢的国家事务，比如财政、外交和立法，都被威廉尽力避开，这或许不只是巧合而已。他觉得自己唯一足以与父亲匹敌的一点，就是自己向全世界证明他配得上的奥特维尔这个姓氏。他也可以创造辉煌。不论如何，他能打仗。他知道，自己在打仗上面比父亲更强。当他被围困在宫中，失去朋友和顾问的时候，他显现了本来的样子：一个畏缩而恐惧的人。但是只要踏上战场，带着军队，他就换了个人。最后的危机来临之时，正是他的勇气和军事才能挽救了王国。

这一极大反差就是他的典型特征。他终其一生都善变而无常，这或许还是他最致命的缺点——缺乏自立所带来的。他会长时间处于极度缺乏热情的状态，有时突然发狂似地、接近歇斯底里地行动起来。他在这一秒残暴得近乎野蛮，下一秒又仁慈得难以置信。他对马修·博内鲁斯的态度就是抵制与欢迎相交替——更不用说亨利·阿里斯提普斯遭受的耻辱对待——这显示他很容易被自己的易变情绪所左右，或者被身边的顾问所影响。由于他缺乏真正的情绪平衡，所以事实证明他无力维持自己与臣民之间、贵族与中产阶级之间、基督徒与穆斯林之间微妙的政治平衡，而王国的长治久安依赖这些政治平衡。

　　话说回来，威廉真是"坏人"吗？这个绰号是错的。他没做过什么邪恶的事情，他无论如何都不是邪恶的人。[1] 而且，如果以上分析均正确，那就可以得知他不情愿面对这么多政治责任不仅是因为他天生的惰性，还因为他相信自己周围有更适合做这些工作的人。这或许说明，威廉远不是法尔坎都斯笔下的那个不想管事的享乐之徒，而是个极度缺乏快乐的人，在他眼里，每座新宫殿、每个新乐子只能让他不安的心绪得到暂时的休憩。也许"悲伤者"威廉（William the Sad）才是更准确的描述。这样想对不对呢？我们无法弄清。只有两部同时代的史书描述了他的统治时期。第一部非常准确，却极为概括。另一部非常周详，却极不可信。因为缺乏进一步的证据，我们只能裁定"证据不足"，将这位诺曼西西里历史中最为费解的人物留给后人评判。

1　西西里岛流行一个传统说法，大意是威廉收回了王国内所有的金银币，代之以铜币，并将所有收益收归己有。没有同时代的史料证实这一说法。他肯定在 1161 年之后采取过一些恢复经济的措施，但是即便法尔坎都斯也没有指责国王损害臣民并养肥自己。

第四部分

日　落

14

愚蠢的顾问们

> 虽然普利亚人和西西里人都不虔诚，亦不可靠，从事各
> 种邪恶之事，但是西西里人更狡猾，会用欺瞒来掩饰他们的
> 真实动机，会用甜言蜜语和动听的奉承话来蒙骗那些他们憎
> 恨的人，以趁其不备予以重伤。
>
> ——雨果·法尔坎都斯

在法律上，王位继承没有问题。国王临死时明确表示要将王位传给健在的长子威廉，次子亨利拥有卡普阿公国就够了。因为威廉只有12岁，所以由他的母亲王太后玛格丽特担任摄政，由理查德·帕尔默、卡伊德彼得和阿耶罗的马修辅佐。似乎一切安排都很明确。

但是3位顾问则没有这么想。让女人长期担任未成年人的摄政往往十分危险，而王冠的威信还没有从1161年的事件中完全恢复，贵族很容易为了先王的那位私生的兄弟西蒙而发动叛乱。毕竟年轻的威廉在父亲在世之时从未与王位产生联系，他甚至没有被封为普利亚公爵——这是传统上王位继承者的头衔。因为这些顾虑，他们甚至劝说玛格丽特推迟宣布丈夫死讯的时间，以等待

加冕礼准备完毕，这样等 3 天的哀悼期一过就可以举行加冕仪式。

他们其实多虑了。在加冕礼的那天，也就是威廉首次在公众面前露面的那天，他迅速赢得了众人的爱戴。与父亲不同，这个男孩即位时有一项极大的优势：俊美的长相。在巴勒莫主教座堂里，萨莱诺大主教罗穆亚尔德用圣油为威廉施涂油礼，将王冠戴在他头上。威廉骑马穿城而过，走向王宫。闪耀的金色王冠之下，是他继承自维京先祖的金色长发。他的臣民抑制不住喜悦之情，无论他们的民族、信仰和政治倾向性。威廉面带稚气，却很庄重——他还要几周才满 13 岁——似乎孩童的纯洁和超越年龄的魅力在他身上结合了起来。突然之间，空气中就充满了忠诚的氛围。甚至连雨果·法尔坎都斯都在描述这个场景时表现出罕见的宽容：

> 虽然他一直都极为英俊，但他在当天露面时——我不能说以什么方式——比以往更加俊美……因此他赢得了所有人的爱戴和喜爱，甚至那些曾经憎恨他严酷的父亲的人，那些决心不对其继承者效忠的人都宣称，应该只有超出一般人性的人才会第一个对新王怀有祸心。他们说，威廉足以消除他们心中的不快。一位纯洁的男孩不应该因为父亲的暴政而受到指责。这个孩子的确如此俊美，不可能有别人与他匹敌，更不用说超过他了。

同一天，出现了说明王国的新时期真正开始的进一步信号：王太后玛格丽特宣布实行大赦，打开所有监狱的大门，将所有抄没的土地还给原主。更重要的是，她还废除了赎罪钱的做法——这是她亡夫最不受欢迎的政策，大陆上很多胆敢在 5 年前起兵反叛的城镇都被它榨光了血汗钱。

这可以说是开门大吉，但玛格丽特知道维持优势可不容易。首先，她非常担心3名顾问。她是位意志坚定的女性，时年38岁，正当壮年。他们可能倾向于强行让玛格丽特接受他们的意见，而不是充分顾及她那更高的权威。不过，不能接受他们的最后一个原因是，他们是先王的大臣，是先王指定的人，他们无可救药地更认同先前的统治。很明显，必须赶走他们，但是由谁来补充他们的位置呢？

贵族里的无数男爵都急于登上觊觎已久的权位，其中确实有些人怀着相当的期望。而玛格丽特相当害怕他们登上权位可能带来的后果。这些贵族一次次显示他们的忠诚其实相当脆弱。拿起武器对抗她丈夫，将她和她的儿女监禁起来的，正是这些人。允许他们参与政府中枢事务的话，西西里岛的封建地产就会激增，岛屿就会变得跟普利亚和坎帕尼亚一直以来的那样难以控制。接下来，这又会加剧已在暗中滋长的宗教仇恨。到最后，早晚会出现针对她和她儿子的政变，而她无力处理这种局面。幸运的是，马修·博内鲁斯倒台之后贵族团体已经没有任何强有力的领袖，似乎也失去了大部分凝聚力。随着时间的推移，它产生不了真正的威胁。玛格丽特可以去别处寻找帮助。

教会一直存在——但是教会经历了相当大的变化。跟中世纪的许多高级教士一样，西西里王国的主教和大主教更多的是政治家，而不是教士。他们中有不少从未靠近过他们的教区，[1] 而是一

---

[1] 这一行为不久成了丑闻，以致教皇亚历山大三世不得不在1176年颁布一项法令，要求在宫廷里待了7年以上的主教必须返回他们的教区。

直待在巴勒莫的宫廷中，互相管闲事、吵架拌嘴、搞阴谋诡计。其中最有能力、最有影响力的是理查德·帕尔默，因为他不去教区，所以到1169年才被正式祝圣为叙拉古主教，这是他当选叙拉古主教的14年后了。1161年，主教们将威廉从叛乱者手中拯救出来时，理查德在其中发挥了重要作用，他因此成为先王最亲密的顾问。但他傲慢自大，广泛受人讨厌。他的快速升迁并没有使他受同僚们喜爱，尤其是因为他毫不掩饰一件事：他一直紧盯着西西里教士的最高奖赏——空缺的巴勒莫大主教之位。

但是理查德·帕尔默不是唯一觊觎这个位子的人。萨莱诺大主教罗穆亚尔德、马扎拉主教特里斯坦都是很有可能的人选。还有雷焦大主教罗杰，法尔坎都斯在笔下对他评价甚高：

> 他已步入老境，身材高大，非常消瘦，似乎从体内开始受到侵蚀。他的声音微若游丝。他的脸庞甚至全身都很苍白，还带些淡淡的黑色，这样他看上去更像死尸。他外部的样貌体现了内在的性格。如果可以进行改革，他就不会觉得累。他会为了省钱而乐意忍受超出人类忍耐极限的饥渴。他自己从不表现得过于喜悦，也不会对他人显得过于悲伤。他经常一连几天不进食，等别人邀请他食用正餐。

大主教最经常接待的客人是阿格里真托主教真蒂莱（Gentile），夏朗东恰当地称真蒂莱为"有冒险精神、爱游荡的教士"，他以匈牙利国王盖萨（Geza）使臣的身份来到西西里，随后留了下来。法尔坎都斯颇有兴致地告诉我们，真蒂莱从不隐藏自己对放荡行为的喜爱，他私下举办奢华又放纵的宴会，传播不利于帕尔默的小道消息，试图阻止帕尔默的竞选活动，以从中获利。他说关于当选主教的坏话，自己却来自国外，这在当时的环境下显得有些怪异。但他取得了意想不到的成功：他让阿耶罗的马修相信帕尔默阴谋刺杀自己。马修好不容易才按下先拔刀的手。[1]

关于这令人垂涎的大主教之位，还有一位候选人。他此时似乎还只是一位局外人，因为他甚至还没有主教的头衔。他也是一位英格兰人，人称奥法米卢斯（Ophamilus）或奥法米格利奥（Offamiglio），而这两个称呼上的掩饰没多少意义，只代表绝望的西西里人以此称呼他那极为常见的英语名字——米尔的沃尔特。他以王子家庭教师的身份来到西西里，接着被任命为切法卢教堂的执事长，随后任阿格里真托主教座堂的教士长。此时他是王宫礼拜堂的一名教士，他在这里证明自己缺少道德、野心勃勃，甚至比那位他尽力去削弱其力量的同胞更严重。最后他胜过了所有对手，达到了目的。出于一些我们马上要讲的原因，他不得不再等 3 年。但是在那之后，他将在二十几年的时间里占据西西里王国的最高政治职位和最高教会职位。基本可以确定，他也是历史

---

[1] 前几段说过，因为缠身于巴勒莫的事务，所以神职人员一般不能去或者只能短暂地拜访他们的教区，不过有些人试图通过捐赠大量资金来进行弥补。所以，萨莱诺的罗穆亚尔德捐献了萨莱诺主教座堂（人们将铭记最初建设它的罗贝尔·吉斯卡尔）中极好的讲经台——它用大理石和马赛克片制成。而理查德·帕尔默则为剩下的叙拉古提供了玻璃和马赛克片。阿格里真托主教座堂的宝库里收藏了一件非常完好的便携式拜占庭圣坛，这件祭坛必定是 12 世纪的物品，很有可能是真蒂莱送的礼物。尽管他品行不佳，我们不能将阿格里真托主教座堂收藏的一件值得骄傲的藏品与他联系起来。这份藏品是一份来自撒旦的手写信，保存非常完好，藏于教堂的档案库之中。

中唯一一位可以以"埃米尔及大主教"（Emir and Archbishop）的名义签名的英国人。同样，他将在我们故事最后的篇章里起到重要而最终带来灾难的作用。

然后，贵族们非常危险，其忠诚也值得怀疑。贵族很自私，而且毫无疑问很惹人讨厌，我们已经讲过贵族中主要成员的个性。接下来只剩下一个有影响力的群体：宫廷官员和政府官员。他们的首领是宦官卡伊德彼得、首席通讯官（Protonotary）阿耶罗的马修。即便按照宦官的标准，彼得也不算有趣的人。不过在1161年，他证明了自己对国王及其家族的忠心。他的行政效率也完全没有问题。马修能力出众，他最近完成了一项艰巨的任务，而且有可能只有他能完成。这项任务就是靠记忆恢复所有土地和封邑的注册情况，以代替在叛乱中毁掉的土地记录。但他跟理查德·帕尔默一样，有一个王太后玛格丽特下意识不信任的主要特征。不仅如此，他还心心念念地想出任埃米尔中的埃米尔——这个巴里的马约去世后就已暂停使用的头衔和级别。因此，他深深地沉迷于自己的阴谋之中。此外，他还以大老爷般的派头生活，用自己稳定增长的财富在城中建了一座贵族教堂，正如安条克的乔治和马约的先例。[1]在这两人中，玛格丽特更喜欢彼得。彼得不

1　马修建造的教堂名为马焦雷教堂（Magione Church），在二战中遭到严重损坏，后来得到了精心修复，值得一访。它有 3 个后殿，有相互交错、没有窗户的拱廊，还有与拱廊相连接的、美丽的回廊内院，它们均为后来的诺曼西西里建筑提供了极好的范例，去除了所有明显的阿拉伯式的影响。诺曼人的王朝在 12 世纪末终结时，教堂以及相邻的修道院被移交给条顿骑士团，骑士团占据这里的痕迹在今天还清晰可见。顺便一提，大部分旅游指南都把建教堂的时间定在 1150 年。而事实上，这里肯定在 1150 年的 10 年之后才开始动工，并于王太后玛格丽特摄政时期完工。

是解决问题的理想人选，特别是因为贵族憎恨他、怀疑他。但是，他的个人野心似乎很少，比其他人来说更不像耍弄阴谋的人。无论如何，可以先用他将王国维系起来，再寻找更合适的人选。她将彼得提拔到马修和理查德·帕尔默的头上，这种做法让两人极为愤怒，因为这相当于把西西里王国，这个基督教欧洲最富裕、最有影响力的国家交到一位穆斯林宦官手中。

但是她也做了另一个决定。她统治西西里王国时需要找一个坚定、有能力的人，但她需要为自己的儿子统治并保有这个国家，所以找到的人还要是公平的，而且最重要的是不受他人约束的。此人必须能讲她的语言，而且合她的心意。满足这些条件的人，似乎在整个西西里王国都找不到。好吧，她只能去别处找。在新的情况下，就需要用新的人员处理问题。她秘密地给她的舅舅[1]、鲁昂（Rouen）大主教罗斯鲁德（Rothrud）写了一封长信，向他解释自己的境况，请他委派一些家族里的成员到巴勒莫相助。她特别点了两个名字：罗斯鲁德的兄弟纽堡的罗贝尔（Robert of Newburgh），不行的话，那就另一个舅舅——佩尔什的斯蒂芬（Stephen of Perche）。

王太后对未来的担心，在接下来的数月得到了清晰的证实。但是，事实证明她高估了卡伊德彼得的能力。西西里在仲夏陷入混乱。各派利用手段疯狂地争夺权位，阴谋四起，密谋活动比之前更加严重，政府工作陷于停滞，难以为继。彼得是政府官员而不是政治家，无力让不受管束、心怀不满的人按自己的意愿行

1　并非如夏朗东所言是她的叔叔。见本书开头的谱系图。

事——如果要办到这件事，则需要一位声望高得多的人物，起码要比得上巴里的马约。在这种情况下，甚至马约本人也可能无法搞定。

想在这群混乱的"鹬蚌"中得利的"渔翁"，较为典型的就是王太后的表兄弟吉尔贝。[1] 我们可以从以下事件中寻找关于他性格的线索：在抵达西西里岛的数年之前，国王为安抚他而授予他格拉维纳伯爵领，然后打发他去了普利亚。我们提到过，他后来在普利亚参与了针对马约的阴谋。先王去世，他的表姐妹成为摄政之后，他急忙赶到首都，并在理查德·帕尔默的支持下于不久后成为反对卡伊德彼得的人的核心。他公开抱怨说，西西里如今被奴隶和宦官所统治。他不断给玛格丽特施压，想让自己代替彼得成为首席大臣。可以理解王太后有多不情愿，她最终为吉尔贝在议会里安排了一个席位，但是他愤怒地拒绝了。他拒绝的场面很是骇人听闻。如果我们相信法尔坎都斯的话，吉尔贝当时痛斥玛格丽特，指责她将自己置于跟奴隶一样的地位上，拿发动全国革命威胁她，把她弄哭了。

但是贵族一派认为格拉维纳伯爵就是他们找寻已久的代言人。随着他们对王太后的威胁日渐增长，彼得发现自己已经不能拒绝议会中的某些声音。由于吉尔贝还在坚持拒绝，所以他们提名了

1　我无法得出吉尔贝与玛格丽特的确切关系。夏朗东说吉尔贝来自西班牙，却没有提供支持这一说法的引文。根据他的名字以及后面发生的事情，我认为他有可能来自该家族在法国的那一边，很可能是王太后之母莱格尔的玛格丽特（Margaret of Laigle）某个兄弟姐妹的儿子或者孙子（见本书前面的谱系图）。拉·卢米亚也认为他是法国人，却在某个场合认为吉尔贝是斯蒂芬的甥侄——这基本上不可能。

一位军队的领袖——在 1161 年的叛乱中保护了威廉一世的曼德拉的里夏尔。为了让里夏尔的地位跟她的表兄弟相当，玛格丽特为他设立了莫里斯伯爵（Count of Molise）的职位。吉尔贝无法忍受这个任命，他尽力掩藏怒火，随后开始认真地阴谋杀害彼得。

彼得不久就通过探子得知了正在发生什么事。开始他只是加强了贴身侍卫，但是马约的结局不停在他脑海里回放，他的勇气消失了。他在港中秘密安排了一艘船，在一个漆黑的夜晚，带着几名宦官和大量钱财，溜回他曾去过的海岸。他在返回突尼斯的途中恢复了曾用名艾哈迈德，重信了父辈的宗教，做回了老本行。我们知道他不久后成了哈里发优素福（Yusuf）麾下摩洛哥舰队的指挥官，据说他以这个身份对基督徒的舰队作战并取得了不错的战果。[1] 想想他在巴勒莫的遭遇，我们不会太过惊讶。也许正如法尔坎都斯所说，彼得内心一直都是撒拉逊人。

彼得的背叛对玛格丽特是一次打击，还是一次极大的羞辱。有人指控彼得潜逃时携带了大量王室的财宝，玛格丽特坚决否认，但她无法阻止吉尔贝发出得意的声音。吉尔贝逼问道，难道还能指望一个穆斯林奴隶做些什么别的事吗？彼得难道没有在 7 年前背叛自己的国家马赫迪耶吗？他唯一想知道的事就是：彼得有没有在不久前安排阿尔莫哈德王朝的人进王宫，以把剩下的财宝（以及十有八九连带国王一起）带走呢？莫里斯的里夏尔刚好在场，他忍不住站出来维护自己的前恩主，指出彼得不是奴隶，彼

---

1 这些彼得后来的故事出自伊本·赫勒敦（*B.A.S.*, II, pp.166 and 238）。伊本·赫勒敦称彼得为艾哈迈德·希克利（Ahmed es-Sikeli）。从时间和他从西西里岛逃走时的其他细节，可以确定艾哈迈德和彼得是同一个人。（见第 326 页。）

得在威廉一世那里正式得到了公民权，彼得之所以离开，只是因为格拉维纳伯爵想用极坏的阴谋对付他而已。如果谁还说彼得是叛国者，那么他里夏尔就时刻准备用一对一的决斗彻底解决问题。

两人被人拉开，所以没有发生暴力冲突。但是这一事件足以使王后确信，不能再允许她的表兄弟继续待在首都。因为听说腓特烈·巴巴罗萨正准备向南方发动第二次远征，所以她批准吉尔贝出任普利亚和坎帕尼亚的督军，要求他返回意大利本土，整军备战。伯爵对调他离开的真正原因心知肚明，但按照当时的事态，他知道自己继续待在巴勒莫是没有未来的，因此接受了任命，愤怒地离开了。

格拉维纳的吉尔贝不再碍事之后，玛格丽特必定略微感到解脱。但是在其他方面，时局也没变得更好对付。好在她还有一位受她宠爱、可以信任的顾问——莫里斯的里夏尔，他现在代替了彼得，成了议会的首席大臣。里夏尔没有多少政治经验，还有些放纵和固执，却足够忠诚。法尔坎都斯说所有人都畏惧他——这个特点在此时十分有用。但是他也无力挽救颓势。这也许是因为，他获得的尊重比彼得更多，但这份尊重无法压过人们对他的批评，结果人们越来越将国家状态的错误归咎于玛格丽特。她的声望在很大程度上基于她的大赦，以及免除赎罪钱的做法，她还因为育有一个漂亮的儿子而有所沾光。她的名望已经远去了，在街上，人们公开就这位"西班牙女人"[1]发牢骚，散播她的绯闻，甚至怀念她丈夫统治时那段糟糕的旧日。

1　正如600年后巴黎的大街上有人称玛丽·安托瓦内特（Marie Antoinette）为"奥地利女人"一样。

在这最糟糕的时刻（这在这个人身上是常事），另一个比王太后的名声更不好的人抵达了巴勒莫。吉尔贝已经够坏了，新来的这位更让人反感。不仅他抵达的时间，而且关于他的所有事情都不合适、不得体，甚至他的出身也是一样。他按理讲是玛格丽特的兄弟。但法尔坎都斯努力指出，众人皆知加西亚国王从不承认这个年轻人是自己的子嗣，认为孩子的父亲是妻子的一大群情人中的一个，尽管跟随此人的纳瓦尔冒险者们承认他是国王的儿子。随后是他的名字"罗德里戈"（Rodrigo），它听起来像野蛮人的名字，西西里人听来确实有些可笑滑稽，因此他的姐妹立刻把他的名字改成了"亨利"。最后是法尔坎都斯对他外表、性格和生活方式的记载：

> 这个亨利身材短小，胡须极为稀疏，肤色黑得让人不悦。他性格鲁莽，拙于言谈，在赌博和游戏之外别无其他兴趣爱好，在游戏的玩伴和大量可输掉的金钱之外别无其他想要的东西。他常一掷千金，而从不事先考虑。到巴勒莫之后，王太后给了他大量金钱，他挥霍无度，不久就把这些钱花完了，所以宣布自己打算前往普利亚。但是在抵达墨西拿之后，他马上跟那些与他兴趣相同的人混到了一起。当时墨西拿城中充斥着外邦人、掠夺成性的人，还有海盗；城墙内藏匿着各色人等，这些人擅长各种邪恶勾当，熟悉各种罪行，认为自己能办到的事统统算不得邪恶。因此，不久他身边就围绕着小偷、海盗、小丑、应声虫，以及恶贯满盈之人，他们白日纵酒欢饮，晚上彻夜赌博为乐。这些事情传到王太后耳边之后，她写信严厉斥责他，令他立刻渡过海峡。所以，无法自

拔的他还是听从同伴的建议，启程前往普利亚。

他抵达西西里不久之后，玛格丽特就放弃了将罗杰二世的一个私生女嫁给他的想法，作为替代，就像将格拉维纳伯爵领授予吉尔贝一样，将蒙特斯卡廖索伯爵领授予亨利，想让他尽可能地远离首都。最终，当她得知他安全抵达采邑之后，她可能会天真地想这样一来他就无法做坏事了。如果真是这样，她不久就会发现自己想错了。不久之后，她家族的第三位成员也来了，可以想象此人跟前两位大有不同，而且明显更有希望。

鲁昂大主教罗斯鲁德收到外甥女玛格丽特的求助之后，立刻动身。他的兄弟纽堡的罗贝尔似乎不太愿意掺和西西里的事务。不过，玛格丽特的另一项提议迅速吸引了年轻的佩尔什的斯蒂芬。邀请信到达的时机正好，因为斯蒂芬正要带领不少于 37 名骑士出发去耶路撒冷。他离开法国时依旧把去圣地当作自己的终极目标，不过他觉得半路在巴勒莫停留数月也未尝不可。

斯蒂芬在普利亚跟吉尔贝短暂地待了一些时间，可以推测吉尔贝向他描述西西里政治局势时极富偏见。之后斯蒂芬在夏末抵达巴勒莫，玛格丽特热情洋溢地欢迎了他。他最先让巴勒莫人印象深刻的事是他的年轻，他最多只有 20 岁出头，事实上法尔坎都斯和提尔的威廉描述他的词语都是"男孩"和"青少年"，在这个十几岁的男人常常能领兵打仗的时代，这些描述说明他可能更为年轻。这样推测的话，又会有新问题。被玛格丽特称为父亲的佩尔什（Perche）伯爵罗斯鲁德二世（Rothrud Ⅱ）据说去世于 1143 年，如果斯蒂芬是他的儿子，则在 1166 年 9 月时不可能小于 22 岁——这个年纪对"孩童"或"青少年"的描述来说有些偏大。但是我们也知道，罗斯鲁德二世去世后，他的遗孀在不久后再嫁，嫁给了法王路易七世的兄弟德赫的罗贝尔（Robert of Dreux）。路易七世在写给威廉二世的一封信中称斯蒂芬为"我们自己的肉与血"。这样就可以说斯蒂芬根本没有佩尔什家族的血，而是法王的侄子。如果此事属实，那么他为什么不提及这层关系？为什么他不利用这层关系？为什么没有同时代的编年史家提及此事？正如夏朗东的经典论述所言，我们不会超出这个假设的领域。这一问题肯定仍悬而未决。[1]

无论是男人还是男孩，斯蒂芬似乎就是那个王太后需要的、能在苦难中支持她的人。反过来，玛格丽特答应向斯蒂芬及其同伴授予权力、财富和荣誉，轻易地说服他无限期推迟朝圣之旅，跟她分享王国的统治权。最开始，斯蒂芬似乎能力卓越，富有激情。颇为重要的是，事实证明他是个难以被收买的人，而这在西西里是非常少见的。他让玛格丽特非常愉悦。1166 年 11 月，玛格丽特任命他为首相，此时他抵达西西里才两个月。

不出所料，任命的消息引发了一场抗议的风暴。诺曼人入侵该岛已有一个多世纪，西西里王国也已经建立了 36 年，西西里人开始感觉自己是一个民族，对越来越多高级的（以及最肥的）职

---

[1] 谱系图展现了王太后玛格丽特和斯蒂芬之间两种可能的关系。斯蒂芬具有王家血统的假说最早由布雷奎尼（Bréquigny）于 1780 年提出（*Mémoires de l'Académie des Inscriptions*, vol. XLI）。这个假说遭到拉·卢米亚的强烈反对，而夏朗东则如前文所述，保持中立。在我看来，不妨按照斯蒂芬的自称，认为他是佩尔什伯爵的幼子。将路易七世的那番话算作场面话在当时的环境下也不算牵强附会。如果斯蒂芬没有 20 岁的话，就不太可能同时身兼首相与大主教之职——一个孩童不可能坐上王国的这两个最高职位。

位由新来的外邦人占据而感到愤恨。当时阿耶罗的马修似乎不是宫中唯一一个紧盯首相之位的人。此外，在首相之位空缺之时，其收入已经在议会成员内部瓜分了。因此斯蒂芬任首相一事不仅使他们希望破灭，而且减少了他们的收入。

引发这种感情的不仅仅是首相一人而已。记好，他来的时候带了 37 名随从，还有其他人在接下来的数月里从法国赶来投靠他。没过多久，似乎法国人的数量已经在宫廷和很多政府部门里超过西西里人了。这个年轻人想让身边都是自己认识的人，因为他能听懂他们的母语，这个想法很自然。但是因为这个过程而受到损失的人会对他萌生出怨恨之情，这也很自然。更可恨的是，很多他的朋友，尤其是其中接受了西西里封地的人，处事完全不老练，像对待仆从一般对待附近的村民，将法国人的风俗习惯四处强加给他人，而不考虑当地人的脆弱情感。

另一方面，斯蒂芬是个名副其实的理想主义者。他或许缺乏敏感度和变通，却真诚地希望改善西西里的境况，马上开始制订他认为有必要的改革计划。他首先将注意力转向书记官，因此与首席通讯官阿耶罗的马修相对立，处理了一个跟马修有关系的人，以在公众面前树立范例。然后他迅速拿法官、当地官员和城堡主开刀，只要见到不合法的行为，就严厉查处。法尔坎都斯记载："他从不允许有权势的人去欺压他们的臣民，也从不会忽视那些穷人所受到的伤害。通过这种方式，他的声名快速传遍整个王国……因此人们把他看作上帝派来带回黄金时代的天使。"

就算我们允许适当的夸张，允许有偏见的记载，接受可信史料极度缺乏的状况，也很难避免得出以下结论：玛格丽特决定引进一位外国人来管理王国的想法最初是正确合理的。改革明显早该发生了，但是在流行纷争与不信任的氛围中，让任何西西里人来实施改革实际上都是不可能的，无论此人生来就是西西里人还是被人长期收养的西西里人。斯蒂芬不徇私，不受约束，不缺乏成事所需的道德勇气，所以他正好是实施改革的人选。尽管他在改革中受到不少大众的喜爱，却不可避免地让自己遭到西西里下属的憎恨。尽管他对身边法国人的偏爱平添了自己所遭受的憎恨，而单是他自己出现在西西里并掌权一事就注定了他最后的不得人心。

这种不得人心是很坏的事情吗？能让一个民族团结起来的莫过于共同的敌人。在这样一个惨遭派系斗争蹂躏的国家里，任何团结的力量，就算是兼具高压和腐败的暴政，也可能最终起到积极作用。斯蒂芬既没有高压，也不腐败，他只是不受欢迎。至少可以说，他给王国带来的最大好处不在于哪项行政改革，而在于让他的对手团结在一起，让他们明白自己首先是西西里人，而西西里人的工作就是将国内的入侵者赶走。

他们如何成功地做到这一点，我们在后面的一章再细讲。与此同时，地平线上出现了另一个入侵者，与他相比，佩尔什的斯蒂芬及其友人肯定只能算是小炎症而已。斯蒂芬得到权力的数周后，有消息传到巴勒莫：皇帝再次发动了远征。

15

第二次分裂

奥克塔维安哪，你为何慌了神，

要把罗马引向地狱？

你怎会被引诱

去割开基督的短袍？

你也会渐渐成为尘灰；

今天活着，明天死去。

——布里托，罗马的一位小册子作家

1166 年结束之时，腓特烈·巴巴罗萨正率大军去南方发动新的战争，他有 3 个明确的目标：首先消灭非正式的拜占庭基地安科纳；然后，向待在罗马的教皇进军，他打算用自己挑选的对立教皇代替圣彼得宝座上的那一位；最后，和以前的目标一样，消灭诺曼西西里王国。这 3 个目标相互独立，但是皇帝进攻它们的原因有所关联。要理解这些原因的话，我们必须快速回顾一下教皇阿德里安去世后的 7 年里，尤其是选举教皇过程中的闹剧里皇帝与教皇的斗争过程。

前面提到，阿德里安去世前，亲西西里派的枢机主教们在阿纳尼集会，商量在他们中间选出下一任教皇。他们的领袖罗兰明显最有胜选的希望，因为这群人差不多占选举团的 2/3，选举顺利通过的可能性相当大。他们本可以如愿，但是亲皇帝的反对者枢机主教圣塞西利亚的奥克塔维安在场。奥克塔维安已经两度短暂而略带滑稽地出现在我们的故事中：第一次是派往罗杰二世处的教皇使节，结果罗杰亲自告诉他教皇去世的消息，接下来他失去了教皇使节的身份；第二次也是类似的使命，他被派往霍恩施陶芬的康拉德那里，他的行为举止受到索尔兹伯里的约翰的嘲笑。[1]但是在他漫长而又默默无闻的生涯中，他还没有像这次一样展示过自己。[2]

1159 年 9 月 5 日，也就是阿德里安的遗体被安置在圣彼得教堂地下室后的次日，30 位枢机主教在教堂的主祭坛后面举行枢机主教会议。[3]两天后，他们推选枢机主教罗兰为教皇，仅有 3 人反对，罗兰因此当选。这一过程完全符合教会法。人们拿来教皇的猩红色斗篷，罗兰在惯例性的推辞之后，低下头，将要穿上斗篷。突然间，奥克塔维安冲向罗兰，抓起斗篷，试图给自己穿上。一场扭打紧随而至。奥克塔维安在扭打中丢了斗篷，但他的特遣牧师又掏出一件——似乎就是为这种事态而准备的。别人还没来得

1　见第 118 页和 163 页的注释。

2　以下记载来自赖兴斯堡的格霍（Gerhoh of Reichensburg）（De Investigatione Antichristi, i. 53），他的版本不仅完整，而且至少在一位权威（曼恩）看来"比他人更偏向公正记载"。然而，公正是 12 世纪的史家中非常罕见的美德。我只能合理地说，在由于亲帝国而同情奥克塔维安的各位作者中，格霍是最公平的一个。

3　散会时可能只有 29 人。根据利雪的阿努尔夫记载，图斯库鲁姆主教伊玛鲁斯（Imarus）是位著名老饕，因为不想错过晚餐而提前离会。

及阻止，奥克塔维安就设法穿上了新的斗篷，不幸的是，他前后穿反了。

接下来是简直让人难以置信的混乱场面。罗兰的支持者愤怒地拉住奥克塔维安，想把斗篷从他身上扯下来，结果被奥克塔维安猛地甩开。奥克塔维安手忙脚乱地想把斗篷穿正，结果把斗篷的流苏缠在了脖子上。他迅速跑到教皇宝座前，坐下，宣布自己是教皇维克托四世（Victor Ⅳ）。[1] 他坐在宝座上发号施令，然后发现一群低级别的教士，命令他们拥护自己。大门突然被冲开，一群拿着武器的杀手拥入教堂，于是这些教士迅速照做了。反对奥克塔维安的人至少暂时销声匿迹了。罗兰和他的支持者趁机溜到圣彼得教堂的塔楼上，在此避难。这处梵蒂冈的角落防守坚固，由枢机主教博索（Boso）掌握，十分安全。与此同时，奥克塔维安在杀手们在场的情况下，以更为正式的仪式举行加冕，然后被护送到拉特兰宫。我们还知道，被衣裳弄烦的奥克塔维安还在离开前整理了一下衣服。

无论政变在实施时有多么不顾尊严，在实施前必定有彻底而周密的计划。奥克塔维安一直以帝国的同情者而知名，所以身处罗马的两位腓特烈的使臣迅速承认了他的当选，激动地宣布对罗兰开战。他们再次打开钱袋。那些公开宣布对维克托四世效忠的罗马贵族、元老、中产阶级和平民，荷包里都装了德意志的黄金。同时，罗兰和他忠诚的枢机主教们依旧被封锁在圣彼得教堂的塔楼里。

1　奇怪的是，这是"维克托四世"的头衔第二次被对立教皇使用。见第 69 页。

但是，奥克塔维安（或者维克托，我们现在必须如此称呼他）发现自己受到的支持开始减弱。他在选举时的行为在罗马城里人尽皆知，我们或许可以肯定地说，人们在讲述故事时不会漏掉任何细节。无论在哪里，罗马居民迅速改称罗兰为合法选出的教皇。一群暴民在圣彼得教堂塔楼外面集结，愤怒地高叫，让他们释放罗兰。一周之后，罗兰已经被转移到越台伯河区的一个更安全的地方，但是民众嚷嚷的声音更大了。人们在街道上嘲笑、辱骂维克托。维克托走在街上时，人们唱起一首又一首顺口溜来嘲讽他。9月16日晚，维克托已无法继续忍耐，逃离了罗马。次日，合法的教皇在欣喜的气氛中被迎回首都。

但罗兰明白自己不能继续待下去。帝国的使臣依旧在罗马，他们依旧有无数的金钱可供使用。维克托所属的克莱森提家族也是罗马城中最富有、最强大的家族之一。罗兰组织了一支合适的随从队伍，于9月20日出城南行，前往宁法（Ninfa）[1]。宁法是一个繁荣的小镇，处于他朋友弗兰吉帕尼家族的影响下。在圣母马焦雷教堂中，罗兰最终接受了正式的祝圣仪式，称为亚历山大三世（Alexander Ⅲ）。不出所料，他做的第一件事是将对立教皇处以绝罚——那位对立教皇后来也不出所料地回以绝罚。这是30年里罗马教会第二次发生分裂。

老朋友罗兰的当选，对巴里的马约而言是最后的一次重要外交胜利。事实上西西里王国在此事中得到的福气比马约梦想的更

1　宁法小镇在1382年被军队摧毁，此后一直是废墟。后来卡埃塔尼（Caetani）家族获得了这里，直到今天。1922年之后，卡埃塔尼家族将宁法遗址变为全意大利最可爱、最浪漫的花园之一。

多，矛盾的是，这却是腓特烈·巴巴罗萨造成的结果。如果腓特烈难以避免地向亚历山大低头，承认他为合法的教皇，那么他们没有理由不达成和解。相反，腓特烈在1160年2月的帕维亚会议上正式承认滑稽的维克托，由此迫使亚历山大——他的主张不久后被其他所有欧洲统治者接受了——与威廉一世建立更紧密的联盟关系。同时，腓特烈还让自己肩负了空虚而无用的义务，这些义务将在接下来20年中最好的时间里在政治上把他压垮。如果没有这些义务，他完全可以按照前面提及的计划，充分利用1161—1162年西西里王国的危机。[1] 西西里的诺曼王国本可以更快、更悲剧地结束。

正是那次危机让亚历山大决定对皇帝采取积极的行动。可以确定，他早在1160年3月就已经将腓特烈处以绝罚——他在帕维亚会议之后别无选择——并解除了所有臣民对腓特烈的效忠。然而到次年年末，除了一次短暂的、不成功的重返罗马的尝试，他一直待在泰拉奇纳或阿纳尼。这两个教皇城镇都在西西里王国边界附近，方便教皇向西西里王国寻求保护以及他非常需要的经济支持。1161年的事件始于巴勒莫的叛乱，最后整个南意大利都拿起武器对抗国王，这一连串事件改变了一切。教皇知道自己无法在紧急时刻依赖西西里国王威廉，所以需要找其他盟友。1161年的最后几天，亚历山大乘一艘西西里船离开泰拉奇纳，于次年4月在蒙彼利埃（Montpellier）附近上岸。

接下来三年半的时间里，亚历山大将在法国过流亡生活。他

1　在腓特烈与热那亚和比萨于1162年初夏签订的条约中，他的意图体现得更加明显。他在两份条约中均认为自己征服西西里是不可避免的事。

大部分时间待在桑斯（Sens），也就是阿伯拉尔在二十几年前被圣伯尔纳用口才征服的地方。亚历山大想组建一支欧洲联军，包括英格兰、法国、西西里、匈牙利、威尼斯、伦巴第城市和拜占庭，对抗腓特烈·巴巴罗萨。他失败了，失败得毫无悬念。他与英格兰国王和法国国王长期商谈，两国国王跟他达成了广泛的协议，亲切地表示支持，并提供了大量金钱——最后这项更为重要。但是，没能结成联盟。亚历山大发现，亨利二世尤其不能信任。教会分裂刚开始的时候，亨利还不失为一个坚定的朋友。利雪的阿努尔夫在 1160 年初报告说，国王"尊敬地接受所有来自亚历山大的信息，而甚至不愿亲手触碰奥克塔维安的书信，而是用棍夹住，尽可能地往身后扔"。但是在 1163 年，他与托马斯·贝克特（Thomas Becket）的矛盾开始出现。1164 年，亨利公布《克拉伦登宪章》（*Constitutions of Clarendon*），以损害教皇的控制权为代价来增强国王对英格兰教会的控制，因此在英国和教皇的关系中加入了一股明显的寒意。

西西里国王威廉也制造了一些麻烦。他是亚历山大最坚定的朋友，也是腓特烈最坚定的敌手。他与英格兰、法国、匈牙利以及伦巴第城市达成了极好的协议，还愿意与威尼斯达成某种协议。拜占庭则另当别论。1158 年，他在教皇阿德里安的坚持下与曼努埃尔·科穆宁达成了和平协议，考虑到两年之前他如何彻底打败曼努埃尔，就可以知道这的确是一项慷慨的和平协议。但在此时，他知道和平不能一直持续下去。没有迹象说明拜占庭要放弃长期以来在意大利的野心。事态发展证实了威廉的担忧。曼努埃尔在一两年内重建了己方的地位，其中不仅有他的老据点安科纳，还有所有伦巴第的主要城市，更不用说热那亚和比萨。他的探子在

圣卡塔尔多教堂。

隐修者圣约翰修道院。

齐萨宫。

齐萨宫内部。

库巴宫。

巴勒莫王宫，罗杰之间。

蒙雷阿莱主教座堂（修道院）。

蒙雷阿莱主教座堂的回廊内院。

蒙雷阿莱修道院，圣托马斯·贝克特像。

蒙雷阿莱修道院，基督为"好人"威廉加冕。

海军统帅桥。

圣灵教堂，西西里晚祷事件的发生地。

德利亚的至圣三一修道院。

福尔扎—达格罗的至圣彼得与保罗教堂。

卡卡莫城堡。

法瓦拉城堡。

各地活动，煽动反德意志的情绪，大方地分发钱财。如果这些政策只是反对腓特烈而已，那威廉无疑会表示欢迎。但是跟希腊人打过交道的威廉知道，无论他们出现在亚得里亚海以西的什么地方，肯定会对西西里王国造成直接或间接的威胁。退一步说，如果曼努埃尔的意图是光明磊落的，那他为何还为西西里的叛徒提供庇护呢？曼努埃尔不会比腓特烈更好。对教皇的建议，威廉只能用唯一可行的方式答复：他绝不允许拜占庭军队踏上他的领土，不惜任何代价。

但是在1165年初，亚历山大收到罗马元老院请他回罗马的邀请，此时的他想必把外交失败的苦恼抛诸脑后了。被迫在流亡中度过最后时光的对立教皇维克托，已在一年前于痛苦与贫困中逝于卢卡。之前，在卢卡的他通过不是很成功的抢劫活动才得以存活，他死后，卢卡当局甚至不允许将他埋葬在城墙内。在两位顺服的分裂派枢机主教的支持下，一如既往强硬的腓特烈立刻祝福了"选出的教皇"，继承维克托四世的这个人称为帕斯卡尔三世（Paschal Ⅲ）。但是腓特烈的行为只能给自己和对立教皇带来指责，还带来了一股怨恨的浪潮，人们指责教会分裂的荒谬性，还指责冥顽不灵的皇帝居然想逼罗马就范。除此之外，朝圣贸易也枯竭了。没有教皇，中世纪的罗马就失去了存在的意义。

尽管这样，教皇却不能容易地回家，腓特烈尽力阻止教皇返程，甚至雇用海盗在外海拦截教皇的使者。接下来，他向意大利派出了另一支军队，在维泰博为可怜的帕斯卡尔确立了地位，还在罗马平原上四处蹂躏，直到格拉维纳的吉尔贝率一支西西里军队出现。吉尔贝被击败，退回托斯卡纳，最终承认了腓特烈的存在。但是无论如何，亚历山大克服了所有阴谋诡计。他知道比萨、热那亚和普罗旺斯的船在前方等他出现，所以采用了迂回的路线。1165 年 9 月，他在墨西拿登陆。威廉一世没有前去迎接，他此时已经彻底退隐，就算罗马教皇亲自前来，他也不会出来。但是威廉下令，这位贵客必须受到"领主与父亲"一般的接待，并提供了所需的金钱和军队。11 月 23 日，教皇抵达罗马，元老、贵族、教士和民众均手拿橄榄枝，护送教皇前行，教皇庄严地进入了拉特兰宫。

虽然亚历山大来访时的威廉只能再活几个月，但是这不是他最后一次向一直以来的亲密盟友——教皇伸出慷慨之手。临终前，威廉在床上向亚历山大赠送 4 万弗罗林，这笔钱将有助于教皇继续同皇帝相抗。[1] 这一姿态不完全是利他主义，也不只是在生命将尽时购买神明怜悯的自私之举，而是垂死的国王最后一次确认政治现实。威廉知道，如果亚历山大不能在斗争中胜出，西西里王国就活不了多久了。

腓特烈·巴巴罗萨的军队在 1167 年初跨过伦巴第平原，随后分为两支。较小一支的指挥官有科隆（Cologne）大主教达瑟尔的雷纳德（Rainald of Dassel），此人是帝国的首相和皇帝的得力助手，还有好战的教士美因茨（Mainz）大主教克里斯蒂安（Christian）。这支军队接到的命令是向半岛南部进军，进入罗马，强迫罗马接受帝国的权威；还要帮助紧张地待在托斯卡纳的对立教皇帕斯卡尔开辟一条安全的道路，让他安全进入罗马城。他们应该中途在比萨停留，确保比萨舰队能在晚些时候帝国与西西里

1　John of Salisbury's Letter 145 (to Bartholomew, Bishop of Exeter).

王国发生激烈对抗时提供支持。同时，腓特烈亲率大军穿过半岛，向拜占庭在意大利的核心安科纳施压。

如果说希腊皇帝和罗马教皇有什么区别的话，腓特烈对前者更生气。曼努埃尔·科穆宁在 10 年时间里一直在威尼斯和伦巴第制造麻烦，他的代理人将安科纳视作拜占庭的殖民地，但安科纳完完全全是坐落在西方帝国领土内的城市。更令人气愤的是，他最近以亚历山大的保护者的姿态出现，试图利用教会分裂的状况。他似乎忘记了自己就是一个教会分裂者。德意志军队抵达安科纳之后必须逼他多吃点教训，无论是关于此事还是别的事。

如果腓特烈得知拜占庭皇帝的全部企图，他将更加愤怒，因为曼努埃尔将教会分裂视为实现父亲旧梦的机会：将基督教会重新统一在罗马教皇之下，以换取将罗马帝国置于君士坦丁堡的皇帝之下。腓特烈最近的行为让他相信，直接行动的时机已经到了。1167 年春，或许是帝国军队进军安科纳的时候，一位拜占庭的使者——卡普阿亲王罗贝尔之子、拥有"显贵者"头衔的约尔丹（Jordan）抵达罗马，只要亚历山大支持他们的计划，就为他提供"足以让整个意大利服从教皇"的人员与金钱。

曼努埃尔完全清楚，教皇不可能在此时对抗西西里国王。他也不会幻想西西里坐视他介入意大利的事务。而他认为此事可以妥善解决。他与第二任妻子——极为美丽的安条克的玛丽（Mary of Antioch）结婚已有 6 年，两人却未诞下孩子。帝国的继承人依旧是他与伊琳妮的女儿，名为玛丽亚，当时 15 岁。[1] 她已经被许

1　伊琳妮（即贝尔塔）在 1060 年逝于一场突发的热病，曼努埃尔举办了盛大的葬礼，将她埋葬在全能者基督教堂（Church of the Pantocrator）中。但他在一年之内就娶了玛丽。

配给匈牙利王子贝洛（Béla），但是曼努埃尔此时觉得她应该嫁给年轻的西西里国王威廉。这个男孩一旦发现自己有可能继承君士坦丁堡的宝座，将以截然不同的眼光来看待拜占庭的野心。这是一个大胆的、富有想象力的提议，威廉一世去世后，曼努埃尔马上正式向摄政的王太后提议。不过，西西里方面只是谨慎地表示感兴趣，皇帝依旧在等待明确的答复。[1]

我们只能猜想，正在往安科纳进军的腓特烈·巴巴罗萨对这一切一无所知。但是他对希腊人的厌恶足以让他专注于眼前的工作。军队到达后，马上修筑工事，开始围城。安科纳城防坚固，秩序井然，安科纳人也不想失去这层能给他们带来这么多财富的关系。运气也站在他们这边。格拉维纳的吉尔贝率领一支西西里军队在海岸附近出现，皇帝因而有所分心。他回来不久之后，根据收到的消息而完全撤围而去，立刻朝罗马进发。安科纳人得救了。

另一边，罗马人几乎等于失败了。圣灵降临节的周一，5月29日，人数众多却缺乏纪律的罗马军队在图斯库鲁姆城外袭击了美因茨的克里斯蒂安率领的德意志人和托斯卡纳人，虽然他们的人数是后者的数倍，却最终被击溃。据估计，约3万人的军队中只有约1万人得以逃脱。最后的幸存者还未离开战场，帝国的信使已经出发，飞快地去跟腓特烈报告这个消息。信使说，罗马城本身还在坚守，但它已经失去了大部分军队，所以不可能坚守很

1　如果这项提议被接受了，历史的走向很有可能发生改变。关于此项提议的充分讨论，见：J. S. F. Parker, 'The attempted Byzantine Alliance with the Sicilian Norman Kingdom, 1166-1167', *Papers of British School at Rome*, vol. XXIV, 1955.

长时间。如果再来一支德意志军队全力进攻，他们更加无法坚守。听闻报告，皇帝颇为兴奋。能摘下罗马这颗果子的话，安科纳更不在话下。他可以稍后再对付希腊人。

大主教克里斯蒂安领导下的军队有邻近城镇的民兵加以补充，这些城镇又急于报复罗马人在这些年里的傲慢和压迫，但是罗马城还在顽强抵抗。而皇帝的到来决定了利奥城的命运。德意志军队通过一次残忍的屠杀打开了城门，一拥而入，却发现一个意想不到的城内堡垒：圣彼得教堂。圣彼得教堂周围环绕着守卫据点和匆忙挖就的壕沟。亲历此事的阿塞布斯·莫雷纳（Acerbus Morena）告诉我们，圣彼得教堂在敌人的进攻下又坚守了8天。后来进攻者在前院放了一把火，破坏了英诺森二世精心修复的大门，破坏了图里（Turri）的那座覆盖着马赛克镶嵌画的圣母礼拜堂，最后圣彼得教堂巨大的大门因此倒下。守军终于投降了。这座全欧洲最神圣的圣殿从未遭受这样的亵渎。即便是9世纪的撒拉逊人，也只是撕下了门上的银嵌板而已，没有深入建筑内部。按照另一位同时代人圣布莱斯的奥托（Otto of St Blaise）的说法，这一次的入侵让教堂的正厅里布满了死者和伤者，主祭坛也沾上了鲜血。这次的暴行不是信异教的蛮族做的，而是西方基督教世界的皇帝做的。

1167年7月29日，圣彼得教堂倒下了。次日，对立教皇帕斯卡尔在同一座主祭坛上祝弥撒，并将罗马"贵族"（Patricius）的金冠授予腓特烈——这项举措是故意蔑视元老院和罗马人民的。两天后，帕斯卡尔正式为皇后贝亚特丽斯加冕，她的丈夫在旁陪同——因为阿德里安教皇已在12年前为他加冕了。这一天标志着腓特烈生涯的最高峰。他让罗马人跪倒在他面前，让他们接受自己的条款。这些条款虽然温和，却应该能让他们在未来保持顺从。他已经把自己的教皇推到了圣彼得的宝座上。北意大利已经被征服了。此时帝国力量还没有减弱，比萨舰队停泊在台伯河的码头，他准备去消灭西西里王国。他认为前方不会有麻烦。西西里人被一个女人、一个孩子以及他眼里一帮比孩子大不了多少的法国人统治——如果能称其为"统治"的话。不用多久，这些人都将在他面前俯首帖耳，折磨他15年之久的野心也会最终实现。

可怜的腓特烈啊，他不可能预见到不久后突然降临的灾难，这次的灾难以人间的军队永远做不到的方式，在不到一周时间里把他骄傲的军队摧毁了。在令人难以忘怀的8月1日，天空晴朗，阳光浓烈，仿佛预示着他的胜利。但是在次日，突然飘来一片巨大的黑云，黑云遮住马里奥山的谷地。天空落下倾盆大雨，一阵静止的闷热紧随而至。随后，军中暴发了瘟疫，它以前所未闻的力量和速度在帝国军队中流行开来。患病之人最常见的结局就是病死。几天时间内，产生的尸体就已经掩埋不过来了。一堆堆增加的尸体在罗马8月的高温下不断肿胀、腐烂，又让人们恶心，让恐惧流行开来。陷入绝望的腓特烈眼看军队的精锐渐渐死去，别无选择，只得拔营撤退。8月的第二周，按照索尔兹伯里的约翰的描述，腓特烈"宛如着火的塔楼"，带着他安静的、鬼魅一般的队伍，艰难地穿过托斯卡纳。瘟疫没有离开。他的首相兼大主教达瑟尔的雷纳德于14日去世，[1]康拉德三世之子罗滕堡的弗雷德里克（Frederick of Rotenburg）也几乎在同时去世——他是皇帝年纪最大的堂兄弟，也是该对破坏圣彼得教堂大门而负责的人。

1　雷纳德的追随者们非常确信雷纳德是一位圣人（不好说其根据是什么），所以把他的遗体加以炖煮，只留下骨骸，然后将骨骸作为圣遗物带回德意志。

主教布拉格的丹尼尔（Daniel of Prague）、史家阿塞布斯·莫雷纳等 2000 多人都去世了。

噩梦还未结束。瘟疫的消息早已在伦巴第传播开来，抵达这里的德意志军队发现一座座城镇都对他们关上了城门。他们克服了极大的困难，终于抵达帕维亚的帝国大营。腓特烈被迫在此处停留，束手无策地观察事态。12 月 1 日，伦巴第地区有不少于 15 座主要城市结成了更强大的伦巴第联盟，联盟的基础就是 8 年前在阿纳尼许下誓言的城市。此辱已极。他的意大利臣民竟如此瞧不起他，不等他翻过阿尔卑斯山回返，就摆出了反抗的姿态。终于等到春天到来，积雪融化，腓特烈发现最后一段返乡之途也成了问题。他的敌人控制了所有的山口，不让他和他那支残军通过。这位西方的皇帝扮作仆人，秘密而羞辱地重返故土。

可能有人会问：腓特烈·巴巴罗萨品尝胜利和灾难之时，作为他宿敌的教皇做了什么？亚历山大先是和弗兰吉帕尼家族的朋友们在大竞技场附近的卡图拉利亚塔（Cartularia Tower）中避难。尽管事态严重，他还是觉得自己能以某种方式待在首都里。玛格丽特派来的两艘西西里战舰带着大量援助资金沿台伯河而上，船长提议让教皇随船一起撤离，教皇拒绝了提议。这个决定很高尚，但他不久就会知道其中的不明智之处。反复无常的罗马人转而对付他。他扮作朝圣者，在比萨人即将抵达之时坐上小舟，逃出生天。他在加埃塔上岸，经泰拉奇纳前往贝内文托，在贝内文托跟忠于自己的枢机主教们会合。他逃走的时机正好。如果他落入皇帝之手，他主动的教皇统治就会宣告结束。即便他没被抓住，也可能因流行病而去世，因为瘟疫没有限制在帝国军队中，而是在罗马肆虐，台伯河中漂满了厚厚的尸体。或许，全能的基督总是站在他这边。

支持教皇的人确实就是这么想的。各地的敬神之人（或许德意志的最多）将腓特烈的遭遇视为毁灭天使降下的天罚，这不仅是对他罪愆的惩罚，更是对亚历山大的事业正当性的确认。教皇的受欢迎程度和声望都高涨起来。伦巴第城市邀请他去当新联盟的保护者和领袖，甚至邀请他去居住　　他拒绝了居住的邀请。同时，他们在帕维亚和阿斯蒂（Asti）之间建立了一座新城市，为纪念亚历山大，称这座城市为亚历山德里亚（Alessandria）。

同时，对立教皇帕斯卡尔在罗马失去了本就少得可怜的支持。不久后，他甚至只敢在斯蒂芬·特奥巴德的阴郁的塔楼外走动，这座塔楼是城中唯一让他感到安全的地方。他的健康也在迅速恶化，大家都知道他时日无多。在这种环境下，亚历山大回到拉特兰宫是一件很容易的事，但他拒绝了。他已变得憎恨罗马，鄙视罗马人的不忠和见利忘义。8年时间里，他们3次欢迎他进入该城，又因为受到恐吓或受贿而3次迫使他流亡。他不愿再经历这些事了。根据以往的经验，他可以在贝内文托、泰拉奇纳和阿纳尼等很多地方有效而迅速地处理教皇事务，还可以远离永恒之城的阴谋和无休止的暴力。他倾向于待在原地。

他再次看见罗马城则是11年之后的事了。

16

亲信的陨落

……那块土地吞噬了它的居民。

——布卢瓦的彼得，书信 90

在西西里人眼中，毁灭腓特烈·巴巴罗萨军队的毁灭天使必定是一位救赎的信使。在诺曼人抵达半岛之后这过去的一个半世纪里，南意大利遭到帝国军队入侵的次数比它居民能记得的还多，但是哪一次入侵都不会比 1167 年夏季的这次更严重。然后，它突然间就成了过去式。西西里王国确实花费了太多钱款，其中大部分都给了教皇；但是王国受到的实际损失是零，除了格拉维纳的吉尔贝军队中有一些掉队的人没能迅速撤回安科纳以南而已。王国再次安全了，至少外部安全了。

在首都，佩尔什的斯蒂芬依旧处于权力的中心，一般民众还敬爱他，但是他生存所系的那些人却越来越厌恶他，他自己也意识到了。王太后早已把他提拔为首相，又在初秋让顺从的巴勒莫教士们将他选到空缺的巴勒莫大主教的位子上，这种厌恶因此变得更深了。这是非常奇怪的一着棋，玛格丽特和斯蒂芬居然再次显得丝毫不顾及周围人员的感情。这位年轻人从未打算加入教会。

在就任大主教的数天之前，萨莱诺的罗穆亚尔德为他授予圣职，可以想象罗穆亚尔德有多么不情愿。理查德·帕尔默尤其不掩饰自己的厌恶之情。把这项任命当作冒犯之举的人不只是罗穆亚尔德和理查德而已。从斯蒂芬在巴勒莫主教座堂的大主教宝座上落座，唱诗班的《感恩赞》打破阴沉的寂静时起，整个教会团体都成了他的敌人。

针对首相的阴谋再次迅速增加，正如当年针对马约和卡伊德彼得的阴谋一样。最后，斯蒂芬发现在他的法国随从之外再无可信之人。所有西西里人都受到了怀疑，即便是宫廷宦官，即便是阿耶罗的马修本人——自从发生了一件有关书记官的事情起，他便毫不掩饰自己的敌意。斯蒂芬想获得马修行恶事的实物证据，便在某一天让自己的密友贝莱姆的罗贝尔（Robert of Bellême）去拦截在首席书记官和他的兄弟之间传信的卡塔尼亚主教，让罗贝尔把卡塔尼亚主教身上的所有信件带回去。罗贝尔的埋伏失败了，卡塔尼亚主教逃走，将事情经过告诉了马修，马修当然恼怒异常。所以罗贝尔不久后在略为险恶的环境中身亡时，马修立刻落得谋杀罗贝尔的嫌疑，被迫下台。在后来的调查中，有一位出身于萨莱诺并与马修关系良好的医生，被人揭发带着一种奇怪的药剂进入罗贝尔家，这种药剂简单地被称为玫瑰糖水，但是另有证人证明该药剂腐蚀了他一只手的皮肤。虽然医生获罪入狱，却始终不承认。所有证据都对马修不利，他跟斯蒂芬的关系变得越来越差。

1167 年夏，王太后玛格丽特那位不务正业的兄弟蒙特斯卡廖索的亨利返回巴勒莫。这一次，巴勒莫的局势很适合返回的他。一年前他到普利亚的时候，一群心怀不满的封臣劝他说，把他流放到那个遥远采邑的行为，简直是在侮辱他作为王室亲戚的尊严，适合他的位子在巴勒莫，在他姐妹的旁边，那就是当时还被莫里斯伯爵里夏尔所占据的位置。他们解释说，莫里斯伯爵只是个一夜发迹的机会主义者，为了达到自己的目的，挖空心思地想讨玛格丽特的欢心，甚至还很有可能跟她上过床。所以，亨利唯一符合荣誉的做法就是前往巴勒莫，要求将里夏尔解职，并证明里夏尔和他姐妹之间关系的清白。他们乐意支持亨利完成这项任务。

不过，当亨利带着西班牙和普利亚的随从在几个月后抵达西西里时，他发现王国里的每个人都早已知晓里夏尔的位置已经被佩尔什的斯蒂芬所代替了。虽然他可能对斯蒂芬缺乏了解，却很快意识到自己不能用反对莫里斯伯爵这种当地新贵的方式来反对跟他有血缘关系的人。相反，如果他能打好手里的牌，这项任命最后对他有好处也说不定。

同时，首相也在冷静地出牌。根据他对亨利的了解，似乎他只需做一些承诺，略做讨好，就能使亨利不与自己作对。做到这点以后，就不用怕亨利身边的那些人了。此策果然见效。年轻的他在任上的所作所为说明他必定具有相当的魅力，他还能将这魅力发挥到极致。很快，亨利就成了舅舅最热情的支持者之一。那些心怀不满的普利亚人，只能眼看他们的前首领到处骑马跟着首相跑，甚至陪同他洗浴，表现得似乎城市是他的。他们受到打击，别无他法，只得在不久后回到普利亚。

所以，亨利度过了数月的舒适时光，但他太反复不定（或许只是容易受骗而已），无法长时间保持安静。他性格上的弱点，他的自负，还有跟摄政王太后的近亲关系，使他成为阴谋者的最佳工具。夏日渐渐消逝，越来越多的人在他耳边嘀咕：王太后舅舅的地位居然高于她的亲兄弟，这简直太丢脸了；亨利不应该去找首相，而是应该让首相来找他——掌握西西里王国权力的人是佩尔什的斯蒂芬，而不是蒙特斯卡廖索的亨利，这太不公平了吧？

法尔坎都斯告诉我们，亨利开始回答说自己不通晓政府管理的技艺，还不会讲宫廷中必不可少的法语，而他的好友斯蒂芬聪明又谨慎，出身高贵，非常配得上首相的高位，斯蒂芬掌握国事，他无比放心。不久，这些嘀咕里新加入了一些内容，那就不只是嘲笑而已了：考虑首相跟王后有不清不楚的关系，蒙特斯卡廖索伯爵怎么能与首相保持这样友好的关系呢？他是在公开支持这两人卑劣的乱伦情欲关系吗，还是说他假装对眼皮下发生的事视而不见？难道说他真的又蠢又懒（这是法尔坎都斯的原话），所以真没有注意到城里风传的事情？

这些信息是否有根据，我们已经不得而知。法尔坎都斯在其他地方提到，有人发现王太后"用眉眼迷住了首相"。玛格丽特此时还不满 40 岁，据说美丽依旧。[1] 从前亡夫在很大程度上对她不管不顾，而眼前的这位年轻人长相英俊，出身高贵，能力卓著，碰巧又是西西里少数几个她能信任的人之一，如果她不对这位年轻人产生某种爱慕之情，那倒是很奇怪。然而，纵使他们之间没有这样的关系，闲话也是少不了的。无论如何，亨利相信了。他变得闷闷不乐。以前他经常在没必要或不合适的时候也去找斯蒂芬，此后则开始躲着斯蒂芬。更重要的是，他利用进出宫廷的自由，将听到的关于王太后的故事讲给国王听，试图在他们之间制

---

1 拉·卢米亚描述她"依旧美丽，光彩照人，轻快活泼"，却未提供引用的史料。他有一本描述威廉二世统治时期的著作，文笔优美，虽然距今仅有一个世纪，却依旧是关于该时期的标准著作。不过，他有时候会允许浪漫的想象掩盖他的学术性。

造裂痕——事实证明不太成功。

蒙特斯卡廖索伯爵似乎无意掩饰他对恩主的感情已经改变的事实，斯蒂芬不久就会发现自己高估了外甥　或许这显得让人难以置信。亨利比他设想的更不可信任。而且他的不忠只有一个目标：据称一场阴谋正在酝酿，而伯爵则参与其中。这信息比任何探子报告的都更确凿。首相还没察觉事态的时候，就已经派不少密探跟踪亨利，只需问一下这些密探，他就能证实自己的怀疑。他决定先发制人。

但是斯蒂芬做得到吗？侍从长卡伊德里夏尔控制了王室侍卫，而他是宫廷宦官中最仇视斯蒂芬的人之一，斯蒂芬肯定无法在有难时依赖他。实际上，如果首相想成功地实现政变，则不可避免地要逮捕甚至拘禁所有宫中的高级穆斯林，包括改信基督教的卡伊德们。在当时的环境下，这项措施很容易让首都的穆斯林居民发动全面叛乱。所以，如果他想预防敌人发动突然袭击，就最好在巴勒莫之外的地方行动。幸运的是，一项日程已得到确认：年轻的威廉将在次年首次访问他在意大利本土的领土。以筹措访问前的准备为由，王室发出通告，整个宫廷前往墨西拿过冬。

雨果·法尔坎都斯对墨西拿的描述前面已经引用过了。它是西西里岛的第二大城市，拥有繁忙程度略逊于巴勒莫的港口，它跟其他大港一样，名声不好。不过这里对斯蒂芬来说有一项极好的优势：它是一座纯粹的基督徒城市。伊本·祖拜尔在20多年前造访这里，他记载这里似乎"充满了崇拜十字架的人"，"幸亏这里有少量穆斯林劳工和仆人，来自穆斯林土地的旅行者才不会被当作野兽对待"。这里的居民事实上大多都是希腊人，还包括广泛混杂的意大利人与伦巴第人。没有人对当下的政权表示不满。

这座城市还有一个优点：它靠近大陆。斯蒂芬一年前去过格拉维纳之后就跟表兄弟吉贝有良好的关系，此时秘密给他写信，请他来墨西拿，并在不引起怀疑和警觉的前提下让尽可能多的士兵做伴。

同时，搬迁的消息传到宫中，引发了普遍的惊惶情绪。我们还能想象，蒙特斯卡廖索的亨利完全不明白正在发生什么事，或许还在期待与风趣的墨西拿朋友们再会。而计划推翻首相的人立刻意识到问题所在：在一个他们无法依赖大众支持的陌生城市，他们的战略地位变得更弱了。高级教士尤为恐慌。他们知道自己必须去——不去的人会成为他人阴谋的受害者，不被他人理会——但他们不愿离开自己在巴勒莫的豪华府邸，去一个又冷又不舒服的地方，在租来的房子里过冬；不愿让他们娇弱的身子骨走崎岖的山间小路，在每年的这个时候，这副身子骨说不定会被整个冲走。[1]公平地说，他们也有一项优势：当年的秋雨下得比人们记忆中的哪场雨都大。可是斯蒂芬不愿改变主意。沿路的当局均收到盖有国王印玺的书信，书信要求他们维护各自管辖区域内的道路，根据需要加宽或者加高，并为国王的出行做好方方面面的准备。在确定的搬迁日期的一两天之前，天空放晴了。12月15日，[2]威廉和他的家庭出发前往墨西拿，他的侍从和教会人士沮丧地骑马跟在后面。

墨西拿热情地欢迎了国王，威廉和王太后住进了王宫。根据

---

1 直到19世纪中期，巴勒莫至墨西拿的路况依旧很差，所以旅行者一般从海路往来于两城之间。

2 法尔坎都斯记载的日期是11月15日，这或许是抄写者的手误。见Chalandon, II, p.331n。萨莱诺的罗穆亚尔德声称此事发生在圣诞节前后。

伊本·祖拜尔的记载，这座王宫"从水滨腾空而起，宛如一只白鸽，建筑中有数量众多的侍从和侍女"。与此同时，佩尔什的斯蒂芬展现了一如既往的好心——他也明白自己有可能在危急时需要当地居民的帮助——真诚地想讨好当地居民，恢复了以前罗杰二世授予的、现在已经丢失的待遇。尽管他有所尝试，却不可能长期得到他们的喜欢。在一个月之内，其随从人员的傲慢和高压手段已经让整座城市都厌恶法国人，甚至在他们到来时对他们最有好感的人那里也是如此。

在这种情况下，原先讨论已久却还不成熟——很大程度上是因为亨利的愚蠢——的杀害首相的阴谋，突然开始成型。他们从不缺少支持者，一些因国王到来而渡过海峡的卡拉布里亚封臣也加入他们的队伍，其人数因而增加了。不过，参与者没有限制在贵族之内。一些宫廷官员也深深地参与其中，包括阿耶罗的马修和卡伊德里夏尔。教士的代表则是年老的放荡之徒——阿格里真托的真蒂莱，仅在几周之前，他以长得超过必要程度、辞藻异常华丽的誓词对斯蒂芬发誓支持。这次阴谋的弱点在于它的规模。按照商定的计划，阴谋者会在某天早晨斯蒂芬离开府邸的时候将他击倒，但这项计划的实施需要相当多的人员。搞阴谋活动需要保密，而保密工作不佳是这次阴谋失败的主要原因之一。

不用说，该为泄密负责的人就是蒙特斯卡廖索的亨利。出于某些我们永远不会知道的原因，他说漏了嘴，将阴谋的所有细节都告诉了一位当地法官，这位法官转身就向首相报告。斯蒂芬立即行动，向国王和王太后说明了他的打算，然后以摄政王太后的名义立刻召集全宫廷的人开会，包括此时在墨西拿的所有主教、贵族和法官。人员到场之后，格拉维纳的吉尔贝就会带领手下包围王宫。可信任的教士得到建议，随身携带匕首或者短剑，别让同僚看见。首相在官服下面穿了一件锁子甲，然后进入议会大厅。

会议刚开始，蒙特斯卡廖索伯爵就站起来，激动又有些语无伦次地开始指责，话里不自在地掺杂了骄傲和自怨自艾。他承认自己背着沉重的债务——这是世人皆知的事——采邑的收入已经无法满足他习惯的、符合他等级的生活水准了。作为国王的舅舅，他正式请求获得塔兰托公国，罗杰二世曾将塔兰托公国授了其私生子西蒙，它后来在威廉一世时期被收回了。如果这项要求得不到满足，那么他请求获得西蒙之前在西西里拥有的所有土地和财产。

他的这番话在时间和地点上都不合适，他只是想故意在会场上挑起争端。首相肯定会拒绝，然后亨利或他的某个支持者会做出尽可能冒犯的抗议。接下来的骚动就是理想的暗杀时机了。然而，事情在这时走向了另一个方向。亨利的话还没说完，吉尔贝就在众人面前发表了与其说是答复，更不如说是严厉抨击蒙特斯卡廖索伯爵的性格和错误行为的话。吉尔贝指出，如果亨利还有起码的尊严和正派，早就可以被授予他今天想得到的东西；相反，他总是将大量金钱花在不良的生活和罪恶上面。他压迫自己的封邑，对它们施加难以言说的暴行。他尽力破坏国王跟王太后的关系，跟玛格丽特说她的儿子在阴谋推翻她，又在威廉面前诽谤玛格丽特，谄媚地说国王自己应当获得管理王国的大权。要是亨利敢否认，那就尽管说，国王和王太后都在场听着呢。最后，格拉维纳伯爵暴喝，让亨利当着他们的面，当着所有的与会人员的面，承认在当天阴谋对抗首相，承认他自己是"扰乱王国的人，用藐视和叛乱对抗陛下的权威；若不是国王的怜悯，他不仅应该失去所拥有的土地，还应该失去那悲哀的生命"。

亨利大惊失色，害怕得无法动弹，只能大喊大叫。人们很快打断他。一位证人被召了进来，也就是那位一两天前从亨利那里听到阴谋的法官，因为他的证言，亨利的谋叛行径得以坐实。伯爵恢复了平静。当他听到首相命令逮捕他并将他关押到雷焦的城堡时，他没有表示异议。

消息很快传遍了墨西拿，流言随之四起。在蒙特斯卡廖索伯爵新近搬走的房子里，他的西班牙追随者们准备武力反抗。但斯蒂芬也有准备。吉尔贝的手下驻守在宫殿周围和城里的其他战略要地，首相一方还派出传令官，让他们前往各个街道和广场，通告所有西班牙人必须在 24 小时之内离开西西里。亨利手下中认为没办法轻易逃脱的人毫不犹豫地接受了条件。许多参与阴谋的卡拉布里亚人也在形势尚好的时候选择离开。可惜，形势没有他们预想的那般如意。一群群墨西拿的希腊强盗在逃亡者渡过海峡之前追赶他们，抢走了他们所有的财物，如法尔坎都斯所说，甚至抢走了他们的衣物。所以他们的大多数都无以抵挡冬季的风雪，在群山中悲惨地死去。

虽然首相有几位顾问建议将参与阴谋或者牵涉阴谋的人处以绞刑或者断肢之刑，却被他拒绝了。首相自己不喜欢暴力，很多阴谋者也认为这些刑罚过于残忍。只有一到两位追随蒙特斯卡廖索伯爵亨利的罪魁祸首被投入监狱。其他人则被允许逃脱惩罚，阿格里真托主教真蒂莱也在其列——在阴谋失败的当天，他恰好患了一场小病。尊贵而不该受罚的人只有一位：莫里斯伯爵里夏尔。虽然他有理由讨厌佩尔什的斯蒂芬，怨恨权位被他取代的事情，却几乎没有参与阴谋活动。但是格拉维纳的吉尔贝憎恨他，没有忘记约 18 个月之前自己在巴勒莫被解职的事情，决定复仇。他此时以非法占有土地的罪名传唤这位不幸的伯爵。这一指控得到了技术性细节的支持，里夏尔名下有争议的地产被判处没收，他激烈而大声地抗议判决结果。他的敌人抓住机会，得意地宣称这项判决是以国王的名义做出的，按照西西里的法律，质疑国王的判决等于渎圣。可怜的伯爵被拖到由剩下的主教和大主教组成的宗教法庭中，被判处有罪，最后被拘禁于陶小米纳。

莫里斯伯爵里夏尔爱虚张声势，易冲动，不太聪明，缺少恶意或奸诈。在他生活的充满谎言和诡计的污浊气氛中，在法尔坎都斯笔下那令人作呕的记载里，里夏尔显得那么讨人喜欢，显得那么有新鲜感。必须承认，他两度参与了阴谋活动。而在第一次，当他看到国王陷入危险的时候，就冲过去用自己的身体保护国王。我们在这里看到，他在第二次阴谋活动时别无选择。他从没有故意去获得职位升迁或个人利益。高位到来的时候，他接受了；被要求放弃高位的时候，他又毫无怨言地放弃了。他是狼群中的羊，唯一的奇迹是他能够坚持这么长时间。

佩尔什的斯蒂芬偕国王、王太后于 1168 年 3 月底返回巴勒莫的时候，才发现自己对政治对手太仁慈了。特别的是，他假装原谅了参与亨利阴谋的两位宫廷重臣：首席书记官阿耶罗的马修、侍从长里夏尔。斯蒂芬以为，这两人会因为逃脱惩罚而大喜过望，从此不再参与煽动活动。但这是严重的误算。马修和里夏尔认为，首相不可能忽视他们在阴谋中的作用，所以迟早会打击他们，这次放过他们只不过是将打击推迟了而已。亨利被捕之后，他们立刻与阿格里真托主教一起赶往首都，做另一次尝试。巴勒莫的部分居民对斯蒂芬心怀不满，格拉维纳的吉尔贝无法压制他们。马修一派的工作在巴勒莫肯定更容易完成。到首相带宫廷的其他人返回时，一切都会准备就绪。不能让他有机会去发现自己不在的时候发生了什么，所以他们行动迅速起来。在首相抵达的一两天之内，精确地说是棕枝主日，他们要杀掉首相。

但是，斯蒂芬的消息比他们预想的更为灵通。他到西西里已经有 18 个月，对阴谋的嗅觉已经极为灵敏，所以他抵达巴勒莫后做的第一件事就是将马修和他的几个共谋者投入监狱。由于担心穆斯林起事，他没有关押卡伊德里夏尔，而是严密地监视他。阿格里真托主教迅速逃回自己的教区，但有位王室法官赶去逮捕他，他的教众宛如解脱一般将他交了出来。他被无限期地关押在达伦齐奥的圣马可城堡。圣马可城堡是诺曼人在西西里岛上建立的第一座城堡，一度有奥特维尔家族的成员居住在这里，被关押在这里的真蒂莱或许不会太难受。

此时，首相终于觉得一切尽在掌握之中，自己可以放手去处理日常的政府工作，而不必一直瞻前顾后了。但是，由于他身处高位，加上语言的隔膜，所以他跟西西里的居民相互隔离，似乎不清楚反法情绪有多大力量。墨西拿的情况尤其严重，人们对上个冬天的侮辱和虐待还记忆犹新，他们听到了不少令人振奋的消息，最后却失望沮丧地得知亨利伯爵的阴谋以失败告终。无须阴谋分子或政客煽风点火，在墨西拿居民尤其是大部分希腊人之中，情绪已经发展到足以爆炸的程度，差的只是一个火星而已。讽刺的是，提供这个火星的人正是首相的内廷总管——沙特尔主教座堂的教士奥多·夸勒尔（Odo Quarrel）。

斯蒂芬在 1166 年秋初次抵达西西里岛的时候，随从之中就有

奥多。奥多似乎从未打算永远在西西里岛安家，却答应跟朋友们
一起在岛上待两年，直到他们站稳脚跟。从法尔坎都斯的描述中
可知，奥多是所有人中最逊的一个：

> 他处理民事的时候既缺乏教养，也不够谨慎，却非常贪
> 婪，所以想尽办法采用各种能勒索钱财的手段。他不通过德
> 行或忠诚来评价友谊，而只是通过他希望收受的礼金的价值。

1168 年复活节的时候，奥多正在墨西拿为出行做准备。按理
说他还需要待半年，但是王太后想让他早点离开，护送蒙特斯卡
廖索的亨利返回西班牙。王太后认为，与其将自己的兄弟一直关
押在身边，还不如送他回故乡，再送他 1000 块金条以换取他不再
返回西西里的保证。尽管巴勒莫方面在催促，但是奥多的准备工
作异常缓慢。据法尔坎都斯记载，这主要是因为奥多新发现了一
个增加收入的好方式，此时正在对墨西拿港口中要跨越海峡前往
巴勒斯坦的船只征税，以此小赚一笔。可以想见，这种做法不会
让他获得墨西拿居民的喜爱。某天晚上，奥多的几名家仆和一帮
希腊人在酒馆里发生了斗殴事件，这本是一场小骚乱，最后演变
为大型暴动。奥多得知此事后，立刻召见市政官，[1]命令他逮捕参
与其中的希腊人。市政官提出了抗议，却因为忌惮身处高位的奥
多的影响力，不情愿地同意了。市政官出现在人群面前，道出自

---

[1] 拉丁语为 stratiogotus。正如这个名字所显示的，这些官员以往只设置在
王国内讲希腊语的地区，但是后来也设置在其他地区。其职责很难界定，
因为它似乎是因地而异的。在希腊人占人口大多数的墨西拿，市政官是城
市的最高官员。

己的意图，却招来一阵石块的攻击，民众要他下台。夜幕降临后，墨西拿已经被暴民控制了。老谣言死而复生，新谣言不断涌出。人们纷纷谣传：佩尔什的斯蒂芬已经同摄政王太后完婚，他已经杀死了年轻的国王，计划夺取王位；他实现这些之后，就会把希腊人赶走，让法国人和拉丁人瓜分希腊人的财产；奥多·夸勒尔此行的真正使命是把首相的兄弟从诺曼底请来，这样此人就能与罗杰二世的遗腹女康斯坦丝成婚——康斯坦丝此时是一个14岁的孩子。

但到此时，奥多已经没有多少再次返回西西里的念想了，无论有什么理由。事实上，他是否能活着离开这里都是问题。他待在家里，闭门不出，恐惧地等待事态发展。同时，墨西拿的人群赶到港口，征用了7艘加莱桨帆船，渡过海峡，前往关押蒙特斯卡廖索伯爵的雷焦。抵达雷焦之后，他们轻松说服当地居民与自己合作，然后一起向城堡进发，要求立即释放伯爵。他们的到来让当地守军措手不及。因为敌人人数是己方的数倍，所以守军投降了，交出了囚犯。

蒙特斯卡廖索的亨利从来没有因聪明才智而闻名，却迅速抓住了机会。返回墨西拿时，他的首要想法是确保奥多·夸勒尔的支持，尤其是保证据说奥多要带回法国的巨额财富。他召来一位公证人，让他将奥多宅中的金银珠宝、绫罗绸缎列一个完整的清单，然后将这些物品保存在安全的地方。随后，亨利下令将希望躲避暴民的奥多从王宫转移到俯瞰港口的旧堡垒。但是墨西拿人拒绝了。他们还不完全相信这位他们选择的领袖——毕竟他在城里的某些地方很知名——他们的怀疑可能有充分理由：他有可能跟佩尔什的斯蒂芬展开谈判，用这位颤抖的囚徒为交易筹码。市民的领袖直接面见亨利，要求交出奥多，让他们对奥多施加惩罚。
伯爵有所犹豫，却不敢拒绝。

　　奥多·夸勒尔是个不讨人喜欢的人，也很愚蠢。他的愚蠢不
仅使自己倒台了，他的同胞亨利最近抵达西西里一事也与它不无
干系。但是，奥多不该承受前面等待他的命运。他被除去衣服，
绑在驴背上游街，人们不断向他投去石子。他抵达城门的时候，
有一名不知是担负任务还是一时冲动的市民，走上前去，将一把
长长的比萨刀插进奥多的脖子，随后拔刀舔舐刀刃，以表示最后
的憎恨和蔑视。暴民随后冲向受害者，带着愤怒，一遍遍地刺向
他失去生命体征的身体，砍下他的头颅，将头颅挑在枪尖上，在
全城游行。最后，他们把头颅扔进公共下水道。后来有人把头颅
从下水道取出，秘密地埋葬了。

　　奥多之死不是终结，而是开始。次日早晨，在阳光照向墨西
拿城的时候，城里已经没有活着的法国人了。

　　远在巴勒莫的佩尔什的斯蒂芬开始意识到，自己面对的不再
是局部性的暴乱，而是迅速蔓延的反抗运动。每天都有抵达首都
的信使，他们带来的消息越来越差。叛军已经占领了罗迈塔，这
是控制着巴勒莫至墨西拿道路的战略要地。他们横扫了沿海地区，
直至陶尔米纳。他们攻打圣马可城堡，救出了莫里斯的里夏尔。
切法卢主教公开宣布支持他们，他管辖的其他教会人士必定也会
追随他。到目前为止，还没有收到意大利本土发生事变的消息，
但是最近在雷焦的事件非常清楚地表明，叛乱的战火有可能在必
要的时候烧过海峡。

　　首相的第一反应就是动员一支军队，朝墨西拿进发。他知道

很多军人的忠诚度是值得怀疑的。而埃特纳火山附近的伦巴第居住地对希腊人没有特别的好感，主动提供 2 万人与希腊人作战。有这样一支核心力量相助，便极有可能建立一支生力军。但是，军事行动有所推迟。15 岁的国王做出了第一次有记载的政治干预，建议推迟战争，到星象运行至对己方有利的时候再行动——这预示他未来的治国之术很成问题。此时，在短暂的政治生涯中面临最严重危机的斯蒂芬犹豫了。他是否应该接受法国朋友的建议，跟国王和摄政王太后一起，待在气氛空前紧张、自己的生命再次受到威胁的巴勒莫？还是说，他应该接受宫城主管安萨尔德（Ansald）的建议，离开首都，去遥远的堡垒组织抵抗，然后与威廉和玛格丽特会合？

如果斯蒂芬知道在押的阿耶罗的马修已经组织了针对自己的暗杀行动，或许有助于他下决断。马修以安萨尔德的副手康斯坦丁（Constantine）为中间人，轻松地同宫中的朋友取得了联系，劝说他们入伙。跟前两位阴谋者一样，他的计划也很简单：在某天早晨，在王宫的第一道门和第二道门之间的地方将斯蒂芬杀死，斯蒂芬在此处没有多少自我防卫的空间。

首相及时地得到了提醒，便待在家中。但是，他不露面恰好为他的敌人提供了一个确凿无疑的信号：首相已知晓了阴谋。如果他们想活命，就该迅速采取行动。他们运气好，宫城主管安萨尔德正生病，待在宫廷上层的住宅里，让副手康斯坦丁管理王宫。康斯坦丁立即召集王宫卫士，命他们前往城市各处，呼吁所有居民联合起来阻止首相携带王室财宝逃走。康斯坦丁是否真的相信首相会带王室财宝逃走是值得怀疑的，但他的呼吁起到了不错的作用。墨西拿的第一份报告到来之后，巴勒莫的兴奋情绪就已经高涨，而马修的代理人将它推得更高。基督徒和撒拉逊人都同样渴望向自己讨厌的外来者报仇，而街头巷尾的一伙伙贼人已经为接下来的劫掠活动做好了准备。卫士散布了消息之后，城中居民纷纷拿起刀剑，冲向街头，很快就包围了首相的宅邸。

骚乱的迹象刚出现的时候，就有不少斯蒂芬的追随者前来保护首相。他们勇敢地布防，却没有希望坚持抵抗。外面的人群增加一些，首相的危险就多出一分。防守方看见人群中又出现了王宫卫士中的弓箭手，心生恐惧。防守方的人数远远少于进攻方，或许装备也很差，不可能从被重重包围的宅邸中突围而去。这座宅邸是巴勒莫大主教的住处，不够坚固，难以抵御围攻。但它有项优势，那就是有一条狭窄的小路直接与主教座堂相连。对于绝望中的斯蒂芬一方来说，这条小路不啻一根救命稻草。他们留一些骑士殿后，迅速沿小路撤退，穿过教堂，来到钟楼。他们终于能在钟楼布防，无论如何，他们坚持的时间可以再长一些。

在横扫整个城市的全面骚乱之中，阿耶罗的马修和卡伊德里夏尔轻易地重获自由，再次成为叛乱者的首领。他们召来王室的号手，让号手在大主教宅邸外面吹号，而没有意识到斯蒂芬已经逃走的暴民还在猛敲大门。吹号是一次绝妙的行动。听到号声的人只会想到一件事，那就是国王支持叛乱者。已经在街上的人获得了新的热情，激情倍增。当时还待在家里的人通常不知道自己应该帮谁，听到号声后也赶紧出门上街了。此时，有人（也许就是马修本人）想起来那条小道，不是将它想作摆脱围攻的逃跑之路，而是想作从后面潜入王宫的道路。人群立刻冲向主教座堂。斯蒂芬的人已经锁上了所有入口，但是进攻者找来柴草，在不久后点燃了大型木门。人们冲进主教座堂，击退了几个试图阻拦他们的勇敢剑士。他们没有想到钟楼，却通过小道拥入王宫。

　　整座主教座堂被人洗劫得干干净净之后，暴民领袖才明白斯蒂芬逃到了何处。他们跑回钟楼。但是，钟楼的楼梯曲折而狭窄，守卫者为保命而奋力战斗。几个胆子大的人往上冲，不久就带着满身鲜血逃回。这时，进攻得以暂停。有些人打算将整个塔楼烧掉，其他人则认为最好用攻城机械对付这样的石质建筑。还有人打算破坏它的地基。他们一直争到天黑。这天发生的事已经够多了。人们达成共识：无论用什么方法攻打，都要到明天再说。

　　但是阿耶罗的马修越来越焦虑。他知道，这座建筑很坚固，比所有围攻者想象的更坚固。斯蒂芬和他的朋友们可以从王宫获得给养。得到给养之后，他们就可以轻松地坚持一周甚至更长的时间，说不定到那时暴民的热情就消散了。国王也是一个问题，他表现出令人意想不到的精神状态，让他们放自己骑马出宫，面对臣民，号召民众放下武器，各自回家。位置稳固的马修好不容易才让国王打消了这个想法。这个男孩在城中一如既往地受欢迎，一旦民众得知他同情首相，叛乱者所得到的支持就会迅速减弱。

　　所以，马修一方决定同首相谈判，派使者带着条件前往塔楼。条件如下：斯蒂芬和愿意追随他的同胞，将由西西里的加莱桨帆船送往巴勒斯坦；其他人可以不受阻拦地返回法国；支持他的西西里人不会受到报复，生命和财产均得到保护；他召集的那些雇佣军可以自愿继续为国王服务，或自由离开西西里王国。以上条件有理查德·帕尔默、马耳他主教约翰、萨莱诺主教罗穆亚尔德和马修本人作为担保。在当时的情况下，这些条件已经极为宽宏大量了。斯蒂芬接受了。

　　接下来的事只剩下尽快将首相和他的朋友送出西西里。备好一艘合适的船，再用整夜装载货物和给养。次日上午，准备完毕。为了避免出现意外，斯蒂芬一行在首都之外一段距离的地方登船，位置在今天蒙代洛（Mondello）的郊区。但就在船舶刚要起锚之时，码头上传出一阵喧闹声。巴勒莫主教座堂的教士们想到，他们还没有从斯蒂芬那里获得辞去大主教之位的文件。如果缺少这样的文件，他们就无法选举下一任大主教。斯蒂芬当时的心情肯定不好，所以起初拒绝出具该文件。当他听到在场的人在窃窃私语什么，看到他们手按佩剑，他才明白他们如何理解自己的拒绝之举——这代表他想秘密返回西西里，再次掌握权力。随后，他终于同意开具文件，可能他真的害怕有人会认为他将在某些情况下再次踏上这片土地，踏上这片他曾真诚地为之服务却受到如此耻辱对待的土地。

可怜的斯蒂芬，他再次踏上西西里的时间之快，超出他的预想。他的桨帆船驶出港口后，却被发现完全不适于航海，至于其中的原因是不是别人的蓄意破坏我们无从得知。但到船只抵达利卡塔（Licata），也就是往西南方走到岛屿一半路程的时候，船已经无法再航行了。利卡塔的居民怀有公开的敌意，他们极不情愿地允许斯蒂芬登陆，但是他待的时间不得超过3天。时间这么短，指望修复船舶是不可能的。斯蒂芬自己出钱，从港里的热那亚商人手中买了条船，最终抵达了圣地。

在离开法国的两年里，佩尔什的斯蒂芬仿佛尝遍了一辈子的酸甜苦辣。在欧洲的三大王国之一的西西里王国，他获得了世俗和教会的最高职位，从一介平信徒成为一位大主教，赢得了一些人的尊重，受到了许多人的厌恶，或许，还获得了王太后的爱。他学到了很多：关于权力和滥用权力，关于政府管理的艺术，关于忠诚、友谊和恐惧。但他没有学会任何关于西西里的事情。他从来都没有弄懂，就算不是在生死关头，国家的力量也依赖于保持团结，而国家生来由各种元素组成，易于分裂，所以必须从上头往下施加团结。因为他不了解这一点，所以他失败了。最后他意外地、不由自主地促使敌人联合了起来，这丝毫没有减少他的失败。

可以说他运气不好，或许这没说错：他到西西里的时候，西西里处于诺曼人到来之后最混乱的一段时期；他的同伴们傲慢而粗鲁，他自己必然会为此而遭到责备；他年纪轻，经验不足——可别忘了，他黯然离开的时候还只有 20 岁出头。不过在最后，幸运女神向他投去了一丝淡淡的微笑。如果当时船长选择出海往东走而不是往西走，利用直接渡过海峡的路线而不是经过特拉帕尼这条更长的路线，那这条船就不会停在利卡塔，而是墨西拿。如果停在墨西拿，佩尔什的斯蒂芬的西西里之旅或许会有一个完全不同却更加不幸的结局。

陪伴斯蒂芬前往西西里的 37 位法国人之中，只有 2 位在他离开时还活着。其中一位名叫罗杰，他"有学识、勤奋、谦逊"，这是我们的故事第一次也是最后一次提到他。另一位是布卢瓦的彼得（Peter of Blois），他是那个时代最杰出的学者之一。彼得在图尔学习了人文科学，在巴黎学习了神学，在博洛尼亚学习了法律。返回法国后不久，鲁昂的罗斯鲁德派他去西西里，和米尔的沃尔特一起教导年轻的国王。这个职位肯定引发了宫廷中某些人的嫉妒之情，他的敌人一直想把他赶走，两次为他提供罗萨诺主教之位，一次提供那不勒斯大主教之位，却都被他拒绝了。他非常清楚自己的重要性，却既不贪婪，也无野心。虽然文人不再享有前两任国王时期的崇高地位，但是比起同时期的其他欧洲宫廷，学识在巴勒莫更受尊重。他不想离开。

1168 年夏天的事件改变了一切。危机来临时，彼得幸运地卧病在床，处于萨莱诺的罗穆亚尔德的精心照料下。他康复之后，国王向他解释，驱逐所有法国人的命令不适用于他，请他留下来。彼得执意离开，一如他之前执意留下。他后来在写给兄弟的书信中说自己"不会为礼金、承诺或回报所动"。斯蒂芬的最后 40 名朋友坐上一艘热那亚船只，将出发返回法国，彼得坚持要搭乘这艘船。不久后，他就因为品尝家乡卢瓦尔河谷香醇浓郁的佳酿，而不用喝苦涩的西西里葡萄酒而高兴。三四年后，老朋友理查德·帕尔默寄来书信，表示想再会旧友，彼得的回信中有以下内容：

> 西西里用她的空气将我们拖垮，还用她人民的怨恨把我们拖垮，所以对我而言，它似乎是讨厌的、不宜居的。她的湿热气候将她的厌恶施加到我身上，正如不断传播的有毒氛围一般；她通过这种巨大的力量，将我们不加防备的人民都置于危险的境地。我想问：有谁可以安全地生活在这样的——其他的苦难姑且不论——高大的山脉不断喷出地狱般的火焰和恶臭的硫黄的地方？这里毋庸置疑是地狱的门扉……待在这里的人会掉入大地，落进撒旦的地盘。

> 你的人民的饮食很粗陋，因为他们食用许多的芹菜和茴香，以致绝大多数营养都来自它们。这使他们的身体趋于腐败，严重者会生病甚至死亡。

对于这一点，我要补充一下，正如科学书籍提到过的，所有的岛屿的居民都不值得信任，西西里岛的居民都是虚假的朋友，私底下又是靠不住的背信者……

敬爱的神父，我不会回西西里你那儿去。英格兰会爱护我这位老人，也会爱护你这位年轻人。[1] 你啊，速速远离这块群山环绕、魔鬼般的土地，回到你家乡的甜美空气中吧……神父，逃离这些喷火的山，用疑惑的态度看看埃特纳的土地，以免你自己因这地狱般的地区而死。

先是佩尔什的斯蒂芬和他不情愿的伙伴出发去圣地，然后是布卢瓦的彼得一行坐船回家。眼看船舶消失在地平线上，王太后玛格丽特的心情应该近乎绝望。她把所有赌注都押在这些法国人身上，却赌输了。她身边是只有 15 岁的儿子威廉，她的摄政时间只剩下 3 年。但是，她的政治声望和道德名誉已经毁了。作为往昔秩序的最后一位可怜的捍卫者，"西班牙女人"此时既不害怕也不怨恨。她只是被人忽略了。

她甚至不能再选择自己的顾问了。3 个主要的集团，贵族、教会和王宫全都受够了她的亲朋好友，均决心不让他们一伙在事务中有说话的空间。当她发现业已存在一个自我设立、自我任命的亲善议会时，她就再也没能从革命的震惊中恢复过来。这个议会联合了以上 3 个群体，而这在两年前是不可想象的。贵族一方的代表是莫里斯的里夏尔、第一位参加墨西拿叛乱的男爵杰拉奇

1　英格兰爱护他有 40 多年。彼得成了执事长，先是在巴斯（Bath），然后在伦敦。最后他在下个世纪初去世。

的罗杰（Roger of Geraci）。教会方面的代表有：萨莱诺大主教罗穆亚尔德、马耳他主教约翰、叙拉古主教理查德·帕尔默、阿格里真托主教真蒂莱（已被释放）以及米尔的沃尔特。而王宫的利益则得到了卡伊德里夏尔、阿耶罗的马修的确认。蒙特斯卡廖索的亨利在短时间内加入过这个议会，他以没必要的排场，从墨西拿带 24 艘船返回，这毫无疑问是想抢革命的胜利果实。他这番洋洋得意的态度激怒了所有人。不过亨利也是玛格丽特和议会之间讨论的一个问题。亨利的名字没有在接下来的文件中出现过，这说明他不久就拿了姐妹的钱财，最后返回西班牙。

王太后家族中只剩下一人尚待处理。在议会的第一次公告中，有一则决定流放格拉维纳的吉尔贝的判决。他、他的妻子和他的儿子安德里亚的贝尔特朗（Bertrand of Andria）被剥夺土地，但他们在王国内的人身安全得到了保证。他们必须追随佩尔什的斯蒂芬到圣地去。西西里差不多是松了一口气，再次回到由自己人管理的状态。

对玛格丽特而言，吉尔贝的去职肯定是最终的羞辱了。她与吉尔贝之间曾有过分歧，但是吉尔贝对斯蒂芬极为友善，对她自己也是一样。此时，由她作为名义统治者的政府驱逐吉尔贝，她却无力帮助。与此同时，整个王国都见到了她的无能为力，并为此欢欣鼓舞。然而，愤怒而沮丧的玛格丽特继续证明自己完全不适合统治。在过去几个月的事件之后，她本可以吸取一些教训。如果她与议会合作，或许能挽回一些失掉的影响力。相反，她总是阻挠他们。他们是斯蒂芬的敌人，单是这一点，她就永远不会成为他们的朋友。人们现在更加怀疑，王太后和首相之间是不是存在过某些超越工作伙伴关系、亲戚关系的关系。

难以置信的是，玛格丽特似乎还怀着斯蒂芬某天返回西西里的念想。斯蒂芬离开后，巴勒莫大主教之位再次空缺。在通常的密谋之后，教士们最终强行指定了米尔的沃尔特。[1]从玛格丽特这边来看，这项任命不算坏。沃尔特多年担任她儿子的教师，他没有罗穆亚尔德那么因循守旧，没有理查德·帕尔默那么专横，名声也没有真蒂莱那么差。而且他更年轻，或许比以上所有人都年轻。但是，他毕竟不是斯蒂芬。所以玛格丽特反对这项任命，坚持认为她的舅舅依旧是最合适的人选，斯蒂芬宣布放弃该职位只是因为他受到了胁迫。她向教皇送去 700 盎司[2]黄金，请他不要正式批准沃尔特的当选。

纠缠完教皇还不够，王太后还写信给全欧洲第二受尊敬的教会人士——坎特伯雷大主教托马斯·贝克特，此人正在法国流亡。大概在 5 年之前，托马斯与英国国王亨利二世的争吵刚开始，两人都向西西里寻求支持。国王亨利认为西西里是潜在的中介者，能让自己与教皇亚历山大取得联系。大主教则认为自己和朋友们可以在西西里寻求庇护。随着时间的推移，西西里人发现自己的位置越来越尴尬。他们在情感上更同情贝克特。理查德·帕尔默经常与贝克特保持通信，另一位同乡米尔的沃尔特也和贝克特关系不错，教会中其他大多数成员也是一样。而高尚又虔诚、突然也成为大主教的佩尔什的斯蒂芬，也经常支持贝克特的事业。但在另一方面，阿耶罗的马修迅速指出，国王亨利正在为阻止教皇

---

1 选举时的环境没有得到记录。然而，法尔坎都斯提及沃尔特继承大主教之位时说"通过选举更少，通过武力胁迫更多"。所以，最坏的状况也是有可能出现的。

2 1 盎司合 28.35 克。——译者注

干涉内政而抗争，正如罗杰一世和罗杰二世曾做过的；亨利此时要求的待遇，在很多方面都比西西里王国享受了几十年的待遇更温和。巴勒莫的政府很难用道貌岸然的路线对待亨利国王。

所以大家同意，最好尽可能地对这场争论采取袖手旁观的态度。但是不久之后，因为英格兰已经不再安全，西西里就成为流亡的大主教的朋友们最爱去的中心。因此，当斯蒂芬和他的伙伴被驱逐时，心情绝望的摄政王太后认为最好给贝克特写信，请他发挥影响力，把他们弄回来。这件事希望不大，但托马斯尽力去做了。不久之后，他如此回信给玛格丽特：

> 虽然我们从未相见[1]……我欠您一句感谢。我们衷心地感谢您对我们流亡在外的伙伴和亲戚，对这些基督那里的可怜人所提供的慷慨帮助。这些人从迫害他们的人那里逃到您的土地上，并在您的土地上获得安慰……因此，作为感谢之情的第一批回报，我们动用影响力说服最虔诚的基督国王［路易七世］满足您的愿望。愿您知晓他满足了我们最亲爱的朋友西西里国王的请求。[2]

在后一封大约同一时间写给理查德·帕尔默的信中，托马斯说得更直接。说完类似的感谢话之后，他接着说：

> 我还想悄悄对您提一个请求，希望您答应我。那就是，

1　其实，或许托马斯非常了解玛格丽特的家族。基本可以肯定他年轻时忠实的伙伴里歇尔·德·莱格尔（Richer de Laigle）是她母亲那边的亲戚。

2　Letter 192.

我请您尽量配合国王和王太后，尽力召回贵族斯蒂芬——这
位选定的巴勒莫大主教。这一是因为现在还不好透露的原因，
二是因为这样做可以让法国国王和整个法国永远感激您。[1]

我们可以非常确定帕尔默没有对他的请求做出行动。如果托
马斯更了解西西里的政局，或许就不会如此要求了。同时，王太
后玛格丽特近乎歇斯底里地拒绝接受她的亲信已被驱逐的政治现
实，加上斯蒂芬在最后一刻才不情愿地交出自己的教区，所以议
会更加下定决心，想尽快选出下一任巴勒莫大主教。议会向教皇
派出一个使团，送去礼物以感谢早先的支持，礼物的价值高于玛
格丽特想让教皇拒绝批准而送去的钱财。经过适当的思考，教皇
收下了双方的礼金，下达了正式通知。9 月 28 日，在国王和宫廷
的见证下，米尔的沃尔特在巴勒莫主教座堂祝圣为大主教。[2]

在这最后的逆转之后，玛格丽特似乎已经丧失了信心。她不
再做出任何进一步维持自己权威的尝试。她的名字继续出现在当
时的契约或文书上，直到威廉于 1171 年成年。威廉成年后，玛格
丽特隐退了，或许她此时心里带着极大的释然。在生命的暮年，
她只留下了一座纪念建筑，那就是马尼亚切的圣母教堂，它建立
在 1040 年拜占庭将军乔治·马尼亚克斯击败撒拉逊人的地方。根
据传说，马尼亚克斯曾在这里修建了一座城堡，在城堡的礼拜堂

1　Letter 150.

2　得知此事后，布卢瓦的彼得立刻给沃尔特写了一封态度颇为暧昧的祝贺
信，其态度甚至配得上圣伯尔纳本人。他在信中乞求沃尔特感谢上帝将他
从原来"被人轻视的贫穷"和"穷困的尘埃"提升到如今的荣光。（Letter
66）由于两人都是年幼国王的老师，或许这两人之间的关系不算非常友好。

里放置了一幅据说出自圣路加本人之手的圣母像。为了更好地保存这一珍宝，玛格丽特于 1174 年在同一地点捐建了一座大型拜占庭修道院。[1] 但愿这座新修道院所引发的兴趣，能略微照亮她那孤寂的余生。她在 1183 年去世，享年 75 岁。

但她再也没能见到斯蒂芬。至于斯蒂芬，没有西西里史书记载他最后的故事，但是"海外"的史家提尔的威廉提到了：

> 下一个夏天……贵族斯蒂芬，这位西西里国王的首相，当选的巴勒莫大主教，是位英俊而有才干的年轻人，是贵族佩尔什伯爵罗斯鲁德的兄弟，因为西西里王国里王侯们的阴谋诡计，被他们从王国中驱逐。此事令国王和王太后颇为遗憾，国王时年尚幼，而王太后无力摆平这些麻烦。斯蒂芬历尽千辛万苦才逃脱敌人的圈套。但是他后来率领一小群人成功地在我们的王国登陆。
>
> 此后不久，他患了重病，去世了。他以荣耀之身葬于耶路撒冷，葬在主的圣殿的会规室里。

1　该修道院的遗迹现在是勃朗特庄园（Brontë Estate）的一部分。该庄园在 1799 年由那不勒斯国王斐迪南三世（Ferdinand Ⅲ）授予纳尔逊（Nelson）爵士，现在属于纳尔逊爵士侄女夏洛特（Charlotte）的后代布里德波特（Bridport）爵士。教堂本身在 1693 年的大地震中震塌了 3 个后殿，但是其余部分还保留着玛格丽特时代的样子。教堂的入口处因为精致的柱头和大部分为木质的屋顶而颇为显眼。圣母像也保存了下来，现在放在祭坛上。顺带说一句，圣母像旁边还有一个大理石雕的人物，它或许就代表着玛格丽特本人。

17

英格兰婚姻

如今他知道上天多么喜爱公正的国王，

他还以他光辉的外表显示出这点。

——但丁《神曲·天国篇》，第 20 章

王太后玛格丽特卸下了国事的重担，她的臣民也同时如释重负。虽然她的摄政只持续了 5 年，却在臣民眼中显得那么漫长。他们用感激而带有希望的眼神，在 1171 年夏季看着年轻、高大、金发的威廉正式接过西西里的统治权。

他们对他所知甚少。但是，他的俊美闻名在外，而且在青春期未受损害。所以当年那位宛如天使的男孩，在 18 岁加冕的时候让人觉得像年轻的天神。至于他的其他事，大部分都只是传言。据说他是个勤奋好学的少年，能用王国里所有语言说话阅读，包括阿拉伯语。他温文尔雅，具有绅士风度，既不会充满忧思地陷入寂静，也不会像他父亲那样突然变得愤怒。他非常虔诚，却也能容忍他不信仰的宗教。伊本·祖拜尔有一则关于他的故事最为有名，在 1169 年的大地震中，国王用以下话语安慰宫中的基督徒和穆斯林："你们各自向自己崇拜的神祈祷吧，相信神的人，内心也会感到平静。"他的治国之术和政治判断力还未经考验，这却是他最大的优势。由于远离公共事务，他没有因为自己母亲给王国带来的灾难而受到指责。

威廉掌权后，如果西西里在接下来的几年里再次滑入过去困扰她的政治不稳定状态，就不好说人民对国王的喜爱能持续多久。他的幸运在于，他成年的同时也开启了一段和平与安全的时期，人们不久就把这和平安全跟他的统治联系起来。国家急需的政治缓和不是由威廉促成的。尽管他自己从未亲率军队上战场，却灾难性地偏爱外国军事远征。最终事实证明，他比父亲或祖父更好战。这些远征虽然耗费了大量人力物力，却没有扰乱西西里王国国内的生活。正因如此，他在生前死后因为带来了宁静和平而受到赞扬。所以在后来，当人们回望西西里王国的这段"小阳春"（事实证明的确如此），想到他们这位看上去非常出色却英年早逝的最后一位合法的西西里国王，便为他赋予了至今还在使用的称呼："好人"威廉（William the Good）。

下面的这件事最能说明氛围的变化：威廉成年后统治的头 5 年里，西西里在欧洲的外交活动中最重要的内容就是为他找一位妻子这样相对轻松的工作。这不是一个新问题。西西里国内的动荡似乎没有对其国际声誉造成太大影响，如果威廉娶妻的时机已经到来，就不用愁没人愿意嫁给他。毫无疑问，欧洲的哪位统治者不会为这位年轻的国王成为自己的女婿而骄傲呢？前面说过，有这打算的统治者之一就是曼努埃尔·科穆宁。因为曼努埃尔的女儿可能会将整个东部帝国都作为嫁妆带来，所以王太后玛格丽特和她的顾问们很可能当场就接受了这个提议。但他们不愿草草成婚，所以没有定下婚约。直到 1168 年，英格兰国王亨利二世提议让威廉迎娶自己最年轻的女儿——三女儿乔安娜（Joanna）。

对所有祖先是诺曼人或英格兰人的西西里人而言，这次联姻似乎比拜占庭人的提议更有吸引力。两个王国早在罗杰的时代就已经形成了联系，本书谈到的英格兰的学者、教士和官员只是两国联系之中的一小部分。[1] 12 世纪 60 年代，两国中几乎所有诺曼人家族都有家族成员在另一个国家。[2] 亨利二世在法国控制的地盘比法王路易七世的还多，无疑是欧洲最有权势的国王。此外，尽管此时生于 1165 年的乔安娜还只是一个婴孩，但亨利二世似乎真心想促成这门婚事。必须承认，这里还有托马斯·贝克特的问题。如果佩尔什的斯蒂芬还在西西里，这个问题就难以克服；但是斯蒂芬已经不在西西里了，所以这个问题就没有那么重要了。而且世人皆知斯蒂芬和托马斯有良好的关系，那么既然斯蒂芬不受欢迎，托马斯或多或少也会受到影响。而且，此时担任副首相[3]的阿耶罗的马修正处于权力的高峰，他一直是亨利的铁杆支持者。几

1　威廉二世统治时期，除了理查德·帕尔默和米尔的沃尔特，至少还有两位英格兰的教长：米德尔塞克斯的休伯特（Hubert of Middlesex），他担任坎帕尼亚的孔扎（Conza）大主教；沃尔特的兄弟巴塞洛缪（Bartholomew），他接替真蒂莱担任阿格里真托主教。1127 年初，阿格里真托的教士名单中出现了一位林肯的约翰（John of Lincoln）。1158 年，巴勒莫的教士名单中出现了一位赫里福德的理查德（Richard of Hereford）。

2　在同时代的法兰克的玛丽（Marie de France）撰写的《两位爱人》（Lai des Deux Amants）中，皮特斯（Pîtres）公主在塞纳河上向情人说道："我在萨莱诺有一位亲戚，她是一位富有的女人，会给你财富。"公主送自己的情人去亲戚那里加强力量，情人回来之后抱着她的身体，走上陡峭的高山，就这样，终于娶她回家。

3　斯蒂芬卸任后，首相一职就取消了，正如埃米尔的埃米尔一职在马约去世后取消一样。

乎可以确定是在他的建议下，罗利泰洛公爵罗贝尔和叙拉古主教理查德·帕尔默在 1170 年出发，到阿纳尼跟教皇商讨这个问题。

代表的人选很有意思。在数年的反叛，数次差点丧命的经历之后，罗贝尔被流放出国，流放的一年之后就被召回，之前的领地也被悉数交还。但他是国王的堂叔，缺少他的话，使团就没有应该有的规格。名单中的理查德·帕尔默更让人惊讶，他或许一度是贝克特在西西里最信任的朋友，贝克特收到他要去的消息时确实也大吃一惊。大主教对别人眼里背叛行为的解释似乎让人难以接受。国王答应把林肯主教之位留给他，从而获得了他的支持。[1] 理查德最近在叙拉古接受了祝圣，而叙拉古已被定为都主教教区，由教皇直接管理。稍后他收到了大披肩。[2] 没有可信的理由可以解释为什么他愿意用叙拉古都主教一职换取林肯主教，事实上他也从未担任过林肯主教。更有可能的解释是，作为定居在西西里的盎格鲁-诺曼人，他欢迎联姻的提议，只是急于尽自己所能来铺平道路而已。虽然贝克特的问题还在，但或许理查德认为自己作为调停者的角色更多。

亚历山大没有对这门婚事表示反对。1170 年夏，亨利与托马斯重归于好的消息传来后，最后的不确定性一定也会消失不见。但是在 12 月 29 日黄昏，托马斯·贝克特大主教遭到谋杀。一片乌云笼罩在英格兰上空。亨利在欧洲大陆的臣民受到禁行圣事令的约束。亨利国王被禁止进入任何教堂，除非教皇解除禁令。整个欧洲都遭到了打击。对西西里人而言，小乔安娜突然似乎就不

1　出自他在 1169 年写给奥斯提亚主教洪巴德（Humbald）的一封信。

2　见第 163 页注释。

再是那么值得期待的新娘了。谈判突然破裂，寻找王后的活动再次开始了。

3个月后的1171年3月，曼努埃尔再次提议，想让威廉迎娶自己的女儿玛丽亚。这位公主已经不像5年前那么有吸引力了。在此期间，她的继母诞下儿子阿莱克修斯，拜占庭皇位的继承得到了保证。但她依旧是皇帝的女儿，她的嫁妆当然配得上她的身份。运气好的话，这桩婚事能让她的父亲永远不插手意大利的事务。[1]西西里方面接受了提议，双方达成一致：玛丽亚将在次年春天抵达普利亚。

在约好的那一天，威廉在塔兰托等候新娘的到来，他12岁的弟弟卡普阿亲王亨利、米尔的沃尔特和阿耶罗的马修在旁陪伴。新娘子在当天没出现，在第二天没到，在第三天还是不见踪影。等了一周之后，国王决定去加尔加诺山和大天使米迦勒山洞朝圣，这又花了至少10天时间。他回返的时候，玛丽亚应该到了才对。但是他在5月12日于巴列塔上岸时，却得知新娘还是毫无音信。很明显，那位姑娘不会来了，希腊人欺骗了他。威廉感到愤怒而耻辱，启程回家。更糟的厄运即将到来。国王打算路过卡普阿，在那里正式将卡普阿授予年轻的亨利。但是在即将到达卡普阿的时候，这个男孩得了严重的热病。亨利被迅速送往萨莱诺，然后用船运回西西里。到数周后威廉返回西西里时，他的弟弟已经病

1　在过去3年左右的时间里，曼努埃尔向在1162年毁坏于腓特烈之手的米兰送出丰厚的资金，以帮助米兰重建。正如一位编年史家所记载，"一条黄金之河"流入安科纳。他把自己的一位侄女嫁给弗兰吉帕尼家族，以让自己在罗马获得支持。

死了。[1]

为什么曼努埃尔在最后一刻改变了主意，为年轻的西西里国王留下持久的痛苦呢？据我们目前所知，他从未道歉过或解释过，他的动机依旧是个谜。最有可能的解释是，腓特烈·巴巴罗萨开始为自己的儿子向玛丽亚求婚。但是对我们而言，婚姻的变故不只是影响了婚姻而已，它还解释了为何威廉在余生一直对君士坦丁堡心怀怨恨，而这股怨恨将在接下来几年让西西里和拜占庭付出相当大的代价。

威廉刚准备在东地中海扮演更重要的角色，因此君士坦丁堡的冷落让他倍加难受。他自己尽管缺少军事行动的渴望或天赋，却怀有巨大的政治野心，想到现有的王国边界之外翱翔。单是想想他的父亲几乎不作抵抗就丢掉了北非，他心中就能燃起怒火。他将自己看作罗杰一世和罗贝尔·吉斯卡尔的继承者，看作年轻的奥特维尔家族后裔，认为自己注定要为西西里赢得一个新的、荣耀的海外帝国。

至少在目前，征服北非的沿海领土是不可能办到的事。阿尔莫哈德王朝正强盛。杰出的海军将领（"西西里的"）艾哈迈德·希克利（我们的老朋友卡伊德彼得[2]）为阿尔莫哈德王朝建立

1　许多德高望重的研究西西里的历史学家一直在重复一个古老的传统说法。按照该说法，亨利亲王在去世时已经跟苏格兰国王马尔科莫的女儿订婚。这个说法是假的。苏格兰国王马尔科莫四世（Malcolm Ⅳ）于1153—1165年在位，他去世时还没有结过婚，也没有子女，而且被人称为"童贞王"（Virgin King）。

2　见第274页。

了一支舰队，就算这支舰队比不上威廉的舰队，却不失为一个可怕的对手。只要他们愿意，就能煽动西西里的穆斯林制造麻烦，后者绝没有忘记近些年的恐怖事情。幸运的是，阿尔莫哈德王朝依然对北方的邻国怀有好感。两国的贸易非常繁荣，而该国领袖阿布-雅库布·优素福（Abu-Yakub Yusuf）急于腾出手来完成征服西班牙的计划——这项计划最后直接导致他身亡。尽管威廉很固执，却不打算在北非制造任何麻烦。[1]

因此，他的扩张之梦要转向别处。1173 年，耶路撒冷国王、法兰克人阿马尔里克（Amalric）给威廉送来一封信，引起了威廉的兴趣。开罗的哈里发在一年前被废，似乎埃及法蒂玛王朝的人因此而不满，打算发动叛乱，对付统治他们的叙利亚国王努尔丁和当地的维齐尔萨拉丁（Saladin）。阿马尔里克知道，只有穆斯林不能团结在一起，基督徒才有可能在黎凡特幸存下来，因此他尽可能地为埃及人提供一切帮助。他此时正是在向西方世界的王公寻求帮助。

这正是威廉想要的机会。利用这次机会，他可以让自己在东方扬名，以一位新的基督徒统治者的身份出现在"海外"的统治者（当然也包括曼努埃尔·科穆宁）面前，作为一位需要被认真对待的统治者而出现在地中海的舞台上。[2]他热情地送去回信。远

---

1 不过，威廉直到 1181 年才与阿尔莫哈德王朝签署正式和约。根据历史学家阿卜杜勒-瓦希德·马拉克什（Abdul-Wahid al-Marrakeshi）的说法，威廉为表心意，还为阿布-雅库布送去一块形状和大小都跟一只马靴一样的红宝石。

2 另一位阿拉伯史家麦格里西（al-Marqrisi）记载，西西里王国早在 1169 年就派一支舰队去黎凡特帮助法兰克军队围攻杜姆亚特（Damietta），却没有其他史料相互参证。阿布·沙马（Abu Shama）引用的一段萨拉丁的书信显示，没有西西里舰船参与杜姆亚特围城战。

征的指挥权交给他的堂兄弟莱切伯爵坦克雷德，此人是普利亚公爵罗杰的私生子，曾在威廉一世统治时期的 1161 年参与政变、反对国王，早就得到了原谅。1174 年 7 月的最后一周，一支西西里舰队在约定时间抵达亚历山大里亚。如果阿拉伯的编年史家可信的话，这支舰队里有 200 艘船搭载着 3000 人，其中有 1500 名骑士；另有 36 艘船运送战马，40 艘运送给养，6 艘运送攻城器械。

如果阿马尔里克国王能亲眼看到这支大军，无疑将会如威廉所愿，感到印象深刻，但是他已经在西西里军队抵达的两周前因痢疾而病逝。他的去世意味着耶路撒冷的法兰克部队不会跟西西里军队合兵一处。这还不算完，萨拉丁已经找到了阴谋对付自己的人，并将主谋们在十字架上钉死。叛乱已经根本无法发动了。坦克雷德率军登陆，却发现脚下是敌人的土地，完全找不到援军在何处。几乎在同时，预先撤回城墙内的亚历山大里亚居民再次冲出来，纵火焚烧西西里军队的攻城器械，还发动夜袭，让入侵者的军队完全陷入混乱。萨拉丁通过飞鸽传书得悉军队登陆，赶紧率军从开罗赶来。他不必劳驾走这一趟，因为他还在路上时，坦克雷德就下令拔营登船，西西里军队乘船远去，留下 300 名退路被切断的骑士。经过英勇而无望的抵抗，他们被俘虏了。

公正地说，威廉继承了他祖父的所有恢复能力。他似乎没有因为这场灾难而感到过分沮丧，因为在接下来的数个夏季，他每年都派遣军队侵扰埃及沿海地区。但是这些行动均没有任何实质上的政治重要性，黎凡特的十字军国家并不在乎他们的到来。而且，这些行动无法掩盖一个简单的事实：威廉二世的第一次对外用兵已经以灾难告终。

托马斯·贝克特被杀一事深深地震动了所有基督徒的良知，却没有给英格兰王国和教皇的关系带来持久的影响。1172 年 5 月 21 日，亨利二世在阿夫朗什（Avranches）进行了公开悔罪，对未来做出了各种承诺（他的确遵守了其中的一些），然后得到了教皇的赦免。因为那位难缠的大主教不能再制造棘手的问题，亨利与教皇达成和解的条件也就完全成熟了。由亚历山大牵头，欧洲诸国迅速跟进。没过多久，亨利的外交地位就比 10 年前更加强大了。

成年后的西西里国王威廉是第一位跟亨利恢复联系的国王。在接下来的几年里，两位国王保持着断断续续却热情友好的通信。奇怪的是，似乎两人都无意再提及婚约之事，甚至在威廉于 1172 年遭到拜占庭的羞辱，更加急于寻找妻子的时候也没有。到最后有人提到婚事的时候，此人却不是威廉或者亨利，而是比两人更高贵的人——教皇亚历山大。

这是因为亚历山大越来越不安心。西西里依旧是他对抗腓特烈·巴巴罗萨时最重要的盟友，保持盟友关系对他而言至关重要，但是任何考虑不周的婚姻都可能在一夜之间毁掉它。这样糟糕的时刻已经在 1173 年出现过一次，当时腓特烈出乎所有人的意料，提议让威廉娶自己的一个女儿。如果威廉接受了，就等于将整个南意大利拱手让给帝国控制，教皇国将被包围。幸好威廉拒绝了。但是这件事的可能性和后果都足以让教皇行动起来，他认定西西里国王婚姻问题非常重要，不可不管不顾。他决定亲自干预。

两位国王欣然答应亚历山大的提议，这让两人都不率先重启谈判的行为更让人惊讶。1176 年初，3 位西西里特使，即特罗亚与卡帕奇奥的当选主教，还有王室司法官卡梅罗塔的弗洛里安

（Florian of Camerota）离开巴勒莫，代表西西里国王去向乔安娜正式求婚。途中，鲁昂大主教罗斯鲁德加入他们一行。一行人在圣灵降临周来到伦敦，面见国王。亨利热情地接待了他们。虽然亨利要走一遍形式，召开一次教士和贵族的会议讨论此事，但是双方达成一致已经是板上钉钉了。宣布订婚之前，还有一件事需要做——虽说有可能难为情。威廉明智地提出，要让西西里方面确认新娘子确实长得美，他才能正式承诺。因此使臣们前往乔安娜和母亲埃莉诺居住的温切斯特（Winchester）。自从 3 年前埃莉诺卷入了儿子们的叛乱，就被国王监禁在此处。根据一些同时代编年史家的话说，使臣们去看"新娘是否令他们满意"。[1] 幸运的是，她做到了。编年史家继续说："他们看到她的美貌时，异常高兴。"特罗亚主教伴着诺威奇（Norwich）主教约翰率领的英格兰使团，一起迅速赶回巴勒莫，使团带着英格兰国王同意这门亲事的书信。同时，其他西西里使臣依旧待在英格兰，等待乔安娜做好出发的准备。

虽然她才 10 岁，但是亨利认为他女儿出发时的状态应当符合她的地位，符合礼仪。他将照顾家眷和准备衣着的工作交给温切斯特主教，然后下令准备 7 艘船，准备送他们安渡英吉利海峡。8 月中旬，他在温切斯特主持了一次特别的仪式，将大量金银、服饰、杯具和马匹交给使臣，正式托他们照顾乔安娜。随后，小公主的叔叔、亨利的亲弟弟阿默利纳（Hameline Plantagenet），坎

1　霍维登的罗杰（Roger of Hoveden）。他以"彼得伯勒修道院院长本笃"（Abbot Benedict of Peterborough）的正式称呼创作了《亨利二世统治史》（Gesta Regis Henrici Secundi），这已经由斯腾顿（Stendon）证实。（English Historical Review, October 1953.）

特伯雷大主教，鲁昂大主教，埃夫勒（Evreux）主教一行人陪同小公主前往南安普顿（Southampton），8 月 26 日从这里前往诺曼底。她通过法国的行程很顺利。她的哥哥亨利护送她到普瓦捷（Poitiers）。第二位哥哥理查德在普瓦捷迎接她，护送她穿过自己的阿基坦（Aquitaine）公爵领和附属的图卢兹（Toulouse）伯爵领，到达圣吉尔（St Gilles）的港口。

理查德·帕尔默和卡普阿大主教以威廉国王的名义在圣吉尔欢迎她。国王的 25 艘船正在港中待命。从此之后，公主便由西西里人照顾了。此时是 11 月的第二周，冬季的狂风刮得正猛。他们或许得知，之前两艘载着诺威奇主教从墨西拿出发的船舶已经沉没，船上威廉送给准岳父的礼品也沉入海里。无论如何，乔安娜一行人决定不在这个时候冒险到外海行使，而是沿着海岸航行，尽可能地贴近海岸。即便如此，这趟旅途似乎并不舒适。6 周之后，舰队才抵达那不勒斯。可怜的乔安娜深受晕船折磨，所以一行人决定在那不勒斯过圣诞节，以使乔安娜有时间恢复体力，或许还有恢复她的仪态。接下来的旅程，她都走陆路。

新年伊始，这支队伍再次启程，沿海岸穿过坎帕尼亚和卡拉布里亚，再穿过海峡到墨西拿，然后去切法卢。最后，一行人在 1177 年 2 月 2 日晚抵达巴勒莫。威廉在城门迎接他的新娘。乔安娜骑上王室的驯马，由未婚夫陪同，穿过灯火通明的大街。按照同一位编年史家的话，"甚至像是整座城都着了火，灯火如此明亮，天上的星辰都看不见了"。乔安娜最后到达为她准备的宫殿，这或许就是齐萨宫。11 天后，在圣瓦伦丁节前一天，他们成婚了，戴上了花环。然后，乔安娜披散长发，在王宫礼拜堂跪倒在她的同乡、时任巴勒莫大主教的米尔的沃尔特面前。米尔的沃尔特为西西里王后行涂油礼，为她加冕。

　　加冕的时候，年轻的王后才11岁，她的丈夫才23岁。尽管有年龄差，但从现有材料来看，这还算一对和睦的理想伴侣。夫妻间不存在语言问题。乔安娜出生于法国，主要在丰特夫罗修道院（Abbey of Fontevrault）接受教育，她生活的环境中更多的是法语而不是英语，而诺曼法语依旧是西西里宫廷的日常语言。她的新臣民钟爱她，似乎也很认可她，正如他们对她的丈夫一样。在这几年光辉灿烂、宁静安详的日子里，西西里王国对外保持和平，对内保持繁荣，国内充满祥和气息。

　　他们有充足的道理来如此看待王后。成婚后的几个月内，发生在威尼斯的一件事让威廉最强大的一个敌手在余生都没有再跟威廉产生冲突。上一年的5月29日，腓特烈·巴巴罗萨在米兰城外的莱尼亚诺（Legnano）败给了伦巴第联盟，遭遇了一生中最残酷的败绩。当米兰人在罗马门（Porta Romana）[1]上雕刻一系列庆祝胜利的浮雕时，腓特烈的使臣已经在阿纳尼见到了教皇亚历山大，跟教皇商谈各种条件，最后的条约将结束17年之久的教会分裂，让意大利恢复和平。为了研究条款，各方将在1177年7月于威尼斯召开一次大型会议，教皇、伦巴第联盟的代表和西西里王国的代表出席大会，商谈条约细节，并在商谈完毕后将条约交

1　或者说，这相当合适。C. C. 珀金斯（Perkins）在《意大利雕刻师》（*Italian Sculptors*）中提到两幅体现腓特烈夫妇的浮雕时，说"其中一幅极为丑陋，另一幅则极为淫秽粗俗"（转引自 Augustus Hare）。罗马门在18世纪被拆除，但是剩下的部分得以重建，现在可以在卡斯泰洛博物馆（Castello Museum）中看见，表现腓特烈的浮雕也在其中。

给腓特烈本人签署。

威廉挑选的两位使者是安德里亚伯爵罗杰和萨莱诺大主教罗穆亚尔德。后一位人选对子孙后代而言可谓幸事，因为罗穆亚尔德相当详细地（对他而言）记载了所有事情的细节。据他记载，7月24日早上，教皇早早地前往圣马可教堂，还委派一支枢机主教的代表团前往利多（Lido），腓特烈正在那里等待。在利多的圣尼古拉教堂，皇帝庄严地公开保证放弃他的对立教皇，正式承认亚历山大为合法的教皇；作为回报，枢机主教们废除了长期以来的绝罚令。此时，他终于得到威尼斯共和国的准许，在盛大的排场之下，由威尼斯总督、威尼斯宗主教和枢机主教们陪同，乘船抵达圣马可广场（Piazzetta）。他走下船，穿过两根飘扬着圣马可旗帜的高大旗杆，来到高大的圣马可教堂前，教皇亚历山大身穿全套礼服，正在此处等着迎接他。罗穆亚尔德继续说：

> 他走向教皇之时，被圣灵所感召。他崇敬亚历山大身上的神灵，扬开自己的皇帝袍，完全匍匐在教皇面前。而教皇则满眼泪花，轻轻扶他起身，亲吻他，祝福他。此时，聚集的德意志人高声吟诵赞美颂。随后，教皇紧握皇帝的右手，带他进教堂进行下一步的祝祷。然后，皇帝和他的随从前往总督府。[1]

---

1 在圣马可教堂的门廊，也就是正门口的地方，有一块红白相间的菱形大理石标出了皇帝展现谦卑的地方。"威尼斯的传说里讲，皇帝当时面对亚历山大时同意向圣彼得致歉，却不向教皇致歉。而亚历山大严肃地回答：'向圣彼得和教皇（道歉）。'"（James Morris, *Venice.*）这个故事不错，却跟罗穆亚尔德的记载对不上，而罗穆亚尔德身处高位，当时在现场，他的记载更可信。

《威尼斯条约》标志着亚历山大教皇权力的顶峰。他度过了18年教会分裂的岁月，10次离开罗马流亡，备尝酸辛和屈辱，而历来的皇帝中最令人惧怕的一位一直与他为敌，此时，他终于赢得了回报。教皇已经过了70岁，他不仅活着见到皇帝承认他为合法的教皇，也看到皇帝承认他拥有所有对罗马城的世俗权利——这正是腓特烈在加冕时傲慢地宣称属于帝国的权利。腓特烈与西西里王国签订的为期15年的和约，代表着过去罗马教廷对遭到帝国包围的担忧消失了。皇帝还跟伦巴第同盟签订了为期6年的停战协议，有人认为这是之后正式承认伦巴第城市独立的先声。这个胜利，甚至比格里高利教皇在一个世纪对亨利四世取得的胜利更大。但是在这个酷热难当的夏季，在身处威尼斯的老教皇的支持者眼里，这必定是一件让人欢欣鼓舞的好事：用智慧和坚定带领教会度过它历史中最艰难时期的教皇，终于获得了他的报偿。

不过，此时麻烦还没有彻底结束。还要过一年，两位对立教皇才向他投降。在那之后，罗马元老院还是保持着敌意，以致亚历山大在1179年夏最后一次离开罗马。他从不喜欢这座城市，也从不信任它的人民。对他而言，终其一生，罗马都是他的敌国。1181年8月的最后一天，教皇亚历山大在城国城堡（Civita Castellana）去世。去世后，他的遗体被运回拉特兰宫，当时罗马人的行为证明了他的正确性。不到4年之前，他们吹着响亮的号角，念诵感恩的赞美诗，将他从流放中迎回。此时，当送葬队伍进入罗马城之时，愚蠢的民众只是咒骂亚历山大的名字还觉得不满足，还将泥巴和石子扔向将被送进教堂的教皇棺椁。[1]

1　坟墓还在，但是最开始的坟墓已经没有了，后来仰慕他的、同名的教皇亚历山大七世（Alexander Ⅶ）在1660年用一个巴洛克式的丑物代替了原物。

关于亚历山大的继承者卢修斯三世（Lucius Ⅲ），最让人震惊的是他的高龄。根据少数几份证据，我们可以认为他诞生于上个世纪。如果此事属实，他登上圣彼得宝座的时候已经有80多岁了。提尔的威廉称他为"Vir grandaevus"，还略带恶毒地称他为"et modice litteratus"。[1] 由于《威尼斯条约》，卢修斯三世不用在4年的教皇任期内过于关注西西里的事务。他对西西里王国的主要贡献是在1183年2月5日发布的敕令，为威廉二世新设的蒙雷阿莱修道院和主教座堂授予大主教的地位。[2]

在过去9年时间里，威廉一直忙于这项大工程。传说里讲，1174年，威廉在巴勒莫城外的王家鹿苑狩猎，在他稍作休息的时候，圣母玛利亚在他面前显现，告诉他，他父亲的一笔宝藏现在埋藏在何处，并要他挖出宝藏，将其用于宗教。这一故事无疑是为了表明国王在接下来一年给蒙雷阿莱修道院捐赠数额惊人的金钱是合理的做法，正如几个世纪以来人们向宗教机构捐赠巨额金钱时所做的一样。然而，威廉的真正意图更加复杂。首先，他笃信宗教，此举无疑是为了提高神明的荣光。其次，他还崇拜自己的祖父，祖父罗杰二世奠基了切法卢教堂和隐修者圣约翰教堂，还修建了王宫礼拜堂，这些事肯定加强了威廉二世的信念。如果他将来建造的教堂能让人们记住他的话，那就更好了。

但是，迫使他加快进度的思虑更多的是政治上的，而不是私

---

1 "一位老人，而且有某种程度上的文化"。

2 没有什么能比这件事更能显示罗杰二世时代以来西西里王国和教皇关系的变化了。罗杰二世在位的时候，他会认为这种事是插手国内事务，绝对不会容忍。有一则传说声称，教皇卢修斯亲自拜访了蒙雷阿莱修道院，为它祝圣，但是这个传说实际上是假的。

人的。从他掌握权力的那一刻起，他就意识到米尔的沃尔特的影响力在日益增加，阿耶罗的马修也在不断地提醒他这一点。作为巴勒莫大主教，沃尔特已经笼络了所有最重要的男爵和教士，组成了一个反动的、封建主的团体，如果任其发展，它必定对王国造成危害。甚至在宗教事务中，他也在追求一个危险的目标。摄政时期的混乱状况不仅让西西里教会宣称自己独立于教皇（这倒是不新鲜），还让它试图独立于国土。而沃尔特还在尽力推动这一趋势。他在西西里的权力已经仅次于威廉自己了。威廉知道，必须趁着还有机会将其遏制。

但是他能做什么呢？他只能在尽可能靠近巴勒莫的地方设立一个新的大主教区，这样一来，新的大主教的地位就跟沃尔特相等，还能在国王与教皇之间产生直接联系。但是同时还有一个问题：大主教是由教会组织推选出来的，而沃尔特掌控着教会组织。因此，威廉和他的副首相决定进一步完善他们的计划。这个新的机构必须是一座本笃会修道院，严格按照克吕尼院规管理，其院长自动获得大主教的等级，可以由任何他选择的教士来祝圣，前提是得到国王的批准。

毫无疑问，此计划肯定会让米尔的沃尔特异常愤怒，遭到他的坚决反对。威廉和马修似乎将他们新设大主教区的计划一直掩藏到 1175 年，但是在那之后，他们每前进一步都很艰难。如果没有以下两项因素，他们肯定会失败。第一，新修道院的院址上非常幸运地还有圣基里亚卡教堂（Chapel of Hagia Kyriaka）[1]，这座

1　"教堂的名字不是纪念哪位圣人，而是突出了该教堂的礼拜日教堂的特点，以此与之前的巴勒莫主教座堂相对。后者在阿拉伯人占领的时候成为城里的星期五清真寺。"（O. Demus, *The Mosaics of Norman Sicily.*）

教堂在阿拉伯人统治时期是希腊的巴勒莫都主教区所在地。这样一来，蒙雷阿莱的那些支持者就可以宣称，自己建立大主教区只是在延续一个受到尊敬的传统。第二，教皇亚历山大提供了足够的支持。1174 年以来，他颁布了一系列敕令，强调了计划中这座机构的例外特征。面对这样的炮火，沃尔特无力抵抗。他只能眼看许多自己管理的教堂和教区被转移到蒙雷阿莱大主教区。1176 年春，他不情愿地承认蒙雷阿莱修道院院长不受自己的司法管辖，愤怒而无可奈何地看着 100 名来自拉卡瓦大修道院的教士抵达巴勒莫，进入新的修道院居住。

所以，沃尔特在 1179 年开始在巴勒莫修建一所全新的主教座堂，或许只能将其看作他的反攻。但是无论他多么富有，无论他从他人手中获取钱财的手段有多么不道德，他都无法同蒙雷阿莱相抗衡。威廉又宣布奥特维尔王朝的人将埋在这座新修的王家教会机构中，而不是葬在切法卢或巴勒莫，大主教的希望又受到了一次沉重的打击。巴勒莫主教座堂建成后，他和巴勒莫城的声望提升了——根本不是我们今天看见的滑稽样子。但是它当时不能跟世界上最华丽的建筑杰作之一相比，当时不能，现在更不能。

蒙雷阿莱主教座堂的确华丽而壮美。必须承认，观众第一眼对外部整体的观感不是它的美，而是给人的深刻印象。它缺少王宫礼拜堂那种宝石般的完美，缺少马尔托拉纳教堂那种拜占庭式的神秘感，缺少切法卢主教座堂全能基督像那种流泻而下的十足魅力，它的力量主要来自建筑的规模和恢宏气势。但是它给人的冲击力跟主教座堂本身一样，是巨大的。

跟诺曼西西里的教堂一样，它的外部没有多少特色，东侧的后殿和从西北方的回廊内院的景致除外，这些自威廉时代起已发生了巨大的变化。16 世纪时，贾吉尼（Gagini）家族强行在北侧加上了长长的柱廊。西侧的门廊修建于 18 世纪。后一处改动颇能让我们感到沮丧，因为它遮挡了最初用红色火山岩修筑的、交错的假拱（现在是哥特式的，这很华丽，却缺少切法卢教堂的那种完整的纯洁美），如果现在有游客沿着廊道走向东端，依然能一路感到不适。与西南部维持着简单状态的塔楼相比，这些毫无意义的添加物比任何语言都能说明，欧洲建筑在罗马式建筑开始衰落的时候受到了多大的损失。

在进入这座建筑之前，值得凑近看一看它的两组铜门。北门廊的铜门是特兰尼的巴里萨努斯（Barisanus of Trani）的作品，可以追溯到 1179 年。教堂西端的主门由比萨的博纳努斯（Bonannus of Pisa）修建于 1186 年。除了固有的美丽，这些门之所以有趣还有两个原因。首先，它们是意大利式的。11 世纪和 12 世纪初，造门的技艺其实由拜占庭垄断了。仅以我们的故事提到过的圣地为例，阿马尔菲主教座堂、萨莱诺主教座堂、圣天使山的洞穴都拥有品质上乘的拜占庭式大门。[1] 制造大门时，希腊工匠先用通常的方式雕刻出图案，然后用银线勾边，有时用珐琅勾边。然而，意大利工匠不仅在 12 世纪后半期掌握了拜占庭的技术，还迅速加以改进，并试图自己制作真正的浅浮雕。其次，蒙雷阿莱的大门让我们有机会比较当时两位顶尖铜匠的成就，他们手下的这股革命将继续发展，到两个世纪后的吉贝尔蒂（Ghiberti）时期达到顶

1　圣天使山洞穴的大门在 1964 年 3 月引发了愤怒的示威活动，当地居民抗议政府把它们搬到雅典参与当年的拜占庭艺术展览。（*The Times*, 4 and 6 March 1964.）

峰。巴里萨努斯在受到希腊影响最大的南意大利地区生活，曾经制作了拉韦洛主教座堂以及家乡的特兰尼主教座堂的大门。不出所料，他做出的改变是两人中比较小的。他的技术可能是西方的，但是他的设计——神圣的圣徒，东方的弓箭手，堕入地狱的场景，耶稣被解下十字架的画面——依旧是拜占庭的式样。相比而言，博纳努斯虽然在艺术上不够精良，却是一位完完全全的西方人，他制作的《圣经》场景跟12世纪的宗教画一样朴实自然。

不像外面，主教座堂内部依旧是原来的样子，正厅的屋顶除外——它在1811年的大火之后只能换新的。几乎所有王宫礼拜堂中最明显的部件在蒙雷阿莱主教座堂中都有，比如地板和矮墙上的多色大理石镶嵌图案、古代的希普利诺立柱、极好的考斯马迪家族的作品——用棕榈线条装饰的护墙板、诵经台、祭坛栏杆和王座。但是，两座建筑的氛围完全不一样。这绝不只是礼拜堂和主教座堂的区别而已，而是由于蒙雷阿莱主教座堂本身就是一座缺乏特点的建筑。在西侧的后殿，有大片平坦的、没有起伏的墙壁，想在这里找到壁龛或扶壁是不可能的，没有什么可以打破这连续的一致性。所以，王宫礼拜堂有起伏和韵律，而蒙雷阿莱主教座堂则略显枯燥无趣。

马赛克镶嵌画弥补了这一点。这座建筑首先是一座画廊，其他建筑功能都从属于它。大量马赛克画闪闪发亮，它们覆盖了最好的两大块墙面。或许是因为数量众多，近些年来批评这些马赛克画已经成为一种时尚，人们认为比起其他诺曼西西里教堂里的马赛克画，这里的有点粗俗。他们完全没说对。中央后殿有一处巨大的全能者耶稣，他手臂张开，似乎要拥抱所有会众；单是他的右手就有6英尺高。必须承认，这幅耶稣像比不上切法卢教堂的那幅，也很少有艺术作品比得上，切法卢教堂的那一处是极为卓越的。至于其他的马赛克画，虽然说大量的作品中不可避免会出现质量参差不齐的状况，但是无论是在设计还是制作上，这里的马赛克画的一般标准都高得惊人。

当我们想想这些画都完成于五六年的和平时间里，或许还要更短（完成于1183—1190年之间），这些马赛克画的质量将显得更为优异。因此，研究这一问题的权威德穆斯教授推断制作这些画的艺术家是希腊人，因为"只有在拜占庭帝国，威廉才能找到能够在这么短的时间完成这么大量工作的工坊"。[1]后殿上方有希腊语铭文，还有希腊式人物形象，所以基本上是拜占庭式的。但是，表现场景的马赛克画揭示了令人惊讶的结论，因为它们体现了一种表达上、创造力上的流畅性，这种流畅性极少出现在12世纪的希腊艺术中，后者当时的主要特征是模式化，呆板僵硬。比如，看看耳堂南墙的画，特别是最下面一排的三幅画：耶稣为门徒洗脚，客西马尼园的耶稣，犹大出卖耶稣。这里的图像毫无疑问是拜占庭式的，但是画中人物的放松态度、弯曲的褶皱、线条的动感和韵律已经在王宫礼拜堂和马尔托拉纳教堂的基础上有所发展，正如博纳努斯跟巴里萨努斯制作的大门之间的区别。这一发展肯定是意大利的。据我们所知，基督教艺术源于博斯普鲁斯海峡沿岸，君士坦丁堡在几近千年的时间里继续推动它前进，并在这个过程中不断演化，它唯一的语法就是完全将基督教精神价值转变成可塑的语言。随后，意大利在12世纪末开始领先。再过150年，我们将会发现君士坦丁堡的霍拉教堂（Chora Church）[2]里

1　*The Mosaics of Norman Sicily*, p. 148.

2　现在以土耳其语名字称呼，即卡里耶清真寺（Kariye Cami）。

纯粹的希腊马赛克画也呈现出蒙雷阿莱主教座堂镶嵌画的那种活力和十足的神气。

信步走过整座教堂，游客难免觉得这些数不清的画面跟连环画一般，讲述了所有《圣经》的场景，从《创世记》讲到《使徒行传》。这些画确实尽可能地表现了《圣经》故事。如果游客一直全神贯注地盯着耶稣像，就很可能遗漏耶稣像下面的圣徒像，再将目光转到讲述故事的目标上去。这样就会很可惜，因为他会错过蒙雷阿莱主教座堂提供的少数几处令人吃惊的真实人物中间的一处：中间窗户右边的第二个人。不难认出他是谁，因为根据当时一般的法则，他的名字写在光环的两边：SCS. THOMAS CANTUR。我们不知道画中人是否真的长得像殉道的托马斯·贝克特，很少有人会说圣徒的马赛克肖像画和本人的形象相像。[1] 不过，这依旧是可以确认的最早的表现托马斯·贝克特形象的作品，当时距离他去世不到一代人时间。[2]

---

1 它确实没有展现我们唯一可以确定的托马斯的身体特征：不一般的身高。最开始提到这一点的是他的特遣牧师威廉·菲兹史蒂芬（William Fitzstephen）。然后，在一份藏于兰贝思宫（Lambeth Palace）的 15 世纪手抄本（306 f. 203）中，写着 "The Longitude of Men Folowynge" 的主标题的下面，托马斯被描述为 "vij fote save a ynche"。然而，最有说服力的证据当数收藏于桑斯主教座堂宝库的他本人的衣服。"直到最近的圣托马斯节，担任主持的教士还要在那天穿上这些衣服。人们总是选出长得最高的教士，但是这还不够，还要用针把衣服固定起来。"（Dean Stanley, *Memorials of Canterbury*, 1855.）

2 贝克特的圣骨盒现藏于纽约大都会艺术博物馆，它很小，形状是吊坠，刻着铭文 "ISTUD REGINE MARGARETE SICULORUM TRANSMITTIT PRESUL RAINAUDUS BATONIORUS"，盒上刻着一位王后和一位正在祝祷的教士。由于玛格丽特去世于 1183 年，因此这件圣骨盒把马赛克镶嵌画所暗示的时间略微提前了。但是这个教士是雷努阿德（Rainaud）还是托马斯？无从知晓。（*Bulletin of the Metropolitan Museum of Art*, vol. XXIII, pp.78-79.）

乍一看，这位圣人没有理由被死敌的女婿以这么尊荣的方式对待，这或许让人感到略微奇怪，甚至心生怀疑。然而，我们可以根据其他史料得知，王后乔安娜一直特别崇敬托马斯，或许就是她鼓励自己的丈夫以这种形式来纪念托马斯。往好处说，这算不算她私自为父亲的行为赎罪呢？如果仔细观察后殿中托马斯旁边的圣人，这种假说则更有道理。第一对紧贴着窗户左侧和右侧的圣人是两位早期的教皇，即克雷芒一世（Clement Ⅰ）和西尔维斯特，两人都长期流亡在外，都捍卫罗马在世俗和精神事务上的至上地位。[1]然后，托马斯对面是亚历山大里亚的圣彼得（St Peter of Alexandria），他在世俗统治者面前捍卫教会，也是从流亡中返回后而殉教。他们之外是最早的殉道者斯蒂芬（Stephen）和劳伦斯（Lawrence），他们以同样的原因去世。最后，面对着正厅的是另外两位被封圣的大主教：在本笃会中最受欢迎的马丁（Martin），以及诺曼人王国主要的主保圣人巴里的尼古拉（Nicolas of Bari）。似乎只能得出以下结论：后殿中描绘的人物不仅象征着蒙雷阿莱主教座堂建立之初的原则，还有意向其中的一位人物致敬，那就是英格兰最近的、最受爱戴的那位圣徒和殉道者。

在宝座上方，东侧主拱的两边都是威廉本人的站立像。在左侧，他从基督耶稣手中接过王冠；在右侧，他将教堂献给圣母玛利亚。这两处镶嵌画不算很精美，无法与马尔托拉纳教堂的相比。不过，创作者们无疑是尽力了。我们毕竟听说过威廉的美貌，而画上的圆脸、金色卷胡须和略微茫然的表情或许会稍稍让人失望。

1　根据传统说法，克雷芒在图拉真时期殉道。西尔维斯特为君士坦丁大帝施洗礼，并且接受了传说中"君士坦丁的赠礼"。

威廉毕竟才 30 岁出头，他可以被表现得更好看。或许，他得到的待遇不太公正。

后来坟墓中的他也不太幸运。他打算将蒙雷阿莱修道院作为西西里王国的王家墓葬地，又在 1183 年将去世的玛格丽特埋葬在这里。不久之后，他将父亲的遗体从王宫礼拜堂迁到这里，另外两个分别位于巴勒莫主教座堂和抹大拉的圣玛利亚礼拜堂的兄弟的遗骸也照此办理。但是到威廉于 1189 年去世时，米尔的沃尔特迅速干涉，立刻将国王的石棺运到他新修的主教座堂——这里快要建成了。两位大主教展开长期而激烈的争斗，国王最终得遂心愿，在蒙雷阿莱修道院长眠。但是，他的石棺留在巴勒莫，自那以后就不见了。最后在 400 年后的 1575 年，大主教卢多维科·德·托雷斯（Ludovico de Torres）给威廉捐献了一座白色大理石石棺。这个石棺不仅配不上人们想象中他作为诺曼人国王的地位，更比不上附近威廉一世的坟墓——它四四方方地立在大理石底座上，威严而壮丽。[1]

尽管蒙雷阿莱主教座堂非常令人惊讶，它的辉煌却略显黯淡。或许是黄金的品质不够好，所以教堂缺乏马尔托拉纳教堂那种热烈的光辉，也缺少王宫礼拜堂那种令人欢愉的活力。它太大，太缺乏人情味了。半个小时后，参观者必定会因再次沐浴在阳光中而高兴。

最后再走进回廊内院，这里的辉煌终于洗去了黯淡。这里也

1　玛格丽特和她两个儿子的墓穴位于圣所的北墙边，在 19 世纪得到了整修，只需草草观看一下即可。更有意思的是法国国王路易九世（Louis，即圣路易）的祭台，他在 1270 年率十字军进攻突尼斯的时候因流行病而去世，其心脏等内脏都保存在这里。

是蒙雷阿莱修道院里唯一能直接感受到阿拉伯影响的地方：104个细长而阿拉伯化的拱，由成对的立柱支撑，有些有雕刻，有些跟教堂内部一样有马赛克镶嵌画。在西南角，他们增加了一处喷泉，喷泉是阿拉伯风格的，但是它的形式在诺曼西西里是独一无二的（在切法卢有一个相似的）。回廊内院的整体效果灿烂而静美，比隐修者圣约翰教堂回廊内院的精致景观更加整齐。而且蒙雷阿莱修道院更适合生活，这里的教士能找到阴凉，也能觅得静谧。这还不是全部。每根立柱的柱头都是一个设计和创造的胜利，它们一起构成了罗马式石雕的杰作，在西西里无与伦比。柱头雕刻的内容简直数不尽：《圣经》故事（包括东北角那处极好的天使报喜图），日常生活场景，农作物收获，战场和捕猎，同时代和古代的主题，基督教和异教徒的主题。甚至南墙还有两对描绘密特拉献祭场景的立柱。在西侧，从南往北数的第8个柱头上的内容我们已经见过，只不过从马赛克画变成了雕刻："好人"威廉。他此时不留胡须，将他新建的主教座堂献给圣母。由此，诺曼西西里最后的也是最伟大的宗教机构得以敬献，又得以接受。

18

对抗安德罗尼库斯

国王的宫殿悬挂在环绕城市的山岗上，就像一串挂在妇人颈上的珍珠。他在宫殿的花园和庭院中休息。他究竟有多少宫殿、建筑、瞭望塔和观景楼啊，或许不久就有人从他手中夺走它们！他用肥沃的土地捐建了多少座修道院哪！有多少教堂获得了黄金和白银做的十字架啊！……

我们已经知悉，国王打算派舰队前往君士坦丁堡。……但是荣耀而全能的安拉会让他陷入混乱，让他知道自己正在走邪路，向他送去毁灭他的暴风雨。如安拉所愿，他可以这样做。

——伊本·祖拜尔

这是一个阳光下的王国，繁荣昌盛，和平安定。国王年轻而英俊，拥有无限财富，他深受臣民爱戴，还有一位年轻漂亮的王后。比起同时代的人甚至国王，可以说拥有这些的威廉二世经常受到神灵的眷顾。在某种程度上确实如此。但是，他缺少三样祝福：一是长寿，二是子嗣，三是些许政治智慧。如果他有其中一样，他的王国可能就不会落入前面等待它的悲惨命运。正因为这三样他全都没有，所以西西里王国的命运就已经注定了。"好人"威廉完全没有意识到自己正在做什么，他以世界上最好的意愿，将自己的王国送入毁灭。

腓特烈·巴巴罗萨早就在考虑跟西西里王国联姻的可能性。早在1173年，他就向正在寻找妻子的威廉推荐自己的女儿。在当时的环境下，他也不会因为自己的提议立刻遭到拒绝而过分惊讶。但是已经过了10年，情况不一样了。《威尼斯条约》让帝国的政策产生了急剧变化。腓特烈终于明白自己永不可能用武力征服北意大利的敌人，转而采取友谊、协商和妥协的新策略。这些策略起到了良好的效果。亚历山大三世去世后，伦巴第城市和教皇之间的关系再次陷入紧张。1183年，皇帝毫不费力地在康斯坦茨跟伦巴第联盟达成了协议。他允许城市自由选举领袖，制定自己的法律。作为回报，伦巴第联盟承认他的最高统治权。这些妥协导致伦巴第联盟内部失去了凝聚力，腓特烈的地位在北意大利变得空前强大。因为教皇随之变弱，或许西西里方面更容易接受他的新一次提议。1183—1184年的冬天，腓特烈的使者带着他的提议来到巴勒莫：让他的儿子兼继承人亨利与西西里公主康斯坦丝结婚。

回看当时，威廉和他的顾问居然对这个提议考虑了一阵子，真是不可思议。康斯坦丝是罗杰二世的遗腹女，实际上比她的侄子，即威廉二世更年轻1岁，是王国的假定继承人。如果她嫁给亨利，威廉二世去世时又没有子嗣，西西里王国就会落入皇帝之手，它的独立就会宣告终结。留给乔安娜生孩子的时间还有不少，她在1184年只有18岁，而她的丈夫是30岁。但是，12世纪的生命比今天的更加不可确定，婴儿的死亡率非常高。继承问题还没解决，就想这样冒险，这在任何标准下都是愚蠢的做法。[1]

在巴勒莫有很多顾问提出建议。尤其是阿耶罗的马修，他跟大多数同时代的南意大利人一样，从小听的故事都在讲述帝国的持续入侵所造成的恐怖浩劫，一向认为所有德意志人都有可能掠夺自己的家乡。他坚决反对这次求婚。没有几个西西里人想将自己的独立国家让给一个遥远的、他们眼里野蛮的帝国，这个帝国还一直是西西里王国传统上的敌手。米尔的沃尔特则持有相反的看法，我们不是特别清楚他支持婚约的原因。权威史家圣杰尔马诺的里夏尔（Richard of S. Germano）宣称，沃尔特只是非常憎恨马修。或许这个理由还不够，但是我们至少不能忽视他们之间有嫌隙这件事。夏朗东的倾向就仁慈多了，他认为，因为沃尔特是英格兰人，所以能比同伴更冷静地看待时局，在沃尔特看来，不让帝国控制，国家就会陷入内战，而前者更好一些。

但是果真如此吗？康斯坦丝可不可以嫁给别人，然后以自己的名义统治，最后到时机成熟时将王冠交给合法的儿子呢？这是有可能的。但是无论大主教的动机是什么，威廉下决定时的所思所想更为长远。有一个压倒性的原因，决定了为什么他需要在接下来几年里确保跟西方帝国的友好关系，决定了为什么他要于

1　根据同时代的编年史家托里尼的罗贝尔（Robert of Torigni）记载，他从别人那里听说乔安娜在1182年生了一个叫博埃蒙德的儿子，博埃蒙德在受洗后被父亲授予了普利亚公爵领。如果此事属实，或许就能解释威廉为何同意了这桩婚事，尤其是在孩子当时还在世的情况下。罗贝尔是圣米歇尔山修道院的院长，他无法很好地记载在西西里王国发生的事，唯一认为此事值得记载的编年史家怎么会是他呢？圣杰尔马诺的里夏尔是我们关于王国的最后一段时期最好的史料来源，他是威廉的臣子，他在著作的刚开始就哀悼了乔安娜不能生育的事。

1184 年夏在大部分臣民的惊愕中同意这一婚约。

他准备跟百年前的罗贝尔·吉斯卡尔一样，攻打拜占庭帝国。

1180 年 9 月 24 日，长期患病的曼努埃尔·科穆宁在君士坦丁堡去世。他被葬在全能者基督教堂中，坟墓旁边放着一块石板，耶稣的遗体曾被放在这块石板上做防腐处理，数年前这块石板从以弗所运来时，曼努埃尔自己从港口将它背到坟墓边。他不算一位贤帝，对国外有过多的野心，在国内则挥霍无度，在当政的 38 年里设法耗尽了帝国的所有资源，使帝国的经济几乎破产，陷入再难恢复的境地。他还在世的时候，因为他光辉的性格、辉煌的宫廷以及铺张浪费的娱乐，整个世界都误认为拜占庭帝国还一如既往地强盛。他去世后，这种错觉很快就消失了。

皇位的继承者是曼努埃尔唯一合法的婚生子阿莱克修斯（Alexius，即阿莱克修斯二世），当时 11 岁。这个孩子不惹眼，也没有吸引力。尼基塔斯·侯尼亚特斯是曼努埃尔时期的宫廷秘书，他的著述是拜占庭在中世纪最可靠、（加上普塞勒斯）最有趣的史料。根据他的说法：“小皇子极为爱慕虚荣、骄傲自负，非常缺乏内心之光和个人能力，甚至无法胜任最简单的工作……他的生活都在玩耍和追逐中度过，他还沾染了一些恶习。”同时，他的母亲安条克的玛丽代为摄政。作为第一个统治君士坦丁堡的拉丁人，她开始摄政时就处于严重不利的情况下。她的丈夫热爱西方，还试图将西方制度引入拜占庭的生活，这些一直都受到其臣民的怨恨，特别是当他们看见意大利和法国的商人拥入君士坦丁堡，挖走帝国贸易中更大的一块蛋糕的时候。此时，他们更担心（理由很充分）这些商人得到更多的贸易权利和特权。玛丽将另一位非常亲近西方的人物作为她的主要顾问时，臣民们更加忧心了。此人就是阿莱克修斯，他是曼努埃尔的侄子，耶路撒冷女王的舅舅，拥有"普罗托塞巴斯托斯"（protosebastos）的头衔。很久之前，人们就普遍认为皇太后的顾问也是她的情人。虽然整个基督教世界都知晓她的美貌，但是不容易从尼基塔斯的记载中看出皇太后对这位顾问的看法：

> 他习惯于让大部分时间在床上度过，不愿开启窗帘，以免见到阳光……无论太阳是否升起，他都愿意待在暗处，就跟野兽一样。他乐于磨平自己腐坏的牙齿，乐于在因年岁渐长而掉落的牙齿处安上新牙。

不满情绪逐渐增长，各种意图推翻玛丽的阴谋开始成型。她的继女玛丽亚，也就是曼努埃尔两次向威廉二世提议的那位公主，参与了其中比较知名的一起。阴谋败露之后，她跟丈夫蒙费拉的兰尼埃（Rainier of Montferrat）率随从艰难地逃往圣索菲亚教堂，并且不愿出去。但是，摄政皇太后不在乎任何圣所的庇护，派帝国卫队去逮捕阴谋者。在牧首的调停之下，大教堂才免遭亵渎。这一事件深深震撼了拜占庭人。因为牧首在此事中的作用，所以他在稍后被流放到一所修道院里，这让当局更加不得人心。牧首遭罚本来也没有必要，因为玛丽在当时民众愤慨的情况下根本不敢惩罚自己的继女。后来，君士坦丁堡的居民集体前往牧首所在的修道院，得胜地把他迎回首都，玛丽也不敢干预。事实上，事情已经糟到极点了。

无论如何，第一次阴谋失败了。但是，皇帝的另一位亲属带来的威胁接踵而至。这个人就是安德罗尼库斯·科穆宁（Andronicus Comnenus），他的能力非常与众不同，他相当特殊，整个拜占庭帝国的历史中也找不出第二个这么奇特的人物。或许他的堂兄弟曼努埃尔和他最像，但是曼努埃尔也比不上他。我们确实找不到经历比得上他的人。安德罗尼库斯·科穆宁的故事根本不像是历史，更像是历史小说。

1182年，安德罗尼库斯第一次登上历史的舞台，当时他已经64岁了，但是看起来只有40岁左右。他有6英尺高，身体强壮，容貌俊美，睿智过人，风趣而健谈，举止优雅，气质潇洒，他在箭雨中和在云雨中的名声几乎一样响亮，这为他赢得了唐璜一般的无双声誉。他打败过无数敌手，而卷入的绯闻则少得多，但是有3件事引发了皇帝的愤怒。当安德罗尼库斯与他的侄女（也是曼努埃尔的侄女）尤多西娅·科穆宁（Eudoxia Comnena）公主之间闹出骇人听闻的绯闻时，他却有效地回应了批评，指出"臣子应该一直仿效主子，同一家工坊的两件产品一般可以被同样接受"，这明显是在影射皇帝跟另一个侄女——尤多西娅的姐妹狄奥多拉的关系，他知道皇帝对狄奥多拉的喜爱超越了亲戚间的感情。数年后，安德罗尼库斯放弃了他在奇里乞亚的军事指挥，想要引诱可爱的安条克的菲莉帕（Philippa of Antioch）。这次他也必定清楚这会引发严重的反响。菲莉帕不仅是当时安条克亲王博埃蒙德三世（Bohemund Ⅲ）的妹妹，更是曼努埃尔之妻玛丽的妹妹。但是在安德罗尼库斯看来，菲莉帕只是游戏中的一个调味品而已。虽然当时他有48岁，他的猎物菲莉帕才20岁，但是菲莉帕无法抵挡他在窗外唱的歌。几天之内，她就被俘获了。

得手之后，安德罗尼库斯就不再享用猎物了。曼努埃尔愤怒至极，召他立刻前去。博埃蒙德亲王也明确表示不会容忍这样的丑闻。或许，事实证明年轻的公主缺乏魅力。无论如何，安德罗尼库斯急忙赶往巴勒斯坦，让耶路撒冷国王阿马尔里克处理自己。在耶路撒冷，他在阿卡首次见到自己的另一位侄女狄奥多拉。狄奥多拉时年21岁，是前任耶路撒冷国王鲍德温三世的孀妇。安德罗尼库斯爱上了她。不久之后，安德罗尼库斯搬到他在贝鲁特的新采邑——这里是阿马尔里克最近因为他的服务而奖赏给他的——狄奥多拉与他在这里会合。两人血缘相近，所以不能结婚，但他们公然同居，直到这份罪恶让他们不容于贝鲁特。

他们在穆斯林的东部游荡了很久，最后定居在克洛尼亚（Colonea），这里位于帝国东部边境之外。他们随身携带了金钱，还通过一些少量抢劫活动而获得钱财，他们快乐地生活着。后来狄奥多拉和她的两个儿子被特拉布宗公爵抓获，被送往君士坦丁堡，两人的田园生活宣告终结。失去他们的安德罗尼库斯焦急不已，赶回首都投降，装模作样地伏在皇帝脚边，表示听从皇帝发落，并且声称，只要他的情妇和孩子能回到他身边，他可以答应任何事情。曼努埃尔展现了一贯的慷慨。这个不正常却又强大的家庭不可能被允许待在君士坦丁堡。安德罗尼库斯和狄奥多拉被安置在黑海边的一座舒适的城堡里，他们可以在那里度过有尊严的流放生活，皇帝希望他们可以就此和平地隐退。

可是事与愿违，安德罗尼库斯一直盯着皇冠。曼努埃尔去世后，他得知人们对于摄政皇太后的不满越来越大，无须他人劝说，他感觉时机来了。与安条克的玛丽不同（她的臣民称呼她为"外国人"），他是真正的科穆宁家族的人。他有活力、决心和能力。更重要的是，他过去的浪漫事迹让他此时在国内的受欢迎程度无人能敌。1182 年 8 月，他赶往首都。旧戏重演了。在一个直让人想起拿破仑从厄尔巴岛返回的场景中，被派去阻拦安德罗尼库斯的军队拒绝战斗，其将领安德罗尼库斯·安格洛斯（Andronicus Angelus）投降，并加入他那边。[1] 随后，统领博斯普鲁斯海峡舰队的海军司令也照此行事。他继续往首都前进，人们走出家门，拥上街道欢迎他。不久后，道路上便满是支持他的人。他甚至还没有渡过海峡，君士坦丁堡就爆发了叛乱。过去两年积攒的对拉丁人的憎恨也被叛乱点燃了。大屠杀紧随而至，它针对的是城中所有拉丁人，妇女小孩、老弱病残都未能幸免，医院里的病人也没能逃脱。他们在城内居住的所有地方均遭到焚烧，遭到抢劫。阿莱克修斯瑟缩在皇宫里，他过于害怕，甚至没有试图逃跑。他被投入地牢，随后因安德罗尼库斯的命令而被刺瞎。[2] 小皇帝和皇太后被带往皇室的费利奥帕乡宫（Philopation Palace），听由安德罗尼库斯处置。

　　他们的命运比他们所预想的更糟糕。安德罗尼库斯的胜利带出了他性格的另一方面——极度的残忍，其程度之深很少有人能想象得出，而且没有因为一丁点的同情心、顾忌或者道德感而减弱。尽管他异常强大，却不是皇帝，所以他开始凭借冷血系统地清除那些他与皇位之间的人。公主玛丽亚和她的丈夫是最先需要

1　按照安德罗尼库斯·科穆宁的性格，当安格洛斯转换旗帜时，已经有玩笑话在等着他了。安德罗尼库斯·科穆宁说："看，正如福音书所言：'我将要派出我的天使（Angel），他已准备好为你开路。'"事实上，福音书没有这样写，不过安德罗尼库斯也不是拘泥于准确性的人。

2　尽管他在不久之前还恢复了精神，并提交了一份正式的抱怨，说他的英格兰狱卒让他睡不够钟点。

解决的。两人迅速神秘地去世，却无人怀疑他们是中毒而死。随后轮到皇太后自己了。她那13岁的儿子被迫签署了执行死刑的命令，她被勒死在囚室中。1182年9月，安德罗尼库斯被加冕为共治皇帝。两个月后，孩童阿莱克修斯被勒死，他的尸体被投进博斯普鲁斯海峡。

尼基塔斯写道："就这样，帝国花园里所有的树都倒了。"只剩一个更加形式化的存在。阿莱克修斯已经在短短3年的在位时间里跟法国公主阿涅丝（Agnes）订婚。阿涅丝是法王路易七世的二女儿，母亲是路易七世的第三任妻子香槟的阿丽克丝（Alix of Champagne）。由于他们年幼，订婚时男方为11岁，女方为10岁，所以没有举办婚礼。但是小公主已经到君士坦丁堡居住，并在那里受洗，得到了一个更为拜占庭式的名字"安娜"。她受到的待遇完全符合未来皇后的身份。事实证明，她后来确实成了皇后。1182年结束之前，已经64岁的新皇帝迎娶了12岁的公主，并且如果至少有一个当时的权威史家可以信任，他还凭借圆房完成了这桩婚姻。[1]

他的统治充满吉兆地开始了。比起曼努埃尔，安德罗尼库斯在很多方面对帝国做的事更多。他严厉打击滥用行政权力的行为，无论是在什么地方，无论其形式如何。然而不幸的是，他逐渐消除了统治机器的腐败问题，自己却因为掌控了权力而更加堕落。暴力和蛮干似乎是他仅有的武器。他针对军事贵族的合理战争似

1　迪尔（Diehl）在《拜占庭人物志》（*Figures Byzantines*）第2卷中以简短的篇幅讲述了安德罗尼库斯和阿涅丝的传记，其记叙虽然有学术性，却非常有可读性。我们不知道狄奥多拉之后的经历。她有可能是死了，但她当时还很年轻，所以更有可能是在某所女修道院里度过余生。

乎迅速恶化为持续的、无差别的血腥屠杀。据一份报告所言：

> 他让布鲁萨葡萄藤因变重而下垂，却没用到葡萄，而是
> 用被他绞死的死人。他禁止任何人为埋葬尸体而剪断葡萄藤，
> 因为他想让尸体在太阳下晒干，再随风摇晃，就像果园里用
> 于恐吓鸟雀的稻草人。

但是，现在轮到安德罗尼库斯为自己的皮肉和帝国而担心了。
他不再受到民众欢迎，这位国家的拯救者已经显示了自己作为野
兽的一面。空气中再次充斥着煽动叛乱的声音。在帝国的首都和
各省，阴谋四起。到处都是叛军。如果叛乱者落入皇帝之手，一
般被折磨致死，而且通常是在皇帝亲自在场的情况下，由皇帝亲
自执行。还有很多人逃往西方，他们确信西方会欢迎他们。安德
罗尼库斯清楚，西方从未忘记 1182 年的大屠杀。他也明白《威尼
斯条约》的意义。很长一段时间以来，拜占庭帝国在欧洲有两个
主要的敌人：西方帝国和西西里王国，也就是霍恩施陶芬家族和
奥特维尔家族，两国均同样坚决地试图阻止希腊人实现他们嘴里
对南意大利的"合法权利"。两国闹分歧的时候，君士坦丁堡就不
必感到警觉。但是现在，两国成了朋友，还可能在不久后联合起
来。这样一来，安德罗尼库斯对事情的发展方向就不太乐观了。
1184 年秋，消息从奥格斯堡传来，西西里的康斯坦丝将与霍恩施
陶芬的亨利订婚，安德罗尼库斯依旧保持警觉。

1185 年 1 月初，阿拉伯旅行家伊本·祖拜尔身在特拉帕尼，
刚要搭乘热那亚的船返回家乡西班牙。在他出发的一两天之前，
一道巴勒莫当局下达的命令送到特拉帕尼：关闭港口，禁止所有

出港的活动，等待下一步的通知。一支战船组成的庞大舰队已经准备就绪，在它安全出发之前，其他船只不得离开。

西西里的其他港口也收到了同样的命令，这是一项史无前例的安全禁运令。即便在岛内，也很少有人真正了解所发生的事情。根据祖拜尔的记载，特拉帕尼的人们对于该舰队的规模、意图以及目的地均有不同看法。有人认为，舰队要驶往亚历山大里亚，去为1174年的惨败复仇。还有人认为舰队要进攻马略卡岛（Majorca），这是西西里的劫掠者近年来最为倾心的目标。不可避免地，很多人认为远征的目标是君士坦丁堡。过去一年里，几乎所有从东方驶来的船舶都会滔滔不绝地讲述安德罗尼库斯的残暴行径。有一则广泛传布的传言声称，人数不断增加、在西西里避难的拜占庭人中间有一位神秘的年轻人，他自称合法的皇帝阿莱克修斯二世。如果真如人们所言，威廉二世接受了这个年轻人，相信了此人的话，那么发动一场远征来为他重夺皇位岂不是顺理成章的事情吗？

关于威廉二世在位的最后几年，文献记载少得可怜。萨莱诺大主教罗穆亚尔德于1181年去世。他去世之后，诺曼西西里最后一位伟大的编年史家也不在了。因此，我们永远无法确切得知这个主张皇位继承权的人是否在巴勒莫的宫廷里出现过。可能性还是有的。安德罗尼库斯在君士坦丁堡发动的这类政变通常会产生一两个假冒的人。1081年，当年罗贝尔·吉斯卡尔在远征拜占庭之前就找到了这样的假冒者以增强自己的力量。我们在很久之前提过的塞萨洛尼基都主教尤斯塔修斯（Eustathius）就认为，在祖拜尔写作的不久之后，就有一位冒充阿莱克修斯的人在北希腊游荡。无论传闻是真是假，我们都知道威廉不缺少进行远征所需的勇气：曼努埃尔·科穆宁的一个侄子（烦人的是他也叫阿莱克修斯）最近逃到西西里，在宫廷里得到了款待。自此以后，他就不断催促威廉向君士坦丁堡进军，去推翻僭越者。

1184—1185 年的整个冬天，国王都待在墨西拿。按照他的一贯做法，他无意率军亲征，却要亲自主持准备工作。虽然他自然不会跟别人说，但是他的最终目标无疑是让自己戴上拜占庭的皇冠。他认为，派出的军队必须配得上这样的奖赏，所以从西西里出发的海陆军队比任何从这里出发的军队都要强大。事情就是这样。到预定出航的时间，舰队的指挥官是国王的堂兄弟莱切的坦克雷德，据说舰队由 200—300 艘船组成，运载着 8 万名士兵，其中包括 5000 名骑士以及一支特殊的骑射手部队。庞大的陆军则由两位指挥官联合指挥：坦克雷德的妻弟阿切拉伯爵里夏尔（Richard of Acerra）、一位叫鲍德温的人。对于后者，我们只知道尼基塔斯在一段有趣的话里提过他：

> 虽然出身平庸，但他深得国王喜爱。由于长期的军事经验，他被任命为军队的将领。他喜欢自比于亚历山大大帝，这不仅是因为他跟亚历山大一样在腹部长了很多毛，飘起来跟翅膀一样，还因为他在更短的时间里已经实现了更大的伟业，还没有经过杀戮事件。

1185 年 6 月 11 日，远征舰队驶出墨西拿，径直前往都拉佐。尽管威廉对所有西西里港口的禁令没有取得圆满的成功（伊本·祖拜尔乘坐的那条船的热那亚船长毫不费力地通过贿赂驶出特拉帕尼），但是他的预防措施似乎起到了作用，否则安德罗尼库斯不会这样缺少准备。我们知道，他一直都不信任西方。都拉佐是帝国在亚得里亚海沿岸最大的港口，也是帝国的主要道路——古老的罗马道路埃格纳蒂亚大道（Via Egnatia）的出发点，从这里向东走，穿过马其顿和色雷斯，就能抵达君士坦丁堡。安德罗尼库斯早就知道西西里军队很有可能攻占都拉佐，以作为桥头堡。然而，他既没有用心加固城防，也没有为围城战准备给养。他收到了攻击即将到来的消息后，立刻派出麾下颇有作战经验的将军约翰·布拉纳斯（John Branas）前去组织防御。布拉纳斯到达的一两天之后，西西里舰队就到了，他无法利用这么点时间做什么有意义的事。

都拉佐曾在一个世纪前落入诺曼人之手，在此之前发生长时间的、荣耀的战斗，战斗双方均如英雄般奋勇搏杀。当时拜占庭一方的指挥官是皇帝本人，诺曼人一方的指挥官则是他们那个时代的两位杰出的骑士——罗贝尔·吉斯卡尔和他的儿子博埃蒙德。在战斗中，伦巴第人西吉尔盖塔证明她自己在勇气上不亚于她的丈夫和继子。在拜占庭一方，瓦兰吉卫队的英格兰人忠心耿耿，挥舞斧子，战斗至最后一人。[1] 但是，这回的故事就很不一样了：布拉纳斯知道毫无胜算，未经挣扎就开城投降。6月24日，舰队抵达还不到两周的时间，都拉佐就投降了。

西西里军队接下来穿过巴尔干半岛，进军过程颇为迅速而平静，没有军队阻拦他们。8月6日，陆军在塞萨洛尼基城外安营扎寨。8月15日，绕过伯罗奔尼撒半岛的舰队到达，下锚停船。围城战开始了。

1　《征服，1016—1130》，第249—251页。

塞萨洛尼基是一座繁荣发达的城市，当时已经拥有 1500 年的历史，其基督教传统可以追溯到圣保罗的时代。作为海军基地，它控制着爱琴海；作为商业中心，它可以与君士坦丁堡媲美，甚至在每年 10 月的贸易集市时还能超过君士坦丁堡——到时候，全欧洲的商人都将会聚到这里，跟非洲和黎凡特的阿拉伯人、犹太人和亚美尼亚人的商人做生意。[1] 得益于这项集市活动，塞萨洛尼基城内也拥有常住的欧洲商人社群，其中主要是意大利人——事实证明，这对攻击方有一定价值。

不过，塞萨洛尼基在 1185 年陷落的灾难不应只归咎于城内的外邦人，而应归咎于守军统帅大卫·科穆宁（David Comnenus）。尽管皇帝指示他尽一切可能、尽全力攻击敌人，[2] 他还比都拉佐的守将布拉纳斯好一些，有充足的时间来布防和准备给养，他却什么也没有做。围城战开始后不过数天，他麾下的弓箭手就把箭用完了。不久后，甚至抛石机用的石块也没有了。更有甚者，蓄水池也未经检查，有人发现有些蓄水池是漏水的，可是发现得太晚了。大卫从来没有表现出丝毫的羞耻和不安。尼基塔斯·侯尼亚特斯可能非常了解他的性格，因此写道：

---

1 该贸易集市断断续续地一直延续到今天。在整个奥斯曼帝国统治时期，塞萨洛尼基都保持着占主要地位的犹太特征，直到二战时期。二战中，当时塞萨洛尼基的约 5 万名南欧系犹太人（Sephardic）被送往波兰，一去不回。

2 安德罗尼库斯的命令是："要看见城市得到保护，不要怕意大利人，冲上去，骑到他们身上，咬他们，戳他们。"他的原话就是这样，但我认为只有他自己明白其中的确切含义。喜欢拿这种事开玩笑的人提出了不得体的解释，我在这里就不再重复了。（尼基塔斯）

他比女人更软弱，比小鹿更胆怯，光是看着敌人就满足了，而不愿做些能退敌的事。如果守军表现出急于出城进攻的想法，他就会立刻阻止，跟猎手控制猎犬一般。没人见过他手持武器的样子，也从没有人见他穿甲戴盔……当敌人的攻城槌撼动城墙，让砖石碎落在地时，他就会嘲笑四周的噪声，找一个最安全的地方躲避，然后对周围的人说："听那个老太太，她多吵闹啊！"然后他就会提到己方最大的攻城器械。

在这段糟糕透顶的日子里，尼基塔斯本人不在塞萨洛尼基，但他的记载基于最可靠的权威——塞萨洛尼基都主教尤斯塔修斯。尤斯塔修斯尽管以研究荷马史诗而著称，其文风却不算流畅优美。[1] 而且他是一位优秀的希腊爱国者，没有掩藏他对拉丁人的憎恨，他有充分的理由认为拉丁人比野蛮人好不了多少。他的《拉丁人占领塞萨洛尼基史事》（*History of the Latin Capture of Thessalonica*）虽然枯燥乏味，还有偏见，但是此书依然是我们拥有的唯一一份由亲历者撰写的关于这场围城战及其余波的文献。它讲述的故事不算动听。

就算塞萨洛尼基的准备更为充分，城防更为坚固，但是西西里军队从各个方向猛攻城塞，它也不可能抵挡很长时间。在指挥官的准许范围内，守军尽可能英勇地做出抵抗，但是不久后城东的防御工事开始崩塌。同时，一伙城内的德意志雇佣兵拿取贿赂，

1　或者说，他有可能是太精于此道了。即便是被人描述为说起话来滔滔不绝的夏朗东，也说尤斯塔修斯有"过度修辞的烦恼"。

打开了西边的城门。8月24日，西西里军队从两侧同时拥入这座拜占庭帝国的第二大城市。

大军中肯定有数百名有希腊血统的士兵，肯定还有数百名来自普利亚、卡拉布里亚和西西里岛，成长于希腊人社群附近的士兵，他们对希腊的习俗和宗教传统很熟悉，甚至还能说一些希腊语。如果这些人能发挥影响，劝劝他们那些没那么文明的战友，那就应该算是好事。他们却没有这样做，或者说，尝试过，然后失败了。西西里军队丢弃了纪律，放手展开血腥的屠杀，自从狄奥多西大帝 800 年前在大竞技场屠杀 7000 名市民以来，还没有哪一桩事比得上这次暴行。尤斯塔修斯记载中当时身亡的希腊市民的人数也是 7000 人，这或许不是巧合。不过，诺曼统帅估计身亡的市民为 5000 人，所以尤斯塔修斯的数据应该离真实情况不会太远。发生的事不仅有杀人。妇女和孩子也被抓起来，遭到了侵犯。房屋遭到劫掠和焚烧，教堂遭到亵渎和毁坏。最后这一系列暴行最让人震惊。在诺曼西西里的历史中，我们发现亵渎神灵的事件很少很少，这种规模的更是绝无仅有。即便是不太了解拉丁人的希腊人，也对他们的行为感到又惊又怕。尼基塔斯同样承认：

> 这些野蛮人在祭坛下面、在圣像面前施行暴力……他们行为怪异，想破坏我们的圣像，将它们拿去烧火做饭。更为罪恶的是，他们在祭坛上跳舞，唱亵渎神灵的歌，天使也为之而颤抖。随后，他们在教堂里四处撒尿，让地板上到处都是尿液。

可想而知，一定程度的劫掠是不可避免的，而劫掠活动作为

围城战成功之后对军队的奖赏已经得到了承认，希腊人将会毫不
犹豫地承认双方的角色已经得到了翻转。这次残暴行为有些不同，
鲍德温在开始就采取了坚决的措施。是日清晨，西西里军队进入
城里。到中午，他已经设法恢复了秩序。但是随后后勤出现了问
题。塞萨洛尼基无法应对突然拥入的 8 万人，城里的食物很快进
入西西里人的嘴里，当地居民很快就开始挨饿。待处理的尸体带
来了更多的问题。过了好多天，尸体才被处理完毕，此时 8 月的
暑热早就发挥了威力。接着暴发了一场流行病，军队的拥挤助长
了疾病流行，尤斯塔修斯还认为军人不加节制地饮用新得到的葡
萄酒的行为也助长了疾病，最后占领军有 3 万多名士兵因疫病而
死去，还有人数不明的当地居民因此身亡。

　　从一开始，忏悔仪式就是很严重的问题。拉丁人占领许多当
地教堂自用，但还是有军人冲入依然由希腊人使用的教堂，打断
宗教仪式，还向主持仪式的教士咆哮。此外发生了一件更危险的
事：有一群西西里人听到一阵急促而有节奏的锤击声，他们受到
惊吓，认为这是起义的信号，就赶紧去拿武器。后来，他们及时
得知这阵声音叫作 semantron，是东正教教士召集信徒时所用的木
槌声。[1]

　　在一周左右的时间里，双方达成了某种不稳定的妥协办法。

1　Semantron 的敲击声具有很高的象征意义。据我所知，教会代表拯救的
诺亚方舟，而教士肩扛一根 6 英尺长的木板，再用小木槌连续敲打木板，
以效法诺亚敲击木板召唤被选中的动物进入方舟的行为。奥斯曼帝国统治
时期，教堂鸣钟被禁止了，而 semantron 一直得以使用。到今天，我们很少
能听到它，除非是在保留传统做法的圣山阿索斯（Mount Athos）和一些偏
远的乡村修道院。

鲍德温虽然自负，此时却是懂得变通的指挥官；尤斯塔修斯虽然按理说还算是俘虏，却为阻止不必要的摩擦做了很多工作。跟遭到占领时经常出现的情况一样，尤斯塔修斯的教民不久就会发现，可以从这些搞不懂商品真正价值的外国人身上赚钱。我们很快就发现，尤斯塔修斯为塞萨洛尼基的妇女习惯委身于西西里士兵而发出轻轻的叹息。但是城市内外的氛围依旧充满了火药味。当军队再次结成队列，向东方进发，只留下少量驻军时，希腊人和西西里人必定都长舒了一口气。

到此时，安德罗尼库斯已经向塞萨洛尼基派出了至少5支独立的军队，意图阻止西西里军队的前进。如果这些军队由同一位将领指挥，还有可能拯救城市。军队的分散似乎显示皇帝的统治越来越不稳定。5支军队撤退到道路以北的山岗上，跟被催眠了一般，目送西西里军队前进。鲍德温的先头部队推进到莫西诺波利斯（Mosynopolis），到首都的路程已经走了一半了。此时，发生了一件改变整个局势的事，此事对西西里人而言是彻底的灾难。首都的市民起来反抗安德罗尼库斯·科穆宁，将他杀死了。

跟其他地方一样，君士坦丁堡的居民被塞萨洛尼基的消息逼到了恐慌的边缘。安德鲁尼库斯的行为很符合他那矛盾的天性。一方面，他坚决地采取行动，维修城墙，维护防御。城墙的状况得到了仔细检查，距离城墙太近、有可能为进攻方所用的房屋都被毁坏了。他还紧急调来一支100艘船组成的舰队，并为其配备给养。尽管拜占庭舰队中船只的数量还不到西西里海军（据报，正在迅速逼近）的一半，但是在狭窄的马尔马拉海和博斯普鲁斯海峡，拜占庭舰队还是有胜算的。

但是在其他时刻和其他方面，似乎皇帝完全对紧急情况不管不顾，在快乐的私人世界里越陷越深。在他即位后的 3 年时间里，他的生活日渐堕落。

> 他想效仿赫丘利（Hercules，即赫拉克勒斯），赫丘利一晚与梯厄斯忒斯（Thyestes）的 50 个女儿共眠。[1] 但他还是被迫投机取巧，寻求加强神经的办法：在自己身上涂抹药膏，以图提高性能力。他还经常吃一种叫希努斯（Scincus）的鱼，这种鱼产自尼罗河，形似鳄鱼。虽然许多人讨厌它，它却在增强性欲上面最为有效。

到这时也是一样，他正在培养一种受迫害的臆想，这种臆想最后将让他再次进入残暴的状态。尼基塔斯写道，如果他哪天没有处死过人，他就会觉得虚度了一天光阴。"男人和女人都在焦虑和悲伤的状态下生活，即便在夜里也无法休息，因为吓人的噩梦、遭屠杀之人的怨灵会打扰他们睡眠。"君士坦丁堡处在恐怖的统治下，其恐怖程度不亚于它漫长而阴郁的历史中的任何时期。恐怖情绪在 1185 年 9 月抵达了顶峰：皇帝颁布了一项命令，将所有被认为勾结诺曼西西里人的囚犯和流亡者，连同他们的全家，均处以死刑。

帝国是幸运的，革命及时地阻止了悲剧。点燃革命火星的人是皇帝的表侄伊萨克·安格洛斯（Isaac Angelus），他本来是一个

---

1 尼基塔斯在这里写错了，他原文提到的不是梯厄斯忒斯，而是狄斯皮乌斯（Thespius）。这是赫丘利的第 13 项功业，肯定也是其中最难办到的一项，但是成功概率最为显著：所有的女孩都生下了男婴，有不少还是双胞胎。

无害的贵族，但是曾有占卜师声称他将继承帝位，所以招致了皇帝的不悦。伊萨克杀死了前来抓他的帝国侍卫，持剑逃走，然后尽全力赶到圣索菲亚教堂，他自豪地跟所有在场的人讲述了自己刚刚做过的事。消息传开了，人们纷纷聚集，其中有伊萨克的叔叔约翰·杜卡斯（John Ducas）。约翰·杜卡斯等人虽然没有牵涉其中，却知道在当时的怀疑风气下不可能洗刷自己身上的嫌疑。因此，尼基塔斯说道："他们眼见自己要被逮捕，仿佛看见自己将被处死的景象，于是号召所有人联合起来帮助他们。"

人们响应了号召。他们在被火把照亮的圣索菲亚教堂里过了一晚，在次日上午穿过城市，号召每户人家都拿起武器。人们打开监狱，囚犯也和释放他们的人联合起来。与此同时，伊萨克·安格洛斯被宣布为皇帝。

> 一位教堂司事爬梯子登上大祭坛，取下君士坦丁的皇冠，并把它戴在伊萨克头上。伊萨克显得不愿接受，这不是因为他谦逊，也不是因为他对皇冠不屑一顾，而是因为担心这件大胆的事会害自己丢了性命。另一方面，杜卡斯立刻往前走，拿掉他的帽子，露出秃顶的、剃光得像满月的脑袋，将皇冠戴在他头上。但是聚集的民众大声呼喊，他们已经因为安德罗尼库斯那颗花白的脑袋而遭受了足够的苦难，所以不想再要老年痴呆或老眼昏花的皇帝了，特别是不想要长胡子分开得跟干草叉一样的皇帝。

安德罗尼库斯身在麦卢迪翁（Meludion）乡间庄园，得知革命的消息，他相信自己能凭借能力来稳住局面，于是秘密返回首都。他径直来到金角湾入口处的大皇宫，命令卫士们朝民众放箭，却发现卫士们对自己的命令有所迟疑。他抓起一张弓，开始愤怒地向自己人射击。然后，他突然醒悟了。他扔掉自己的紫色靴子，戴上一顶"像蛮族人穿戴的"尖顶小呢帽，再迅速带上他孩子的母亲阿涅丝和他最宠爱的情妇马拉普提卡（Maraptica）——"一位极好的吹笛手，他愚蠢地爱上了她"——乘坐一艘桨帆船，逃往博斯普鲁斯海峡方向。

与此同时，民众冲进大皇宫，扑向皇宫里所有的值钱东西。被搬走的有 1200 磅金条、3000 磅银条，还有不计其数的珠宝和艺术品。皇家礼拜堂也未能幸免：圣像被人从墙上拽下，圣餐杯被人从祭坛上抢走。其中最有价值的物品，即藏有基督耶稣给埃德萨国王阿布加五世写的亲笔信的圣物箱[1]，永远地消失了。

皇帝、阿涅丝和马拉普提卡不久就被抓获。女士们一直都保持着尊严和勇气，被释放了。但是，安德罗尼库斯的手脚都被上了镣铐，脖子上还套着粗大的铁链，他被带到伊萨克面前受罚。他双手被砍断，然后被投入监狱。他在接下来的几天内没有得到食物和水，然后被刺瞎一只眼，坐上一头瘦骆驼，被带去接受以前臣民的怒火。安德罗尼库斯从前待他们不好，但是他们此时的行为也难以被原谅。尼基塔斯评论道：

> 暴民身上所有最低贱、最令人鄙视的东西似乎都集合起来了……他们打他，朝他抛石头，用钉子戳他，向他扔秽物。有个妇女向他头上倒了一桶开水……随后，人们将他从骆驼

---

1 见第 128 页。

身上拖下来，头朝下地倒吊起来。他以令人难以置信的刚毅扛下了以上所有折磨，以及其他许多我无法描述的折磨。身处这群迫害他的暴民中，他只说了一句话："主啊，请怜悯我。为什么你还要践踏一根已经破碎不堪的芦苇呢？"……最后，遭受极大痛苦的他去世了，当时嘴里还含着没有手掌的手臂，在有些人看来，他这样做可能是想吮吸从伤口中流出的血。

我想再谈谈安德罗尼库斯·科穆宁的事情。正如塞萨洛尼基的尤斯塔修斯的所见所闻，安德罗尼库斯是一个充满了矛盾的人，无论是高度的赞赏，还是激烈的指责，对他而言都是同样公平的。他是一位拥有所有天赋的巨人，唯独缺少节制。他的生活和死亡都非常有戏剧性。他是英雄，也是恶棍；他是维护者，又是破坏者；他是范例，又是反例。本书之所以会提到他，是因为他的命运影响了西西里王国。正如他的掌权让威廉二世得到了对拜占庭宣战的借口，那么他的倒台又让西西里军队走向失败。

伊萨克·安格洛斯最后接受皇冠的时候，他也继承了一个充满绝望的局势。入侵的军队位于莫西诺波利斯，距离君士坦丁堡不到200英里。同时，西西里舰队已经抵达马尔马拉海，准备到陆军抵达后再发动进攻。即位之后，伊萨克立即向鲍德温求和，却遭到拒绝。然后，他做了安德罗尼库斯早该在数月前就做的事情：任命麾下最有能力的将领阿莱克修斯·布拉纳斯（Alexius Branas）统领所有的5支军队，还尽可能地调来大量援军供他指挥。效果立竿见影，希腊军队获得了新的勇气。同时，西西里军队自信得过了头，他们以为敌人不会再抵抗，于是放松警惕，疏于训练。布拉纳斯仔细地挑选地点和作战时机,率军扑向西西里军队,将他们彻底包围,一路追击,将其赶到位于安菲波利斯(Amphipolis)的大营。

尼基塔斯写道,这明显是神圣的力量显灵了。

> 那些不久前还威胁要推翻大山的人,现在则极为惊恐,仿佛挨了雷击一般。另一边,罗马人[1]不再有任何畏惧,燃起战斗的激情发动攻击,宛如扑向弱小鸟雀的老鹰。

在安菲波利斯城外、斯特律蒙河(Strymon)边的迪米特里察(Dimitritza)[2],鲍德温最后同意展开和谈。他为何要和谈依旧是一个谜。莫西诺波利斯的失利没有伤及他的军队主力,他的军队依旧以良好的秩序在他身边扎营。塞萨洛尼基还在他手中。虽然新皇没有前任那般衰老,却也不算年富力强。他对皇位继承权的宣称实际上比安德罗尼库斯或阿莱克修斯·科穆宁更弱。阿莱克修斯随大军从墨西拿而来,一直不离鲍德温左右。冬季临近,色雷斯的秋雨下得寒冷而滂沱。对于打算在君士坦丁堡过圣诞节的

1　拜占庭人一般自称"罗马人",这是因为他们认为自己的帝国延续了古罗马,未曾中断。直到今天,他们的后代还有时自称"罗马人"(Romiòs)。关于此事的精彩文章见:Patrick Leigh-Fermor, *Roumeli*, London,1966。

2　对于确定迪米特里察的位置,我花了些力气。"迪米特里察"出自尼基塔斯·侯尼亚特斯的记载(Δημητρίτζα),但是斯特律蒙河沿岸没有叫这个名字的地方。夏朗东称之为 Dimetiza,然后括注称这个词明显来自突厥语词语 Demechissar,却没有标注他的依据。如果他是正确的,该词就可能是Demir-Hisar(即"铁堡垒")的变体,这样一来,迪米特里察就可能位于现代希腊的铁堡垒镇(Siderókastron)的位置。

西西里军队而言，莫西诺波利斯更多的可能是起让人意志消沉的作用，而不是它的重要战略地位。

另外，鲍德温心里可能有了一个更阴暗的计划，希腊人当然声称确有此事：他意图在和平谈判中，趁希腊人不备，将他们抓住。希腊人决定先发制人。尼基塔斯记载，希腊人"等待着什么，既不是号角声，也不是他们统帅的号令"。鲍德温的军队猝不及防，他们尽力抵抗，然后转身逃走。有些人在逃跑的过程中被杀，更多的人试图游过充满了雨水、湍急的斯特律蒙河，在河中淹死。其他人都沦为阶下囚，两位西西里将领——鲍德温和阿切拉的里夏尔也被抓获。阿莱克修斯·科穆宁也没能逃走，他接下来在伊萨克的命令下因背叛而被刺瞎双眼。成功逃走的人回到塞萨洛尼基，其中有一些设法乘船返回西西里。但是，由于大部分西西里船只还在君士坦丁堡外等待陆军抵达，塞萨洛尼基城内的大部分人就没有那么幸运了。塞萨洛尼基人起来反抗，为3个月前的遭遇展开血腥复仇。那支在夏天雄赳赳地启程的大军，此时只剩下可怜的残躯，艰难地爬过铺满冰雪的山道，走向都拉佐。

拜占庭得救了。不过，伊萨克·安格洛斯本可以把西西里的入侵当作一记很响的警钟：还有其他西方的眼睛正贪婪地盯着帝国呢。20年多后，君士坦丁堡将面临另一次进攻，那次可笑的进攻将在历史上被称作"第四次十字军东征"。诺曼冒险者也将参与那次进攻，并获得胜利。

对西西里国王威廉而言，这支军队是他和前任国王们所派往战场的最大一支军队，它却被摧毁了，他对拜占庭的野心也宣告终结。但是，他还不准备接受被打败的事实。他的舰队由莱切的坦克雷德率领，在马尔马拉海等待了17天，然后毫发无伤地返航了。在下个春天，威廉把舰队派往塞浦路斯，科穆宁的家族的另一名成员伊萨克控制了该岛，自称皇帝，挑战君士坦丁堡的那位伊萨克。尽管这位戏剧般的人物最终导致拜占庭帝国永远地丢失了塞浦路斯岛，但无论是这件事，还是之后发生的一些不具决定性的、散漫的争斗，都不会吸引我们，只有一件事是例外。在塞浦路斯，我们首次听说舰队的新统帅——布林迪西的马嘉里图斯（Margaritus of Brindisi），他是诺曼西西里的最后一位伟大的舰队统帅，他的卓越才能和勇气极大地恢复了西西里王国的军事声誉，为日薄西山的王国带来了最后几缕荣耀的余晖。

关于塞浦路斯的争吵所提供的机会无法让马嘉里图斯充分施展才能。为了展现最大的优势，他需要一次更大的挑战、一次范围更大的冲突。两者都将在不久后到来。1187 年秋，他被召回西西里，受命立刻整修船只，并尽快率舰队前往巴勒斯坦。威廉最后忘却了他跟拜占庭的矛盾，他手头还有更棘手的问题。10 月 2 日星期五，萨拉丁的穆斯林军队再次占领了耶路撒冷。基督教在圣地的所有未来，在风雨中飘摇。

19

华丽的影子

你们贵妇人，

最卓越之贞女，

曾纵情欢乐，

此时却眼含泪水……

王国处于绝望，

破碎而混乱，

向四方来敌

大开门户。

所有人皆为此

而涕泣，

而悲哀……

威廉国王

已离去，而非死去。

荣耀的他，

带来了和平，

他的一生，取悦了

神明，以及人民。

——圣杰尔马诺的里夏尔，引自同时代的挽歌

1185 年 8 月初，就在强大的西西里军队猛攻塞萨洛尼基城墙之时，西西里国王威廉已经护送姑姑康斯坦丝渡过海峡，到了萨莱诺，这是她成婚之路的第一段旅程。8 月 28 日，也就是城破后的第 4 天，腓特烈·巴巴罗萨的专使在列蒂（Rieti）接到了康斯坦丝。这位未来的皇后，这位全欧洲最富有的女继承人，从列蒂出发，由 500 头驮马和骡子运送嫁妆，轻松地抵达米兰。

在米兰人的要求下，婚礼将在这座伦巴第王国的旧都举行。对他们而言，新娘的名字"Constance"有特别的意义，因为在两年前，腓特烈就是在康斯坦茨（Constance）确认伦巴第城市的自治要求的。选择伦巴第城市中最伟大的一座来为儿子举办婚礼，以标志长期斗争的结束，有什么姿态比此举更适合呢？

23 年前，皇帝攻陷了米兰，留下一堆残砖碎瓦。现在他回来了，而且发现一座骄傲的新城市从原来的废墟上拔地而起。只有主教座堂还没有得到重建。不过幸运的是，帝国军队当年放过了城里最受热爱、最受崇敬的教堂——4 世纪的圣盎博罗削[1] 教堂（S. Ambrogio Basilica）。这座建筑已经长期不做宗教用途，近年来被用作粮仓。经过匆忙的整修，1186 年 1 月 27 日，亨利和康斯坦丝在教堂的祭台前被宣布结成夫妻。结婚仪式之后，紧接着是另一个仪式：阿奎莱亚宗主教（Patriarch of Aquileia）为新郎和新娘分别戴上伦巴第的铁王冠。

1　圣盎博罗削教堂一直保存到今天，依旧是米兰最美的建筑。该教堂由圣盎博罗削（St. Ambrose）修建于 386 年，尽管后来得到了很多次重建，其中最为人所知的是 1943 年 8 月遭到轰炸之后的重建。它大体上看起来还跟康斯坦丝成婚的时候一样。如果游览这里的话，请不要错过金顶（Ciel d'Oro）下面的圣维托雷礼拜堂（Chapel of S. Vittore），这里有当年的马赛克镶嵌画，镶嵌画位于建筑的东南角。

新娘就像磁石，生来就会吸引各种猜测和流言蜚语，而王家或皇家的新娘尤甚。但是，没有多少新娘能跟康斯坦丝一样调动其臣民的想象力。她身上没有什么特别罗曼蒂克的特质：她身材高挑，有一头金发，而且根据至少一份史料[1]，她很漂亮；但是她已经 31 岁了，比丈夫年长 11 岁，按照当时的标准，她算是中年妇女。人们好奇的有她的权力，她的健康，而最好奇的就是传言中她在早年度过的神秘隐居生活，这段隐居生活引发了一则流言：她其实在年轻时做了修女，只是因为她别无选择，才最后离开修道院。随着时间的推移，人们越来越相信这一说法。又过了不到一个世纪，但丁甚至依据这种说法，将她放到作品中的天堂里，尽管是放在天堂的最下面一层。[2]

但是，无论康斯坦丝的新臣民怎么看这段婚姻，它都对教权造成了灾难。自罗贝尔·吉斯卡尔的时代起，诺曼人成为南意大利的一个需要被严肃对待的力量之后，这两个强大的邻居之间任何联合（更不用说合并）的念头都让教皇长期做噩梦。不过，伦巴第城市已经获得了独立，被包围的危险似乎就没之前那么可怕了。但是这些城市依然承认皇帝的宗主权，而且它们同罗马关系紧张，如果它们愿意，还有可能增加潜在的压力。在这种情境下，教皇跟西西里的联盟又往往难以维持，那么教皇的势力就会跟一颗坚果一样被压碎。

1　Godfrey of Viterbo.

2　她曾是一位修女，被人以同样方式扯下了遮着脸的神圣的面纱。但是，在她被人违反她的意志而且违反良好的习俗还俗后，她永远未曾把她心中的面纱解下。这就是伟大的康斯坦丝的光辉形象，她给士瓦本的第二阵风暴生下了第三阵风暴和最后的皇权。（但丁，《神曲·天国篇》，第 3 章）

年迈的教皇卢修斯去世了。[1]他的继任者乌尔班三世（Urban
Ⅲ）发现自己没有其他办法，只好优雅地弯腰，并派遣特使前往
米兰，代表他参加婚礼仪式。然而，他没有被告知有加冕的计划。
得知两人被加冕，他愤怒异常。在教皇看来，父亲还在世就给儿
子加冕，这是一个危险的先例，毕竟任何强化皇位继承原则的做
法都只会削弱教皇的影响力。此外，伦巴第国王的加冕礼在传统
上是米兰大主教的特权，而乌尔班在被选为教皇之前就是米兰大
主教，而且他在理论上从未放弃这个职位。

因为冒昧行事，所以阿奎莱亚宗主教被教皇处以绝罚。从
这时开始，用时人吕贝克的阿诺德（Arnold of Lübeck）的话说，
"皇帝和教皇之间的争吵变得公开，上帝的教会迎来了大麻烦"。
腓特烈回到德意志，将意大利交给儿子管理之后，这里的情况愈
发恶化。不久，根据亨利的表现，就知道他明白"没有暴力解决
不了的争论"。很快，公开的冲突爆发了，双方的对抗很激烈，伦
巴第国王甚至将教皇的一位高级官员的鼻子给割掉了。在《威尼
斯条约》签署的 10 年之后，似乎又快到战争的临界点了。教皇的
耐心已经耗尽，罗马人的皇帝再次面临受到绝罚的可能性。

他最后没有受到绝罚。这既不是因为他自己的缘故，也跟乌
尔班无关，原因在萨拉丁身上。1187 年 10 月中旬，就在绝罚令
放在教皇的桌上等待签字的时候，一个热那亚使团抵达教廷，带

1　他去世于维罗纳，葬于维罗纳的主教座堂。1879 年，一阵大风将后殿
的一部分吹垮，掉落的墙体砸到他的坟墓，将 16 世纪的棺盖打碎，让原来
的坟墓的石头露了出来。原本石棺上有教皇形象的浮雕，有整齐却没有意
义的铭文，其铭文没有必要在这里引述。该坟墓已经成为圣阿加塔礼拜堂
墙体的一部分。

来了耶路撒冷陷落的消息。乌尔班年事已高，还生病了，他无法承受这个消息的打击。10月20日，他在费拉拉死于突发的心脏病。

一如既往地，西方世界以真挚的情感对待来自"海外"的悲伤消息，但为时已晚。对大部分欧洲人而言，黎凡特的十字军国家太过遥远，甚至有些不像实际存在的：基督教的据点具有异域风情，拥有特权，那里的苦行被贪图享乐的行为所代替，贿赂与危险在那里相伴而行；十字军的道路是伟大的，但是吟游诗人的浪漫诗歌更与之相配，而非令人失望的、没有英雄气概的普通人参与的斗争。即便消息灵通的人，也难以弄清黎凡特的政治发生了什么变化，消息中的名字自己也念不出来，而得到消息的时候，消息不仅得到了剧烈的扭曲，而且已经过去很久了。只有到灾难真的发生之后，他们才会怀着愤怒和恐惧发出惊叫，去找刀剑。

就在40年前，埃德萨陷落的消息和圣伯尔纳的口才推动了欧洲大陆的潮流，那就是第二次十字军东征，最后以荒唐的惨败而告终。而在现在的情况下，对任何冷静的观察者而言，无论他是欧洲人还是黎凡特人，只要一直追踪过去15年所发生的事情，就明白耶路撒冷被占领是不可避免的。在穆斯林那边，萨拉丁正在稳步发展，他是一位有天赋的领袖，誓要为自己的信仰光复圣城。基督徒这边则前景黯淡，耶路撒冷、的黎波里和安条克这3个法兰克人的国家均由庸才统治，还被内部争权夺利的斗争弄得四分五裂。在萨拉丁变强的关键时期，耶路撒冷王国却因为患麻风病的国王鲍德温四世（Baldwin Ⅳ）而相应地在衰退。鲍德温在1174年以13岁的年纪即位时，就已经得了麻风病。11年后，他去世了。他没有留下子嗣，这毫不奇怪。在这个关头，如果王国想幸存下去，新国王就必须有智慧的头脑和绝对的领导权。但是，耶路撒冷的王冠被交给他的侄子——一个8岁的孩子。

小国王鲍德温五世（Baldwin Ⅴ）在次年去世，或许有人误认为这是个吉兆。但是，寻找一位真正领袖的机会没有被抓住，王位被传给了鲍德温五世的继父吕西尼昂的居伊（Guy of Lusignan）。居伊性格软弱，又喜欢抱怨，留下了缺乏能力的记录，所以被他的大部分同胞所蔑视。所以，耶路撒冷陷入了濒临内战的状态。1187年5月，等待已久的萨拉丁宣布发动"圣战"，率军穿过约旦，进入法兰克人的领土。由于领袖是可怜的居伊，基督徒注定要失败。7月3日，居伊率领王国有史以来最大的一支军队，穿过加利利山脉（Galilean Mountains），前往太巴列（Tiberias），萨拉丁正在围攻太巴列的城堡。此时是一年中最炎热的季节，居伊的军队在一天的长时间行军之后，被迫驻扎在一片缺水的高地上。次日，他们被炎热和口渴折磨得精疲力竭。在一个有两个顶峰，被称为"哈丁角"（Horns of Hattin）的山岗下，他们被穆斯林军队包围，并被撕成碎片。

接下来，撒拉逊人只需要一个接一个地攻破孤立的基督徒堡垒即可。哈丁之战的第二天，太巴列陷落。阿卡紧随其后。纳布卢斯（Nablus）、雅法（Jaffa）、西顿（Sidon）和贝鲁特也都相继迅速陷落。萨拉丁向南推进，以暴风雨般的速度占领了亚什基伦（Ascalon）。加沙（Gaza）不战而降。然后，萨拉丁准备攻打耶路撒冷。耶路撒冷的守军英勇地抵抗了12天。但是在10月2日，城墙被穆斯林工兵打开了口子，守军知道大势已去。守军的领袖伊贝林的巴里安（Balian of Ibelin）——国王居伊在哈丁之战中沦为阶下囚——亲自去找萨拉丁商谈投降条件。

　　我们和巴里安都知道，萨拉丁既不嗜血，也不爱报复。几番协商之后，萨拉丁同意，耶路撒冷的每个基督徒都能通过支付适当的赎金而获得自由。有 2 万名无力筹措赎金的穷人，基督徒当局只需支付一笔总的赎金，就能让其中的 7000 人得到自由。同一天，萨拉丁率军进城。这天是穆罕默德夜行登霄的纪念日，88 年来，他的绿旗首次在他当年受到召唤的圣殿区域飘扬，他神圣的脚印再次得到了信徒的崇敬。

　　各地都接受了命令。没有发生谋杀、杀戮和抢劫事件。剩下无力筹钱的 13000 名穷人，留在城里。萨拉丁的弟弟和将领阿迪勒（al-Adil），提出获得其中 1000 人，以作为提供服务的酬劳。然后他立刻释放了这些人。还有 700 人给了耶路撒冷牧首，500人给了伊贝林的巴里安。萨拉丁本人则主动释放了所有的老人，以及数百名妻子被赎的丈夫，最后释放了所有的寡妇和孩子。最后成为奴隶的基督徒相当少。这不是萨拉丁第一次展示这份不久后同时闻名于东西方的宽宏大量，[1]但是规模这么大的，还是第一次。他的克制更是非同寻常，毕竟他不会忘记 1099 年的可怕事情：当年入城的法兰克人屠杀了城内的所有穆斯林，将所有躲在主要犹太会堂里的犹太人都活活烧死。基督徒也没有忘记当年的事，所以两相对比，他们不可能不被萨拉丁的宽大所震撼。萨拉丁或许是他们的大敌，却为他们树立了骑士精神的典范，这对整个第三次十字军东征都起到了作用——这个典范将在未来的数月

1　4 年之前，萨拉丁围攻骑士堡的时候，骑士堡的继承人托隆的汉弗莱（Humphrey of Toron）正在举办迎娶耶路撒冷王国的公主伊莎贝拉（Isabella）的婚礼仪式。萨拉丁小心地调查了婚房在哪一座塔楼里，并要求手下将士不得打扰那座塔楼。

留在他们心中。

　　新任教皇格里高利八世（Gregory Ⅷ）立刻号召基督教世界拿起十字架，西西里国王威廉是欧洲王公中最先响应的。耶路撒冷的陷落深深地震撼了他，让他心神不宁。他换上粗布衣服，在王宫中静修了 4 天。随后，他派遣马嘉里图斯前往巴勒斯坦，自己则坐下来一丝不苟地给其他统治者写信，向他们施压，让他们给接下来的十字军东征投入精力和资源，跟他自己的计划一样。

　　如果认为威廉做这些事的动机纯粹是出于信仰，那么就太单纯了。他是很虔诚，却还没有虔诚到无法嗅到实现旧日东扩梦想的机会。毕竟，他自己就有族人曾经参加十字军。在第一次十字军东征中，罗贝尔·吉斯卡尔的儿子博埃蒙德建立了安条克公国。第二位是威廉的祖父罗杰二世，他用十字军东征获得了更高的声望——还偶然地变得更加富有——而且没有在巴勒莫引发骚动。此时，他有机会在第三次十字军东征中完成同样出色的功业吗？他是时候为自己在西方世界争一个合理的位次了。在写给其他国王的书信中，他小心地强调，前往黎凡特的海路比穿过巴尔干和安纳托利亚的危险山路更具优势。他鼓励英格兰的亨利二世、法国的腓力·奥古斯都（Philip Augustus，即腓力二世）和德意志的腓特烈·巴巴罗萨都到西西里乘船出发，如果他们照做，就给他们提供额外的援军和补给。

　　在外交上，威廉处于强势地位。在欧洲的君主中，只有他有军队已经上了战场。他的舰队统帅马嘉里图斯率领的军队仅有 60 艘舰船和 200 名骑士，但是在 1188—1189 年的大部分时间里，这支军队实际上是唯一一支有组织的对抗撒拉逊人的力量。他稳定地对海岸保持巡逻，这在很大程度上得益于卓越的情报体系，因此他能将手头军队的作用最大化。萨拉丁的军队抵达依旧被基督徒控制的港口时，却往往发现马嘉里图斯已经做好了准备。1188年7月，萨拉丁听闻马嘉里图斯抵达的黎波里外海，便停止进攻骑士堡，准备对付来自的黎波里的攻击。撒拉逊人又以同样的方式转向麦尔盖卜（Marqab）和拉塔基亚（Latakia），以及之后的提尔（Tyre）。毫无疑问，年轻而潇洒的舰队统帅在这两年间以"新海神"（the new Neptune）而闻名，他在整个基督教世界获得了传奇般的声誉。如果西西里人能组建他们国王梦寐以求的强大陆军，马嘉里图斯就有可能获得更大的声誉，国王的控制范围也能得到极大的扩张。但是，他获得圣战荣耀的希望戛然而止。1189年11月18日，威廉二世在巴勒莫去世，时年36岁。

在西西里的所有奥特维尔家族的统治者中，"好人"威廉是最模糊、最难懂的一位。我们不知道他是在什么背景下去世的，不过似乎没有发生任何暴力事件——埃博利的彼得（Peter of Eboli）的手抄本中有一张描绘国王的图，图中的国王被医生和侍从包围着，在床上安详地离世。他的生命很短暂，我们手中关于他的信息也很少。在他36年的生命中，我们很难近距离地看清他。一次是在加冕的时候，法尔坎都斯为我们提供了短暂的一瞥，看见年轻俊美的他在明媚的早晨骑马走过巴勒莫的街道。另一次是在他成婚的时候，这一瞥甚至更加短暂。除此之外，我们只能依靠传说、推理或者传闻了。有时，我们很难记起他统治西西里的时间长达18年，戴王冠的时间长达1/4个世纪，只会意识到有一个黯淡而略带辉煌的影子匆匆走过几页史书，然后消失不见。

　　人们很少替欧洲的王公感到惋惜,威廉却是其中的例外,并且西西里王国之外也有为他而惋惜的人。在"海外"的法兰克人之中,得益于马嘉里图斯,获得了自己想得到的名望,他的去世被认为是基督教事业的又一损失。在西西里和南意大利,他的臣民普遍地深切悼念他的去世。他们没有特别担心未来,尽管他们中确实有不少为未来而担忧,其理由也很充分。他们盖过一切的感情是为过去而惋惜,为了他统治期间的和平与宁静而惋惜——这份和平宁静如此显著,却可能在将来丢失。如同雷焦大主教的回忆:

　　　　在这块土地上,一个人可以躺在树下,或者躺在开阔的
　　天空下,他知道自己非常安全,与躺在自家床上无异。这里
　　的森林、河流,还有遍布阳光的草地都像有城墙的城市一样
　　好客。王室的恩惠泽及各处,一直那么慷慨,而且用之不竭。

　　但是请注意,他写作时用的是过去式。

　　演说辞、颂词、挽歌和悼词,更不用说错综复杂的传说故事,都围绕着"好人"威廉的名号发展起来,到 800 年后还在西西里的民间传说中保持着鲜活,这些作品更适合献给查理曼或阿尔弗雷德大王,而不是罗杰二世的合法继承人中最后、最弱的这一位。如果说有少数统治者能得到如此令人嫉妒的声望,他们肯定比威廉二世更配得上这声望。确实,佩尔什的斯蒂芬离开之后,封建贵族在重组的统治机器中享有了比之前更大的势力范围,其中罗利泰洛的罗贝尔、莱切的坦克雷德这类人能在为国王服务的同时释放自身的野心,而非徒劳地对抗国王。就算是这样,王国内部之所以能在威廉统治的大部分时间里保持和平,既不是因为他的

智慧，也不是因为他的政治才能，而是因为潜在的不满者普遍反感在往年不断发生的暴力事件。似乎在西西里王国建立之后，谋反与叛乱的故事就没有在这块土地上中断过。人们突然自我叩问：有哪位反叛者获得了好处？有几个逃过了处死、毁坏肢体或监禁的惩罚？认清政治现实，接受奥特维尔家族的统治，尽可能地集中力量发展一直在增加的国家财富，难道不是更好的选择吗？突然间，反叛销声匿迹。在这个过程中，不需要特别称赞威廉。

同时，威廉还需要受到很多诘问。他的统治未能增强国家，相反，他采用了所有国家所能采用的最危险、最不负责任的对外政策——为自己的利益而攫取土地，却不考虑任何政治后果。威廉所有的攫取土地的尝试都宣告失败，他一次次为军事行动而搬空国库，最后只换来了失败和耻辱，这些可无法充当开脱的借口。我们也不能说威廉是在沿用罗贝尔·吉斯卡尔当年的做法。罗贝尔是一位冒险者，他的成就是在混乱中建立统治；威廉是受过涂油礼的国王，统治着一个有影响力、兴盛的王国，他对自己的臣民和当时的其他统治者负有道德责任。如果他能跟罗贝尔一样，在冒险活动中亲自带兵，或许人们会更同情他。可是，他从未踏上带兵打仗的路。对其他人而言，这些只是能满足他们主人野心的任务，吃力不讨好。国王自己只会退回后宫，待在辉煌的宫殿里，等待结果。[1]

1　这些辉煌的宫殿中，有两座一直保存到今天，游客不妨去看看。其中更重要的是库巴宫（Cuba），它曾经坐落在王家花园的一个装饰性的湖泊旁边，它的正门开在墙壁的半空中。后来，那不勒斯军队将它用作骑兵的马厩。现在它位于一群幽暗的兵营中间，地址是卡拉塔菲米大街（Corso Calatafimi）94号。它曾经高贵，却已经被遗忘，墙壁上还被人涂画了足球的门柱。人们很难相信，在这座建筑物的盛期，它还成为薄伽丘故事中的一个场景（《十日谈》第5日的第6个故事）。在不远处375号的（接下文）

如果仅有以上这些，威廉就已经要遭到指责了。但这还不是全部。他还需要为整段西西里人的史诗中最具灾难性的决定承担骂名：批准康斯坦丝的婚事。他知道，如果他夫世时还没有子嗣，王位就归康斯坦丝了。他结婚这么久，肯定明白乔安娜可能到最后也不会给他生下儿子。他的确可以抛弃乔安娜，再娶一个妻子。但是，谁又能保证他的第二次婚姻能为他带来子嗣呢？与此同时，康斯坦丝和王国之间可以画等号。他让康斯坦丝嫁给霍恩施陶芬的亨利，就相当于为诺曼西西里的死刑命令签了字。

英俊代表不了什么，对君王来说更是如此。加上年轻、貌美和虔诚，还是不够，这个最后一位合法的奥特维尔家族的国王，不算值得学习的人物。除了蒙雷阿莱主教座堂——比起纪念神明，更多的是纪念他——只有一件真正的成就可以归功于他：第三次十字军东征刚开始的时候，他通过布林迪西的马嘉里图斯的才干，及时而暂时地为基督徒的事业拯救了的黎波里和提尔。至于其他，他只是一个不负责任、自命不凡、贪婪、缺少基本政治素养、很容易在谈判中成为懦夫的人。他的绰号比他父亲的绰号更加名不副实。"坏人"威廉没有那么坏，而"好人"威廉则要更坏，更坏。对那些想看到生活上的圣洁和死亡上的不朽之间有什么关联的人而言，当两位威廉的石棺1811年开启的时候，这层关联得到了可怕的确认："坏人"威廉的遗体保存得相当完好，而"好人"威廉只留下一颗头骨，丝绸裹尸布下面的一堆骨骸，还有一缕微红的头发。

（接上文）那不勒斯骑士花园（Garden of Cav. Di Napoli）里面，有一座小得多的亭子，叫作库布拉（Cubula）。在那不勒斯庄园（Villa Napoli）的东面有一个拱廊，它就是第三处遗存——库巴·索普拉纳（Cuba Soprana）。

20

三位国王

看哪，一个猿猴被加冕啦！

——埃博利的彼得

康斯坦丝公主快要走出她未来的王国领土的时候，威廉二世在特罗亚召集主要封臣开会，让他们向康斯坦丝宣誓效忠，承认她是自己的继承人和最终的继任者。不过，即便是威廉，也不会傻到想象不到她的继任可能招致反对。无论她怎么看这个问题，事实就是，西西里王国的大部分人民都认为西方帝国一直都是最难缠、最危险的敌人。在南意大利这块帝国从未声明放弃的地区，极少有人还记得在前两个世纪里，一位位皇帝进入意大利半岛，宣布他们对此地的权利。但是，每个城镇和乡村里都流传着遭到帝国军队蹂躏的故事。在从未遭受这种入侵的西西里，在盛行的感情之中轻蔑多于恐惧。这是一个高度发达、拥有智识上的傲慢的社会，蔑视一个他们没有交往经验也缺少了解的欧洲文化。这种观点似乎在罗杰二世的时代 [1] 已经流行。40 年后，我们发现

1 "几乎所有外国人在他的统治区内都或多或少地会受到欢迎，德意志王国的人除外——他不希望这些人待在自己的臣属中间，他不信任（接下文）

雨果·法尔坎都斯在写给巴勒莫的教会司库彼得的书信中，提到西西里的儿童对"蛮族语言的刺耳之声"感到害怕。

这不是说完全没有支持康斯坦丝的人。比如，米尔的沃尔特从一开始就支持她的婚事。大陆上除了有一些不喜管束的男爵，还有很多听天由命的人，他们就算最开始强烈反对这门婚事，此时也将它当作既定事实而接受。这些人认为，没有能阻止亨利到西西里去宣布妻子的王位继承权的办法，但他最好带着和平和友谊而来，而非带着武力和盛怒而来。在这个比较早的时候，支持正统继承者的那一派只有很小的力量，其领导者米尔的沃尔特只剩下几个月的生命了。无论如何，两个极力反对康斯坦丝的派系马上就超过了它，这两个派系甚至在威廉的死讯还未宣布的时候就出现了。一个派系支持安德里亚伯爵罗杰继承王位，另一个派系则支持莱切的坦克雷德。两位候选人都具备值得被推荐的重要品质。他们都可以说自己出色地指挥过军事行动，其中有分开指挥的，也有共同参与的：1176年，他们并肩作战，一起对抗帝国的军队，取得了一次影响不大却又令人印象深刻的胜利。坦克雷德率领西西里舰队参与了威廉的两次主要的对外远征，尽管这两次远征都以灾难而告终，他个人却不应该对失败负责。而罗杰是协商《威尼斯条约》时的主要代表之一，这为他赢得了外交上的声誉。罗杰此时担任王国的侍从长，广受尊敬。

但是安德里亚伯爵的王室血统是最稀薄的，[1]所以他的要求最

（接上文）这些人，而且无法忍受他们的野蛮行为"。John of Salisbury, *Historia Pontificalis*, ch.XXXII. Tr. Chibnall.

1　拉·卢米亚前引书第344页，提到他是奥特维尔·德·德罗戈的曾孙，所以他是威廉二世的堂兄弟，两人的身世往上推4代是同一人。但是，我没有进一步证明两人关系的证据，此人的家系似乎非常不清晰。

站不住脚。而坦克雷德的血统则无可争议：他是普利亚公爵罗杰的私生子，母亲是莱切伯爵阿沙尔（Achard）之女艾玛。坦克雷德身材矮小，容貌丑陋。埃博利的彼得非常讨厌他，也是抨击他的主要人物。彼得用六音步的诗歌描述他为"一个倒霉胚子，可憎的野兽"，还用诗歌加插图的形式将他描述为猴子。但他也跟很多身材矮小的人一样，精力旺盛，能力突出，意志坚定。他年轻时对威廉不忠，此事此时已经被遗忘。他最近被任命为普利业的大总管和首席司法官。首先，阿耶罗的马修支持他即位。马修年事已高，深受痛风 [1] 困扰，早就在考虑退休的事宜。12 年前，他到墨西拿的瓦西里安修道院——救主修道院注册成为一名俗人修士。但是事实证明，他非常热爱权力。尽管互相讨厌，他和米尔的沃尔特还是一起共事，两人后来被圣杰尔马诺的里夏尔描述为"王国的两根最坚固的支柱"。此时，其中有根支柱显示出将要倒塌的迹象，但是马修一如既往地坚决。作为一位真正的西西里爱国者，他从不掩饰对那桩跟霍恩施陶芬家族的婚事的厌恶。国王威廉的尸首还未变凉，马修就拿出精力、政治技能和大量的经济资源，投入确保坦克雷德顺利即位的战役。

斗争艰难而激烈。贵族及其依附者均压倒性地支持安德里亚的罗杰，中产阶级和平民则支持坦克雷德。双方均不手下留情，至少有一次，两派的人甚至在巴勒莫的大街上大打出手。但是马修知道安德里亚伯爵私生活中的不合规之处，便充分利用自身的知识，去制造灾难性的效果。他还设法得到了教皇克雷芒三世的支持。马修的猜想很正确，教皇肯定会抓住一切机会去阻止两个

1　埃博利的彼得在一份长篇的谩骂之辞中提及，坦克雷德用被屠杀的儿童的血液洗脚，以此减轻痛苦。

可怕的邻国走向联合。

就这样，在 1190 年刚开始数周的某个时间，莱切的坦克雷德从大主教米尔的沃尔特手里接过了西西里的王冠，后者似乎已经不可避免地辞职了，尽管是暂时的。坦克雷德即位后，马上任命阿耶罗的马修为首相——首相一职自佩尔什的斯蒂芬离开后就一直空缺。坦克雷德知道，此举最能取悦这位老人，能把他跟王位绑得更紧，况且他的支持在未来更加有必要。如果西西里王国要延续下去，前面就有恶斗在等待。

奇怪的是，新国王的权威所面临的第一个挑战并非来自那两个已经被他打败的派系。它显示国家的结构中还有另一处更加不吉利的分裂。臣民当中基督徒和穆斯林之间的敌对情绪正在不断增长。宗教冲突在首都爆发的话，坦克雷德就难以掌控权力。矛盾似乎是由基督徒挑起的，他们利用威廉去世后的混乱状态，攻击巴勒莫的阿拉伯人群体。在接下来的冲突中，有数位穆斯林丧生，还有很多其他穆斯林因为担心发生大屠杀而逃往山区，设法控制了山区的几座城堡。随后，加入他们的穆斯林越来越多，他们的人数急剧增加。不久，坦克雷德就发现眼前爆发了一场大规模的暴动。

耶路撒冷陷落的消息和接下来十字军东征的准备活动加剧了两个群体之间的紧张状态，但是反抗的真正原因植根于西西里的历史。在半个多世纪的时间里，基督徒从西方和北方的欧洲移居西西里岛，其规模远远超过了任何希腊移民和穆斯林移民。拉丁的元素以牺牲其他元素为代价，得以极大增强。然后，他们肯定不能容忍其他势力。1161 年，发生反对"坏人"威廉的宫廷政变时，也爆发了反穆斯林的暴乱，自此以后，穆斯林的境况似乎就越来越差。以下是伊本·祖拜尔1184年末在巴勒莫的记载：

> 该城的穆斯林保存了他们的信仰依旧留存的证据。他们修复了非常多的清真寺，并且在宣礼员的号召下前去礼拜……他们不在周五集会，因为念呼图白[1]是被禁止的。只有在节口里，他们才能在呼图白中念诵阿拔斯哈里发的名字。他们有一位法官，他们可以向这位法官上诉。他们还有一座巨大的清真寺，在圣月（即斋月）里，他们在这座清真寺的灯下聚会……但是，一般来说，这些穆斯林不会跟处于异教保护者下的基督徒同仁们混在一起，穆斯林的物品、女人和孩子也没有保障。

虽然王宫里的人员多数都是穆斯林，但是伊斯兰教的宗教活动只能在私底下进行。以下是伊本·祖拜尔在墨西拿与一位主要宫廷宦官的交谈内容：

> 他环顾客厅，然后基于自我保护的考虑，令所有他认为值得怀疑的仆人离开。……"你可以大胆地展示你的伊斯兰信仰，"他说，"……但是因为有性命之虞，我们必须隐藏自己的信仰，必须遵守对上帝的崇拜，只得秘密履行我们的宗教职责。一个异教徒在我们脖子上拴了锁链，将我们束缚住。"

1　伊斯兰教的宣道仪式。

除开上述特殊的宗教问题，西西里基督徒在 12 世纪末对同国的穆斯林的流行看法，禁不住令人想起英国人在英印政府盛期时对印度人民的看法：

> 他们的国王威廉……对穆斯林很有信心。所有，或几乎所有穆斯林都隐藏了自己的信仰，却坚定地遵守穆斯林的律法。威廉依赖穆斯林，在私事上，在最重要的事务上都依赖他们。甚至御厨都由一位穆斯林掌管。他还拥有一帮黑人穆斯林奴隶，其领导者也是从其中选出来的。他有很多侍从，他从侍从里面选拔大臣和内臣，这些人是他的官员，也被描述为他的侍臣。他们用华服和烈马显示了王国的辉煌，其中都是国王的侍从、仆人和追随者。

因此，在差不多一代人的时间里，西西里穆斯林从普遍受到尊重、学识渊博、能力非凡的一批人，变为这种境况：最差的是体力劳动者，最好的是拥有特权的、当地文化的最好提供者。甚至基督徒妇女都乐于跟随穆斯林妇女所引领的时尚潮流。伊本·祖拜尔惊奇地记载道，在 1184 年的圣诞节，"基督徒妇女身穿绣有金线的丝绸长袍，披着优雅的斗篷，用五彩的面纱遮住脸，还穿着涂金的便鞋……使用穆斯林妇女的所有装饰物，包括珠宝，手指上的散沫花，以及香水"。国王本人或许能阅读和书写阿拉伯文，能对穆斯林侍女和妃子讲一些东方式的情话。[1] 但是，这与两

---

[1] "叶海亚·伊本·菲特彦（Yahya ibn Fityan）告诉我们的最奇怪的事情中，有一件是说，为国王衣袍绣金线的绣工是一位法兰克的基督徒妇女，她到王宫后成了穆斯林，在那些侍女的影响下改信了伊斯兰教。国王不知道这一切。"（伊本·祖拜尔）

位罗杰的理想差得很远。他们的继承者对这些理想的背叛可能是无意的，可能是无法避免的，却肯定是灾难性的。或许，宗教和谐的破裂和王国的灭亡同时发生，并不只是巧合。

对国王坦克雷德而言，统治的第一年尤为困难。穆斯林叛乱不断增多——一位编年史家记载有10万人参与其中——虽然他设法将叛乱限制在岛屿西部，但是秩序到1190年末才恢复。同时，他的敌人正在大陆上迅速集结。几乎所有普利亚和坎帕尼亚的主要男爵都支持安德里亚的罗杰，他们被坦克雷德的当选激怒了，无意确认坦克雷德为他们的合法君主。在这方面，那些真正支持康斯坦丝和亨利的合法派，还有宿命论者，都跟他们意见一致。因为亨利正准备领军前来的消息四处传播，宿命论者的数量正在急剧上升。到春季，半岛的大部分已经处于公开反叛的状态。安德里亚的罗杰将所有的反叛者招纳到旗帜下。5月，卡尔登的亨利（Henry of Kalden）率领一小支德意志军队穿过列蒂附近的边境，沿亚得里亚海岸进入普利亚。

坦克雷德也迅速行动。穆斯林正在反叛，他自己政治地位还不稳固，所以无论是亲自率军离开西西里，还是派遣很多军队离开西西里，均不是明智的做法。但是他给妻子的兄弟阿切拉伯爵里夏尔送去了一大笔金钱，让他用钱在当地组织一支军队，如果有必要，也可以找外国兵员。里夏尔处理得不错，当年夏季，他成功阻止安德里亚伯爵和卡尔登的亨利跟坎帕尼亚的叛军——卡普阿和阿韦尔萨公开宣布反对坦克雷德——会合。里夏尔坚持到9月，那时德意志军队出于未知的原因，撤回帝国的领土之内。随后，里夏尔将士气低落的叛军赶回普利亚。在普利亚，里夏尔

在一次迅速而又战果显著的战斗中伏击了安德里亚伯爵，将其
俘获。

到1190年末，由于妻弟的多项举措，坦克雷德取得了第一轮
的胜利。事实证明，帝国的一次针对他的远征已经流产了，西西
里和意大利本土的叛军都被迫投降。其国内的两个主要敌人双双
进入坟墓：在叛乱中发挥作用的安德里亚伯爵罗杰遭到处决，米
尔的沃尔特在年初自然死亡——其弟巴塞罗缪继任巴勒莫大主教。

米尔的沃尔特在他所移居的王国的历史中长期扮演了重要的
角色，若我能为这位同胞美言一两句，我也会很开心。但是无法
否认，在本书提到的所有英国人当中，米尔的沃尔特对西西里王
国造成的影响最坏。可以说，他不是恶人，却相当符那种中世
纪欧洲典型的自负、野心勃勃、世故的教士形象。喜爱他是不可
能的。在他担任威廉二世的主要大臣以及大主教的二三十年里，
没有任何证据可以显示他做过哪件有益于西西里的地位或财富的
建设性工作。康斯坦丝的婚事所造成的危机出现的时候，如果他
动用影响力，加上阿耶罗的马修的影响，几乎可以保证让威廉拒
绝帝国的提议。相反，他鼓励他的主人将王国拱手让出。他是个
随风倒的人，在国王死后毫不犹豫地为坦克雷德戴上王冠。但是，
这也没能阻止他在加冕礼的数周（就算不是数天）后恢复反对新
王的阴谋活动。

沃尔特缺乏任何吸引人的成就，所以能让人想起他的主要东
西就是他建造的巴勒莫主教座堂，他的坟墓就位于教堂的地下室，
至今还在。虽然这座教堂跟它的建立者很是相称——强加了一种
凌乱的方式，显得虚荣浮华、卖弄风雅，又显得空洞，在根本上
很有伪君子的意思——我们却不能将教堂如今的样子归咎于沃尔

特。它得到过多次修复和重建，甚至最初的外部样式，我们也只能依稀地辨认了——东端及其后堂的装饰，让人不舒服地回想起蒙雷阿莱修道院；南墙侧廊的上边，有一长排窗户。即便是在这里，也没有什么特别值得注意的东西。建筑的大部分都修建于14世纪，却看起来很像19世纪的模仿作品。但是在字面和象征意义上在建筑内外的最大亵渎，发生于18世纪：佛罗伦萨建筑师费尔南多·富加（Fernando Fuga）扣上了一个滑稽而完全不相称的穹顶，为开辟14间礼拜室而拆除了一些侧墙，拆除了木质屋顶，以一个较差的拱顶取而代之，而且把所有地方都粉刷了——后堂的马赛克画早在两个世纪前就被去掉了——再用没有辨识度的巴洛克风格予以装饰。在今天，如果巴勒莫主教座堂不是王家墓地的话，最友善的做法就是忽略它。不过，还没有到谈这些事情的时候。

米尔的沃尔特在首都留下了另外一座建筑，即圣灵教堂（Church of Santo Spirito），它更能令人满意。圣灵教堂乃是为西多会所建，建筑时间比巴勒莫主教座堂要早10余年，它奇迹般地躲过了修复者和改造者的注意，尽可能地保留了所有朴实无华、整洁的诺曼建筑风格。然而其声名更多地来自它与历史的关联，而非建筑本身的美。因为在1282年3月31日的晚祷时间之前，一位隶属安茹王朝占领军的军官辱骂了一位西西里妇女，被这位妇女的丈夫刺死，这件事在无意间点燃了西西里人反抗其统治者安茹的查理的暴动，暴动以胜利告终，而这一事件随后被称为"西西里晚祷事件"，此事就发生在圣灵教堂外面。因此，在这两座由英格兰人大主教修建的基督教建筑中，一座注定要见证亨利和康斯坦丝的加冕，此事是西西里的人民对她最无耻的背叛；

而另一座在一个世纪后，见证了西西里历史上最令人自豪的爱国
人民起义运动。

威廉二世曾对当时的其他君主提议，让他们将西西里当成十
字军东征的集结点，他的提议没有被完全忽视。尽管腓特烈·巴
巴罗萨肯定会回想起 40 多年前那场痛苦的巴勒斯坦之旅，却再一
次坚决地选择了陆路——他不久之后为这一决定付出了生命代价。
但是，腓力·奥古斯都和英格兰的新王理查一世（Richard Ⅰ，即
狮心王［Cœur de Lion］）接受了提议。

1190 年盛夏，这两位国王率军在韦兹莱会合，或许在某些人
看来这个会合地点是一个凶兆。他们之所以一起出发，不是因为
关系亲密，反而是因为彼此完全不信任。两人之间的差异确实相
当大。法国国王腓力才 25 岁，却是一个鳏夫，除了一头狂野而恣
意生长的头发，他身上没有任何年轻的迹象。他在王位上已经坐
了 10 年时间，这让年轻的他获得了不寻常的智慧和经验，却也加
剧了他的猜忌心，教他用不苟言笑的孤僻来掩藏自己的想法和情
感。他容貌平平，此时又有一只眼睛看不见，以致他的脸看起来
有些不对称。他在战场上缺少勇气，在社会中缺少魅力。一言以
蔽之，他是一个完全没有吸引力的男人，他自己也清楚。但是他
在单调的外表之下，有探索的智慧，同时又在道德和政治上对王
权有高度责任感。人们容易低估他，而低估他不是明智的做法。

不过，无论腓力·奥古斯都拥有什么还未表现出来的品质，
他都不可能不带任何嫉妒地看待狮心王理查。1189 年 7 月，理查
继承了乃父亨利二世的王位。十字军出发时他才即位刚 1 年，他
当时 33 岁，正值壮年。虽然他身体不够健康，却有卓越的体魄和

旺盛的精力，能给不了解他病情的人留下深刻印象。他出众的长相闻名在外，他的领袖才能亦是如此。他的勇武已经进入亚洲和欧洲的传奇故事。他从母亲埃莉诺那里继承了普瓦捷式的、对文学和诗歌的热爱。在很多人看来，他必定是一位从他钟爱的吟游诗人的浪漫故事中走出来的闪闪发光的人物。只差一种元素，理查的画像就完整了：无论他用多甜美的歌喉吟唱过爱情的欢愉与苦痛，都没有在身后留下过遭到背叛或心碎的小姐。就算他将口味转向其他方面，也绝对不会影响自己闪耀的名声，他的名声跟他的胸甲一般洁净无锈，一直保持到去世之日。

但是，更了解理查的人不久就会意识到他性格中的那些不值得欣赏的方面了。他性格鲁莽，脾气火爆，甚至比他深深厌恶的父亲更严重。亨利二世尽管有各种缺点，却有足够的能力，能只手将英格兰变成一个民族国家，而理查缺少这种能力。他的野心没有尽头，而且常常带来破坏。他缺少爱的能力，可以为了自己的目的而不顾信仰，不顾诚信，甚至背信弃义。在英格兰诸王之中，没有第二位的即位之途比他更加困难、更加不顾道德，又没有哪一位能比他更轻易地为个人的荣誉而忽略国王的责任。他在位时间有 9 年，其中只在英格兰待了 2 个月。

据一位在场的人所述，韦兹莱城郊的山冈上搭满了帐篷，以至于这里看起来像一座巨大而多彩的城市。两位国王庄重地重新确认了彼此的十字军誓言，为进一步的同盟协议盖上了印章。随后，他们率领各自的军队和一大批朝圣者，一同向南行进。两支军队在里昂（Lyon）分开，因为罗讷河上的桥梁不堪人群的重压而倒塌，此事被解释为一个凶兆：法军和英军将分道扬镳。腓力朝东南方的热那亚前进，跟他的海军在热那亚会合；此时理查继续沿罗讷河前进，到马赛（Marseilles）与英格兰舰队相遇。他们商量好在墨四拿会合，然后一起乘船去往圣地。

腓力于 9 月 14 日首先抵达，理查在 9 天后抵达。两人下船的方式非常符合他们各自的性格：

> 得知法国国王即将进入马赛港，当地的男女老幼都赶去瞻仰这位著名的国王。但是，他满足于乘坐单独的一艘船，秘密地进入要塞的港中，以致在岸边等候的人认为这证明了他的软弱。他们说，这样的人不像会造就什么伟大的事业。他的形象在同伴的眼中也有所缩水……
>
> 但到理查将上岸之时，人们成群结队地拥向岸边。看啊，远处的大海似乎被无数船桨所撑开，嘹亮的号角声在水面上弥漫，清晰而尖锐。舰队驶近了，人们看见舰队队列秩序井然，看见各式盾形徽章，看见枪尖飘扬着三角旗和四角旗。船只的撞角上描绘着骑士的纹章，盾牌反射着闪耀的光芒。无数船桨将大海敲得沸腾。号角劲吹，高兴的人群喧嚷起来，空气都为之而颤抖。而那位比所有侍从更高傲、更显眼的杰出国王，立在船头，观看四周，亦让民众观看……人们互相说道："他确实配得上帝国，他当国王确实对得起人民和王国。我们眼前的大活人比在远处听说的他强多了。"[1]

在那个值得纪念的日子，并不是所有仰慕理查的人都知道，

---

1 *Itinerary of Richard I.*

理查因为怕晕船，从陆路顺意大利半岛而下，阵仗这么大，可是他只是在渡过海峡时走了一两英里而已。更少的人能猜到，在到达时的辉煌光芒里，理查心里却装着阴暗而危险的情绪。数天之前，在穿过米莱托的时候，他在一户农家试图占有一只鹰隼时被发现，险些被鹰隼的主人及其朋友所杀。在墨西拿登陆时，他发现城市中心的宫殿已经提供给法王使用，他自己只被安置在城外的一个略微寒酸的地方。以上两件不好的事无法使得他发怒，但是还有一件更紧急的事——此事事关自尊心。

事实上，他对坦克雷德怀有深深的积怨。虽然"好人"威廉去世时没有留下遗嘱，却似乎在某个时候向岳父亨利承诺留下一项重要的遗产，该遗产包括一个 12 英尺长的黄金桌子、一个足够容纳 200 人的丝绸帐篷、大量金盘子，还有一些额外的船只，船上装满补给，用于十字军活动。而此时威廉和亨利都去世了，坦克雷德拒绝兑现该承诺。然后是乔安娜的问题。理查南下穿过意大利的路上，他听说他的妹妹在西西里的新国王那里的待遇不太好。坦克雷德似乎知道乔安娜是康斯坦丝的支持者，忧心于她在王国的影响力，因此将年轻的王太后扣押起来，并且错误地扣留了她从圣天使山伯爵领（County of Monte S. Angelo）获得的税收——这是她嫁妆的一部分。她的哥哥理查在萨莱诺时向坦克雷德送信，要坦克雷德满足早先的承诺，还加了一项要求：乔安娜必须头戴金冠，出现在他面前。理查声称，这是她作为诺曼人的王后在传统上享有的权利。理查在书信中语带威胁，清楚地暗示：他的海陆军队一旦到达西西里，若他不感到满意，军队就不会继续下一段旅途。

不好说其中有多少是合理的抱怨。理查接下来的行为说明，他将西西里视为潜在的珠宝，想摘下安到自己的王冠上。他正想找一个能制造麻烦的借口。另外，他真真正正地疼爱乔安娜，而乔安娜的人身自由无疑受到了一定的限制。无论如何，坦克雷德收到了严重的警告。他手头的事情太多，不能在这件事上冒险。他的初步反应，就是尽快把这位不受欢迎的宾客弄出西西里岛。如果让步能让理查离开，那就让步吧。

不久，理查就等到了结果。在他抵达墨西拿的 5 天之后，乔安娜就和他会合了。乔安娜此时获得了完全的自由，还得到了100 万塔利斯（taris）的财富——由坦克雷德给予，以补偿她的其他损失。钱给的不少，可是理查不会这么轻易就被收买。腓力·奥古斯都好心地想居中调解，却被理查冷冷地拒绝了。9 月30 日，理查愤怒地穿过海峡，占领了卡拉布里亚沿海的一座没有设防的小镇巴尼亚拉（Bagnara）。在巴尼亚拉，他留下一支强大的守军，将乔安娜保护在罗杰伯爵于一个世纪前建立的一所修道院里。然后他返回墨西拿，开始袭击墨西拿城中最受敬重的宗教场所——瓦西里安的救主修道院，这座修道院雄伟壮丽，坐落在城市隔港湾相望的长长的海岬上。他粗鲁无礼地赶走修道院里的修士，将其作为新的军营，令军队入驻。

到这时，这些墨西拿人所称的"长尾巴英格兰人"让自己变得完全不受欢迎。上一次西西里城市受命接待外国军队已经过去了很久，墨西拿人口中占主要地位的希腊人因为他们的野蛮行径而感到愤慨。特别是英国人还轻浮随便地对待当地女子，完全不符合他们自称的朝圣者身份，也不像要去背负基督的十字架的军队。救主修道院被占领一事成了最后一根稻草，民众忍无可忍。10 月 3 日，激烈的反抗爆发了。民众担心——理由很充分——英格兰国王会趁机控制墨西拿城，甚至如许多人所担心的那样继而夺取整座岛屿，所以拥向城市大门，将英国军队锁在外面。民众还封锁了港口的入口。英国人试图强行入城，却未成功，但是民众对长期阻拦英国人的可能性不抱希望。入夜后，城内的人焦急了一整晚。

次日上午，腓力·奥古斯都出现在理查位于城外的营地里，身边有勃艮第公爵休、普瓦捷伯爵等法军首领，还有一个西西里方面的高级代表团陪同。西西里一方有军事长官约尔丹·都平（Jordan du Pin），几位城市的要人（包括海军统帅马嘉里图斯），还有蒙雷阿莱、雷焦、墨西拿的大主教。在任的墨西拿大主教正是数年前从叙拉古调往此处的理查德·帕尔默，而帕尔默在理查那里没有什么特殊的分量，他只是理论上的英国人，却不会比在场的其他人更亲近英国，他甚至很少说家乡话。但是，接下来的商谈进行得出奇顺利。就在双方即将达成一致的时候，外面突然传来喧哗声。一群墨西拿人聚集在外面，大声诅咒英格兰人和他们的国王。

理查拿起剑，冲出大厅，召集军队，令军队立刻发起进攻。这时墨西拿人大吃一惊。英格兰人冲进城，肆意劫掠和屠杀。在数小时内，"在不够一位修士做早课的时间里"，[1]墨西拿陷入火海。只有王宫周围的区域，也就是腓力居住的地方得以幸免。马嘉里图斯和他的贵族同伴逃过一劫，只见他们的家宅成为一片废墟。

　　所有的金银，所有能被找到的珍贵物品，都成了胜利者

1　*Estoire de La Guerre Sainte.*

的财物。他们在敌人的加莱船上点火，将它们烧成灰烬，以免任何市民逃走，或者恢复抵抗的能力。胜利者还带走了最高贵的妇女。瞧啊！尘埃落定之后，法国人突然发现理查国王的旌旗飘扬在城市的上空。法王丢尽颜面，因此终生厌恶理查国王。

《理查一世远征记》（*Itinerary of Richard* Ⅰ）的作者说，腓力坚持法国的旗帜应该在英国旗帜的旁边升起，而理查同意了。不过，此书没有提及墨西拿市民如何看待这一践踏他们自尊的行为。而且，还有进一步的羞辱在后面等着。理查要求市民送出人质，以保证他们以后老实听话。他还想在城外的小山上用木料修建一座巨大的城堡，并以他典型的傲慢劲儿给城堡取名为"马特格里冯"（Mategrifon），意为"约束希腊人"。墨西拿人肯定暗自思忖：英格兰国王到底想跟谁打仗？他是不是想永远待在西西里不走？十字军运动竟能如此组织，煞是奇怪。

对腓力·奥古斯都而言，旗帜上的争议似乎证实了他最坏的怀疑。在他作为贵宾抵达西西里的两周内，理查稳稳地控制了岛上的第二大城市。尽管西西里国王就在不远处的卡塔尼亚，却没有做任何阻止理查的事。因此，腓力派自己的堂兄弟勃艮第公爵去见坦克雷德，告知局势的严重性，并且声称，如果理查提出进一步的要求，法军愿意向西西里方面提供支持。

坦克雷德无须法王或者其他人的提醒，就清楚墨西拿留在理查手中会带来什么危险。但是，一个新主意在他心里渐渐成型。他知道从长远来看霍恩施陶芬的亨利的危险性比理查大得多。亨利迟早会入侵，到时候，他会在普利亚等地得到大量支持。如果坦克雷德想要成功地抵抗他，就也需要盟友。而在盟友上面，他更愿意要英国人，而不是法国人。英国人可能粗鲁而缺少教养，尽管他们的国王有崇高声望，其品质却跟其他英国人一样差。但是，理查跟韦尔夫家族有联系，他的姐姐玛蒂尔达的丈夫是韦尔夫家族的萨克森公爵"狮子"亨利（Henry the Lion），他肯定不会跟霍恩施陶芬家族交好。另一方面，腓力之前跟腓特烈·巴巴罗萨建立了良好的关系。如果在十字军还待在西西里的情况下，德意志军队又发动入侵，最不能指望的就是法国军队的帮助。因此，坦克雷德拿出大量礼物，勃艮第公爵回去复命，却再无表示。然后，坦克雷德派遣最受他信任的里夏尔——也就是老迈的阿耶罗的马修的长子——为特使，去墨西拿直接跟英格兰国王商谈。

　　这次西西里方面发起了理查抵挡不了的金钱攻势。坦克雷德不愿归还乔安娜的圣天使山伯爵领，因为此地位于王国的东北边境，此刻对他而言具有重要的战略意义。但是，他准备提供 2 万盎司黄金作为补偿，这笔钱远远多于她已经收到的 100 万塔利斯；而对于她的兄弟理查，坦克雷德愿意另外提供 2 万盎司黄金以补偿那笔没得到的遗产。并且双方进一步商定，理查的侄子和继承人——3 岁的布列塔尼公爵亚瑟（Arthur of Brittany）将立刻跟坦克雷德的一个女儿订婚。作为回报，理查答应，只要他和他的军队待在西西里王国境内，他就为西西里国王提供全面的武力支持；同时，英国军队应该将一个月以来抢来的东西物归原主。11 月 11 日，双方按照既定的仪式在墨西拿签订了协议。

　　腓力·奥古斯都对两位国王间的突然和解做何感想，可想而知。不过，他一如既往地藏起了憎恨之情。表面上，他与理查的关系依旧是热情友好的。还有许多问题尚待两人在出发之前讨论。一是要拟定管理士兵、朝圣者等群体的规章，二是要处理无穷无尽的后勤问题。此外，两人还必须提前就占领地区和战利品的分配达成共识。在所有这些事情上，理查都惊人地遵从腓力的意思，只是在一个无涉十字军的问题上不愿让步。这个问题涉及法王的异母姐姐爱丽丝，她在20多年前作为亨利二世的一个儿子的未婚妻被送往英格兰。她曾经被提供给理查，可想而知，理查没有跟她发生关系。但是亨利没有将她送回法国，而是留在自己的宫廷中，让她做了自己的情妇，并且几乎可以确定，她为亨利生下过孩子。此时亨利已死，30岁的爱丽丝还待在英格兰，婚姻大事还没有解决。

腓力不关心她的幸福，他从不愿意去费心思帮助其他姐妹，甚至是那位身处拜占庭的、可怜的阿涅丝——她还不满16岁的时候，就在令人惊骇的环境下两度成为寡妇。但是，爱丽丝作为法国公主而受到如此对待，实属腓力不愿袖手旁观的侮辱。腓力发现理查跟当年的亨利一样固执。理查不仅再次直截了当地拒绝迎娶爱丽丝，还厚颜无耻地为自己的做法辩护，说爱丽丝的名誉已经不干净了。他简直是在这里给冷静的腓力出难题。理查又继续告诉腓力，自己的母亲埃莉诺正陪着另一个新娘——纳瓦尔的贝伦加丽娅（Berengaria of Navarre）公主赶往西西里。两位君主的关系到了崩溃的临界点。可能更多的是为了保全体面，腓力接受了理查邀请他到马特格里冯城堡参加盛大宴会的请求，宴会将于圣诞节举行。可能是想到将要到场的大多数西西里显贵也要经历同样的良心挣扎，腓力的心或许会好受一些。

1191年3月3日，英格兰国王策马赶往卡塔尼亚，正式拜访

西西里国王。两人重新确定了友好关系，并互赠礼物。理查收到
5 艘加莱桨帆船和 4 艘运马的船。而根据至少两位权威学者的记
载，作为友好关系的象征，理查回赠了一件珍贵得多的礼品：亚
瑟王的宝剑埃克斯卡利巴（Excalibur）。就在数周之前，人们在格
拉斯顿伯里（Glastonbury）的亚瑟王身旁发现了这把剑。[1] 会面结
束后，两人一同前往陶尔米纳，满肚子怒气的腓力正在此处等待。
新的危机本要消弭，而坦克雷德却在此时出于不可捉摸的原因，
拿出法国国王在上一年 10 月寄给他让他小心英国人诡计的书信，
给理查观看。但是到 3 月底，联军再次和好如初，关系似乎相当
和睦融洽。3 月 30 日，腓力率军上船，前往巴勒斯坦。

　　他把出发的时间把握得刚刚好。或者更有可能的是，埃莉诺
和贝伦加丽娅控制了抵达的时间。埃莉诺一行的船队进港下锚的
时候，法国舰队还没有彻底消失在地平线上。埃莉诺上一次到西
西里，还是当年从圣地返程，到巴勒莫拜访罗杰二世，那都是 44
年之前的事了。她这次来，为的是亲眼见到自己最喜欢的儿子跟
由她挑选的妻子成婚。但是四旬斋开始了，四旬斋期间禁止结婚。
尽管最近发布了一份禁止十字军携带女人的命令，贝伦加丽娅还
是决定陪未婚夫前往东方。而明显不能被留在西西里的年轻王太

1　Le ray Richard saunz plus à ly a redonez,

Le meyllur espeye ke unkes fu forgez.

Ço fu Kaliburne, dount Arthur le senez

Sei solait guyer en gueres et en mellez.

兰托夫特的彼得（Peter of Langtoft）以其标志性的约克夏式法语写下了上
述诗句，禁不住让人想起一个世纪以前的霍维登的罗杰。但是，所谓的亚
瑟王坟墓在 1191 年初才被发现，那么埃克斯卡利巴之剑必须发挥神力，才
能在 3 月初抵达西西里。

后乔安娜将是一位完美的女伴。事情都处理完毕之后，埃莉诺就不再逗留了。她只在墨西拿待了3天，就以她闻名于全欧洲的精力——她此时已经69岁了，而且已经持续不断旅行了3个月——再次动身前往英格兰。

乔安娜跟母亲最后一次告别的第二天，她与贝伦加丽娅一起前往圣地。理查提供一艘大型的德罗蒙船（dromon）供她们使用。这种船航行得比加莱桨帆船更慢，但是更加舒适，船上还有充足的房间来容纳女士们的侍从以及大量行李。而理查过了一周才出发，他要安排士兵上船的事宜，并令人拆除了马特格里冯城堡。最终，他在4月1日出发。见他离开的墨西拿人，可不会生出别离之情。

但是他们的国王不会跟他们一样感受到喜悦。如果带来混乱的理查不在西西里，西西里可能是一个更加快乐祥和的地方——但是只有在霍恩施陶芬的亨利推迟入侵的情况下才是如此。如果理查能待得更久些，他的援助将更有价值，甚至能起到决定性作用。他不能因为他的离开而受到指责，毕竟巴勒斯坦形势危急，在哈丁之战的4年后，此时正是危急存亡之秋。他需要尽快赶去，何况十字军誓言高于其他的所有承诺。无论如何，他的离开让坦克雷德摆脱帝国控制的最大希望破灭了。当危机来临，坦克雷德只能独自面对。他可能还不知道，危机在3周之内就要降临。

21

黄 昏

珀尔塞福涅的歌者哟!

在孤寂荒凉的草原上

你是否还记得西西里?

——王尔德《忒奥克里托斯》

　　如果霍恩施陶芬的亨利遵循开始的作战计划,就可以在1190年11月离开德意志,并且等他抵达西西里的时候,几乎可以肯定英格兰军队还没有离开。他推迟作战计划,主要是因为他在动身之际收到了一条消息。6月10日,他的父亲腓特烈·巴巴罗萨刚带领军队走完了漫长而艰辛的穿越安纳托利亚的旅途,正要走出托罗斯山脉(Taurus)的谷地,抵达平坦的沿海平原。暑气难耐,军队望见流经塞琉西亚城(Seleucia)汇入大海的小河卡律卡德努斯河 [1](Calycadnus),必定心生喜悦。腓特烈策马奔向河流,随从在后面跟随。这是人们最后一次见到活着的他。他是下马饮水时

1　在现代土耳其语中,塞琉西亚称为锡利夫凯(Silifke),卡律卡德努斯河则叫一个不好听的名字:格克苏河(Göksu)。

被激流冲走，是战马因蹄下湿滑而害他跌倒，还是他老迈（他已将近 70 岁）而劳累的身躯落入冰凉的山间河水而出现休克，我们已经不得而知。人们对他施救，却为时已晚。他的大军抵达河边时，只能在岸边看见皇帝的遗体。

他的儿子亨利想要宣称继承两顶王冠，而不是一顶，于是更加急于尽快出兵南方。父亲去世所引发的国内问题留待他处理，所以他又耽搁了数周。好在当年冬天比较温暖，阿尔卑斯山的山路依然可以通行。1 月，他率军队安全地翻过阿尔卑斯山。随后，他花费一个月时间在伦巴第巩固自己的地位，确保比萨会提供一支舰队相助。然后他前往罗马，教皇克雷芒三世正在罗马等待他。

但是亨利还未抵达罗马城，教皇克雷芒去世了。由于帝国军队正在快速接近，枢机主教团紧急召开选举会议，推选科斯梅丁圣母教堂（Church of S. Maria in Cosmedin）的枢机助祭（Cardinal-deacon）许亚辛图斯·波波（Hyacinthus Bobo）为下一任教皇。在当时的环境下，这个人选有些不可思议。新教皇出身显赫，他的弟兄乌尔苏斯（Ursus）创建了奥尔西尼（Orsini）家族。新教皇还曾长期为教会服务，拥有杰出的服务记录。在 50 多年前的桑斯公会议上，他坚决地支持彼得·阿伯拉尔去对抗圣伯尔纳。但是他此时已经 85 岁了，人们可能会想，在这个教会的地位跟西西里王国的地位一样受到威胁的重要时刻，老迈的教皇如何能对付年轻气盛的亨利。有证据表明，教皇自己也没有把握。只是因为德意志军队正在接近，而人们普遍担心拖延选举的做法会导致教会再次出现分裂，所以他才最终接受了教皇的三重冕。他从 1144 年便进入枢机主教团，却到 1191 年 4 月 13 日的圣周六

（Holy Saturday）才被授予圣帙，成为教士。[1]在第二天的复活节，他登上圣彼得的宝座，称为塞莱斯廷三世（Celestine Ⅲ）。15日，作为就任教皇后的第一次正式活动，他加冕亨利和康斯坦丝为西方帝国的皇帝和皇后。

塞莱斯廷在教廷任职了半个世纪，他非常清楚允许帝国吞并西西里王国会带来何种危险。但是在当时的情况下，他很难劝阻新皇帝继续南下。他劝说亨利不要再继续进攻的计划，可以想见，亨利根本不买账。4月29日，就在得到加冕——正如圣杰尔马诺的里夏尔所表达的"受到阻止和驳斥的教皇"（papa probibente et contradicente）——的两周之后，亨利率军渡过加里利亚诺河，进入西西里王国的领土。

坦克雷德尽可能地动用手头本就不多的资源，准备迎接亨利。因为坦克雷德在大陆上的封臣中有很多人选择背叛，所以他无法组织一支足以在战场上打败帝国军队的军队。所以，他聪明地集中力量，在他所能依靠的地区构建防御，也就是西西里岛、"靴跟"处的普利亚的他自己的领土周围，还有半岛两侧较大的城镇——这里的中产阶级与共和派或许更愿意接受国王而不是皇帝，还有可能接受国王所承诺的待遇、特许状和补偿款。同时，他委派阿切拉的里夏尔前往北方，带领所能召集的最大的一支军队，去加强当地的抵抗力量。

起初，里夏尔几无成就。他可能明白，任何在北方边境确保效忠的尝试都注定失败，他跟坦克雷德一样，把精力集中放在他认为会起作用的地方。因此，亨利在入侵开始后的前几周顺利地

1　当时，他的职位枢机助祭可由俗人充任。——译者注

拿下眼前的领土。城镇一个接一个地敞开大门投降,越来越多的本地男爵投向帝国这边。从卡西诺山到韦纳夫罗(Venafro),再到泰阿诺,没有哪个地方有抵抗的迹象。即便是卡普阿,这座曾经在坎帕尼亚诸城市中享有最让人艳羡的独立的城市,也在德意志军队接近时开城投降,卡普阿大主教下令在城墙上升起霍恩施陶芬家族的旗帜。诺曼人在全意大利获得的第一处采邑——阿韦尔萨,也照此办理。罗杰国王在意大利本土的首府——萨莱诺,甚至不等帝国军队兵临城下,就给亨利写信,表示效忠,同时邀请康斯坦丝在她父亲的旧宫殿中度过炎热的夏季时光。只有走到那不勒斯的时候,皇帝才停下脚步。

那不勒斯成为诺曼王国的一部分已经有半个世纪,在此期间,城市愈发繁荣兴旺。此时,这里是一座富庶的贸易港口,城中约有 4 万人,有一个重要的犹太人社群,还有来自比萨、阿马尔菲和拉韦洛(Ravello)的商人群体。最近,为了鼓励那不勒斯人保持忠诚,坦克雷德向他们授予了一系列权利和待遇。因此,阿切拉的里夏尔明智地选择该城作为他的据点。那不勒斯城拥有不错的防御——坦克雷德在一年前掏钱进行了修缮工作。该城的粮仓和仓库也很充实。皇帝率军出现在城外之时,市民已经做好了准备。

从市民的角度来看,接下来的围城战将相当难打。幸亏马嘉里图斯率领西西里舰队不停骚扰比萨的舰队,亨利因此无法很好地控制附近的港口,守军还能因此继续获得援军和补给。朝向陆地的城墙遭到了攻城槌的重击。里夏尔负伤了,阿耶罗的马修的二儿子尼古拉斯(Nicholas)临时承担指挥的责任。尼古拉斯是萨莱诺大主教,他在数周之前主动离开他的教民,以抗议他们的不忠之举。尽管如此，防御依旧很坚固。随着夏日的延续，有一件事越来越明显：进攻者受到的压力越来越大，而不是守军。

回首——我们现在可以回头看看，毕竟故事快要讲完了——诺曼人在南意大利的整段坎坷的历史，就算我们认为这段故事里充斥着未曾缓解的背叛和出卖，那也情有可原。不过有一位盟友从未让他们失望：南方的夏日暑热。暑热一次又一次地将他们从持续不断的帝国入侵者手中拯救出来，这些故事始于 1022 年的那个遥远的日子，也就是"圣人"亨利放弃围攻特罗亚，绝望地离开，直到差不多两个世纪后的此时，另一个亨利眼见自己的军队被疟疾、痢疾、大规模的背叛所摧毁，他本人也最终患了重病。亨利意识到，他必须趁还有时间，率军回返。

8 月 24 日，亨利下令撤围那不勒斯。帝国军队的规模依旧很大，但他们的人数比数周之前明显少得多，也行进得慢得多。他们在一两天内向北撤退，翻过山冈离开。那不勒斯人满意地目送他们远去。但是他们明白，这次撤退对亨利而言仅仅代表一次恼人的挫折，只代表行动延迟了，而不是他被打败了。他在几乎所有重要的城镇都安排了帝国的守军。为了确保人们不会对他未来的意图产生任何怀疑，他将康斯坦丝留在萨莱诺，等他回来。

他在这里犯了一个严重的错误。他不明白南意大利的脾性，他很明显从未想到，在他离开的几天之内，撤退的消息加上担心坦克雷德因为不忠而报复的顾虑，竟让萨莱诺居民陷入恐慌。萨莱诺人发狂似的寻找替罪羊，因此一群萨莱诺民众袭击了康斯坦丝居住的宫殿，甚至有可能杀掉她，但是坦克雷德的外甥杰苏阿尔多的埃利亚斯（Elias of Gesualdo）及时现身，将康斯坦丝保护起来，然后尽快找机会将她送往待在墨西拿的国王那里。

对坦克雷德而言，皇后简直是上天送到他手里的。亨利离开的消息让他极为鼓舞，但他明白，战斗还没有结束。或许亨利发现战事比他预想的更艰难，但是他的军队没有崩溃，甚至没有在公开战场上受到阻击。坎帕尼亚北部的大部分地区，包括卡西诺山，依旧处于他的控制之下。在第一轮，虽然没有发生坦克雷德所担心的惨重灾难，最多可以说是打成了平局。但第二轮的前景并不明朗。

至少，在康斯坦丝出现之前是如此。但是现在情势陡转：坦克雷德所能希望得到的最有价值的外交人质此时落入他的手中。他不用再束手无策地等待亨利再次入侵，他可以进行谈判了。同时出现了另一件鼓励他的事，教皇塞莱斯廷向他释放了准确无误的友好信号。当那不勒斯遭到围攻之时，教皇就在皇帝不知情的情况下跟"狮子"亨利展开协商。4个月后，也就是12月，教皇将卡西诺山修道院整体处以绝罚，以作为他们支持亨利皇帝的惩罚。卡西诺山修道院依旧与坦克雷德为敌，但是既然教皇明确表示同情坦克雷德，卡西诺山的敌对就不再是问题了。

然而，同情不等于支持。对任何教皇而言，太强大的西西里王国跟太强大的帝国一样危险。和往常一样，保持安全的诀窍就是维持二者的平衡。他需要做的就是调解。如果教皇在调解过程中倾向于支持西西里的观点，那么他觉得自己没有理由不获得相应的回报。坦克雷德受到的民众支持已经下降了，尤其是因为他的法律地位依旧不稳固。如果坦克雷德能有所回报，一场教皇主持的授职仪式能确认自己对王冠的权利，这对他来说极有价值。

提议究竟由谁发起，又在何时发起，均已无从知晓。但是双方肯定在1192年的春夏两季一直通过中间人讨论相关事宜，因为到坦克雷德亲率军队到阿布鲁齐对反叛的封臣实行了惩罚性远征而凯旋之后，于 6 月在格拉维纳会见了教皇的使节，而双方在此时已经就协议的主体内容达成了一致。协议的内容相当简单：国王会获得所需的授职仪式，但是他要交出所有管理西西里岛的教会的特殊权利，这些权利是罗杰一世和罗杰二世历尽艰辛才得来的，是威廉一世于 1156 年在贝内文托通过协商而获得的。[1] 从此之后，西西里的教士将获得跟意大利本土的教士一样的权利，还可以就不公正的问题向罗马申诉。教皇可以按自己的意愿向西西里派去特使，而不需要事先获得国王的许可。教会内职位的选举无须获得国王的批准。

看见西西里的拉丁教会在历史上首次完全由教皇控制，教皇塞莱斯廷当然可以为这次重大的外交成功而感到高兴。进行这类协商的时候，历任教皇胜过诺曼人的情况可不多。然而坦克雷德没有刻意争论，他已无路可退。他所放弃的特权似乎属于更加幸福、更加广阔的时代，用它换取自己的合法性，这个代价非常微小。

但是，他此时还不知道，他也已经失去了一些其他的东西，一些在这个时候比教会的几个批准更有价值的东西。尽管亨利上一次拒绝了塞莱斯廷，但是塞莱斯廷依旧认为，国王和皇帝有可能在某一天通过他的调解而达成和解，因此他向坦克雷德施压，让坦克雷德将康斯坦丝交给他照管，以摆出友好的姿态。夏朗东以反常的激动之情谴责教皇，说教皇的建议是可憎的。这个提议确实考虑不周，而且带来了灾难性的影响。此刻坦克雷德不想挑

1　见第 215—217 页。

战教皇的权威，勉强答应了。一队专门的护卫将皇后带往罗马，卫队中包括几位枢机主教。

如果此行走海路，或许就不会发生问题。但是走陆路的话，就要经过依旧处于亨利统治的地区，不可避免的事情发生了：当一行人抵达切普拉诺的边境地区时，撞见了一群帝国的骑士。骑士们立刻将康斯坦丝保护起来，枢机主教们拒绝了，却遭到了忽视。他们两手空空地回到罗马，而皇后则小心地绕开罗马，迅速翻越阿尔卑斯山，回到丈夫身边。

坦克雷德的王牌被抢走，他再也拿不到第二张了。

1192 年的最后数周里，乔安娜在从巴勒斯坦返程的途中拜访了巴勒莫，她的嫂子贝伦加丽娅也在一旁。贝伦加丽娅于 18 个月之前在塞浦路斯的利马索尔（Limassol）嫁给了理查，此时是英格兰的王后。乔安娜选择拜访巴勒莫，说明无论她的兄长说了什么，她在自己的丈夫去世后都没有在坦克雷德那里受到非常差的对待。她的确没有对坦克雷德怀恨在心。坦克雷德偕妻子西比拉以得体的王室礼节欢迎了两位年轻的王后。一两周之后，她们再次上船，贝伦加丽娅到法国去，后来在那里成为孀妇，而乔安娜则去结第二次婚。[1] 她似乎对受到的接待很满意，似乎从外表看，

---

[1] 她在巴勒斯坦幸免于难，当时理查更多地出于外交而不是人道的考虑，企图让她嫁给萨拉丁的弟弟阿迪勒。事实证明，她的第二任丈夫图卢兹伯爵雷蒙六世（Raymond Ⅵ）跟她更合得来。1196 年，她嫁给雷蒙，是雷蒙的第四任妻子。夫妻相处融洽，却未持续很久。3 年后，快满 34 岁的乔安娜在分娩时去世，她临死前加入丰特夫罗修道院，在丰特夫罗修道院里葬在自己的父亲、母亲和哥哥的身边。

巴勒莫的一切跟她与她那位天神般的、年轻的丈夫统治时无异，依然极为迷人、极为和平。但愿她能明白，她能在这个时候有这样的感觉，是何其幸运；或者说，她在回返时竟发现自己以前的王国居然还存在，是何其幸运。

如果在当年夏季，亨利按照原计划第二次对南方发动远征，再带着更精良的装备，又得到充足海军支持的话，那么就算坦克雷德有马嘉里图斯率舰队相助，也不可能坚持住。"好人"威廉统治时期标志性的、为国王带来声誉的长期和平此时终结了。时隔25年，无政府状态再次出现。大陆已经再次陷入混乱状态。没有哪条路是安全的，也没有哪位男爵是值得信任的。在这种情形下，可以说不可能对入侵者实行有组织的抵抗。但是亨利没有出兵。韦尔夫家族明显是得到了教皇塞莱斯廷的支持，在国内给亨利制造了大量麻烦。亨利想尽办法，却只能派遣金斯贝格的贝特霍尔德（Berthold of Künsberg）率领一小股部队前去维持态势，等待局势好转。诺曼西西里的死刑被延期执行了。

但是它还在尽力抗争。坦克雷德用了9个月的时间在半岛各处打仗，到秋季回到西西里时，却没有值得炫耀的成绩。他比以往更加确信，倘若得不到外部势力的有效帮助，他的王国就时日无多了。冬季的大部分时间里，他都在跟拜占庭皇帝伊萨克·安格洛斯进行最后的协商，按照商议的结果，他不久就能宣布长子罗杰的婚讯。罗杰在不久前被任命为普利亚公爵，他将要迎娶皇帝的女儿伊琳妮。

1193年春天，婚礼在布林迪西举行，但是起不到任何实质作用。伊萨克可以为西西里国王提供一位儿媳，但是他自己也有麻烦事，无法提供其他帮助了。年底，罗杰公爵就去世了。他年轻的妻子被留在巴勒莫，被留在孤独和郁郁寡欢的情绪之中。与此同时，英王理查本有可能提供帮助，却在从巴勒斯坦回程的途中被亨利的一位封臣所俘获，此时正滞留在德意志的一座城堡里。西西里唯一的盟友只剩下教皇塞莱斯廷。但是公开支持帝国的罗马元老院妨碍了教皇，更何况教皇没有军队。教皇此时已经是87岁高龄的老人了。

坦克雷德孤独地战斗。依旧没有任何皇帝要出兵的迹象，但是就算他不来，局势也是每况愈下。国王这边的军队夺回了一些城镇和城堡，却无法取得真正的进展。尤其是卡西诺山修道院，它一如既往地坚不可摧，帝国的旗帜依旧不知羞耻地在那里飘扬。随后，坦克雷德在夏末生病了。他尽其所能地继续坚持，但是病情不断恶化，他只好回到西西里。整个冬天他都待在巴勒莫，变得越来越虚弱。1194年2月20日，他去世了。

所有希望均已消失。莱切的坦克雷德逝世之后，西西里王国也丧失了最后一位能有效保护它的人。在所有的诺曼国王中，他是最无私、最悲剧的一位。在更幸福的时光中，他不会去寻求王冠。王冠被推给他的时候，他也没有机会去享受当国王的快乐。他在位的4年里，充斥着无休止的争斗：首先是对抗皇帝，然后是对付那些太过自我而不懂眼前的情况有多危急的西西里同胞、基督徒和穆斯林。他清醒地明白这一切，于是动用一切所能动用的军事手段和外交手段，明面的手段和暗地里的手段，竭力扭转局势。如果他能活下来，还有可能取得成功——尽管胜算极低。去世之时，他才刚进中年不久。在人们还记得他的时候，西西里人只当他是庸才，是失败者，或是帝国宣传下的丑陋鬼怪。这些评价不公平。也许，坦克雷德缺乏他最引以为傲的祖先所拥有的的伟大，但是他能坚持，有勇气，最重要的是还有政治眼光，他清晰地证明了自己不是不值得尊重的继承者。

在破碎的王国之内，在越来越迷信的臣民眼里，国王坦克雷德和他的继承者在数周之内相继去世似乎是神明想显示奥特维尔家族已经出局，霍恩施陶芬家族必将胜出。而坦克雷德仅剩的子嗣威廉还是一个孩童，西西里在面临最大考验的时候再次由一位女性摄政。这两件事似乎让人们更确信神明的意志。王太后西比拉还没有从丧夫之痛中缓过神来，用疲劳而不情愿的双手控制国家，于是在王国内积聚已久的失败主义的阴云飘向首都巴勒莫。

她不抱幻想。王冠对于她而言，如同对她的丈夫而言一样，只是负担而已。况且她也跟其他人一样，都清楚自己面前的是不可能完成的任务。如果坦克雷德用上所有的精力和勇气，却最终没能团结人民对抗即将来犯之外敌，那么她和年幼的儿子又如何能够成功呢？她自己缺乏政治能力和领悟力。年老的阿耶罗的马修是一位她可以倚重的顾问，却已经在上一年去世了。他有两个儿子，里夏尔和尼古拉斯，尼古拉斯此时担任萨莱诺大主教，两人依旧忠心耿耿，且有一定能力。但是，他们两人在经验和威望上均赶不上他们的父亲。她的第三位主要的顾问是巴勒莫大主教巴塞罗缪，他是米尔的沃尔特的兄弟和继任者。她并不信任他，这种不信任大体上没错。她能做的只有等待打击来临，同时保持冷静。

她没有等待太久。亨利六世处理完国内事务之后，再次集中所有精力，剑指西西里。他不是特别着急。时间站在他这一边，他没有必要重复3年前在那不勒斯的灾难。其次，不充足的海军支持在当年让他非常失望。当时，在马嘉里图斯的工作下，比萨舰队被认为派不上用场，而热那亚舰队在帝国开始撤退时才抵达，损失惨重，险些全军覆没。这一次，亨利做好了充分的准备。马嘉里图斯发现，自己不仅要面对比萨和热那亚的舰船，还要面对来自另一方的 50 艘全副武装的加莱桨帆船——它们来自英格兰国王理查。

但这真的不是理查的错，他别无选择。1194 年 2 月 4 日，也就是不到两周半之后坦克雷德就将去世的时候，理查终于被释放。但是亨利要求他支付赎金。最初的赎金是 10 万银马克，后来亨利又追加了 5 万银马克以用于西西里远征，还索要 50 艘加莱桨帆船，还要让 200 位骑士为他服务不少于 1 年的时间。最后还有一条无缘无故的羞辱：皇帝要求他的阶下囚代表英格兰向他致敬。

然而在此刻，舰船关系重大。亨利预计坦克雷德的陆军不会做出激烈的反抗——在坎帕尼亚没有任何抵抗，他的驻军加上金斯贝格的贝特霍尔德带来的援军，自坦克雷德去世起就在稳步地扩张控制力。一切都取决于他在海上的力量。5 月末，他跨过施普吕根（Splügen）山口进入意大利，在米兰度过了圣灵降临节，在一两周之后抵达热那亚，然后到比萨，确保了舰船的支持，为接下来的战争的细节制订各种计划。日期已经确定。8 月 23 日，帝国首相安魏勒的马克沃特（Markward of Anweiler）全权率领联合军队出现在那不勒斯湾。那不勒斯开城投降了。在仅仅 3 年之前，该城顽强地抵抗帝国军队，然后目送帝国军队灰溜溜地返回德意志。但是这一次，那不勒斯人在敌人抵达时就投降了。随着坦克雷德的去世，南意大利的最后一点士气也消失干净了。

亨利没有在那不勒斯停留，而是径直奔向萨莱诺，去算一笔旧账。3年前，萨莱诺人背叛了他。他们向他投降，还热情地款待了他的妻子，后来却在刚接到帝国军队撤退的消息后，就转而反对她，将她交给她的敌人。按照皇帝的为人，他不容许这样的叛徒不受惩罚。由于担心皇帝的复仇，而不是由于勇敢或忠于国王，萨莱诺人起初选择了抵抗，却无法抵抗很长时间。城市被攻破，一场无情的屠杀随之而来。幸存下来的居民被没收了财产，遭到流放。城墙被推倒，成为碎石堆。幸存的城墙所剩无几。

如果需要例子来显示阻挡德意志军队的城镇将遭受何种对待，那么萨莱诺就是这个例子。各地都毫无异议地接受了亨利的权威，仅有两处英雄式的城市是例外：斯皮纳佐拉（Spinazzola）和波利科罗（Policoro），它们也得到了类似的命运。接下来，亨利穿过南方的进军过程不像是打仗，而更像是凯旋仪式。即便长期充当反帝国情绪中心的普利亚城镇也都接受了这无法避免的事情。西彭托、特兰尼、巴里、焦维纳佐以及莫尔费塔先后向征服者打开了城门。在卡拉布里亚也发生了同样的故事。10月末，此时已成为大陆的主人的亨利六世，渡过墨西拿海峡。一个多世纪以来，第一次有入侵的敌军在西西里的土地上扎营。

海军业已在数周之前抵达，皇帝登陆时发现墨西拿已经在自己手中了。比萨人和热那亚人之间出现了严重分歧，双方还用各自的舰船展开了全面的海战，然后分歧才得以解决。分歧解决后，亨利一方占领了卡塔尼亚和叙拉古。中央政府在各地的统治已经崩溃，西西里岛的局势日渐混乱。亨利建立桥头堡之后，那么很明显，敌方已经不可能组织能真正起作用的抵抗活动了。王后西比拉已经竭尽其所能了。无论她有什么样的缺点，却不缺乏勇气。她把小国王和他的3个年幼的姐妹送到了相对安全的城堡卡尔塔贝洛塔（Caltabellotta）[1]，此处靠近西南海岸的夏卡（Sciacca）。随后，她试图组织最后的抵抗。这毫无作用。马嘉里图斯控制着俯瞰巴勒莫码头的城堡，他也想坚持到最后一刻。宿命论的论调让首都瘫痪，也传入守军之中，于是守军放下了武器。马嘉里图斯孤掌难鸣，无法再抵抗下去。而摄政王太后见大势已去，跟巴勒莫大主教和他的兄弟一起逃往卡尔塔贝洛塔城堡。她为最后的投降而展开谈判工作。

同时，亨利向巴勒莫进发。在巴勒莫城外数英里的法瓦拉，他遇到了一群市民的领袖，他们向他保证了城市的投降和未来的效忠。作为回报，亨利下达了严格的命令，命令全军不得在巴勒莫抢劫或奸淫妇女。巴勒莫是他的王国的首府，受到这样的对待是应该的。军队要随时随地保持严格的纪律。他做出承诺后，便骑马通过城门，庄严地进入巴勒莫。

1194 年 11 月 20 日，奥特维尔家族在西西里的统治就这样终结了。它开始于 120 多年之前，当时罗贝尔·吉斯卡尔偕弟弟罗杰，后面跟着杰出的妻子西吉尔盖塔，率领一支疲倦却兴奋不已的军队进入巴勒莫。他们之前坚韧不拔、勇敢地战斗，而当年的守军也拥有这些品质。双方对有价值的对手生出军人般的欣赏，在此之中，诞生了相互尊重和理解——诺曼西西里的奇迹正是源于它们。结果是，西西里岛的历史之中最幸福、最荣耀的篇章得以写就。现在，这一篇章行将结束：士气低落的人们不敢反抗，

---

1 该城堡的一座单独的塔至今是该城的最高建筑，俯瞰着全西西里最迷人的景色。碰巧，结束西西里晚祷战争的和平协议就是于 1302 年在这座塔里签署的。下面的修女教堂（Chiesa Madre）也值得一游，它是在罗杰一世于 1090 年占领卡尔塔贝洛塔城堡时所修建的。

向入侵者投降，而入侵者则报以轻蔑之情，且丝毫不加掩饰。

1194 年的圣诞节，皇帝亨利六世在巴勒莫主教座堂被加冕为西西里国王。西比拉和她的孩子们坐在他身前的显要位置，见证他的胜利，品尝自己的羞辱。其中就有悲伤的威廉三世（William Ⅲ），他在位 10 个月，此时已经不再是国王了。到此时为止，他们都受到了优待。亨利可以迅速攻取卡尔塔贝洛塔城堡，却没有进攻，而是向他们提出了合理的、慷慨的条件。按照他的条件，威廉不仅可以获得父亲的莱切伯爵领，还能得到塔兰托公国。西比拉接受条件，带家人回到首都。此时，当她看到西西里的王冠——它给她的丈夫、她的儿子以及她自己在过去 5 年里带来了多少苦难哪——被缓缓戴在亨利头上，很难想象她会有任何感情波动，她只会感到极大的解脱。

但是，此时的解脱之情不仅为时过早，而且很快就消失了。4 天后，气氛突变。据称，一次暗杀皇帝的阴谋在关键时刻被发现了。大批人员被指控参与阴谋，被送往德意志严密看管，这些人包括西比拉、她的孩子们，还有不少被召来参加加冕礼的西西里贵族，其中有布林迪西的马嘉里图斯、萨莱诺大主教尼古拉斯及其兄弟里夏尔、阿韦利诺伯爵罗杰、阿切拉伯爵里夏尔，甚至还有上一位普利亚公爵的那位不知所措的拜占庭孀妻伊琳妮公主。

此事有几分真实性？有一些编年史，尤其是写于意大利的那些，比如圣杰尔马诺的里夏尔的著作，坚决否认发生过这样的阴谋。对他们而言，整个故事只是亨利的借口，以除掉他的新王国国内所有不受欢迎、有潜在破坏性的元素。这种说法并非完全不可能，如果纵览皇帝整个雷厉风行的历程，就知道他完全有能力做这样的事。不过，就算这样做符合亨利的性格，也不符合他对待这个新王国的整体政策。我们发现，除了他有充分理由去憎恨的萨莱诺，其他地方都被他用怜悯及和解的情绪去对待，这种现象在他那里很罕见，这本身就很了不起。在没有恰当理由的情况下，他不可能在一夜之间就从安抚转向镇压。考虑到德意志人很不受欢迎，西西里人又非常热爱搞阴谋，要说这时没人想策划政变，那也太不可能了。如果有人谋划，遭到拘押的人里面肯定有几个牵涉其中，至少知道事态的发展。既然如此，他们还没有遭受更悲惨的惩罚，这已经算很幸运了。

或者说，幸运的只是其中的部分人员，而其他人比自己所预想的更悲惨。两三年后，随着反抗在西西里岛和意大利本土进一步爆发，这些俘虏中的很多人在皇帝的命令下被刺瞎——尽管他们在 1194 年遭到监禁，并且不可能参与晚近的反抗活动。从此之后，整个王国都在恐怖统治之下颤抖，该统治比诺曼人统治下的任何时候都更暴力，没有哪位臣民能做灾难不会降临到自己身上的黄粱美梦。

不过，本书不会讲述奥特维尔王朝结束之后的西西里的故事。接下来，我们只需要在已知的范围内，谈谈这个非凡的家族的最后几个黯淡的代表命运如何。奥特维尔家族曾经在亚非欧三大洲耀眼地散发出光和热，却在不到两个世纪的时间里逐渐消亡，最后只剩下一位悲伤而惊恐的女性带着她的孩子们。西比拉带着 3 个女儿，在阿尔萨斯（Alsace）的霍恩堡女修道院（Hohenburg Convent）过了 5 年多过得去的囚禁生活，最后终于被释放，在不该得的默默无闻中度过余生。另一方面，她的儿媳伊琳妮有一个非常不同的未来。1197 年 5 月，她嫁给亨利的弟弟士瓦本的腓力（Philip of Swabia），并将在次年成为西方帝国的皇后。

至于威廉三世，他的去向还是一个谜。有一种说法认为，亨利六世将他关押在一座德意志的监狱中，他被刺瞎双眼，并遭到阉割。另一种说法不一定与上一个说法相冲突，它声称他被释放，并成为一名修士。我们可以相信的唯一事实是，无论是被俘还是隐居，他都没有活很长时间。没等到下个世纪他就去世了，当时他还未成年。不过，没有记载提及他去世的时间和地点。

最后，康斯坦丝怎么样了？1191年她从教皇的护卫手中逃脱，匆匆回到德意志以后，我们就没有听说过任何关于她的事。尽管她自己没有过错，她却是西西里王国灭亡的原因，是她丈夫夺得西西里王位的合法理由。按理说，她才是西西里王国真正的君主，亨利仅仅是她的配偶。很多人肯定会疑惑：为什么亨利在1194年夏季第二次入侵王国的时候，他的妻子不在他身边呢？或者说，为什么在圣诞节的巴勒莫参加加冕礼的人，只有亨利自己？

不过，原因是很充分的。康斯坦丝已经40多岁，而且结婚近9年了，她非常想要一个孩子。她没有因为这个缘故而放弃前往西西里。但是，她在丈夫启程的一两个月之后才出发，一路走得更慢，从容不迫地沿半岛南下。即便如此，对她这样的年龄段和身体状况的女性而言，这趟旅途也非常危险。她一天天在伦巴第和马尔凯地区的道路上颠簸摇晃，身体也受到了损伤。当她抵达安科纳附近的小镇耶西（Jesi）的时候，分娩前的阵痛袭来了。

怀上孩子后，康斯坦丝就有了一个不想改变的想法。她知道，阿尔卑斯山两侧的敌人，无论是她的敌人还是亨利的敌人，都会尽可能地质疑孩子的出生，援引她的年龄和她长期不孕的事实，以宣称她不是孩子真正的母亲。她决定，不能给这个问题留下被怀疑的余地。因此，她令人在耶西的市场的广场上搭起一个很大的帐篷，任何愿意观看孩子出生的妇女都可进入帐篷观看。12月26日，即圣斯蒂芬之日，也就是她的丈夫在巴勒莫主教座堂接受加冕的第二天，皇后生下了她唯一的儿子。一两天之后，她在同一个广场上向公众露面，自豪地用乳房为孩子哺乳。奥特维尔家族的精神没有完全消亡。

在接下来的一个世纪，当这个孩子长大成人，以腓特烈（即腓特烈二世）的名号登上历史舞台时，他会显得更加光辉灿烂。虽然历史可能将他作为西方帝国的皇帝而铭记，但是他自己绝不会忘记自己也是西西里的国王，不仅是巴巴罗萨的孙子，也是罗杰二世的外孙，他用辉煌的宫殿展示了这一点：他热爱狮、豹和孔雀，热爱意大利、阿拉伯的诗人，热爱古典式的建筑，热爱他在普利亚的狩猎小屋，其中最热爱的是艺术和科学——他对它们的好奇心简直填不满，因此被称为文艺复兴200年前的第一位文艺复兴的王公，获得了"世间奇才"的称号。他也在1125年展示了这层认同，当时他将外祖父70年前放置在切法卢的两座巨大的斑岩石棺运往巴勒莫。

另外两座材质相似但是质量差得多的两座石棺，已经被安置在米尔的沃尔特的巴勒莫主教教堂里。一个石棺属于罗杰二世，这是当时人们拒绝将他埋在他建立的切法卢主教座堂时，为他在巴勒莫准备的。[1] 另一个石棺是亨利六世在1197年于墨西拿突然去世后他的妻子康斯坦丝准备的，质量尚能接受，但是做工很差，

1　见第175—176页。

仔细看的话能发现它是由 14 个散件粘贴而成的。似乎腓特烈二世认为这个石棺配不上他的父亲，因此亨利的遗体被安置到切法卢主教座堂的一个石棺里，遗体上还放着康斯坦丝在哀伤中剪下的发辫。这个石棺被安置在康斯坦丝坟墓的旁边，她在丈夫去世后只活了一年多一点时间。而第四个石棺，也就是罗杰二世当年为自己而准备的那一个，最后让腓特烈二世自用了。[1] 1250 年他去世后，就被顺理成章地安置在其中。不过，他独自拥有这个石棺的时间并不长。14 世纪，石棺被打开，又有两具遗体被放了进去：愚笨的安茹家族的彼得二世（Peter Ⅱ）和一位身份不明的女性。

　　父亲、女儿、女婿和外孙都埋在一起，足以让人认为这是个家族墓地。在这些巨大的墓冢之中，在大理石和马赛克镶嵌画所庇荫的寂静环境里，4 个人不自在地躺在一起，其中有缔造西西里王国的人，有破坏它的人，有非自愿地成为它覆灭缘由的人，也有最终从覆灭中受益的人。其实他们都不适合被埋葬在这里。亨利于 32 岁去世之时，已经引起了整个西西里的厌恶和恐惧。康斯坦丝被认为背叛了她的国家——这不公正，但是可以理解。罗杰当然受人爱戴，但是他属于切法卢主教座堂，他一直想让自己安葬在切法卢，而且切法卢的各种设置也配得上他。即便是在 20 岁时就安排坟墓的腓特烈，或许在之后更中意其他的安葬之所，或许是在卡普阿，或许是在耶路撒冷，或许是普利亚的一处山冈的顶端——躺在辽阔的普利亚天穹之下。但是，尽管腓特烈的故事精彩而有悲剧性，却不该在这里讲。我们的故事已经讲完了。

1　至少，这是 J. 德埃（Déer）通过其杰出、深入研究的著作所得出的结论（ *The Dynastic Porphyry Tombs of the Norman Period in Sicily* ）。

对于一个王国而言，64 年的时间过于短暂。其实，如果威廉二世（他的绰号很容易被忘记）更理智或更能生育，西西里王国或许还能延续下来。相反，他为了满足一个自负而有侵略性的野心，将王国作为礼物送给了王国的最顽固、最久远的敌手——一个自罗贝尔·吉斯卡尔以来，每一个继任者都不断与其对抗的敌手。所以，准确地说，西西里王国不是因为被打败而灭亡，而是被抛弃而灭亡。

换个角度看，就算亨利六世不去宣布自己拥有西西里王国的王位继承权，王国也不会延续太久。它的君主权相当绝对，相当集中，正如两位罗杰创建王国时的那样，王国的幸存依赖君主的个性。王国的衰落仅仅是反映了奥特维尔家族的衰落而已。当王位相继，在西西里的阳光下，似乎冷酷的诺曼钢铁变得更软，丰富的诺曼血液变得更稀少，变得更迟缓。最后，坦克雷德以他的私生子身份所具有的巴勒莫宫廷的东方式的效率，带来了旧有的精气神，却是为时已晚。西西里已经丢了。

也许，它从一开始就自带毁灭的种子。它太过异质、太折中，也太过国际化。它没能——其实基本没有尝试过——发展出自己的国家传统。爱国的情感常常被高估，又带有潜在的危险，却对于一个为生存而抗争的国家来说是不可或缺的。等到危机来临，西西里没有足够的爱国主义来支撑国家渡过难关。西西里证明，只要诺曼人、伦巴第人、希腊人、撒拉逊人、意大利人和犹太人拥有一个开明、公正的政府，他们就能幸福地共存。他们不可能联合在一起。

不过，如果西西里王国因自己的理想而死，这理想也值得它为之而死。在最后的年岁里，随着国家逐渐病入膏肓，宗教和民族中少数群体的地位不可避免地有所下降。但是，应该通过成就评判国家，而不是通过差错。诺曼人的西西里王国是宽容和开明的典范，也是宽容的示例——人人都可以感觉血液和信仰异于自己的人在尊重自己。在这个方面，它站在了欧洲的前列，其实也站在了整个偏执的中世纪世界的前列。呜呼，欧洲忘恩负义，而西西里王国倾覆颓圮。不过，没过多久，它的辉煌和美丽就破开云层，回报世界。几个世纪以来，它光芒不减，依旧跟以前一样清晰地传达着它的话语。这话语出现在王宫礼拜堂中，那里巨大的阿拉伯式屋顶似乎还反射出拜占庭帝国的光辉；这话语出现在隐修者圣约翰修道院的回廊内院的 5 个深红色圆顶的隆起处；这话语出现在卡斯特尔韦特拉诺城外的小花园里，那里的德利亚的至圣三一教堂孤独而完美地站立在午后的日光下；这话语出现在蒙雷阿莱主教座堂和切法卢主教座堂里包罗万象的全能者基督像之中；这话语出现在马尔托拉纳教堂，那里的穹顶四周有着回环缠绕的阿拉伯语书法，写的正是安条克的乔治童年时代的圣母赞美诗，而在很下面的地方，有另一处希腊语风味的拉丁语铭文，它更为简单易读，骄傲而简朴：ROGERIOS REX（罗杰王）。

诺曼人在西西里的纪念建筑

想要完整地列出西西里所有现存的诺曼建筑可不是一件易事。它们鲜少能逃脱人们的修复或重建，经常完全丢失了最开始的特征，比如马尔托拉纳教堂的外部，或者巴勒莫主教座堂的内部。我也只能伤心地承认，名单里有些地方我没有亲自参观过。《意大利旅行俱乐部》(*Touring Club d'Italia*) 是一本很有价值的旅行指南，它经常能帮到我，但是我不得不在一两个地方依赖粗略的、不那么权威的描述。出于完整性的考虑，我还添加了 4 处全部或部分可能源于诺曼人却在分类上存疑的建筑，它们的前面标有 "?"。至于其他的建筑，我采用了以下分类法：

***　最迷人、最优秀的建筑，值得前往西西里去参观。

**　有纪念意义的建筑。

*　总体上保持了原有模样和特征的建筑。

无星级　得到过大规模修复或重建的建筑，尽管其中有的很好看，却失去了诺曼人的感觉。

? 艾多内　圣母拉卡瓦教堂 (Church of S. Maria La Cava)。

? 艾多内　圣米凯莱塔（Torre di S. Michele）。

阿尔塔雷洛　见"巴勒莫"。

* 阿尔塔维拉-米利西亚（Altavilla Mílicia）　圣米凯莱教堂（Church of S. Michele），被称为小教堂（Chiesazza）。这座小教堂由罗贝尔·吉斯卡尔修建于1077年，如今是废墟。此地在巴勒莫城外25千米的地方，在通往切法卢的滨海公路旁边。在它的下方有一座撒拉逊桥（Ponte Saraceno），该桥可以追溯到阿拉伯人占领时期。

* 阿尔托丰泰（Altofonte）　帕尔科的所在地。当年的王宫已经消失了，但是修女教堂（Chiesa Madre）还留有当年的小礼拜堂，尽管它被修复过。

* 布尔焦（Burgio）　里费西的圣母教堂（Church of S. Maria di Rifesi）。

* 卡尔塔贝洛塔　修女教堂与城堡的塔。（见第415页注释。）

* 卡尔塔尼塞塔（Caltanissetta）　圣灵修道院（Badia di S. Spirito），它在1153年得到祝圣，建筑中的湿壁画创作于14、15世纪。

** 卡斯特尔韦特拉诺　德利亚的至圣三一教堂。这座小教堂堪称珠玉，它完美地融合了阿拉伯风格和拜占庭风格。它在卡斯特尔韦特拉诺城西约2英里处。

卡塔尼亚　卡塔尼亚主教座堂。它基本上是巴洛克风格的，它仅有诺曼风格的、黑火山岩建成的后殿经受住了1169年和1693年的地震。观看它们的最佳地点是主教座堂后面神学院的院子（维托里奥埃马努埃莱大街［Via Vittorio Emmanuele］）。主教座堂内部有两个很容易认出的诺曼风格礼拜室：贞女礼拜室（Cappella della Vergine）、十字架礼拜室（Cappella del Crocifisso）。

***切法卢 切法卢主教座堂。尽管很悲惨，如今它的内部大部分都是巴洛克风格的，它的外部还是相当精致的，而且后殿中的大幅马赛克镶嵌画是西西里所能提供的最壮丽的杰作。（见第13—15页。）

切法卢 大酒馆；一些罗杰二世的宫殿的遗存，位于罗杰大街和 G. 阿门多拉大道的拐角处。

? 埃里切（Erice） 圣伊波利托教堂（Church of S. Ippolito）。

**福尔扎-达格罗（Forza d'Agrò） 至圣彼得与保罗教堂（Church of SS. Pietro e Paolo）位于城外几千米的地方，是西西里岛最重要的瓦西里安教堂之一。教堂西门的铭文可以追溯到1171—1172 年。

*弗拉扎诺（Frazzanò） 瓦西里安的弗拉加拉的圣菲利波修道院（Abbey of S. Filippo di Fragalà），由罗杰一世伯爵修建于 11 世纪晚期。

*格拉泰里（Gratteri） 圣乔治教堂。

伊塔拉（Itála） 圣彼得教堂。

*马尼亚切 马尼亚切的圣母教堂。

*马扎拉 罗杰一世的城堡（建于 1073 年）的遗迹。

*马扎拉 圣尼科洛格勒教堂（Church of S. Nicolò Regale），又称圣尼科利基奥教堂（Church of S. Nicolicchio），建于 12 世纪。

*马扎拉 阿尔托的马多那教堂（Church of Madonna dell'Alto），又称朱马莱的圣母教堂（Church of S. Maria delle Giummare），由罗杰一世的一个女儿修建于 1103 年。

马扎拉 马扎拉主教座堂，由罗杰一世修建于 1073 年，当年诺曼人的痕迹还能在教堂的后殿看得到。

*墨西拿　卡塔拉尼的圣母领报教堂（Annunziata dei Catalani）。该教堂非常漂亮，但是经过了大规模的修复，基本上就是被重建过了，有一部分后殿还是原来的。

*墨西拿　墨西拿主教座堂。克里斯托弗·基宁蒙思（Christopher Kininmonth）说这座教堂"战前，人们按照原来的诺曼风格在地震后进行了重建"。原来的建筑基本没有剩下的。但是它之所以出现在这个名单里，是因为它是一座纯粹的诺曼风格教堂，而且非常好看，能让游客清晰地了解岛上的诺曼西西里建筑是什么样的。理查德·帕尔默坟墓上有雕刻的石板，几乎毫无损伤地保留到今天，真是不可思议。

? 墨西拿　巴迪亚扎教堂（Church of Badiazza）。

*米里-圣彼得罗　圣母教堂，这座小教堂是罗杰一世在1082年为瓦西里安修士们修建的。1091年，罗杰的私生子约尔丹在死后被埋葬在这里。（见《征服，1016—1130》第304页脚注。）

***蒙雷阿莱　蒙雷阿莱主教座堂及其回廊内院。

*蒙雷阿莱　一座12世纪的城堡，坐落在卡普托山（Monte Caputo）的顶端，在此处可以以绝妙的视角俯瞰黄金盆。

*蒙雷阿莱　威廉二世的宫殿的遗迹，还能在阿西沃斯科瓦多大街（Via Arcivescovado）1号的神学院的院子里看到。

***巴勒莫　巴勒莫王宫，你可以在王宫里面（外面比较一般，但是足以在此处打两星）看见全西西里岛最美丽的两样东西：王宫礼拜堂和所谓的"罗杰之间"。（分别见第79—83页、261—262页。）

***巴勒莫　海军统帅的圣母教堂，它一般被称为马尔托拉

纳教堂。

　　** 巴勒莫　隐修者圣约翰修道院。（见第 94—95 页。）

　　** 巴勒莫　圣灵教堂，即西西里晚祷事件的发生地。（见第 390 页。）

　　** 巴勒莫　巴勒莫主教座堂中的王家墓地，此处埋葬了罗杰二世、亨利六世、康斯坦丝和腓特烈二世。（见第 419—420 页。）

　　* 巴勒莫　麻风圣约翰教堂，它属于诺曼人在西西里岛最早修建的一批教堂。（见《征服，1016—1130》第 193 页脚注。）

　　* 巴勒莫　圣卡塔尔多教堂。（见第 233 页脚注。）

　　* 巴勒莫　巴勒莫主教座堂。（见第 389—390 页。）

　　* 巴勒莫　至圣三一教堂（Church of SS. Trinità，即马焦雷教堂）。（见第 271 页脚注。）

　　* 巴勒莫　齐萨宫。（见第 258—260 页。）

　　* 巴勒莫　库巴宫、库布拉、库巴·索普拉纳。（见第 380—381 页脚注。）

　　* 巴勒莫　海军统帅桥。（见第 170 页。）

　　* 巴勒莫　圣克里斯蒂娜教堂（Church of S. Cristina），这是米尔的沃尔特修建的另一处修士机构。

　　* 巴勒莫　玛德莲娜教堂（Church of La Maddalena），它修建于 12 世纪，位于新门旁边的宪兵兵营的院内。

　　* 巴勒莫　希望圣母教堂（Church of S. Maria della Speranza）。

　　* 巴勒莫　法瓦拉城堡（Castello della Favara），也被称为马雷多尔切（Maredolce）。（见第 171 页。）

　　巴勒莫　加冕礼拜堂（Cappella dell' Incoronata），位于巴勒莫主教座堂的后面。

巴勒莫　阿尔塔雷洛的郊外有乌斯奇贝内宫（Palazzo dell'Uscibene），这座宫殿之前是王室在米姆涅尔莫设置的狩猎小屋。（见第 184 页。）

巴勒莫　出于完整性的考虑，有必要在此提一下费德里科伯爵府（Palazzo Conte Federico）的塔楼里面保存了一些诺曼人作品的遗迹。老学究或许会提及马尔托拉纳之屋（Casa Martorana）和普罗托诺塔罗大街（Via Protonotaro）上的一座建筑，但是这两座建筑都在二战中受损严重，中世纪的建筑结构都已不存在了。

* 帕尔泰诺（Paternò）　帕尔泰诺城堡，由罗杰一世修建于 1073 年，有很多地方经过了修复，不过还是值得参观。记得找市政当局拿钥匙。

帕蒂（Patti）　帕蒂主教座堂，它最初是诺曼人建的，不过至今没有多少诺曼人的痕迹了——除了罗杰二世的母亲阿德莱德的坟墓。（见《征服，1016—1130》，第 314 页脚注。）

* 皮亚扎-阿尔梅里纳　城外数千米远的圣安德烈亚女修道院由罗杰的外甥、布泰拉伯爵西蒙修建于 1096 年。女修道院中的湿壁画是 15 世纪的作品。（见第 252 页脚注。）

* 圣弗拉泰诺（S. Fratello）　圣阿尔菲奥教堂（Church of S. Alfio）。

* 圣马科-达伦齐奥　大修道院（Badia Grande）中的至圣拯救者教堂（Church of SS. Salvatore）由威廉一世之妻玛格丽特王后修建于 1176 年。

* 夏卡　圣尼科洛教堂（Church of S. Nicolò）。

夏卡　夏卡主教座堂里面东侧的 3 处后殿都是诺曼式的。

夏卡　朱马莱的圣母教堂（Church of S. Maria della Giummare），

尽管这里在今天只不过是个讨喜的大杂烩，却依然保留着诺曼起源的痕迹。

　　叙拉古　奇怪的是，叙拉古主教座堂只包含了一点点诺曼人的作品，就跟只包含了一点点其他人的作品一样。

　　特罗伊纳　马特里切教堂（Matrice Church）的钟楼。

.

参考文献

主要史料的说明

贝内文托的法尔科

法尔科属于贝内文托的一个显要的家族，曾任宫廷的秘书和文书，在1102—1139年为自己的城市和整个南意大利写了一部回顾性的史书。他的作品之所以有趣，一是因为质量过硬，它可靠、有条不紊、生动形象，还记载了许多作者亲历的事件；二是因为它反映了这位伦巴第爱国者的观点。对法尔科来说，诺曼人不过是一群未开化的强盗。该书有一份意大利语译本，已在参考文献中列出。

泰莱塞的亚历山大

亚历山大是泰莱塞附近的救主修道院的院长，应罗杰二世的同父异母妹妹阿里菲的玛蒂尔达的要求而撰写了一部编年史。尽管这部史书在表面上是罗杰的传记，但是它的第一部分非常粗糙。此书没有透露任何关于阿德莱德摄政的事情，只有写到1127年之后的一系列最终使西西里王国得以建立的事件时，本书的记载才开始变得有趣。从1127年到亚历山大突然停止写作的1136年，本书都是颇有价值的史料来源，尽管读者需要容忍其中十分明显的倾向性。对亚历山大来说，神明对罗杰早年的不义行为进行了惩处之后，便指定罗杰，让罗杰为南意大利带来和平、秩序。尽管亚历山大是教会人士，却对教皇缺乏尊重，甚至责备霍诺留二世的"无礼"。该书有一份意大利语译本，已在参考文献中列出。

萨莱诺的罗穆亚尔德

罗穆亚尔德属于瓜尔纳（Guarna）家族，是老的萨莱诺贵族的一员。他从1153年开始担任萨莱诺大主教，直到他于1181年去世。在此期间，他在王国的（包括西西里岛的和大陆的）政治事务、内政和外交事务中发挥了领导作用。他参与了《贝内文托条约》的谈判，后来卷入了反对巴里的马约的阴谋。在1161年的起义中，他是营救威廉一世的活动的主要策划者之一。威廉二世统治时期，他主持了威廉二世的加冕礼，又代表西西里王国参与了《威尼斯条约》的签署。他的《编年史或年代记》（*Chronicon sive Annales*）从创世纪一直写到1178年。对于本书所涵盖的时间范围，他的著作是最重要的史料之一。如果罗穆亚尔德再公正一点，低调一点，他的著作将更有价值。他一直在记载中夸大自己在事件中起到的作用，而将他人的作用给最小化了。他没有直接参与的事情，或者对他或他的朋友没有特殊好处的事情，他往往完全不提。这部作品从未被译成英语或法语，参考文献中列出了一份意大利语的译本。

雨果·法尔坎都斯

正如夏朗东所说，所有与法尔坎都斯有关的事都是谜团，其至他的名字都存疑。在世的英国学者中，研究这一时期的历史最为卓越的伊夫林·杰米森就在一本书（已在参考文献中列出）中有力地论证了人们将法尔坎都斯与尤金乌斯混为一谈。尤金乌斯是一位政治家和学者，1190 年被任命为西西里王国的海军统帅。法尔坎都斯的《西西里王国之书》只涵盖了 1154—1169 年这段时期。此书很少提及西西里的外交政策，但是在描述巴勒莫在一个特别动荡的时期中的社会生活和政治阴谋上，它是一部杰作。作者用寥寥几行字，就能把一个人物变得活灵活现。他擅于用双眼捕捉重要的细节。在我们必须打交道的其他史料中，或许除了卡西诺山的阿马图斯，没人比法尔坎都斯更擅于讲故事。但是阿马图斯性格天真，法尔坎都斯则对摆弄文辞的功夫相当熟练。法尔坎都斯最大的缺陷就是倾向性和敌视的眼光，他基本上对身边的所有人都怀有蔑视之情。对他来说，所有人都是恶人。人们做的每件事，被他孜孜不倦地归因于最坏的动机。他记载的准确度究竟有多高，我们无从得知。我们基本不可能检查他的记载，因为其他编年史都没有这么详细地记载这段时期的史事。话虽如此，他的读者肯定能有不错的阅读体验。有一点比较不可思议：这位堪与塔西佗和修昔底德比肩的作家的作品，居然从未被翻译成英语或法语。我能找到的唯一译本是德尔雷（del Re）的意大利语译本，他的译本晦涩难懂，以致法尔坎都斯优雅的拉丁语原文还更好读一些。

埃博利的彼得

埃博利的彼得著有长诗《西西里王国之歌》（*Carmen de Rebus Siculis*），该诗为我们详细讲述了西西里王国最后日子的故事，从好人威廉的去世讲起，讲到亨利六世的到来。与法尔坎都斯一样，彼得作为史家的可靠性被他的仇恨感削弱了，他的仇恨针对的是莱切的坦克雷德、他的家人和追随者。彼得的记载很少能与其他史料互证，即使能互证，也往往不准确。不过，有证据显示他在亨利六世的宫廷中生活，所以他所在的位置让他更能看清事情的发展。这部长诗是另一部亟须翻译为现代语言的作品，它直到今天还没有被翻译为现代的语言。它日后定有译本出现，到时候，我希望译本能收录彼得装饰文本时所用的插图。这些插图讨人喜欢，显得颇为诙谐幽默。

原始史料

史料集

（在参考文献及脚注中的缩略语均以括号标注。）

Amari, M. *Biblioteca Arabo-Sicula*. Versione Italiana. 2 vols. Turin and Rome,1880-81. (*B.A.S.*)

Archivio Storico Siciliano. (*A.S.S.*)

Bouquet, M. *et al*. *Recueil des historiens des Gaulges at de la France*. 23vols. Paris, 1738-1876. New Series, Paris, 1802(in progress). (*R.H.F.*)

Caruso, G. B. *Bibliotheca Historica Regni Siciliae*. 2 vols. Palermo, 1723. (*C.B.H.*)

Corpus Scriptorum Historiae Byzantinae. Bonn, 1828-97. (*C.S.H.B*)

Graevius, J. C. *Thesaurus antiquitatum et historiarum Ialiae, Neapolis, Siciliae, Sardiniae, Corsicae, Melitae, atque adj. terrarum insularumque*. 10 vols. in 45 fol. Leyden, 1704-25.(Vol.X, which is so called only in the general index, is that specifically relative to Sicily and has 15 parts.) (*G.T.A.*)

Guizot, F. *Collection des Mémoires Relatifs à l'Histoire de France.* 29 vols. Paris, 1823-27. (*G.M.H.F.*)

Jaffé, P. *Bibliotheca Rerum Germanicarum.* 6 vols. Berlin, 1864-73. (*J.B.R.G.*)
——*Regesta Pontificum Romanorum ab cond. Eccl. ad a. 1198.* 2nd edn., 2 vols. Leipzig, 1885-88. (*J.R.P.R.*)

Libar Pontificalis,ed.L. Duchesne. 2 vols. Paris,1886-92. (*L.P.*)

Migne, J. P. *Patrologia Latina.* 221 vols. Paris, 1844-55. (*M.P.L*)

Monumenta Bambergensa, ed.Jaffé. *J.B.R.G.*, vol.V.

Monumenta Germaniae Historica, ed. G. H. Pertz, T. Mommsen *et al.* Hanover, 1826- (in progress). (*M.G.H.*)

Monumenta Gregoriana, ed.Jaffé. *J.B.R.G.*, vol. II.

Muratori, L. A. *Rerum Italicarum Scriptores.* 25 vols in 28. Milan, 1723-51. New Series, ed. G. Carducci and V.Fiorini. Città di Castello—Bologna, 1900—(in progress).(*R.I.S.*)

Re, G. Del *Cronisiti e Scrittori Sincroni della Dominazione Normanna nel Ragno di Puglia e Scilia.* 2 vols. Naples, 1845, 1868. (R.C.S.S)

Recueil des Historiens des Croisades. Publ. Académie des Inscriptions et Belles Lettres. Paris, 1841-1906. *Historiens Occidentaux,* 5 vol. (*R.H.C.O.*) *Historiens Orientaux,* 5 vols.(*R.H.C.Or.*)

Stubbs, W. *Select Charters.* Oxford, 1870. (*S.C.*)

Watterich, J. M. *Pontificum Romanorum qui fuerunt inde ab oxunte saeculo IX usque finem saeculi XIII vitae ab aequalibus conscriptae.* 2 vols. Leipzig 1862. (*W.P.R.*)

单独的史料

Abu Shama, Shihab ed-Din Abdul-Rahman ibn Ismail, *Book of tha Two Gardens.* Extracts, with French tr., in *R.H.C.Or.*, vols IV-V.

Al-Bdrisi, Abu Abdullah Mohammed, *Géographie d'Edrisi,* tr. A. Jaubert. 2 vols. Paris, 1836. (Vols V and VI of *Recueil de Voyages et de Mémoires,* published by the Société de Géographie.)

Alexander of Telese *Rogerii Regis Siciliae Rerum Gestarum Libri IV.* In R.C.S.S., vol. II (with Italian tr.).

Al-Maqrisi *Histoire d'Egypte.* French tr. by E. Blochct. Paris,1908.

Al-Marrakeshi *Histoire das Almohades.* French tr. by E. Fagnan. Algiers, 1893.

Ambroise *L'Estoire de la Guerre Sainte.* Ed. and tr. into modern French by

Gaston Paris. Paris, 1897. English tr. and notes by M. J. Hubert and J. L. La Monte. New York, 1941.

Annales Barenses. In *M.G.H. Scriptores*, vol. V.

Annales Bareventani. In *M.G.H. Scriptores*, vol. III.

Annales Casinenses. In *M.G.H. Scriptores*, vol. XIX.

Annalista Saxo In *M.G.H. Scripiores*, vol.VI.

Anonymus Vaticanus *Historia Sicula.* In *R.I.S.*, vol. VIII.

Arnold of Lubeck *Chronica Slavorum,* Ed. Lappenburg. In *M.G.H. Scriptores,* vol. XXI.

Arnulf of Lisieux *Letters.* In *M.P.L.*, vol. 201.

——*Tractatus de Schismate orto post Honori II Papae decessum.* In *M.P.L.*, vol. 201.

Becket, St Thomas *Epistolae.* In *M.P.L.*, vol. 190. See also in *Material for the History of Becket*, ed. J. C. Robertson, vols. V-VII. (Rolls Series, 67, 1875-85).

Benedict of Peterborough *Chronicle of the Reigns of Henry II and Richard I, transcribed by the order of B. of P.* Ed. Stubbs, Rolls Series, vol 49, London 1867. (Now established as the work of Roger of Hoveden, *q.v.*)

Benjamin of Tudela *Itinerary.* Tr. with notes by M. N. Adler. London, 1907.

Bernard of Clairvaux, St *Vita Prima* and *Acta.* In *M.P.L.*, vol 185.

——*Life and Works.* Ed. J. Mabillon; tr. with notes by S. J. Eales. Vols. I-IV, London, 1889-96.

Bernard of Clairvax *Epitolae.* In *M.P.L,* vol, 182. English tr. by B. Scott James, London, 1953.

Boso *Vita Adriani.* (Incorporated in the *Liber Censuum.*) In *L.P.*, voL II.

——*Vita Alxandri.* In *L.P.*, vol. II.

Cinnamus, John ʹΕπιτομή. In *C.S.H.B.*, ed, Meineke, with Latin tr.

Danet *The Divine Comedy*, translated by G. Bickersteth, Oxford, 1965.

Diceto, Radulphus de Opera Historica. In *M.G.H. Scriptores*, vol, XXVII. (Also Rolls Series, 68, i and ii.)

Eustathius of Thessalonica *De Thessalonica a Latinis capta, a. 1185.* Ed. Bekker. In *C.S.H.B.* German tr. by H. Hunger, Vienna, 1955.

Falcandus, Hugo *Historia,* or *Liber de Rgno Sicilie,* with *Epistola ad Petrum Panormitane Ecclesie Thesauriarium.* Ed. Siragusa, Rome 1897. In *R.C.S.S.*, vol, I with Italian tr.

Falco of Benevento *Chronicon*. In *R.C.S.S.*, vol. I, with Italian tr.

Gerhoh of Reichensburg. *De Investiatione Atichristi*. In *M.G.H., Libelli de Lite Imperatorum et Pontificum Saeculis XI et XII*. Vol. III. Hanover, 1897.

Gesta Henrici II et Ricardi I. Ed. Liebermann. In *M.G.H. scriptores*, vol. XXXVII.

Godfrey of Viterbo Pantheon, *Gesta Friderici, and Gesta Henrici VI Imperatoris*. Ed. Waitz. In *M.G.H. Scriptores*, vol. XXII.

Helmold *Chronica Slavorum*. In *M.G.H. Scriptores*, vol. XXI.

Historia *Welforum Weingartensis*. Ed. Weiland. In *M.G.H. Scriptores*, vol. XXI.

Ibn Abi Dinar *Kitab al-Munis*. Ed. with Italian. tr. by M. Amari. In *B.A.S.*

Ibn al-Athir *Kamel al Tawarikh*. Ed. with Italian tr. by M. Amari. In *B.A.S.*

Ibn Jubair *The Travels of Ibn Jubair*. Tr. R. J. C. Broadhurst. London, 1952

Ibn Khaldun *Kitab al Ibr*. Italian tr. of relevant passages by M. Amari in B.A.S.

Ignoti *Monachi Cisterciensis S. Mariae de Ferraria Chronica*. Ed. Gaudenzi. Socitià Napoletana di Storia Patria; *Monumenti Storici, Seria Prima, Cronache*. Naples, 1888.

Innocent II, Pope *Epistolae*. In *M.P.L.*, vol. 179.

Itneraium Peregrinorum et Gesta Regis Ricardi. Ed. Stubbs. Rolls Series, 38, i. London, 1864.

John of Hexham *Historia*. In *M.G.H. Scriptores*, vol XXVII. English tr. by J. Stevenson in *The Church Historians of England*, vol, IV, i. London, 1856.

John of Salisbury *Historia Pontificalis*. Ed. with tr. by M. Chibnall, London, 1956.

John of Salisbury *Policraticus*. In *M.P.L.* Vol. 199; also ed. with notes by C. C. I. Webb, 2 Vols. Oxford, 1909. Partial tr. by J. Dickinson, New York, 1927, and J. B. Pike, Minneapolis, 1938.

——*Letters*. Ed. with tr. by W. J. Millor, S. J., and H. E. Butler. Vol I, London, 1955.

Kaiserchronik. In *M.G.H., Deutsche Chroniken*, vol. I.

Langtoft, Peter of. *Chronicle*. Ed. Wright, with English tr. 2 vols. London, 1868.

Morena, Otto and Acerbus *Geschichtswerk des Otto Morena und seiner Fortsetzer über die Taten Friedrichs I in der Lombardi*. Ed. F. Güterbock, In *M.G.H. Scriptores*, New Series, vol. VII.

Nicetas Choniates *Historia*. In *C.S.H.B.* French tr. by Cousin in *Histoire de Constantinople*, vol. V. Paris, 1685.

Niger, Radulphus *Chronica Universalis*. In *M.G.H. Scriptores*, vol. XXVIL.

Odo of Deuil *De Profectione Ludovici VII in Orientem.* Ed. Waquet. Paris, 1949.

Ordericus Vitalis *The Ecclesiastical History of England and Normandy.* Tr. with notes by T. Forester. 4 vols. London, 1854.

Otto of Freising *Chronica, sive historia de duabus civitatibus.* In *M.G.H. Scriptores,* vol. XX. English tr. by C. C. Mierow, New York, 1928.

——*Gesta Friderici Imperatoris, cum continuatione Rahewini.* Ed. Wilmans. In *M.G.H. Scriptores,* vol. XX. English tr. by C. C. Mierow, New York, 1953.

Otto of St Blaise *Chronica.* In *M.G.H. Scriptores,* in usum scholarum, 1912.

Peter of Blois *Epistolae.* In *M.P.L.,* vol. 207.

Peter the Venerable of Cluny *Epistolae.* In *M.P.L.,* vol. 189.

Peter the Deacon *Chronicon Monasterii Casinensis.* Ed. W. Wattenbach. In *M.G.H. Scriptores,* vol. VII of *M.P.L.,* vol. 173.

Peter of Eboli *Carmen de Rebus Siculis.* In *R.I.S.,* vol. xxXI, i, 1904.

Radewin, Ragewin, Rahewin See Otto of Freising.

Richard Fitznigel *Dialogus de Scaccario.* In S.C.

Richiard of S. Germano. *Chronicon Regni Siciliae.* In *R.I.S.,* vol. VII.

Robert of Torigni *Chronicle.* Ed. Delisle. Société de l' Histoire de Normandie, Rouen, 1873.

ROGER OF HOVEDEN Annals. Tr. H. T. Riley. 2 vols. London, 1853. (See also Benedict of Peterborough.)

Romuald Of Salerno *Chronicon.* In *R.I.S.,* vol. VII. Italian tr. in R.C.S.S.

Rouleaux de Cluny ed. Huillard-Bréholles. In *Notices et Extraits das Manuscrits de la Bibliothèque Impériale,* vol. XXI. Paris, 1868.

Wibald of Stavelot *Epistolae.* In *J.B.R.G.,* vol. I.—*Moumenta Corbeinsia.*

现代文献

Amari, M. *Epigrafi Arabicbe di Sicilia, tradotte e illutrate.* Palermo, 1875-85.

Beloch, J. *Bevölkerungsgescbicbte Italiens,* vol. I. Berlin and Leipzig, 1937.

Braud-Villars, J. *Les Normands en Méditerranée.* Paris, 1951.

Brnhardi, W. *Lotbar von Supplinburg. (Jahrbücher der Deutschen Geschichte.)*

——*Konrad III. (Jahrbücher der Deutschen Geschichte.)* 2 vols. Leipzig, 1883.

Bertaux, E *L'Art dans l'Italie Méridionale.* Paris, 1903.

——'L'Email de St Nicholas de Bari'. In Fondation E. Piot, *Momuments et Mémoires,* pub. by the Académie des Inscriptions, vol. VI, 1899.

Boeckler, A. *Die Bronzetüren des Bonanus von Pisa und des Barisanus von Trani.* Berlin, 1983.

Biagl, L. *Palermo.* Istituto Italiano d'Arti Grafiche, Bergamo, 1929.

Bloch, H. 'The Schism of Anacletus II and the Glanfeuil Forgeries of Peter the Deacon of Monte Cassino', *Traditio*, vol VIII, 1952. (Fordham University.)

Brandileone, F. *Il Diritto Romano nelle Lagge Normanne e Sueve del Regno di Sicilia.* Turin, 1884.

Brequigny, L. de 'Mémoire sur Etienne, chancelier de Sicile', *Mémoires de l'Académie des Inscriptions*, vol, XLI, Paris 1780.

Buffier, C. *Historie de l'origine du Royaume de Sicile et de Naples, conteant les avantures et les conquestes des princes normands qui l'ont établi.* 2 vols. Paris, 1701.

Cambridge Medieval History 8 vols. Cambridge, 1911-36.

Caravale, M. *Il Ragno Normamo di Sicilia.* Rome, 1966.

Carini, I *Una pregamena sulla fondazione del Duomo di Cefalù.* In A.S.S., New Series, vol. VII, 1883.

Casper, E *Roger II und die Gründung der Norannisch-sicilischen Monarchie.* Innsbruck, 1904.

Cerone, F. *L'Opera politica e militare di Ruggero II in Africa ed in Oriente.* Catania, 1913.

Chalandon, R. *Jean II Comnène et Manmel I Comnène.* (Vol. II of *Etudes sur l'Empire Byzantin au XIe. et an XIIe. siècles*). 2 vols. Paris, 1912. Republished New York, 1960.

———*Histoire de la Domination Normande en Italie et en Sicile.* 2 vols. Paris, 1997. Republished New York, 1960.

Cohn, W. *Die Geshichte der Normannisch-silischen Flotte unter der Regierung Rogers I und Rogers II 1060-1154.* Breslau, 1910.

Coniglio, G. *Amalfi e il comercio amalfitano.* Nuova Rivista Storica 28/9, 1944/5.

Curtis, E. *Roger of Sicily.* New York, 1912.

Deer, J. *The Dynastic Porphyry Tombs of the Norman Period in Siaily*, tr. G. A. Gillhoff. Dumbatton Oaks Studies No. V, Cambridge, Mass., 1959.

Deer, J. *Der Kaiserornat Friedrichs II.* Berne, 1952.

Demus, O. *The Mosaics of Norman Sicily.* London, 1950.

Dictionary of National Biography.

Dictionnaire de Théologie Catholique ed. Vacant and Mangenot. 9 vols in 15. Paris, 1926-50.

Dictionnaire d'Histoir et de Géographie Ecclésiastiques ed. Baudrillart. Paris. (In progress.)

Diehl, C. *Figures Byzantines*. 2 vols. Paris, 1906-8.

Douglas, D. C. *The Norman Achievement*, London, 1969.

Enciclopedia Italiana.

Encyclopaedia Britannica 11th edn.

Encyclopaedia of Islam London and Leyden, 1913-38. (New edn. Now in progress.)

Epifanio, U. *Ruggero II e Filippo di Al Mahdiah* In A S S , New Series, vol. XXX.

Gabrieli, F. 'Arabi di Sicilia e Arabi di Spagna', *Al-Andalus*, XV. 1950.

——*Storia e civiltà* musulmana. Naples, 1947.

Galasso, G. *Il commercio amalfitano nel periodo normanno*. Studi in onore di Riccardo Filangieri, I, Naples, 1959.

Garofalo, A. *Tabularium Regiae ac Imperialis Capellae Collegiatae Divi Petri Regio Panormitano Palatio*. Palermo, 1835.

Garufi, C. A. *Per la storia dei monasteri di Sicilia del tempo normanno. Archivio Storico per la Sicilia*, VI, 1940.

Gibbon, E. *Decline and Fall of the Roman Empire*, ed. J. B. Bury. 7 vols. London, 1896.

Giunta, F. *Bizantini e Bizantinismo nella Sicilia Normanna*, Palermo, 1950.

Gregorovius, F. *History of the City of Rome in the Middle Ages*, tr. A. Hamilton. 8 vols in 13. London, 1894-1902.

Green, M. A. E. *Lives of the Princesses of England*, vol. I. London, I849.

Hare, Augustus. *Cities of Southern Italy and Sicily*. London, 1883.

Hartwig, O. *Re Guglielmo e il suo grande ammiraglio Majone di Bari*. In *Archivio Storico per le provincie napoletane*, VIII, Naples, 1883.

Haskins, C. H. *Norman Institutions, 1035-1189*. Harvard Historical Studies, 24. Cambridge, Mass, 1913.

——'England and Sicily in the twelfth century', *English Historical Review*, July and October, 1911.

Holtzmann, W. *Papst-, Kaiser- und Normannenurkunden aus Unteritalien: in Quellen und Forschungen aus italienischen Archiven und Bibliotheken*, 35, 36. Rome, 1955.

Hullard-Breholles, J. L. A. *Reherches sur les Monuments et l'Histoire des Normands et de la Maison de Souabe dans l'Italie méridioale*. Paris, 1844.

Jamison, E. 'The Sicilian-Norman Kingdom in the Mind of Anglo-Norman Contemporaries', *British Academy papers*, XXIV, 1938.

——'The Norman Administration of Apulia and Capua, especially under Roger II and William I, 1127-66', *Papers of the British School at Rome*, VI, 1913.

——*Admiral Eugenius of Sicily, his life and work, and the authorship of the Epistola ad Petrum and the Historia Hugonis Falcandi Siculi*. London, 1957. (Reviewed by L. T. White, *q.v.*)

Kantorowicz, E. *Frederick the Second*, tr. E. O. Lorimer, London, 1931.

Kehr, K. A. *Die Urkunden der Normannisch-sicilischen Könige*. Innsbruck, 1902.

Kehr, P. *Italia Pontificia*, vol. VIII. Berlin, 1935.

Kehr, P. 'Die Belehnungen der Süditalienischen Normannenfürsten durch die Päpste, 1059-1192', *Abhandlungen der preussischen Akademie der Wissenschaften*, Phil.-hist. K1, 1934, No, 1.

Kelly, A. *Eleanor of Aquitaine and the Four Kings*. Cambridge, Mass., 1960.

Kininmonth, C. *Sicily*. Travellers' Guides. London, 1965.

Kitzinger, E. I *Mosaici di Monreale*, tr. F. Bonajuto. Palermo, 1960.

Knight, H. Gally. *The Normans in Sicily*. London, 1838.

Krönig, W. *Il Duomo di Monreale e l'Architettura Normanna in Sicilia*. Palermo, 1965.

La Lumia, I. *Storia della Siclia sotto Guglielmo il Buono*. Florence, 1867.

——*Studi di Storia Siciliana*. 2 vols. Palermo, 1870.

Lamma, P. *Comnemi e Staufer. Ricerche sui Rapporti fra Bisanzio e l'Occidente nel Secolo XII*. Rome, 1955.

Lopez, R. S. See Setton, K. M.

Mack Smith, D. *Medieval Sicily*. (Vol. II of *A History of Sicily*.) London, 1968.

Mann, H. K. *The Lives of the Popes in the Middle Ages*. Vols. 6-12, London, 1910-15.

Marongiu, A. 'A Model State in the Middle Ages: the Norman and Swabian Kingdom of Sicily', *Comparative Studies in Society and History*, vol, VI, 1963-4. (See also Strayer, J. R.)

——'Lo Spirito della Monarchia Normanna di Sicilia nell' allocuzione di Ruggero II ai suoi grandi', *Archivio Storico Siliano*, Ser. 3-4, 1950-51.

Menager, L. R. *Amiratus—Αμηρᾶς—L'Emirat et les origines de l'Amirauté (XIe.-XIIe. s.)*. Paris, 1960.

Masson, G. *The Companion Guide to Rome*. London, 1965.

Meo, A. di *Annali Critico-Diplomatici del Regno di Napoli della Mezzana*

Età. 12 vols. Naples, 1795-1819.

Michaud, J. F. *Histoire des Croisades*. 10 vols in 5. Brussels, 1841.

Monneret de Villard, U. *Le Pitture Musulmane al Soffitto della Cappella Palatina di Palermo*. Rome, 1950.

Monti, C. M. *L'Espansione Mediterranea del Mezzogiorno d'Italia e della Sicilia*, Bologna, 1942.

——*L'Italia e le Crociate in Terra Santa.* Naples, 1940.

Mor, C. G. 'Roger II et les assemblées du royaume normand dans l'Italie méridionale', *Revve Historique de Droit Français et Etranger.* Sér. 4, 36, 1958.

Munz, P. *Fredrick Barbarossa, A Study in Medieval Politics*, London, 1969.

Natale, F. *Avviamento allo studio del medio evo siciliano.* Pub. by the Istituto di Storia Medioevale e Moderna dell' Università di Messina, fasc. 2. Florence, 1959.

New Catholic Encyclopaedia. Washington, 1967.

Ntese, H. *Die Gestrzgebung der normannischen Dynastie im 'Regnum Siciliae'.* Halle, 1910.

Ostrogorsky, G. *History of the Byrantine State*, tr. J. M. Hussey. Oxford. 1956.

Palmarocchi, R. *L'Abbazia di Montecassimo e la Conquista Normanna.* Rome, 1913.

Parker, J. S. F. 'The attempted Byzantine aliance with the Sicilian Norman Kingdom, 1166-7', in *Essays Presented to Miss E. Jamison. Papers of the British Scbool at Rome*, XXIV, 1955.

Pepe, G. *I Normanni in Italia Meridionale, 1166-1194.* Bari, 1964.

Pietraganzili, R. S. di 'Gli osteri di Cefalù', *Sicilia Artistica ed Archeologica*, Palermo, July 1887.

——'La Leggenda della tempesta e il voto del Re Ruggero per la costruzione del Duomo di Cefalù', *Sicilia Artistica ed Archeologica*, Palermo, June-July, 1888.

Pirro, R. *Sicilia Sacra.* In *G.T.A.*, vol. X, ii, iii.

Pontieri, E. *Tra i Normanni nell'Italia Meridionale.* Revised edn., Naples, 1964.

Prologo, A. di G. *Le Carte chi si conservano nello Archivio del Capitolo Metropolitano della Città di Trani (Dal IX secolo fino all'ammo 1266).* Barletta, 1877.

Rassow, P. *Zum byzantinisch-normannischen Krieg 1147-9: Mitteilungen des österreichischen Instituts für Geschichtsforschung*, 62, 1954.

Renan, E. *Vingt Jonrs en Sicile*. In *Mélanges d'Histoire et de Voyages*. Paris, 1878.

Runciman, S. *History of the Crusades.* 3 vols. Cambridge, 1954.

Schramm, P. E. *Herrschafszeichen und Staatssymbolik: Beiträge zu ibrer Gescbicbte vom 3. bis zum 16.* Jabrbundert. 3 vols. Stuttgart, 1954.

Setton, K. M. (editor-in-chief) *A History of the Crusades.* See in particular sections by R. S. Lopez and H. Wieruszowski. 2nd edn. by University of Wisconsin Press, vols. I and II, 1969.

Siragusa, G. B. *Il Regno di Guglielmo I in Sicilia.* 2nd edn. Palermo, 1929.

Stefano, A. de *La Cultura in Sicilia nel periodo normanno.* 1932.

Stefano, G. di *Monumenti della Sicilia normanna.* Palermo, 1955.

Strayer, J. R. Comment on A. Marongiù's article 'A Model State in the Middle Ages' (*q.v.*). *Comparative Studies in Society and History*, vol. VI, 1963-64.

Testa, F. *De Vita, et rebus gestis Gulielmi II Siciliae Regis libri quatuor.* With Italian tr. by S. Sinesio. Monreale, 1759.

Toeche, T. *Kaiser Heinrich VI. (Jahrbücher der deutschen Geschichte.)* Leipzig, 1867.

Tosti, L. *Storia della Badia di Monte-Cassino.* 3 vols. Naples, 1842.

Tournng Club Italiano. *Sicilia.* (Regional Guide.) Milan, 1953.

Vacandard, E. *Vie de St Bernard, Abbé de Clairvaux.* 2 vols. Paris, 1895.

Valenti, F. *Il Palazzo Reale Normanno.* Bolletino d'Arte, IV, 1924-25.

Vasiliev, A. A. *History of the Byzantine Empire, 324-1453.* Oxford, 1952.

White, L. T. *Latin Monasticism in Norman Sicily.* Pub. 31 (Monograph 13), Medieval Academy of America. Cambridge, Mass., 1938.

——Review of *Admiral Eugenius of Sicily* by E. Jamison (*q.v.*). *American Historical Review*, 63, 1957-58.

Wieruszowski, H. 'Roger I of Sicily, Rex-Tyrannus, in twelfth-century political thought', *Speculum*, 38, 1963. See also SETTON, K. M.

Williams, W. *St Bernard of Clairvaux.* Manchester, 1953.

出版后记

本书讲述了西西里王国的诺曼王朝从建立到灭亡的历史。从罗杰二世于1130年加冕开始，到霍恩施陶芬家族的亨利六世于1194年获得西西里国王之位而结束，前后只有短短的64年时间。就算算上在位仅数月的威廉三世，诺曼王朝也只有5任国王。或许可以说，诺曼王朝是幸运的，它能在强敌环伺的地中海中心生存下来，躲过数次试图毁灭它的军事行动，甚至还能对外用兵，一度建立了一个北非帝国；但它又是不幸的，外部威胁和国内动乱消耗了它的国力，它最终还是覆灭了。

但是，诺曼人又在西西里留下了辉煌的建筑遗产，王宫礼拜堂、蒙雷阿莱主教座堂、切法卢主教座堂是其中的代表。这些建筑融合了罗马、拜占庭、阿拉伯的风格，形成了独特的建筑特色。作者将不少精力放到这些建筑上面，从观者的角度，为读者详述了这些建筑的特色与美感。而它们也没有辜负作者的喜爱，于2015年被列入世界文化遗产，证明了自己的价值。

作者也看重诺曼王朝宗教宽容、文化交融的氛围。希腊人、阿拉伯人和伦巴第人不仅在西西里王国安居乐业，还能成为学者、艺术家和政府官员，展现自己的价值。作者禁不住哀叹诺曼王朝的覆灭是一出悲剧，认为它若幸存下来的话，"我们就有可能在接下来的几个世纪里避免很多苦难"。想想十字军东征及其之后的一些事件，作者的哀叹也就好理解了。

本书语言活泼，译者尽量使译文贴近原文的风格。本书编者水平有限，如有错误之处，敬请读者批评指正，在此谨表谢忱。

服务热线：133-6631-2326　188-1142-1266

服务信箱：reader@hinabook.com

2021 年 1 月

图书在版编目（CIP）数据

王国，1130—1194 /（英）约翰·朱利叶斯·诺威奇
著；李强译 . -- 北京：中国友谊出版公司，2021.9（2023.6 重印）
书名原文：The Kingdom in the Sun, 1130–1194
ISBN 978-7-5057-5288-7

Ⅰ . ①王… Ⅱ . ①约… ②李… Ⅲ . ①意大利—历史
— 1130–1194 Ⅳ . ① K546.31

中国版本图书馆 CIP 数据核字 (2021) 第 153582 号

著作权合同登记号　图字：01-2021-5023

Copyright © John Julius Norwich, 1970
This edition arranged with Felicity Bryan Associates Ltd.
through Andrew Nurnberg Associates International Limited

本书简体中文版版权归属银杏树下（上海）图书有限责任公司
地图审图号：GS（2021）1400 号

书名	王国，1130—1194
作者	［英］约翰·朱利叶斯·诺威奇
译者	李　强
出版	中国友谊出版公司
发行	中国友谊出版公司
经销	新华书店
印刷	天津联城印刷有限公司
规格	889×1194 毫米　32 开 14.5 印张　325 千字
版次	2021 年 9 月第 1 版
印次	2023 年 6 月第 2 次印刷
书号	ISBN 978-7-5057-5288-7
定价	88.00 元
地址	北京市朝阳区西坝河南里 17 号楼
邮编	100028
电话	（010）64678009